石油高职高专规划教材

定向钻井技术

(第二版)

王清江　编著

石油工业出版社

内 容 提 要

本书主要介绍定向钻井技术的相关概念,对井眼轨道、井眼轨迹的测量仪器及测斜计算的方法,各类定向专用工具,井眼轨迹预测与控制方法,双驱复合钻井技术以及几种先进的现场特殊钻井工艺技术进行了说明,并较系统地介绍了常规定向井钻井技术和水平井钻井技术等方面的内容。

本书既可作为高职高专石油钻井技术专业师生的教材,也可用作石油钻井员工作的培训用书或现场工程技术人员参考用书。

图书在版编目(CIP)数据

定向钻井技术/王清江编著.—2版.
北京:石油工业出版社,2016.6(2025.8重印)
石油高职高专规划教材
ISBN 978 – 7 – 5183 – 1309 – 9

Ⅰ. 定…
Ⅱ. 王…
Ⅲ. 定向井—油气钻井—高等职业教育—教材
Ⅳ. TE243

中国版本图书馆 CIP 数据核字(2016)第 123654 号

出版发行:石油工业出版社
（北京安定门外安华里 2 区 1 号　100011）
网　　址:www.petropub.com
编辑部:(010)64521362　图书营销中心:(010)64523633
经　　销:全国新华书店
排　　版:北京乘设伟业科技有限公司
印　　刷:北京中石油彩色印刷有限责任公司

2016 年 6 月第 2 版　2025 年 8 月第 7 次印刷
787 毫米×1092 毫米　开本:1/16　印张:16.5
字数:422 千字

定价:35.00 元
(如出现印装质量问题,我社图书营销中心负责调换)
版权所有,翻印必究

第二版前言

《定向钻井技术》是石油教材出版基金首批资助的教材(2007年)，为石油工业出版社"十一五"期间的石油高职院校特色教材。该教材出版后，在使用的几年中得到了高职院校学生及生产一线员工的高度好评，特别是现场工程技术人员的好评。

2015年10月，石油工业出版社高职高专石油工程类专业"十三五"规划教材研讨会召开，《定向钻井技术(第二版)》一书进入了石油工业出版社"十三五"规划教材的序列。针对"十三五"规划教材建设提出的"维护品牌，协力创新，统筹兼顾，优势互补"的16字方针，编者对《定向钻井技术》一书进行了修订工作。本次修订针对课程体系和教材现状，紧跟生产现场技术的应用与发展现状，并参考了石油企业专家的意见，进行了内容上的调整与增减，使新教材内容更加丰富、实用。

进入21世纪以来，随着全球对石油天然气资源需求的直线上升，我国油气产能建设和生产出现了严重的不足，非常规油气资源成为常规油气资源的重要补充，成为未来油气产业发展的重点。因此，本次修订中及时补充了长水平段水平井钻井技术难点分析及对策、水平连通井钻井工艺技术、PDC+螺杆双驱钻井技术的应用实例、电磁随钻测量仪器、定向井托压问题原因分析及解决措施等新内容。这使修订后的教材更加体现了"理论适度，突出应用"的理念。

本书既可作为高职高专钻井技术专业的教材，也可作为石油勘探、开发技术人员系统学习定向钻井技术知识的参考书。

本书的编写由渤海石油职业学院的王清江完成。本书在修订过程中得到了渤海石油职业学院的毛建华、华北油田通信公司的王子炫，中国石油集团工程设计有限责任公司华北分公司付立新的大力支持，在此一并表示感谢。由于水平有限，书中难免有不当之处，敬请广大读者批评指正。

编 者
2016年4月

第一版前言

石油钻探开发是一个高投入、高回报、高风险、技术密集、资金密集的行业，决策或操作的失误都会造成巨大的经济和社会损失。

随着我国海、陆油气勘探水平的提高，油气藏的类型变得复杂多样，低、特低渗透率油气藏所占的比例逐年增加；井深从浅、中深向深甚至超深发展；油气层的类型由常规扩展到非常规；沉积类型由人们熟悉的陆相沉积扩展到海相沉积；勘探、开发工作进入低、深、难的阶段，这就向油气开采提出了新的挑战。在这种情形下，再继续采用直井钻井技术将不能满足现代钻井的需要，因此，定向钻井技术应运而生。定向钻井技术在现场的应用证明了它是目前提高采收率最直接、最有效、成本最低的重要钻井技术手段，同时也证明了大力发展定向钻井技术的必要性。

《定向钻井技术》是石油工业出版社2007年度的首批资助教材，它是高等职业教育钻井技术专业学生的一门专业技术课，是构成该专业学生专业技能的核心课程之一。本书共分八章，包括井眼轨迹的基本概念、井眼轨迹的图示法以及定向井的相关概念；井眼轨迹测量仪器及测斜原理介绍、MWD磁干扰的分析判断方法以及井眼轨迹测斜计算方法；常规定向井工具、井底动力钻具、滑动钻进造斜工具、转盘钻进造斜工具及造斜工具造斜能力的预测方法；井斜方位漂移分析、井眼轨迹预测与控制方法；定向井井眼方向控制方案设计、常规定向井施工准备、定向井各井段的施工技术以及施工中的复杂情况和注意事项；双驱复合导向钻井技术的特点、导向钻具的选型和组合及其造斜特性分析、双驱钻井井眼轨迹控制技术的应用；水平井的轨道设计、靶区参数、井眼轨迹控制方案、钻柱设计、着陆控制、水平控制以及井眼轨迹控制的注意事项和轨迹控制技术应用；垂直旋转、套管开窗侧钻、分支井、连通井等几类特殊的钻井工艺技术等内容。

本书结合了生产实际，内容丰富、层次清楚、论述准确、理论联系实际，突出了职业教育特色，充分体现了现代科学技术与钻井技术相结合的发展水平，具有一定的科学性、系统性、完整性、针对性和实用性。

本书既可作为高职高专石油院校的学生教材，也可用作石油钻井员工的培训用书及现场工程技术人员参考用书。

本书由渤海石油职业学院的王清江、毛建华、韩贵金和四川石油管理局川东钻控公司的曾明昌共同编著而成。绪论由韩贵金编写，第一章至第四章由王清江编写，第五章和第六章由毛建华编写，第七章由毛建华和韩贵金编写，第八章由曾明昌编写。王清江和毛建华完成了全书的统稿工作。在编写过程中得到了渤海钻控工程公司第二定向井分公司邵立中和吕志忠的大力支持，本书的插图工作由华北油田通信公司王子炫完成，在此一并表示感谢。

由于编写水平有限，书中难免有不当之处，敬请读者批评指正。

编　者
2009年3月

目 录

绪论 ·· (1)
    第一节　钻井施工概述 ·· (1)
    第二节　定向井的应用范围 ·· (2)
    第三节　定向井的类型 ·· (4)
    第四节　定向钻井技术的发展 ··· (7)

第一章　井眼轨道与井眼轨迹 ·· (10)
    第一节　井眼轨迹的基本概念 ··· (10)
    第二节　井眼轨迹图示法 ·· (20)
    第三节　定向井的相关概念及井眼轨道 ··························· (21)

第二章　井眼轨迹测量仪器及测斜计算 ································ (29)
    第一节　井眼轨迹测量仪器概述 ····································· (29)
    第二节　测斜原理简介 ·· (31)
    第三节　几种典型的测量仪器简介 ·································· (38)
    第四节　MWD 磁干扰的分析判断方法 ··························· (57)
    第五节　井眼轨迹测斜计算方法 ····································· (60)

第三章　定向井专用工具 ··· (68)
    第一节　常规定向井工具 ·· (68)
    第二节　井底动力钻具 ·· (75)
    第三节　滑动钻进造斜工具 ·· (90)
    第四节　转盘钻进造斜工具 ·· (94)
    第五节　造斜工具造斜能力的预测 ······························· (103)

第四章　井眼轨迹预测与控制 ··· (108)
    第一节　井斜方位漂移 ·· (109)
    第二节　井眼轨迹预测与控制 ······································ (114)

第五章　常规定向井钻井技术 ··· (120)
    第一节　井眼方向控制方案设计 ··································· (121)
    第二节　常规定向井施工准备 ······································ (128)
    第三节　定向井直井段施工技术 ··································· (129)
    第四节　定向井斜井段的施工技术 ································ (131)
    第五节　定向井施工中的复杂情况及注意事项 ················ (145)

第六章　双驱复合导向钻井技术 ……………………………………………（149）
第一节　双驱复合导向钻井技术的特点 ………………………………（150）
第二节　双驱复合导向钻井中导向钻具的选型 ………………………（154）
第三节　导向钻具组合及其造斜特性分析 ……………………………（159）
第四节　双驱钻井井眼轨迹控制技术应用 ……………………………（160）

第七章　水平井钻井技术 ……………………………………………………（165）
第一节　几种基本类型水平井的工艺特点及水平井的应用领域 ……（166）
第二节　水平井的轨道设计及靶区参数 ………………………………（169）
第三节　水平井井眼轨迹控制方案 ……………………………………（179）
第四节　水平井钻柱结构特点 …………………………………………（185）
第五节　水平井的着陆控制 ……………………………………………（188）
第六节　水平井的水平控制 ……………………………………………（194）
第七节　水平井井眼轨迹控制的注意事项 ……………………………（204）
第八节　长水平段水平井钻井技术难点分析及对策 …………………（215）
第九节　水平井井眼轨迹控制技术应用 ………………………………（219）

第八章　特殊钻井工艺技术 …………………………………………………（231）
第一节　垂直旋转钻井技术 ……………………………………………（231）
第二节　套管开窗侧钻技术 ……………………………………………（234）
第三节　分支井钻井工艺技术 …………………………………………（245）
第四节　丛式井钻井工艺技术 …………………………………………（249）
第五节　水平连通井钻井工艺技术 ……………………………………（253）

参考文献 ………………………………………………………………………（258）

绪 论

第一节 钻井施工概述

石油、天然气是由各种碳氢化合物及少量杂质组成的,存在于地下岩石的孔隙、裂缝、溶洞中的可燃矿物。

石油钻探开发是高投入、高回报、高风险、技术密集、资金密集的行业,是以地质勘探资料为依据来设计开发目标,以地质条件、钻井目的、钻井技术水平为条件来设计井眼轨道,以钻井施工为手段形成油气流通道,以效益最大化为目的来发现和开采油气资源的系统工程。

石油钻井施工是石油钻探开发系统的一项子系统,它是按照一定的目的和要求,有控制地使井眼轨迹沿着预先设计的井眼轨道顺利钻达设计目标,并使效益最大化的施工工艺过程。根据石油钻井施工的过程,可将这个系统分为钻前工程、钻井工程、固井工程和完井工程四个子系统,系统程序如图1所示。在一口井的施工过程中,它们是不可或缺而又相对独立的系统。

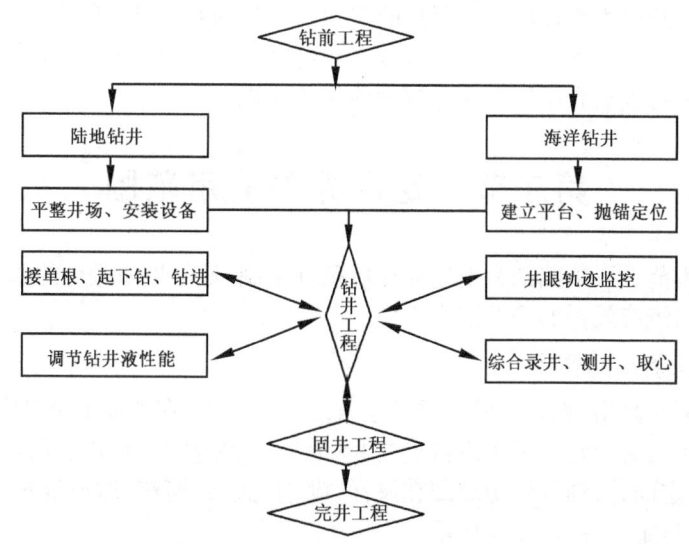

图1 钻井施工程序框图

为达到石油钻探开发的目的和高效顺利的施工,在钻井施工过程中提出了必须遵守的原则和基本任务。钻井施工的原则是钻井施工必须服从地质要求,钻井施工的基本任务是井眼轨迹控制、保持井壁稳定、提高机械钻速、保护油气层和钻井施工管理。

井眼轨迹控制是钻井施工钻达目的层的保证,保持井壁稳定是钻井施工顺利和高效实施的前提,提高机械钻速是降低钻井成本最有效的途径,保护油气层是钻井施工实现最终目标的要求,施工管理是保证钻井施工质量、安全、环保和健康的"守护神"。

此外,现代钻井施工,除了需要一套先进的钻机外,还需给钻头安上"方向盘"(在钻井施工过程中连续不断地控制井眼轨迹方向的井下专用工具,如弯外壳马达、旋转导向钻井系统)和"眼睛"(监测井眼轨迹方向的专用仪器,如随钻测量MWD、无线随钻测井LWD、电磁波随钻测量EM-MWD),从而进一步拓展传统形式钻井施工的内涵。钻井施工内容如图2所示。

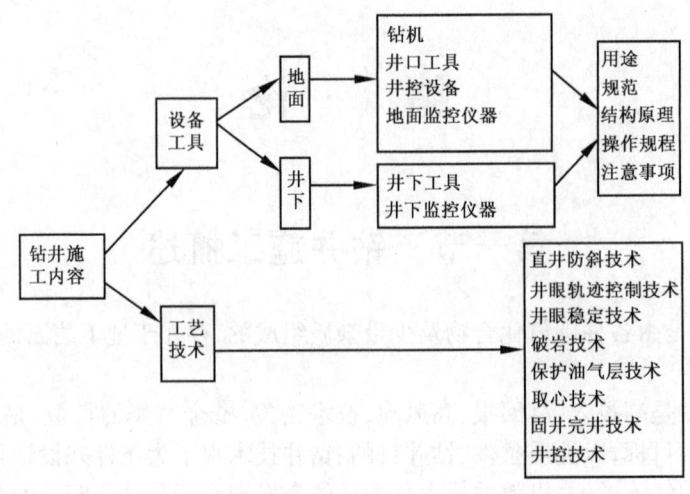

图2　钻井施工内容框图

钻井技术基本分为两大类型，一种类型为井口与设计的目标在一条铅垂线上的直井，其钻井特点是在钻进过程中控制井眼轨迹与设计轨道（铅垂线）近似重合，即所谓的直井防斜技术（直井技术）；另一种类型为井口与设计目标点不在一条铅垂线上而是按照人为的需要，在一个限定的方向上与井口垂线偏离一定距离的定向井。定向井的钻井特点是在施工过程中按照设计的井斜角和井斜方位角钻进，使井眼轨迹与设计轨道近似重合的钻井技术，即所谓的定向钻井技术。本教材将重点介绍定向钻井技术的相关知识。

第二节　定向井的应用范围

定向井的应用范围可以归纳为受地面环境条件限制、地下地质条件的要求、处理井下事故的特殊需要和提高经济效益的需要四个方面。

一、地面环境条件的限制

油气资源埋藏在高山、森林、城镇、重要建筑或沼泽之下，在地面上难以安装钻机或安装钻机和钻井作业费用高时通常需要考虑打定向井；油气资源埋藏在良田、草场等地下，为了少占耕地，需要考虑打定向井；油气资源埋藏在海洋、湖泊、盐田、河流、滩海等水域下，为了减少开发投资时，均需要打定向井，如图3所示。

二、地下地质条件的要求

由于地质构造的特点，采用直井不能有效地勘探开发油气藏时，采用定向钻井技术往往能有利于发现油气藏或提高开发速度。如直井难以穿过的复杂岩层、盐丘、断层等地层时常采用定向井更为经济，如图4所示。当钻遇陡构造、地层倾角太大时，或当定向井建井周期或钻井成本优于直井时，也常采用定向井。

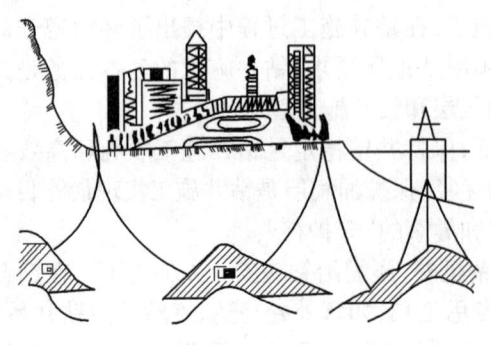

图3　地面环境条件限制示意图

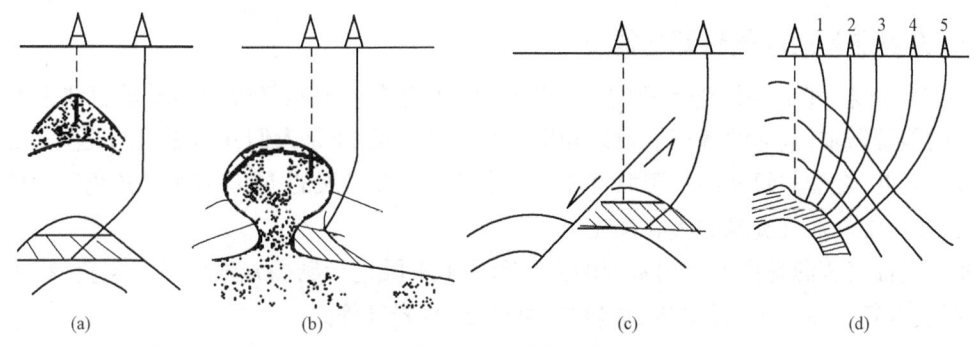

图 4 地质条件要求示意图
(a)复杂岩层;(b)盐丘;(c)断层;(d)陡构造

三、处理井下事故的特殊需要

遇到井下事故无法处理或不易处理时,常采用定向钻井技术。当井下落物或断钻具事故最终无法打捞时,可以从上部井段侧钻定向井,如图5(a)所示;当遇到井喷着火且用常规方法难以处理时,在事故井附近钻定向井,也称救援井,将其与事故井贯通,进行引流或压井,从而处理井喷着火事故,如图5(b)所示。

四、提高经济效益的需要

当原井钻探落空或钻遇油水边界、气顶时,可在原井眼内侧钻定向井;对于多层系或断层遮挡

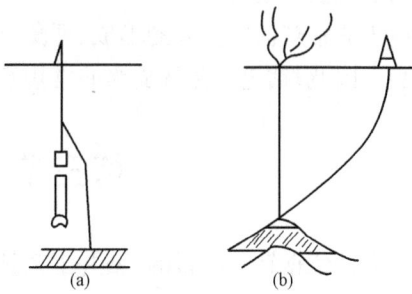

图 5 井下事故特殊需要
(a)侧钻井;(b)救援井

的油气藏,可用一口定向井钻穿多组油气藏;对于裂缝性油气藏、低压低渗稠油单斜油气藏,采用定向井可钻穿更多裂缝,最大限度地穿透产层,提高采收率。此外,采用定向水平井技术可以实现由点采到线采的突变,大幅度提高单井产量和采收率,并能有效地开发边际油气藏(用常规开采无工业价值、无经济效益的薄层、低渗、低产或海上小储量等油气藏),如图6所示;因受地貌、气候等条件的限制亦可用钻丛式井的方式来开采油气藏,以利于钻井施工、集输的保温和油井的管理(如南堡油田建的人工岛、二连浩特冬季寒冷或沙漠地区),如图7所示。

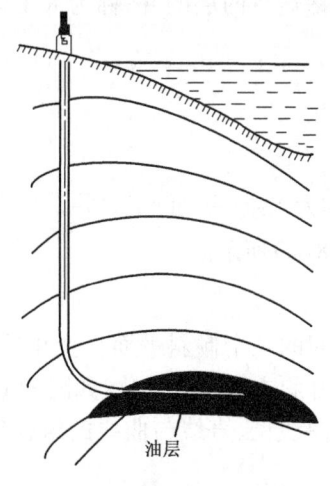

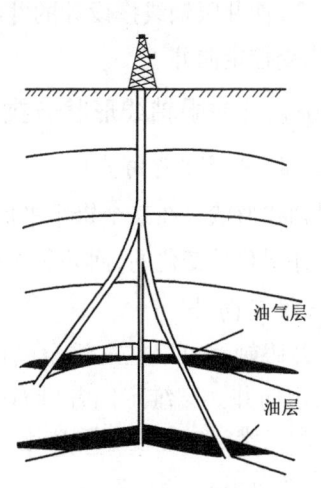

图 6 定向水平井示意图　　　　图 7 丛式井示意图

五、开发非常规油气资源的需要

21世纪以来,世界经济进入新的发展周期,各国对石油天然气资源的需求直线上升。面对巨大的能源需求,世界油气产能建设和生产却相对不足,于是人们开始更多地关注非常规油气资源。因此,全球非常规油气资源就成了未来油气产业发展的重点,其市场角色和地位将更加突出,成为常规油气资源的重要补充。

非常规油气资源是指不能用常规的方法和技术手段进行勘探开发的另一类资源,主要包括煤层气(瓦斯)、油砂矿、油页岩、页岩油、可燃冰、页岩气等。

我国非常规油气资源丰富,其中煤层气资源量为 $36.81 \times 10^{12} m^3$,居世界第三位,相当于常规天然气资源量的66%;油砂矿资源量为 $59.7 \times 10^8 t$;油页岩地质资源量为 $476.4 \times 10^8 t$,居世界第四位;页岩油的可采资源量约 $(55 \sim 62) \times 10^8 t$;页岩气资源量达到 $1000 \times 10^{12} m^3$,相当于常规天然气资源量的两倍。

由于非常规油气资源的形成、埋藏、储存状态与常规油气资源有较大的差别,开发难度大,费用高。因此,钻定向井就成为非常规油气资源开采的必要手段。

第三节 定向井的类型

定向井依据钻井的目的、钻井工艺技术及施工方法的不同,有多种分类标准。

一、按施工技术方法分类

1. 自然弯曲定向井

利用地层的自然造斜规律进行井眼轴线设计,在常规钻井施工过程中,只通过移动井位或改变井斜角、井斜方位角,必要时利用井斜控制理论辅以一般的增斜、降斜措施,即可按设计的井眼轴线钻达目的层的井,称为自然弯曲定向井,又称为初级定向井。

2. 人工弯曲定向井

采用造斜工具和技术措施克服地层自然造斜的影响,或者利用地层自然造斜规律与造斜工具相结合,使井眼轴线按设计的井眼轨道钻进、弯曲并钻达目的层的井,称为人工弯曲定向井,又称为受控定向井。

二、按设计井眼轴线形状分类

1. 二维(平面)定向井

井眼轴线形状只在某个铅垂平面上变化的定向井,称为二维(平面)定向井。二维(平面)定向井的井斜角是变化的,而井斜方位角是不变的,如图8(a)所示。

2. 三维定向井

设计井眼轴线可以在三维空间内,也可以在三维空间的某个倾斜平面上变化的定向井,称为三维定向井。三维定向井既有井斜角的变化,又有井斜方位角的变化,如图8(b)所示。

二维和三维定向井按井眼轨迹形式的不同又可分为曲线型、直线与曲线的组合型等多种形式,如图9所示。

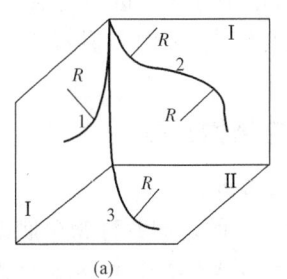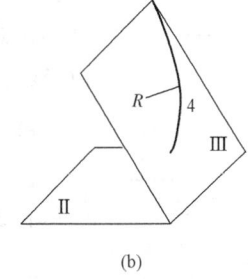

图 8　二维、三维定向井示意图
(a)垂直平面和水平面内的井眼轨道;(b)倾斜平面内的井眼轨道;
Ⅰ—垂直平面;Ⅱ—水平平面;Ⅲ—倾斜平面;
1—井斜角改变,方位角不变;2—井斜角改变,方位角不变和反方向改变;
3—井斜角不变,方位角改变;4—井斜角、方位角同时改变

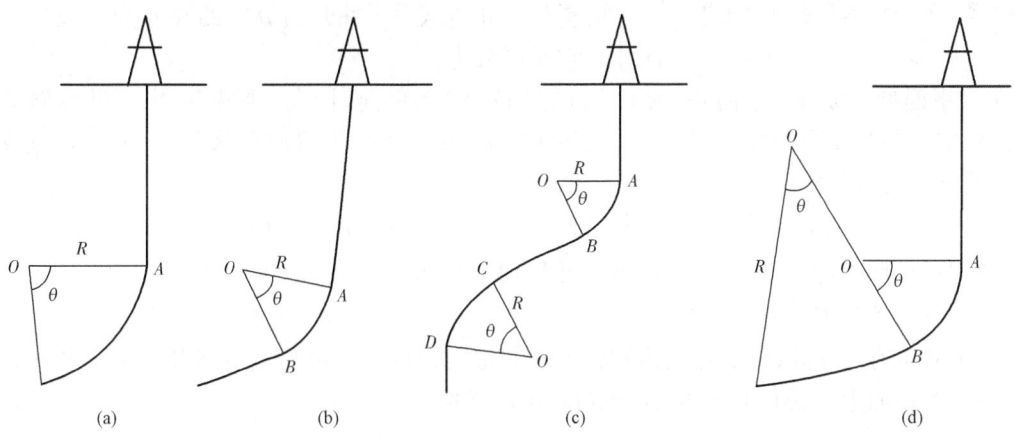

图 9　直线与曲线不同组合的井眼轴线示意图
(a)垂直线—曲线型;(b)斜直线—曲线—斜直线型;
(c)垂直线—曲线—斜直线—曲线—垂直线型;(d)垂直线—曲线—曲线型

三、按设计最大井斜角分类

1. 低斜度定向井

低斜度定向井设计井眼轨道中的最大井斜角不超过15°,此类井由于井斜角小,钻进时井斜方位不易控制,井眼轨迹控制难度较大。

2. 中斜度定向井

中斜度定向井设计井眼轨道中的最大井斜角在15°~45°之间,此类井在钻进时井斜角、井斜方位角较易控制,井眼轨迹控制难度相对较小,是目前应用最多的一种定向井,又称常规定向井。

3. 大斜度定向井

大斜度定向井设计井眼轨道中的最大井斜角在46°~85°之间,井的斜度大、水平位移大,增加了井眼轨迹控制的难度和钻井成本。

4. 水平井

水平井设计井眼轨道中的最大井斜角在86°~120°之间,此类井在井斜角达到设计要求

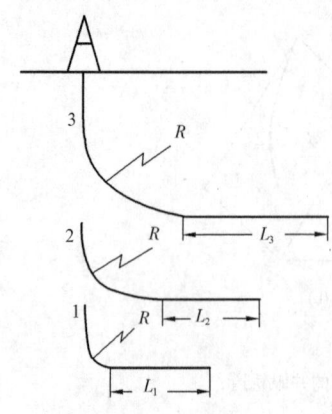

图10 水平井示意图
1—短曲率半径水平井;2—中曲率半径水平井;3—长曲率半径水平井

后,还要沿近似水平方向钻进一定长度,如图10所示。水平井钻进难度相对较大,多数需要特殊设备、钻具、工具、仪器以及特殊工艺。

四、按井底结构分类

1. 单底定向井

只有一个井底的定向井称为单底定向井。

2. 多底定向井(或井下分支定向井)

主干井(首先完成的井,又称主井)完成后,再从主干井内钻出其他分支井的定向井,称为多底定向井,又分为一级分支定向井和多级分支定向井。

1)一级分支定向井

所有分支井均从主干井开始分支的井称为一级分支定向井。它又可分为:

(1)平面型一级分支定向井,图11(a)、图11(b)为单向(同向)羽状井,主干井倾斜或垂直开井,支井与其在同一方位;图11(c)、图11(d)、图11(e)为双向羽状井,主干井垂直或倾斜,支井则与其方位相反。

(2)空间型一级分支井,主干井垂直或倾斜,支井在主干井上按照设计顺序向几个方向弯曲钻达预定目标的井,又称空间型集束井,如图11(f)所示。

2)多级分支定向井

主干井上有分支井,分支井上再钻分支井的定向井称为多级分支定向井。主干井和分支井可在一个平面上,如图11(g)所示,也可在不同平面上。

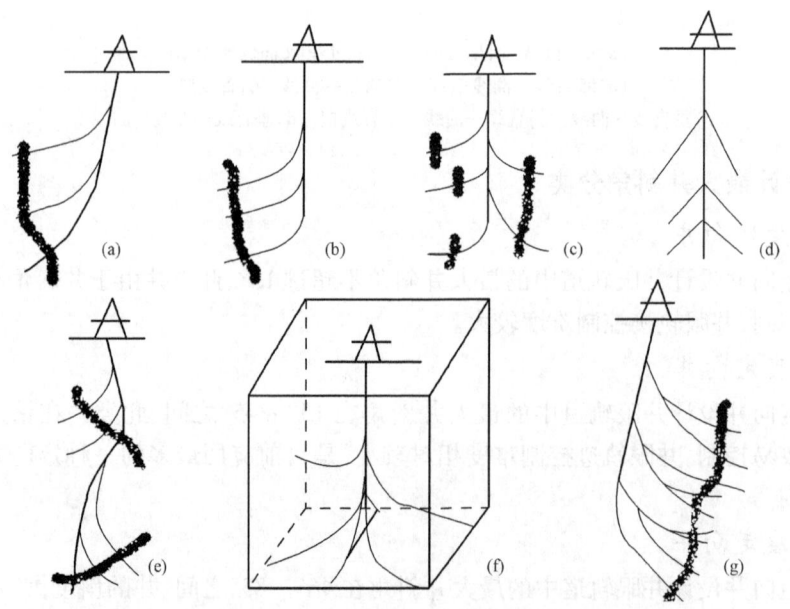

图11 多底定向井结构分类示意图
(a)主干井倾斜的单向羽状井;(b)主干井垂直的单向羽状井;(c)主干井垂直的双向羽状井;
(d)主干井垂直的双向羽状井;(e)支井不对称的双向羽状井;(f)空间型集束井;(g)多级分支定向井

五、按一个井场或一个钻井平台所钻井的口数分类

1. 单一定向井

在一个井位上只钻一个井眼的定向井称为单一定向井。

2. 双筒井

用一台钻机交叉作业,同时钻出井口相距很近的两口定向井称为双筒井。

3. 丛式井

凡在一个井场或一个平台上有计划地钻几口或几十口定向井,这些井统称为丛式井。

随着定向钻井技术的发展,定向井的种类还在不断增多,如水平多底井、水平径向井、丛式水平井、连通井、大位移井和同层分支水平井等,使定向钻井技术得到了进一步的完善。

第四节　定向钻井技术的发展

20世纪20年代末,人们意外地发现一口新钻的井钻穿了旁边老井的套管,虽然钻深不同,但都是同一个油层,于是认识到井是可以斜的。至20世纪30年代初,在海边向海里打定向井开采海上油田的尝试成功之后,定向井得到广泛应用。

最早采用定向井钻井技术是在井下落物无法处理后的侧钻。美国在20世纪30年代初在加利福尼亚海岸的亨廷滩油田钻成了第一口定向井。

20世纪90年代以来,钻井技术逐步细化为具有代表意义的水平井、多分支水平井、大位移井、深井钻井、连续管钻井等钻井技术,并相继开发了许多新工具、新装备,增加和完善了钻井测试和控制手段,并完善了过程分析和控制软件。

20世纪国外定向钻井技术的发展简况见表1。

表1　20世纪国外定向钻井技术的发展简况

技术内容	50年代	60年代	70年代	80年代	90年代
轨道设计及轨迹计算方法	误差很大的正切法进行轨迹计算	曲率半径法、最小曲率法等多种轨迹计算方法	三维轨道设计及大组丛式井整体设计	开发了定向井设计和施工软件	大型集成设计软件包
轨迹控制理论与技术	斜直井段的二维分析	考虑井眼曲率影响,研究了多扶正器近钻头钻具组合(BHA)	三维受力分析由静态发展到动态	发展了多种分析方法并开发出了相应的软件	开始引入自动控制理论,开发了相关设备
定向造斜工具及工艺	涡轮钻具加弯接头斜向器配合转盘	螺杆动力钻具,专用工具的配套	涡轮、螺杆动力钻具向低速大扭矩发展,各种专用井下工具系列化	发展了复合式动力钻具,导向钻井系统,长寿命PDC钻头等	多分支井回接工艺、地质导向钻井系统成熟
测量工具	氢氟酸测斜仪和地面定向法	机械式罗盘测斜仪,精度较高的单点、多点照相测斜仪	有线随钻测斜仪投入工业化使用	多种无线随钻测斜系统投入工业化使用	发展成熟的含有地质参数的无线随钻测斜仪

一、我国定向钻井技术的发展

我国定向钻井技术的发展可以分为三个阶段,20世纪50至60年代开始起步;70年代扩

大实验,推广定向钻井技术;80年代开始通过集团化联合技术攻关,使得我国的定向钻井技术有了重大发展。

(1)我国定向钻井技术始于1956年,当时在苏联专家的帮助下,在玉门油田打了定向井、双筒井等;

(2)50年代末,苏联专家撤出后,60年代我国依靠自己的力量,在四川打了许多高难度的定向井,而且还打了两口水平井,在当时名列世界第二位(第一位是苏联);

(3)70年代末到80年代初,在江汉油田、渤海油田以及胜利油田,打了一批小斜度定向井,为80年代中期定向钻井技术大发展做了铺垫工作;

(4)1985—1990年,定向井、丛式井技术被列为"七五"国家重点科技攻关项目,取得了重大成果;

(5)1991—1995年,水平井钻井技术被列为"八五"国家重点科技攻关项目,又取得重大成果,我国的定向井、水平井钻井技术达到了国际先进水平;

(6)1996—2000年,侧钻水平井技术被列入"九五"国家重点科技攻关项目,侧钻技术和短半径水平井技术又有了重大发展;

(7)1997年,我国某公司依靠外国公司的技术,完成了一口大位移井(西江24-3-A14井),打破了当时的世界纪录。1999年又完成了一口大位移井(西江24-3-A17井);

(8)自2006年起,中国石油天然气集团公司(以下简称中石油)加大了水平井钻井工作力度,当年就完成了水平井522口,相当于前6年(2000—2005年)完成水平井的总和,单井产量为同类直井的3~5倍,新建产能200×10^4t/a,相当于打了1900多口直井。

水平井是中石油近年来推行的一种新技术,是实现"少井高产"的主要技术手段。南堡油田在钻井技术方面有了新的创新:一是利用人工岛实现了海油陆采;二是利用模块钻机配合井口槽技术实现了高密度丛式井的集中开发模式。我国能够独立完成的大位移钻井技术尚处在初级阶段,水平多底井、分支井、径向水平井等技术正处在快速发展阶段。

二、21世纪定向钻井技术的发展特征

1. 钻井工艺、技术、设备发展多样化

在多学科交叉的影响下,研发了大位移钻井技术、侧钻水平井钻井技术、分支井钻井技术、径向水平井技术、欠平衡钻井技术和连续油管钻井技术。研制了高技术含量的MWD、LWD等随钻测量仪器。

钻井井眼在水平方向上的位移已经突破1×10^4m,使以前无法开采的复杂油气藏和老油田的储量得到开发,油气采收率显著提高,开发成本进一步降低。

钻井新技术的特点不仅体现在钻井工艺技术的多样性,还体现在井身结构、下部钻具组合、测试工具尺寸及功能上的多样化,这种多样化增强了钻井技术在不同条件、不同环境下的适应能力。

2. 工具和作业集成化、自动化、智能化

当前的导向钻具、测试工具和作业控制都日趋智能化,监控系统正由单一工具的智能化向整套系统智能化的方向发展。导向钻井技术从初级导向钻井、地面人工控制的导向钻井方式逐渐发展到全自动化的井下闭环旋转导向钻井方式。近年来,地面自动控制的导向钻井工具和随钻地层评价测试系统的成功开发,更体现了工具和作业智能化的趋势。

智能化钻井系统是自动化钻井的核心,是多种高新技术和产品进一步研发的结果,其微型

化的发展趋势,可望在 21 世纪前半叶实现。

3. 钻井信息数字化

随着钻井过程中工具位置、状态、流体水力参数、地层特征参数的实时测试、传输、分析和控制指令的反馈、执行、再修正,钻井信息技术日益数字化,钻井过程逐步由人为的经验性监控过程发展成为一个可用数字描述的确定性监控过程。当前使用的三维成像技术就是钻井信息数字化的一个典型例证。

国际互联网和区域网络的互联,实现了井场数据与后方钻井、地质、油藏及管理部门间的双向通信,这样,在钻井过程中就能够及时获得后方的技术指导与支持,实现准确、优质、高效、安全地钻井。

4. 专业分工与作业合作化

自水平井钻井技术获得发展以来,出现了明显的专业分工和作业中的合作。目前这种合作化趋势更加明显。测试工具的开发和应用,多分支井完井管柱系统的开发,都体现了专业服务公司与作业者之间的专业分工和作业合作趋势。这种趋势有利于新技术、新工艺的研究和广泛应用。

总的来说,21 世纪定向钻井技术发展的趋势是向自动化、智能化、轻便化和经济化方向发展。尤其是水平井钻井技术正在向集成系统发展,即以提高成功率和综合经济效益为目的,结合地质、地球物理、油层物理和工程技术,对地质评价、油气藏筛选、水平井设计和施工进行综合优化。

水平井钻井技术的应用向综合应用方向发展,小井眼水平井钻井、横向多分支水平井钻井、大位移水平井钻井等技术都已投入实际应用,采用的先进技术包括导向钻井系统、随钻测量系统、串接液马达、PDC 钻头和欠平衡钻井技术。

水平井钻井技术在这一背景下进入了一个新的发展时期,钻井技术的成熟和应用更丰富了这一变化,预计在 21 世纪初水平井钻井技术将完全进入科学钻井时代。

5. 自动化钻井的全过程

自动化钻井的全过程分为以下六个环节:

(1)地面实时测量,主要使用综合录井仪;

(2)井下随钻测量,目前主要用 MWD、LWD、FEWD、EM – MWD 等仪器;

(3)数据实时采集,由相关计算机(井下或地面)来完成;

(4)数据综合解释并发出指令,采用人工智能优化钻井措施;

(5)地面操作自动化,由铁钻工、自动排管机完成;

(6)井下自动控制,实现井眼轨迹自动控制,由井下旋转导向系统完成。

在以上六个环节中,井下随钻测量和井下自动控制是关键环节,同时也是关键技术,二者结合起来实际上就是井眼轨迹自动控制技术(自动导向钻井技术)。

第一章 井眼轨道与井眼轨迹

井眼轨道是指一口井开钻之前预先设计的井眼轴线的形状；井眼轨迹则是指一口井实际钻成后的井眼轴线的形状。无论是设计轨道还是实钻井眼轨迹都是一条连续光滑的空间曲线，如何准确、直观地描述出井眼轨迹的空间形态，同时又能体现出钻井施工的特点，是实现定向钻井施工的基础。

在定向井施工前，首先需要考虑地质条件、钻井目的的要求、钻井工艺技术和施工技术水平等的实际情况，设计出该井的井眼轨道，为钻井施工提供理论依据。在钻井施工过程中，需要随时掌握井眼轨迹的延伸情况，并与设计轨道进行对比，指导待钻井段的施工。对已完成井眼的井眼轨迹进行精确描述与评价，确定其是否符合设计要求。井眼轨迹的描述对于固井完井、修井作业、采油工艺设计和油田开发方案设计也是一份重要的基础资料。

井眼轨迹（轨道）描述的基础是以井口为原点建立坐标系，描述时既可以用图示法，也可以用解析法。这两种方法是相辅相成、互为补充的，应用时往往需二者兼顾，既利用图示法形象、直观的特点，又发挥解析法参数准确、灵活的优势。

第一节 井眼轨迹的基本概念

描述井眼轴线的形状及方位的参数可分为两大类，一类是监测参数，另一类是计算参数。

一、监测参数

由监测仪器在井眼轨迹每个测点上测得的井深、井斜角、井斜方位角统称为监测参数，也称为井身测量参数。

钻井中，实际钻出的井眼轴线是一条空间曲线，为了了解这条空间曲线的形状，就必须进行井眼轨迹的测量，这种轨迹测量，在钻井工程术语中称作测斜。目前，测斜的方法还做不到连续测量井眼轨迹，只能一个点一个点地测，被测的点称为测点，测点的标志是该点所在的井深。井深小的测点称为上测点，井深大的则称为下测点，两测点之间的长度称为测段。测斜仪器在每个测点上所测的参数有三个，即该点处的井深、井斜角和井斜方位角，这三个参数就是井眼轨迹的基本参数。

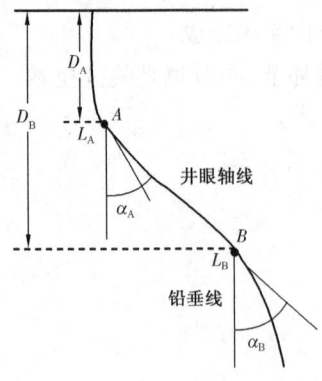

图1-1 井斜角及垂深示意图

1. 井深（测深）

井深是指井口（通常以转盘面为基准）至测点的井眼长度，也称之为斜深、测深。井深是用钻柱或电缆的长度来计量的。井深既是井眼轨迹上某点的标志，又是该点处的井眼轨迹参数之一。

井深常用字母 L 表示，单位为 m。井深的增量是用下测点的井深减去上测点的井深，井深的增量为井段，以 ΔL 表示。如图1-1所示，$\Delta L = L_B - L_A$。

2. 井斜角

井眼方向线与铅垂线之间的夹角就是井斜角。过井眼轴线上某测点作井眼轴线的切线,该切线指向井眼前进方向的部分称为井眼方向线。显然,井眼方向线与铅垂线都是有向线段。井斜角表示了井眼轨迹在该测点处相对于重力线的倾斜程度。

井斜角常用 α 表示,单位为(°)。两个测点间井斜角的增量等于下测点的井斜角减去上测点的井斜角,用 $\Delta\alpha$ 表示。如图 1-1 所示,A 点的井斜角为 α_A,B 点的井斜角为 α_B,AB 井段的井斜角增量 $\Delta\alpha = \alpha_B - \alpha_A$。

3. 井斜方位角

以正北方位线为始边,顺时针方向旋转到井眼方位线上所转过的角度,即为井斜方位角。某测点处的井眼方向线在水平面上的投影,称为井眼方位线或井斜方位线。正北方位线和井眼方位线都是有向线段,都可以用矢量表示。

井斜方位角常用 ϕ 表示,单位为(°)。规定:井斜方位角的值可以在 0°~360°范围内变化,顺时针为正,逆时针为负。井斜方位角的增量是用下测点的井斜方位角减去上测点的井斜方位角,用 $\Delta\phi$ 表示。如图 1-2 所示,A 点的井斜方位角为 ϕ_A,B 点的井斜方位角为 ϕ_B,AB 井段的井斜方位角增量 $\Delta\phi = \phi_B - \phi_A$。

井斜方位角还可用象限角表示,它是指井斜方位线与正北方位线或正南方位线之间的夹角,如图 1-3 所示。象限角在 0°~90°之间变化,书写时需要注明所在的象限,如 N67.5°W,表示方位在北偏西 67.5°。

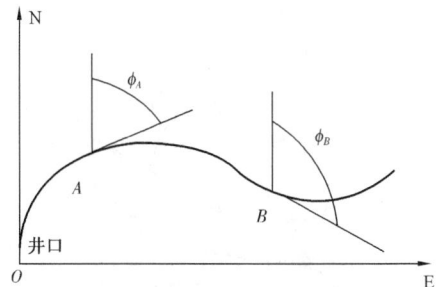

图 1-2 井斜方位角及井斜坐标示意图

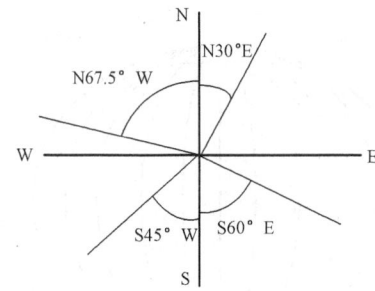

图 1-3 象限角示意图

井斜角和井斜方位角是相互依存的。只有井眼轨迹上某点的井斜角不为零时,才存在方位角,否则就不存在井眼轨迹的倾斜方位问题。因此,完整的"井斜"概念包含着井斜角和井斜方位角两层含义。

注意:"方位线"与"方向线"是有区别的。方位线是水平面上的矢量,而方向线则是空间的矢量。只要提到方位、方位线、方位角,都是指存在于某个水平面上的;而方向和方向线则是存在于三维空间内(当 $\alpha = 90°$ 时,二者均在水平面上)。井眼方向线是指井眼沿轴线上某一点处井眼前进的方向线。该点的井眼方位线则指该点井眼方向线在水平面上的投影。在学习扭方位计算时,也要特别注意这个区别。

4. 井斜方位角基准变换

在石油钻井施工的井眼轨迹监测中,由于采用了不同正北方向的基准,所以定义了三种方位角,即真方位角、磁方位角和坐标方位角。

1)基本概念

磁性测斜仪所测得的井斜方位角,是以地球磁北方位为基准的,称为磁方位角。地磁北极与地理北极并不吻合,地理子午线和地磁子午线之间存在一个夹角,这个夹角称为磁偏角,用 δ 表示。磁偏角又分为东磁偏角和西磁偏角。当磁北方位线在真北方位线的东面时,称为东磁偏角,值为正;当磁北方位线在真北方位线的西面时,称为西磁偏角,值为负,如图 1-4 所示。

真方位角 ϕ_T:井眼轨迹在水平投影上的某点指向大地北极的方向线,称为真北方向线(地理北方向)。井眼轴线上某测点的方向线(切线)在水平面上的投影与真北方向线之间的夹角,称为该点的真方位角或大地方位角。

磁方位角 ϕ_M:井眼轨迹在水平投影上的某点指向地磁北极的方向线称为磁北方位线。井眼轴线上某测点的方向线(切线)在水平面上的投影与磁北方向线之间的夹角,称为磁方位角。

坐标方位角 ϕ_C:高斯投影区内的中央子午线称作坐标北(网格北)。井眼轴线上某测点的方向线在水平面上的投影与坐标北之间的夹角,称为该点的坐标方位角。

井斜方位角之间的关系,如图 1-5 所示,其关系式为

$$\phi_T = \phi_M + \delta \tag{1-1}$$

$$\phi_C = \phi_T - \xi \tag{1-2}$$

$$\phi_C = \phi_M + \delta - \xi \tag{1-3}$$

式中 δ——磁偏角,东磁偏角为正值,西磁偏角为负值,(°);

ξ——高斯平面子午线收敛角,东收敛角为正值,西收敛角为负值,(°)。

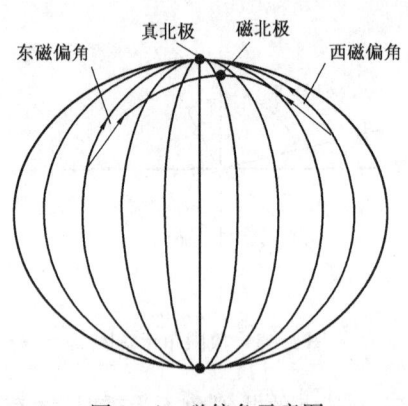

图 1-4 磁偏角示意图

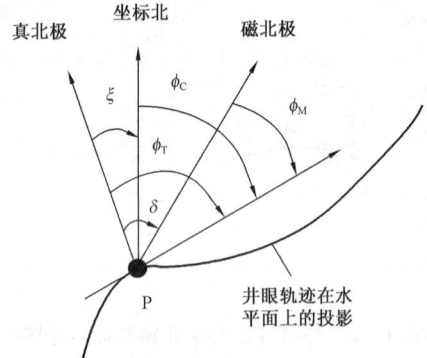

图 1-5 各方位角之间的关系

各方位角之间的换算以前称为"方位角校正",主要换算内容是将磁方位角换算为真方位角。但实际上,这种换算过程既不是对测量误差的修正也不是对测量仪器的校准,只是将方位角的计算基准由一种转换为另一种,并不存在"校正"的问题,因此称之为"方位角换算"或"方位角归化"更为科学。

地质、工程设计中的方位均为地理方位(真北方位),而用磁性测斜仪所测的井斜方位角是磁方位角,并不是真方位角,所以需要对测得的磁方位角进行换算以求得真方位角。

2) 磁方位的换算方法

(1) 井斜方位角的值在 0°~360°范围内变化时:

真方位角 = 磁方位角 + 东磁偏角

真方位角 = 磁方位角 - 西磁偏角

(2) 使用象限角进行井斜方位角换算时,必须记住东磁偏角和西磁偏角各个象限的"加"、"减"情况,不可混淆,如图 1-6 所示。

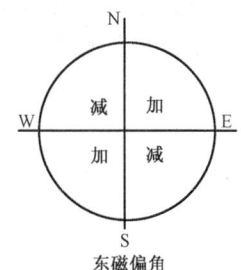 

东磁偏角　　　　　　　西磁偏角

图 1-6　象限角的换算

3）磁偏角地图

由地磁场理论可知，地磁场是随着时间的变化而变化的，所以每个国家每五年发布一次磁偏角地图，如图 1-7 所示。由井位所在的地理位置，可通过此图确定东、西磁偏角及其数值的大小。

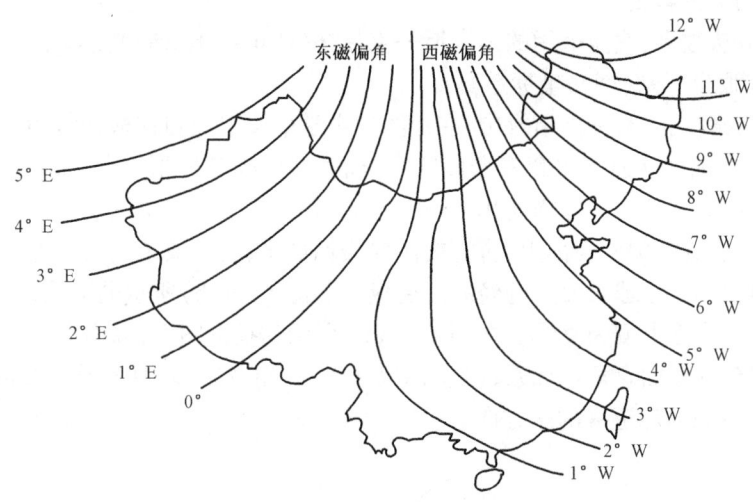

图 1-7　磁偏角地图

5. 子午线收敛角

《石油天然气行业标准定向井轨道设计与轨迹计算》（SY/T 5435—2012）规定"在轨迹计算中，井斜方位角应进行磁偏角和子午线收敛角的换算"。

1）子午线收敛角的相关概念

定向井的井位和目标点都是用坐标值来表示的，坐标值又与坐标系有关系。同一井位，坐标系不同，则坐标值也有很大的区别。

（1）大地坐标系。

大地坐标系是描述地球上任意一点位置的坐标系，常见的大地坐标系如图 1-8 所示。某点的位置在坐标系中用经度、纬度以及该点的高程 H（由地心到地表的距离）来确定，

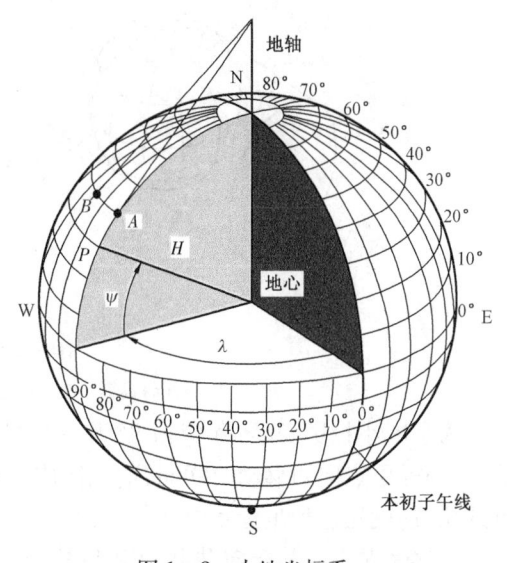

图 1-8　大地坐标系

这个坐标系通常称为地理坐标系。为了避免与定向井中其他约定符号相混,本书中经度以 X 表示,纬度以 Y 表示。但是,大地坐标系不能给出在地球表面上的距离或长度,不便于在钻井工程中应用。

例如,某定向井井口位置,大地坐标为

$$X = 37°35′5.123″$$
$$Y = 118°55′3.321″$$

目标点的位置为

$$X = 37°35′11.224″$$
$$Y = 118°57′5.737″$$

据此大地坐标值,很难确定井口与目标点之间的距离和方位,很难进行轨道设计和轨迹计算。因此,要想在平面上把某点的位置表示出来,这就需要平面坐标系。由于地球表面是球面,不可能展开到平面上,所以要想将井眼轨迹在平面上表示出来,就要使用投影的方法,这就是地图学中使用的投影法。

地图投影方法很多,我国采用的是高斯—克吕格(Gauss – Kruger)投影法。

(2)高斯平面坐标系(网格坐标系)。

高斯—克吕格投影,又称高斯投影,在地图投影学中属于椭圆柱横切等角投影,如图 1 – 9(a)所示。设想在地球外面横向套一个椭圆柱,椭圆柱的横截面形状与地球子午圈包围的平面完全相等,则此椭圆柱与地球横向相切,相切的这条子午线称为中央子午线。然后把地球表面上的点或线投影到椭圆柱表面上,再把椭圆柱表面展平,就构成了高斯—克吕格投影。经过高斯—克吕格投影后,地球表面上的经纬线变成了如图 1 – 9(b)所示的形状,其中中央子午线和赤道线的投影,在图上成为直线。在图 1 – 9(b)所示的投影图上,以中央子午线和赤道线的交点为原点,可建立平面直角坐标系,纵坐标以 X 表示,正方向为中央子午线的北方向;横坐标以 Y 表示,正方向为赤道线的东方向。

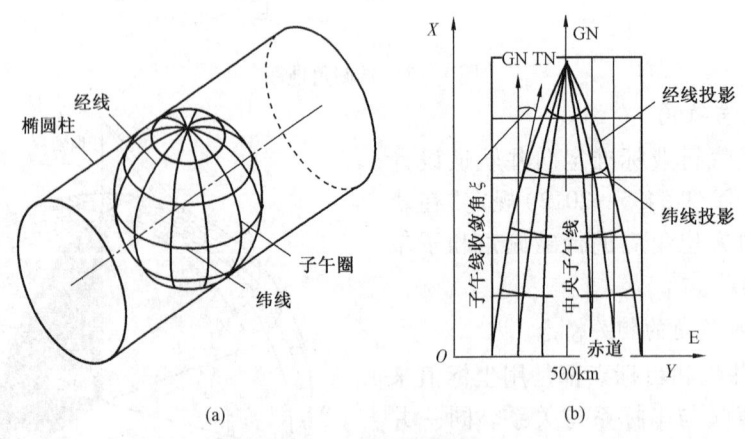

图 1 – 9 高斯投影

(a)高斯—克吕格投影;(b)高斯投影坐标系

为了减小投影变形,每 6° 或 3° 为一个投影带。为了在一个投影带内横坐标值不出现负值,将坐标原点向西移动 500km,这就构成了高斯投影坐标系。定向井设计给定的井口和目标点的位置,就在这种坐标系中。

上述例题中的某定向井井口和目标点,若用高斯投影坐标系表示,则井口坐标为:$X_0 =$

4163140.193m，Y_0 = 20669380.084m。目标点坐标为：X_t = 4163390.193m，Y_t = 20672380.084m。

注意：Y 坐标前两位数字表示投影带的序号，说明该井口位于高斯投影 6° 带的第 20 投影带，其中央子午线为东经 117°（20×6°-3=117°），小数点前 6 位数字是坐标值。

(3) 子午线收敛角的定义和性质。

在大地坐标系中，北半球所有子午线均汇交于北极点。过同一纬度线上两点 A 和 B 分别作子午线的切线，二切线必相交于地轴上，二切线之间的夹角，称为 A、B 两点的子午线收敛角 ξ，如图 1-8 所示。

在高斯投影坐标系中，任意点都有其坐标北方向，且都与中央子午线方向相同，此坐标北方向称为"网格北"，用 GN 表示。同时，任意点还有其"真北"方向（沿子午线在该点的切线方向），用 TN 表示。GN 与 TN 之间的夹角，称为高斯平面子午线收敛角（简称子午线收敛角），如图 1-9(b) 所示，用字母 ξ 标示。实钻井眼轨迹计算要用的就是这个收敛角。

子午线收敛角有正负之分，以网格北相对于真北的方向进行判断。在中央子午线以东，网格北都在真北以东，可称为东收敛角，值为正；在中央子午线以西，网格北都在真北以西，可称为西收敛角，值为负。

在一个投影带内，高斯平面子午线收敛角的变化是有规律的，距离中央子午线越远，收敛角越大，在中央子午线上收敛角等于零；距离赤道线越远，则收敛角越大，在赤道线上收敛角等于零。表 1-1 给出了 6° 带投影区内高斯平面子午线收敛角的变化情况。

表 1-1　不同纬度和经度差下的高斯平面子午线收敛角（6° 带投影区内）

经度差 纬度	0°	1°	2°	3°
10°	0°00′00″	0°10′25″	0°20′50″	0°31′16″
20°	0°00′00″	0°20′31″	0°41′03″	1°01′37″
30°	0°00′00″	0°30′00″	1°00′01″	1°34′04″
40°	0°00′00″	0°38′34″	1°17′09″	1°55′46″
50°	0°00′00″	0°45′58″	1°31′56″	2°17′54″
60°	0°00′00″	0°51′58″	1°43′56″	2°35′54″
70°	0°00′00″	0°56′23″	1°52′46″	2°49′49″
80°	0°00′00″	0°59′05″	1°58′11″	2°57′16″
90°	0°00′00″	1°00′00″	2°00′00″	3°00′00″

2) 子午线收敛角的计算

钻井工程设计给定的井口位置和目标点的坐标，都是以高斯投影坐标系为基准的。要计算子午线收敛角，首先要进行坐标系的转换，把高斯投影坐标系转换成大地坐标系，即可求得井口和目标点的经度和纬度。坐标系的转换过程较为复杂，需要借助专用软件才能准确计算，在此不作详细介绍。在完成坐标转换之后，即可进行子午线收敛角的计算。

传统的计算公式为

$$\xi = \frac{\sin\psi}{3600}\left[\Delta\lambda + \frac{\cos^2\psi(1+3\eta^2+2\eta^4)}{3\rho^2}\right]\Delta\lambda^3 + \frac{\cos^4\psi(2-\tan^2\psi)}{15\rho^4}\Delta\lambda^5$$

简易计算公式为

$$\xi = \Delta\lambda \sin\psi \qquad (1-4)$$

$$\Delta\lambda = \lambda - \lambda_0$$

式中 ξ——子午线收敛角,(°);

λ、λ_0、$\Delta\lambda$——计算点的经度、中央子午线的经度、计算点与中央子午线之间的"经度差",(′);

ψ——计算点所在的纬度,(°);

ρ——把(′)换算成弧度的常数,$\rho = 206264.8063$;

η——中间变量,$\eta^2 = 0.00673950181917\cos^2\psi$。

实际计算表明,该简易公式的计算误差随着纬度 ψ 的减小而增大,随着经度差 $\Delta\lambda$ 的增大而增大。在 $\psi = 10° \sim 70°$ 和 $\Delta\lambda = 1° \sim 3°$ 的范围内,最大相对误差不超过 0.083%,此精度可以满足工程计算中的要求。简易公式由韩志勇教授于 2006 年 7 月提出,目前应用较为广泛。

3)子午线收敛角的换算方法

井斜方位角在测量时使用的磁性测量仪器,是以磁北为基准的。使用的非磁性测量仪器(例如陀螺仪),测得的井斜方位角是以真北为基准的。在进行定向井井眼轨道设计和井眼轨迹计算时使用的都是高斯投影坐标系,均以网格北为基准的。所以需要把测得的以磁北为基准的井斜方位角转换成以网格北为基准的井斜方位角,这项工作称为"方位角换算",国外称为"方位参照系转换"。

当使用磁性测斜仪时,井斜方位角换算包括磁偏角换算和子午线收敛角换算。这两个方面的换算应结合起来一起完成,可用式(1-3)进行换算。

当使用非磁性测量仪器(例如陀螺仪)时,只进行子午线收敛角的换算,可用式(1-2)进行换算。

例如,我国某油田一口井的井口坐标为:$X = 4163140.193\text{m}$,$Y = 20669380.084\text{m}$。

经过坐标换算,可求得该井口的大地坐标(2000 年)$X = 37°35'2.627''$,$Y = 118°55'3.147''$;该井口处的子午线收敛角 $\xi = 1.169765°$(若用简易公式计算,$\xi = 1.17262412°$),近似取 $\xi = 1.17°$。已知当地当年的磁偏角 $\delta = 6.30°$,则换算后该井的井斜方位角 $\phi_G = \phi_M + \delta - \xi = \phi_T - 6.3° - 1.17° = \phi_T - 7.47°$。

对该井所有测点的井斜方位角按照式(1-2)和式(1-3)进行换算之后,才能进行井眼轨迹计算。

通常,石油钻井中的地质设计是用高斯平面坐标来给出井口和目标点的位置,即便是用经纬度给出它们的大地坐标,在钻井工程设计中也要把它们转换到高斯平面内。因此,工程设计的井眼轨道是以高斯平面内坐标纵线北为基准的。然而,磁性测斜仪所测得的井斜方位角是磁方位角,如果不对方位角进行换算处理,所计算出的井眼轨迹将是以地磁北极为基准。显然,这会导致井眼轨道和井眼轨迹不在同一个坐标系内,而无法进行比对。因此,设计井眼轨道和实钻井眼轨迹必须采用相同的北极基准。

由于地磁北极是随时间变化的,所以不宜以地磁北极作为基准,否则所得到的井眼轨迹会给今后的井眼防碰、老井侧钻以及储层改造等施工带来不便。大地北极和高斯平面坐标北都可以作为基准。如果选用大地北极作为基准,就需要把设计的井眼轨道和实钻井眼轨迹都转换到大地北极坐标系中。设计轨道的换算方法是,在设计之前,保持各目标点的水平位移不变,将高斯平面坐标系中的平移方位角都加上子午线收敛角 ξ 之后,再进行井眼轨道设计。实钻井眼轨迹的换算方法是,将实测的磁方位角加上磁偏角,然后再计算出实钻井眼轨迹的坐标。如果选用高斯平面坐标北作为北极基准,就不必对设计轨道做换算处理,只需要根据公式将实测的磁方位角或真方位角换算为坐标方位角,然后再计算出实钻井眼轨迹的坐标即可。

井眼轨道的换算问题既涉及井斜方位角也涉及北(N)坐标和东(E)坐标。换算时应首先对井斜方位角进行换算处理,然后再用换算后的井斜方位角来计算井眼轨道的坐标。这样,就把井眼轨道的井斜方位角和坐标都转换到了所选定的以大地北极为基准的坐标系中。

需要特别指出的是,以往只强调把实测的磁方位角换算为真方位角,弱化了大地北极和高斯平面坐标北之间的换算问题。国内油田都采用6°带的高斯投影,而我国境内最大的子午线收敛角接近2.4°,因此,大地北极和高斯平面坐标北之间的换算问题是不容忽视的。

总之,地磁北极不宜作为井斜方位角及其坐标的北极基准,大地北极和高斯平面坐标北都可以作为北极基准(一般多用后者)。只有将实钻井眼轨迹和设计井眼轨道转换到同一个坐标系内,才能保证井眼轨迹监测与控制的有效性和科学性。

二、计算参数

根据监测参数计算出来的其他井眼轴线的几何、方位参数统称为计算参数,这些参数可用于描述井眼轨迹的形状和位置,也可用于井眼轨迹绘图。

1. 垂直井深(垂深)

垂直井深是指井眼轨迹上的点至井口所在水平面的距离,常以字母 D 表示。垂深的增量简称为垂增,以 ΔD 表示。如图 1-1 所示,A、B 两点的垂深分别为 D_A、D_B,AB 井段的垂增 $\Delta D = D_B - D_A$。

2. 水平投影长度(平长)

水平投影长度是指井眼轨迹上的点至井口的长度在水平面上的投影长度,也是井深在水平面上的投影长度,也称为水平长度,以字母 L_P 表示。水平投影长度的增量简称为平增,以 ΔL_P 表示。平长和平增指的是曲线 $L_{PA}(L_{PB})$、ΔL_{PAB} 的长度(图 1-10)。

3. N 坐标和 E 坐标

N 坐标和 E 坐标是指井眼轨迹上的点在以井口为原点的水平面坐标系里的坐标值。此水平面坐标系有两坐标轴,一个是南北坐标轴(N轴),以正北方向为正方向;另一个是东西坐标轴(E轴),以正东方向为正方向。N 坐标和 E 坐标的增量分别为 ΔN、ΔE。如图 1-10 所示,A、B 两点的水平坐标值分别为 N_A、E_A 和 N_B、E_B。

4. 水平位移(平移)

水平位移是指井眼轨迹上的点至井口所在铅垂线的距离,也指井眼轨迹上的点至井口的距离在水平面上的投影长度,此投影线称为平移方位线。水平位移常用字母 S 表示。

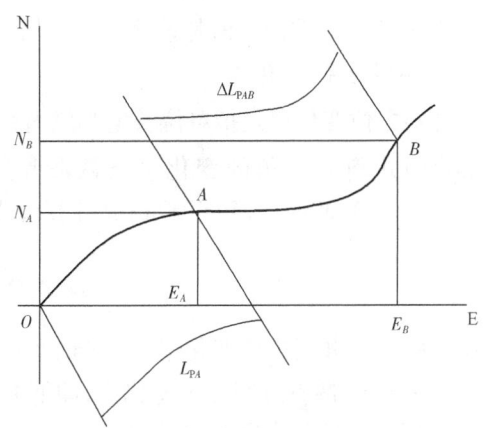

图 1-10 水平投影长度和水平坐标示意图

如图 1-11 所示,A、B 两点的水平位移分别为 S_A 和 S_B。在国外常将水平位移称为闭合距,而我国油田现场常将完钻时的水平位移称为闭合距。

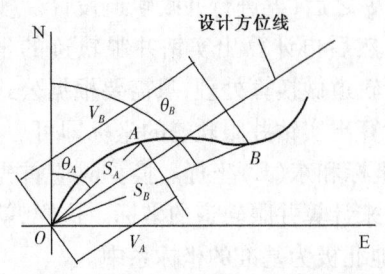

图 1-11 平移与视平移示意图

注意：水平位移和水平长度是完全不同的两个概念。在实钻的三维井眼轨迹上，二者有着明显的区别，但在二维轨道设计上是完全相同的。

5. 平移方位角

平移方位角是指平移方位线所在的井斜方位角，即以正北方位为始边顺时针转至平移方位线上所转过的角度，常用字母 θ 表示。如图 1-11 所示，A、B 两测点的平移方位角分别为 θ_A、θ_B。

在国外将平移方位角称作闭合方位角。而我国油田现场常将完钻时的平移方位角称为闭合方位角。

6. 视平移（投影位移）

视平移是指水平位移在设计方位线上的投影长度，用字母 V 表示。如图 1-11 所示，A、B 两点的视平移分别为 V_A、V_B。显然，当实钻井眼轨迹与设计井眼轨道偏差很大，甚至背道而行时，视平移可能成为负值。

7. 井斜变化率

井斜变化率是指单位长度井段内井斜角的变化值，用字母 K_α 表示。K_α 的大小用两测点间井斜角的变化量与两测点间井段的长度的比值来表示。一般单位是 (°)/10m、(°)/25m、(°)/30m 和 (°)/100m，常用的单位是 (°)/30m。

井斜变化率的计算公式为

$$K_\alpha = \frac{\Delta\alpha}{\Delta L} \tag{1-5}$$

式中　K_α——井斜角变化率，(°)/m；

　　　$\Delta\alpha$——两测点间井斜角的绝对变化值，(°)；

　　　ΔL——两测点间井段长度，m。

用式 (1-5) 求得的值是该测段的平均井斜变化率。

8. 井斜方位变化率

井斜方位变化率是指单位长度井段内井斜方位的变化值，用字母 K_ϕ 表示。K_ϕ 的大小用两测点间井斜方位角的变化量与两测点间井段长度的比值表示，常用单位有 (°)/10m、(°)/25m、(°)/30m 和 (°)/100m，其计算公式为

$$K_\phi = \frac{\Delta\phi}{\Delta L} \tag{1-6}$$

式中　K_ϕ——井斜方位变化率，(°)/m；

　　　$\Delta\phi$——两测点间方位变化值，即下测点与上测点方位角的差值，(°)；

　　　ΔL——两测点间井段长度，m。

用式 (1-6) 求得的值是该测段的平均井斜方位变化率。

9. 全角变化值

沿着井眼前进方向上，一个测点到另一个测点井眼前进方向变化的角度，称为两点间的全角变化值或"狗腿角"，通常用字母 γ 表示，如图 1-12 所示。全角变化值是描述井眼前进方

向的变化。此角既反映了井斜的变化，又反映了井斜方位角的变化，在井段长度不变的条件下，"狗腿角"越大则表示井眼前进方向变化得越快，井眼弯曲得越厉害。

常用的计算全角变化值的方法有以下两种。

(1) 我国行业标准委员会推荐使用的全角变化值计算式，其假设条件为测段是空间曲线，则全角变化值为

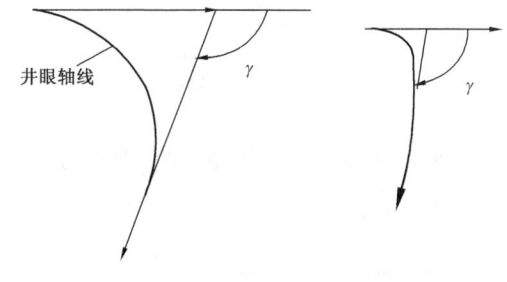

图 1-12 "狗腿角"示意图

$$\gamma = \sqrt{\Delta\alpha^2 + \Delta\phi^2 \sin^2\alpha_C} \qquad (1-7)$$

$$\alpha_C = \frac{\alpha_A + \alpha_B}{2}$$

式中 γ——该测段的全角变化值，(°)；
α_C——该测段的平均井斜角，(°)；
α_A、α_B——上、下两个测点的井斜角，(°)。

(2) 美国人鲁宾斯基推导出的狗腿角计算式，其假设条件为测段是斜平面曲线，则狗腿角为

$$\cos\gamma = \cos\alpha_A\cos\alpha_B + \sin\alpha_A\sin\alpha_B\cos\Delta\phi \qquad (1-8)$$

式中 $\Delta\phi$——该测段井斜方位角的变化值，(°)。

10. 全角变化率

全角变化率是指单位长度井段内全角变化值(狗腿角)的变化量，通常用字母 K 表示。全角变化率表示井眼前进方向变化的快慢或弯曲程度，也称为井眼曲率或狗腿严重度(简称狗腿度)，它们都是同一概念，我国常用井眼曲率这一工程术语。

井眼曲率的表达式为

$$K = \frac{\gamma}{\Delta L} \qquad (1-9)$$

式中 K——井眼曲率，(°)/m；
γ——该测段的狗腿角，(°)；
ΔL——该测段的长度，m。

目前，计算井眼曲率的方法很多，有公式计算法、查图法、图解法、查表法和尺算法五种，我国常用的是计算法。

一般计算过程：先由式(1-7)或式(1-8)求出 γ 的值，再由式(1-9)求出井眼曲率 K 的值。

注意：(1) 井眼曲率只是反映了井眼方向变化的程度，并不表示井斜的程度。井眼曲率很大时，井斜角并不一定大，而是井斜方位变化较大，只能说明井眼弯曲得很厉害。井眼曲率的重要性是每个钻井工作者必须了解的内容。

(2) 计算井眼曲率大小时，我国常采用行业标准委员会推荐的全角变化值公式，美国等西方国家多采用狗腿严重度的表示方法。

第二节　井眼轨迹图示法

在描述井眼轨迹空间曲线时,既可以用空间坐标系,也可以用平面坐标系来描述。目前,常用的描述方法有三种:投影图表示法、柱面图表示法和三维坐标图示法。

一、投影图表示法

投影图表示法相当于机械制图中的视图表示法,在国外使用广泛。此法包括两张图,一张水平投影图,相当于俯视图,也相当于将井眼轨迹这条空间曲线投影到井口所在的水平面上。一张垂直投影图,相当于侧视图,即将井眼轨迹这条空间曲线投影到铅垂平面上,如图 1-13 所示。其投影面选在原设计方位线所在的铅垂平面上(以井口为坐标原点,以视平移 V 为横坐标,以垂深 D 为纵坐标)。这样的垂直投影图与设计的垂直投影图进行比较,可以看出实钻井眼轨迹与设计井眼轨道的差别,便于指导施工中的轨迹控制。

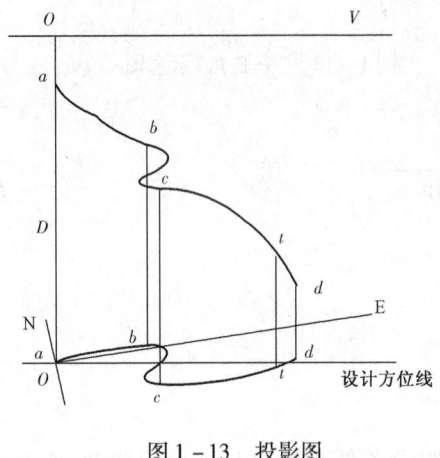

图 1-13　投影图

投影图主要用于指导施工。因为从图上可以直观地看出是需要增斜还是降斜,是需要增方位还是减方位。而且,根据投影图可以表述出井眼轴线的空间形状。但它的缺点是垂直投影图不能反映出井身参数的真实值。

二、柱面图表示法

柱面图表示法在我国油田现场得到广泛的使用。柱面图表示法需要两张平面图,一张是水平投影图,相当于俯视图,与投影图表示法相同;一张是垂直剖面图,但它并不是在某个垂直平面图上。

可以这样来理解垂直剖面图的形成,实钻井眼轨迹是一条空间曲线,设想经过这条曲线上的每一个点作一条铅垂线,所有这些铅垂线就构成了一个曲面,这个曲面与水平面的交线就是这口井的水平投影图,如图 1-14(a)所示。这个曲面即为柱面,它的显著特点是可以展平后放到平面上。当这个柱面展平时,井眼轴线也被展到平面上,这就是井眼轴线的垂直剖面图,

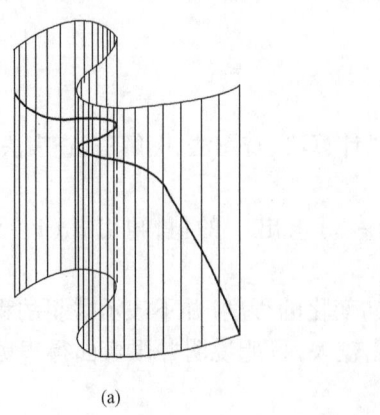

(a)　　　　　　　　　　　(b)

图 1-14　柱面图

(a)垂直柱面水平投影图;(b)水平投影图与垂直剖面图

如图 1-14(b)所示。横坐标为水平长度 L_p,纵坐标为垂深 D,坐标原点为井口。

柱面图表示法有以下优点:

(1)不管井眼形状如何复杂,井眼轴线在空间如何变化,根据水平投影图和垂直剖面图,既可了解它的空间形状,又可想象将垂直剖面图按照水平投影图的形状进行弯曲,恢复井眼轴线在空间的柱面形状。

(2)这两张图可以反映出井身参数的真实值。例如,井深和井斜角的真实值可以在垂直剖面图上反映出来,井斜方位角的真实值可以在水平投影图上表示出来。这个优点具有非常重要的意义,在今后的学习过程中将会应用得到。

(3)水平投影图和垂直剖面图作图过程容易。直接利用测斜资料算出每个测点的坐标位置,即可完成作图,甚至可以利用测斜资料不经过计算而直接做出图。

三、三维坐标图示法

三维坐标图示法相当于工程制图中的轴侧图。本来轴侧图会给人以明显的立体感,可以直接看出物体的空间形状。可是,对于井眼轴线,轴侧图却不能给人以立体感。因为井眼轴线的特点是形状复杂,在空间是随时变化的,结构简单,只是一条曲线,无法给人以立体感,所以需要采用辅助平面来增强立体感。此法只在特殊时候采用,如图 1-15 所示。

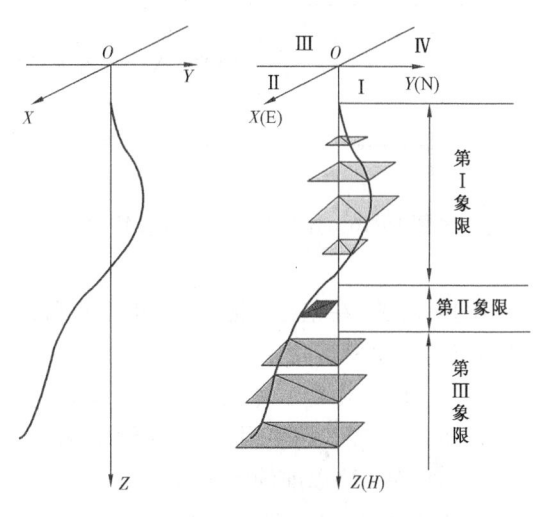

图 1-15 三维坐标图

第三节 定向井的相关概念及井眼轨道

定向井的井眼轨道设计既是井眼轨迹控制的基础和依据,又是定向钻井技术中的首要环节。应按照油田勘探开发的总体部署和要求,依据油藏地质构造特征和油气产状,以利于提高油气产量和采收率为目标,在满足钻井目的的前提条件下,尽可能选用形状简单、易于施工的井身轨道,优化井眼轨道设计,减少钻井施工过程中井眼轨迹控制的工作量和难度,从而实现安全、优质、快速、低耗的钻井施工。

一、定向井的相关概念

(1)最大井斜角:有两种不同的含义,一种是对已完成的井眼来说,全井中井斜角最大的值称为最大井斜角;另一种是在定向井的井眼轨道设计中,增斜段终点处的井斜角值为最大井斜角。

(2)造斜点(KOP):在定向钻进过程中,开始定向造斜的位置叫造斜点,如图 1-16 所示的 a 点。通常用该处的井深来表示。

(3)造斜率:造斜率表示了造斜工具的造斜能力,常用 K_z 表示,其值等于用该造斜工具所钻出井段的井眼曲率,但不等于井斜变化率。

(4)增斜段:井斜角随着井深的增加而增加的井段,如图 1-16 所示的 ab 段。

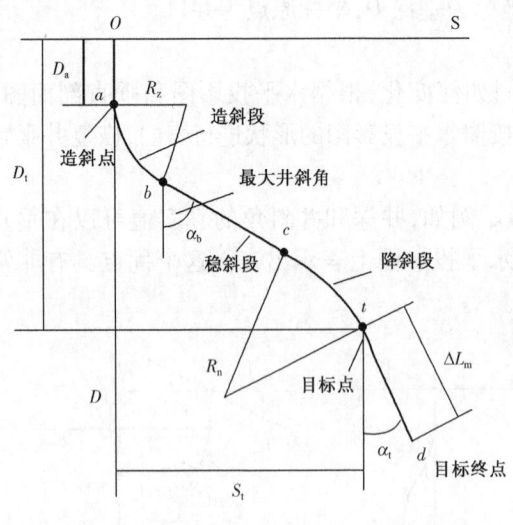

图 1-16 井深剖面术语示意图

(5) 稳斜段:井斜角保持不变的井段,如图 1-16 所示的 bc 段。

(6) 降斜段:井斜角随着井深增加而逐渐减小的井段,如图 1-16 所示的 ct 段。

(7) 目标点(靶点):钻井工程设计中规定的必须钻达的地层位置称为目标点,常用字母 t 表示。通常是以地面井口为坐标原点的空间坐标系的坐标值来表示目标点位置,如图 1-17 所示的 t 点。

(8) 靶区半径:允许实钻井眼轨迹偏离设计目标点的水平面距离,称为靶区半径。

(9) 靶区:就是在目标点所在的水平面上,以目标点 t 为圆心,以靶区半径为半径的一个圆面(水平靶)。靶区半径的大小,根据勘探开发的需要或钻井的目的而定,如图 1-17 所示。

(10) 靶心距:在靶区平面上,中靶点与目标点之间的距离,称为靶心距,如图 1-17 所示 t 与 P 两点间的距离。

(11) 连接点:由定向井测量的三个基本要素以及该点的空间坐标构成。连接点的使用,可使后续的测量井段的计算以该点作为基准,而忽略以前的测量数据。

二、定向井井眼轨道的类型

定向井井眼轨道的类型是按照设计的井眼轨道划分的,原因是设计的井眼轨道是一条人为的、具有一定规则的曲线,容易作为分类的标准。而实钻井眼轨迹是一条随意的空间曲线,不能作为分类的标准。需要说明的是直井的设计井眼轨道为一条铅垂线,不管实钻的直井井眼轨迹在空间如何变化,仍然称之为直井。

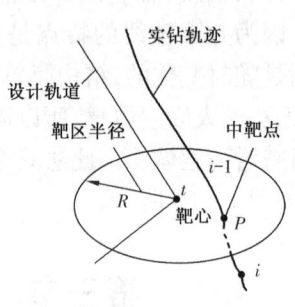

图 1-17 靶区示意图

根据井眼轨道的不同,定向井可分为二维定向井和三维定向井两大类。

二维定向井是指设计的井眼轨道都在一个铅垂平面上变化,即设计的井眼轨道只有井斜角的变化而无井斜方位角的变化。二维定向井又可分为常规二维定向井和非常规二维定向井。常规二维定向井的井眼轴线形状都是由直线和圆弧组成。非常规二维定向井的井眼轴线形状除了直线和圆弧以外,还有某种特殊曲线,例如悬链线,二次抛物线等。

三维定向井是指设计的井眼轨道在三维空间上变化,即既有井斜角的变化又有井斜方位角的变化。三维定向井又可分为纠偏三维定向井和绕障三维定向井。

在钻井工程设计中,最常见的是常规二维定向井。按照我国钻井行业标准化委员会的规定,常规二维定向井的井眼轨道有四种形式:三段式、多靶三段式、五段式和双增式,如图 1-18 所示。图中的字母 a 代表造斜点(KOP),b 代表增斜结束点,t 代表目标点,c 代表五段式的降斜始点或双增式的第二次造斜点,d 代表多目标井的目标终点,所有这些点均称为关节点。

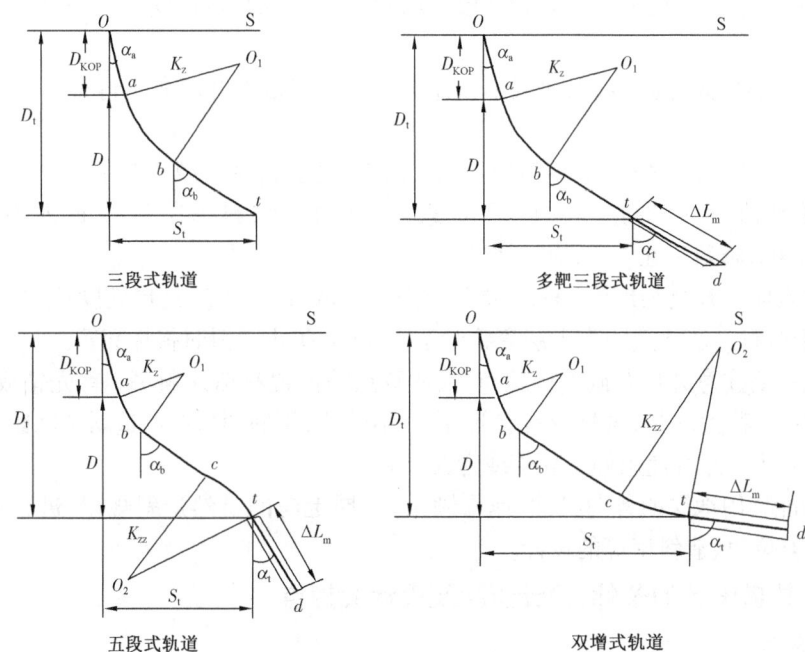

图 1-18 常规二维定向井井眼轨道类型

D_t—目标点或目标段入口点的垂深,m;S_t—目标点或目标段入口点的水平位移,m;
D_{KOP}—造斜点垂深,m;K_z—造斜段的造斜率,(°)/30m;
K_n—降斜段的降斜率,(°)/30m;K_{zz}—双增轨道的第二增斜段的造斜率,(°)/30m;
θ_o—设计平移方位角,(°);α_t—目标段井斜角,(°);
ΔL_m—目标段长度,m;α_b—稳斜段井斜角,(°)

三、定向井的设计思路和基本方法

定向井的井眼轨道设计是井眼轨迹控制的基础和依据。在讨论井眼轨迹控制之前,了解井眼轨道设计形状以及整个定向井设计过程,是十分必要的。

定向井轨道设计是定向钻井技术中的首要环节。定向井井眼轨道设计的质量,决定着一口定向井能否顺利施工,能否取得预期的经济效益。因此,对定向井井眼轨道设计质量的要求必须引起足够的重视。

1. 定向井井眼轨道的设计思路

目的层油藏地质设计→产量预测→完井方法的确定→目标段的设计→目的层以上的井眼轨道设计→套管设计→井下工具和监测方法的选择→钻头水力参数设计与地面设备的选择→综合经济评价。

2. 定向井井眼轨道设计的基本方法

定向井设计是一个"先地下后地面,自下而上,综合考虑,反复寻优"的过程。此过程涉及大量的分析计算和对比选择,因此一般由计算机来完成。

四、井眼轨道设计的一般原则

(1)轨道设计首先要考虑实现本井的目的。

(2)尽可能选择形状简单、易于施工的轨道类型,以减小井眼曲率,满足井下管柱强度的要求。探井应选择最简单的三段式轨道。开发井必要时可选择S形的五段式轨道,使进入目的层的井斜角尽量小，井段最好是垂直井段，以满足封隔器的坐封、安装电潜泵及其他井下作业的需要。

（3）尽量减小最大井斜角，以便减小钻井的难度。但最大井斜角不得小于15°，否则井斜方位不易稳定。

（4）在选择井眼曲率值时，要权衡造斜工具的造斜能力，尽量减小起下钻、下套管、下油管及抽油杆的工作难度，缩短造斜井段的长度。一般要求增斜率在3°/30m左右，不得超过(4.5°~6°)/30m，降斜率在1.5°/30m左右。

（5）造斜点应避开复杂地层（漏失、坍塌、缩径、膨胀、高压等），地层硬度适中，太软太硬的地层都不利于造斜。造斜点距离上层套管鞋至少50m，防止造斜时损坏套管。

（6）丛式井要注意井口井底的合理布置、造斜点的位置和钻井顺序。首先钻成直井，然后先打造斜点高、位移大的井，再打造斜点低、位移小的井，相邻两口井的造斜点间距应该上下错开100m。海上丛式井可使用倾斜导管或弯曲导管。

（7）尽可能利用地层的各向异性、地层倾角、地层走向的自然造斜规律，进行井口、井底、井斜角、井斜方位角、造斜率等的设计。

五、井眼轨道设计的条件、设计步骤及设计关键点

1. 设计条件

井眼轨道设计依据的条件有两种，一种是由地质、采油部门提供的分层地质情况预告和目标点或目标井段的有关数据，如目标点的垂深、水平位移及设计井斜方位角等；另一种是由钻井工程部门根据设计原则和钻井的条件选定的造斜点位置、造斜率大小等，将给定和选定的上述数据汇集于表1-2。

表1-2　定向井井眼轨道设计给定的条件

井眼轨道类型	给定的条件	关键参数
三段式	$D_t, S_t, D_{KOP}, K_z, \theta_o, \alpha_t, \alpha_a$	$\alpha_b, \Delta L_w$
多靶三段式	$D_t, D_{KOP}, K_z, \theta_o, \alpha_t, \Delta L_w, \alpha_a$	$S_t, \Delta L_w$
五段式	$D_t, S_t, D_{KOP}, K_z, \theta_o, \alpha_t, \Delta L_w, K_n, \alpha_a$	$\alpha_b, \Delta L_w$
双增式	$D_t, S_t, D_{KOP}, K_z, \theta_o, \alpha_t, \Delta L_w, K_{zz}, \alpha_a$	$\alpha_b, \Delta L_w$

注：ΔL_w——稳斜段长度。

一般给定的条件有：目标点的垂深D_t、目标点处的井斜角α_t及设计平移方位角θ_o，造斜点垂深D_{KOP}及造斜点处的井斜角α_a，造斜率K_z和K_{zz}。一般情况下，造斜点以上设计成垂直井段（$\alpha_a=0$），如果使用斜井钻机则$\alpha_a \neq 0$，可根据给定的α_a和D_{KOP}计算出L_a和S_a，如图1-18所示。

根据K_z、K_n和K_{zz}，可分别算出相应的井眼曲率半径R_z、R_n和R_{zz}，有

$$R_i = \frac{1719}{K_i} \tag{1-10}$$

式中，i为z、n、zz。

表1-2中的"关键参数"一栏，是指井眼轨道设计中需要首先求得的参数，只有首先求得这些关键参数，才能进行井眼轨道的其他参数计算。

2. 设计步骤

（1）选择井眼轨道形状；

(2)确定造斜点(侧钻点、分支点);
(3)选定造斜率、增斜率、降斜率,确定最大井眼曲率;
(4)求得井眼轨道的待定参数;
(5)井身计算及井眼轨道绘图。

3. 关键参数的计算方法

对于不同的井眼轨道类型,关键参数的计算方法有所不同。

1)三段式轨道

(1)一般情况下,给定的条件如表 1-2 所示,所需计算的关键参数为 α_b 和 ΔL_w,按如下公式计算:

$$D_e = D_t - D_{KOP} \quad (1-11)$$

$$S_e = S_t \quad (1-12)$$

$$R_e = R_z \quad (1-13)$$

$$\Delta L_w = \sqrt{D_e^2 + S_e^2 - 2R_e S_e} \quad (1-14)$$

$$\alpha_b = 2\arctan\frac{D_e - \Delta L_w}{2R_e - S_e} \quad (1-15)$$

(2)设计时,也可给定 D_{KOP}、D_t、S_t 和 α_b,关键参数变成了 ΔL_w 和 K_z,这种情况下的计算公式为

$$R_z = \frac{D_t - D_{KOP} - \dfrac{S_t}{\tan\alpha_b}}{\tan\dfrac{\alpha_b}{2}} \quad (1-16)$$

$$K_z = \frac{1719}{R_z} \quad (1-17)$$

$$\Delta L_w = \frac{D_t - D_{KOP} - \dfrac{R_z}{\sin\alpha_b}}{\cos\alpha_b} \quad (1-18)$$

(3)设计时,也可给定 D_t、S_t、K_c 和 α_b,关键参数变成了 D_{KOP} 和 ΔL_w,这种情况下的计算公式为

$$D_{KOP} = D_t - \frac{S_t}{\tan\alpha_b} - R_z\tan\frac{\alpha_b}{2} \quad (1-19)$$

$$\Delta L_w = \frac{D_t - D_{KOP} - R_z\sin\alpha_b}{\cos\alpha_b} \quad (1-20)$$

2)多靶三段式轨道

多靶三段式轨道,在给定的条件中,没有目标点的水平位移 S_t,也就是说没有给出地面上的井位,这是它与其他类型井眼轨道的区别之处。这种设计需要求出 S_t,确定地面上的井位,所以被称为"倒推设计法"。其计算公式为

$$S_t = (D_t - D_{KOP} - R_z \tan\frac{\alpha_t}{2})\tan\alpha_b \qquad (1-21)$$

$$\Delta L_w = \frac{D_t - D_{KOP} - R_z \sin\alpha_b}{\cos\alpha_b} \qquad (1-22)$$

3) 五段式轨道

对于五段式轨道,只要注意用下述三式计算出 D_e、S_e 和 R_e,然后代入式(1-14)和式(1-15),即可求得两个关键参数 ΔL_w 和 α_b。

$$D_e = D_t - D_{KOP} + R_n \sin\alpha_t \qquad (1-23)$$

$$S_e = S_t + R_n(1 - \cos\alpha_t) \qquad (1-24)$$

$$R_e = R_z + R_n \qquad (1-25)$$

4) 双增式轨道

双增式轨道的关键参数用下列公式计算:

$$D_e = D_t - D_{KOP} - R_{zz}\sin\alpha_t \qquad (1-26)$$

$$S_e = S_t - R_z + R_{zz}\cos\alpha_t \qquad (1-27)$$

$$R_e = R_z - R_{zz} \qquad (1-28)$$

$$\Delta L_w = \sqrt{D_e^2 + S_e^2 - 2R_e S_e} \qquad (1-29)$$

$$\alpha_b = 2\arctan\frac{D_e - \Delta L_w}{R_e - S_e} \qquad (1-30)$$

4. 井眼轨道类型的选择

(1) 凡无特殊要求的单靶定向井,均选择三段式轨道。

(2) 井口可以移动的多靶定向井,可选多靶三段式轨道或四段式轨道。

(3) 井口不可移动的多靶定向井,需按如下公式计算后,再进行选择:

$$\alpha_b = 2\arctan\frac{D_e - \sqrt{D_e^2 + S_e^2 - R_e^2}}{R_e - S_e} \qquad (1-31)$$

$$\begin{cases} D_e = D_t - D_a + R_1\sin\alpha_a \\ S_e = S_t - S_a - R_1\cos\alpha_a \\ R_e = R_1 \end{cases} \qquad (1-32)$$

若 $\alpha_b > \alpha_t$,则选五段式轨道;若 $\alpha_b < \alpha_t$,则选双增式轨道;若 $\alpha_b = \alpha_t$,则选多靶三段式轨道。

5. 井段计算

井段计算是根据设计依据的条件和计算出的关键参数,算出每个井段的段长、垂增、平增三个参数。下面分别列出各段的计算公式。

(1) 增斜段计算:

$$\Delta D_z = R_z \sin\alpha_b \qquad (1-33)$$

$$\Delta S_z = R_z(1 - \cos\alpha_b) \tag{1-34}$$

$$\Delta L_z = \frac{\pi R_z \alpha_b}{180} \tag{1-35}$$

(2)稳斜段计算：

$$\Delta D_w = \Delta L_w \cos\alpha_b \tag{1-36}$$

$$\Delta S_w = \Delta L_w \sin\alpha_b \tag{1-37}$$

(3)降斜段计算：

$$\Delta D_n = R_n(\sin\alpha_b - \sin\alpha_t) \tag{1-38}$$

$$\Delta S_n = R_n(\cos\alpha_t - \cos\alpha_b) \tag{1-39}$$

$$\Delta L_n = \frac{\pi R_n(\alpha_b - \alpha_t)}{180} \tag{1-40}$$

(4)双增轨道的第二增斜段计算：

$$\Delta D_{zz} = R_{zz}(\sin\alpha_t - \sin\alpha_b) \tag{1-41}$$

$$\Delta S_{zz} = R_{zz}(\cos\alpha_b - \cos\alpha_t) \tag{1-42}$$

$$\Delta L_{zz} = \frac{\pi R_{zz}(\alpha_t - \alpha_b)}{180} \tag{1-43}$$

(5)目标段计算：

$$\Delta D_m = \Delta L_m \cos\alpha_t \tag{1-44}$$

$$\Delta S_m = \Delta L_m \sin\alpha_t \tag{1-45}$$

[例1-1] 已知设计条件：$D_t = 2530$m，$S_t = 910$m，$D_{kop} = 300$m，$\alpha_t = 15°$，$\Delta L_m = 120$m，$K_z = 2.7°/30$m，可求得 $R_z = 636.67$m，$K_n = 1°/30$m，$R_n = 1719.00$m。试设计五段式轨道。

解：根据式(1-23)、式(1-24)、式(1-25)、式(1-14)和式(1-15)，计算结果为

$D_e = 2674.91$m，$S_e = 968.57$m，$R_e = 2355.67$m，$\Delta L_w = 1878.83$m，$\alpha_b = 24.02°$

根据井段计算公式[式(1-33)至式(1-40)]，计算结果为

$\Delta D_z = 259.11$m，$\Delta D_w = 1716.19$m，$\Delta S_w = 764.65$m，$\Delta D_n = 254.70$m，$\Delta D_m = 115.91$m，$\Delta S_z = 55.11$m，$\Delta S_n = 90.23$m，$\Delta S_m = 31.60$m，$\Delta L_z = 266.86$m，$\Delta L_w = 1878.83$m，$\Delta L_n = 270.49$m，$\Delta L_m = 120.00$m

设计的五段式轨道如图1-19所示。计算结果列于表1-3。

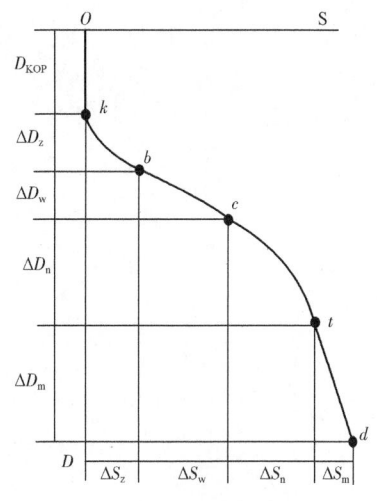

图1-19 设计的五段式轨道

表1-3 五段式轨道设计结果列表

井 段	垂直段	增斜段	稳斜段	降斜段	目标段
井斜角,(°)	0	0~24.02	24.02	24.02~15	15
垂增,m	300	259.11	1716.19	254.70	115.91
垂深,m	300	559.11	2275.30	2530.00	2645.91
平增,m	0	55.11	764.65	90.23	31.60
平移,m	0	55.11	819.76	909.99	941.59
段长,m	300	266.68	1878.83	270.49	120.00
井深,m	300	566.68	2445.51	2716.00	2836.00

第二章　井眼轨迹测量仪器及测斜计算

石油钻井施工过程中的测量属于工程测量的一种类型。从物理意义上讲，测量井下钻具的工具面角(目的是为了井下钻具定向)或测量井眼轨迹的几何参数，均属于空间姿态的测量。由于石油钻井施工的特殊性使得这一测量过程必须借助专门的工具和仪器，采取间接的方法来完成测量。在测量过程中，通常需要借助三种媒介：大地的重力场、大地磁场和天体坐标系。由此也出现了与这三种测量媒介有关的测量仪器。

(1)借助于重力场测量井斜角或高边工具面，使用的测量仪器为测角器、罗盘重锤和重力加速度计等。这类仪器的测量基准是测点与地心的连线，即铅垂线。

(2)借助于地磁场测量井斜方位角或磁性工具面，使用的测量仪器为罗盘或磁通门等。这类仪器的测量基准是磁北极，所以磁性仪器测量的井斜方位角数据必须根据当地的磁偏角换算成真北极(地理北极)的数据。

(3)借助于天体坐标系测量井斜方位角或工具面，使用的测量仪器为陀螺仪。陀螺仪是一种惯性测量仪器，不以地球上任何参照物为基准，但这类仪器在下井测量之前必须对仪器上的自转轴进行地理北极的方位标定。

钻井过程中的测量具有以下特点：

(1)钻井过程中的测量是间接测量，必须借助专用工具和仪器完成。根据测量仪器的数据记录和传输方式的不同，钻井测量又分为实时测量和事后测量。

(2)测量仪器的尺寸受井眼尺寸和钻井工具的限制，特别是下井仪器的径向尺寸必须能顺利通过套管和钻具水眼，且不能因仪器的下入而影响钻井液的正常循环或产生过大的钻井液压降。

(3)下井仪器在工作时受到地层和钻井液高压的影响，应具备一定的安全系数。

(4)测量仪器应具有良好的抗高温性能，一般称耐温在125℃以下的仪器为常温或常规仪器，耐温在182℃以下的仪器称为高温仪器。

(5)测量仪器能够承受一定的冲击(如单、多点测斜仪)、钻具转动(如钻具中的 MWD 仪器)、钻头和钻具在钻进过程中的振动(如 MWD、LWD 等)。

本章主要介绍定向井施工过程中，井眼轨迹三个基本参数(井斜角、井斜方位角和井深)、工具面角的测量仪器和测斜计算。

第一节　井眼轨迹测量仪器概述

测量仪器就好像是钻井工作者的眼睛，是井眼轨迹控制必不可少的工具，这一点对于钻定向井来说尤为重要。定向钻井技术的发展，主要依赖于先进的测量仪器和先进的井下工具。

一、测量仪器的基本类型

测量仪器的基本用途是测量井眼轨迹的几何参数(井深、井斜角、井斜方位角)、定向参数(工具面角)、地质参数(自然伽马、电阻率、岩石密度、中子孔隙度等)和钻井工艺参数(钻压、转速、泵压等)等，为井眼轨迹控制提供依据。

1. 按测量用途分类
(1)测井斜的仪器。
(2)测井斜方位的仪器。

2. 按测量原理分类
(1)液面原理仪器:虹吸测斜仪,氢氟酸测斜仪。
(2)重力原理仪器:罗盘+重锤+照相(单点、多点)测斜仪,罗盘+重锤+打孔装置测斜仪,重力加速度计测斜仪。
(3)磁北极原理仪器:磁罗盘+照相(单点、多点)测斜仪,磁通门测斜仪。
(4)陀螺原理仪器:自由陀螺(找北陀螺)测斜仪。
前两种均属于测井斜仪器,后两种属于测方位仪器。

3. 按测量仪器是否在线分类
(1)离线测量仪器(间断测量仪器):虹吸测斜仪,单点照相仪,多点照相仪,电子(单)多点测斜仪等。
(2)在线测量仪器(随钻测量仪器):MWD、LWD 等。

4. 按信号传输方式分类
(1)有线测量仪器:SST。
(2)无线测量仪器:MWD,LWD。

5. 按一次能测量的测点数分类
(1)单点测斜仪。
(2)多点测斜仪。
(3)无数点测斜仪。

二、常用测量仪器误差比较

由于使用的仪器不同,测量的精度就不同,各种仪器精度对比见表2-1。

表2-1 几种测量仪器的测量误差比较

仪 器	每10000ft 测深的位移误差,ft[1]	仪器外径,in[2]	仪器特性
磁性仪器	200	2.25	磁干扰及磁场变化
自由陀螺	100	2~3	进动漂移
找北陀螺	20~30	1.75~3	—
惯性导航	1	10.6	直径太大,结构复杂

三、常用测斜仪的适用范围

1. **磁罗盘单、多点照相测斜仪**

磁罗盘单、多点照相测斜仪适用于普通定向井和无邻井磁干扰的丛式井,与无磁钻铤配合使用,为井下钻具组合定向或测取井眼轨迹参数。

---

[1] 1ft = 0.3048m。
[2] 1in = 2.54cm。

2. 有线随钻测斜仪

有线随钻测斜仪适用于较深的定向井、无邻井磁干扰的丛式井或大斜度井、水平井,与无磁钻铤配合使用,为井下钻具组合定向或测取井眼轨迹参数。

3. 无线随钻测斜仪

无线随钻测斜仪适用于超深定向井、大斜度井、水平井或海洋钻井平台,与无磁钻铤配合使用,为井下钻具组合定向或测取井眼轨迹参数。

4. 电子多点测斜仪

电子多点测斜仪适用于精度要求较高的定向井、无邻井磁干扰的丛式井、大斜度井、水平井或海洋钻井平台,与无磁钻铤配合使用,为井下钻具组合定向或测取井眼轨迹参数。

5. 照相单、多点陀螺测斜仪

照相单、多点陀螺测斜仪适用于在套管中测取较高精度的井眼轨迹参数或在丛式井、套管开窗井中为井下钻具组合定向。

6. 电子陀螺测斜仪

电子陀螺测斜仪适用于在套管中测取较高精度的井眼轨迹参数或在丛式井、套管开窗井中为井下钻具组合定向。

第二节 测斜原理简介

测斜仪器有单点测斜仪、多点测斜仪和随钻测斜仪(无数点)。单点测斜仪通常是用钢丝绳或电缆从钻柱内腔送入井下,一次下井只能测一个井深处的井眼方向参数(靠近钻头处),常用于造斜工具的定向测量。多点测斜仪一次下入可测量、记录多个井深处的井眼方向参数(井斜角和井斜方位角),该方法是早期使用的一种测斜方法(重锤+罗盘+照相),原理如图2-1所示。随钻测斜仪是随同钻柱一同下入井下,在钻进过程中可测量无数点,并将测量数据实时传到地面上来。目前常用电子多点测斜仪和随钻测斜仪。使用随钻测斜仪时,起钻前,需用电子多点测斜仪对测斜结果进行核实。下面介绍常用测斜仪的原理。

一、液面原理

如图2-2所示,液面是水平的,井眼轴线是倾斜的。液面与井眼轴线法面的夹角,即为该测点处的井斜角。

1. 虹吸测斜仪

结构组成:墨水室、测量室、存储室和虹吸管,如图2-3所示。

工作原理:测量时,将容器轴线与井眼轴线重合或

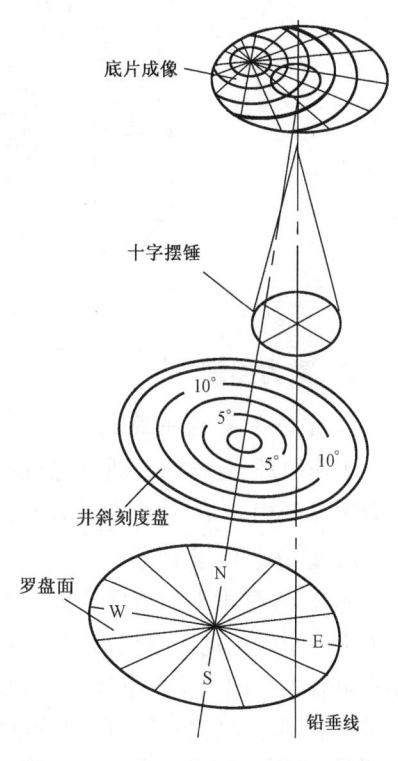

图2-1 多点测斜仪原理示意图

平行,容积内的自由液面因保持水平而使液面成椭圆形,其长轴既在水平面内又在井眼弯曲平面内,因此,长轴与圆筒形容器轴线的夹角就是井眼倾角,它的余角就是井斜角。

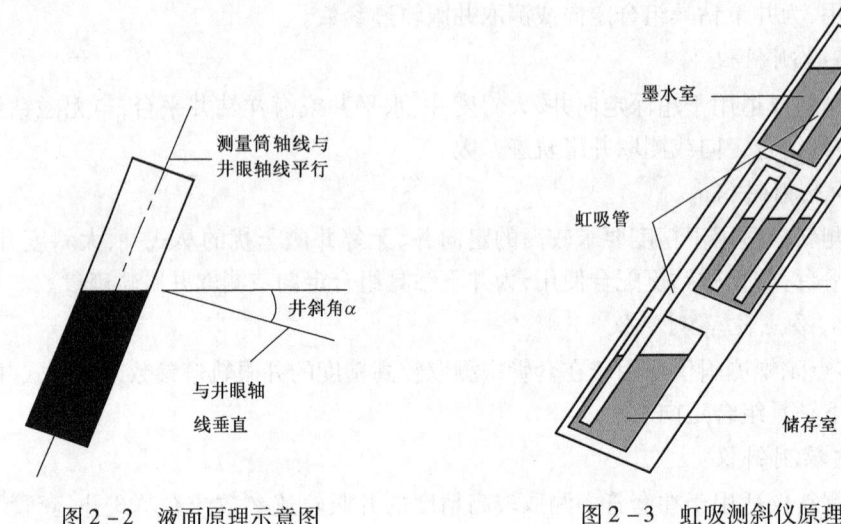

图 2-2　液面原理示意图　　　　图 2-3　虹吸测斜仪原理示意图

2. 氢氟酸测斜仪

结构组成:外筒、铅模、氢氟酸液瓶和齿刀,如图 2-4 所示。

工作原理:与虹吸测斜仪的原理相同。

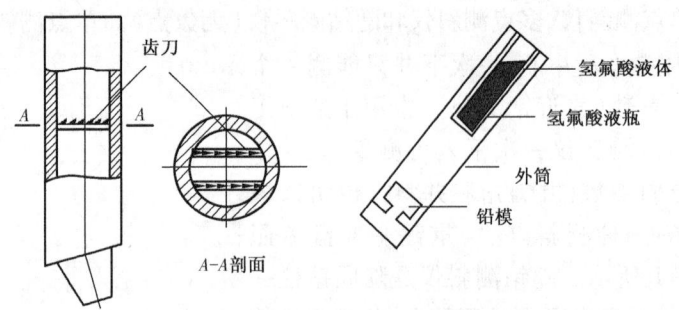

图 2-4　氢氟酸测斜仪示意图

二、重力原理

1. 重锤 + 罗盘 + 照相

工作原理:悬挂的重锤,总是指向重心方向,罗盘面上刻有许多同心圆,代表不同的角度。对着罗盘照相,"十"字标重锤投影到罗盘面上,即可读出井斜角的值,如图 2-5 所示。

2. 重力加速度计

图 2-6 是重力加速度计工作原理示意图。它利用一个石英铰固定一个测试体,使测试体只能沿一个轴运动。当仪器下井后,沿该轴作用的重力分量将推动测试体移动。测试体的移动在电容器之间产生不平衡,由伺服放大器检测出来,然后在线圈内通电,产生一个反力,使测试体恢复到原来的位置。重力分量越大,所需要产生反力的电流就越大。测量已知电阻上的电压降,就可直接得出重力分量值。

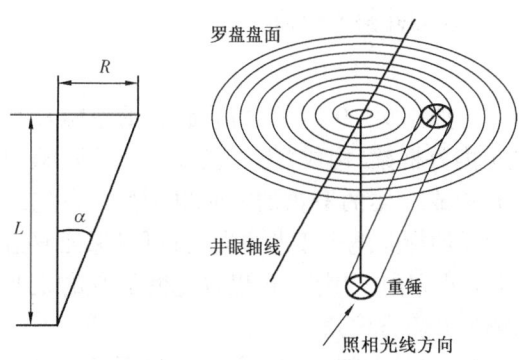
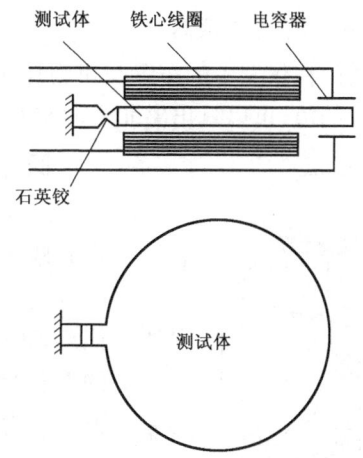

图 2-5 重力原理示意图
L—重垂钓线的长度；R—"十"字标中心投影在罗盘盘面上的点到罗盘中心的距离；α—井斜角

图2-6 重力加速度计工作原理示意图

对于三轴的重力加速度计，其三个分量的矢量和必等于重力加速度 g。由于可以用其他方法在任何位置测得重力加速度 g，所以实际上只需要两个加速度计。三轴加速度计可以检验输出结果和识别错误。

三轴的重力加速度计的测斜原理，如图 2-7 所示，在测斜仪器中，将三个重力加速度计分别安装在井眼轴线方向 Z、工具面所在半径方向 X 和与工具面垂直的另外一个半径方向 Y 上，则三个重力加速度计测得加速度的值是不同的。通过计算，可以算出重力方向与仪器轴线的夹角大小，即井斜角的大小。

三、磁北原理

这里只对磁性测量元件的磁通门作简单介绍。

1. 磁通门工作原理

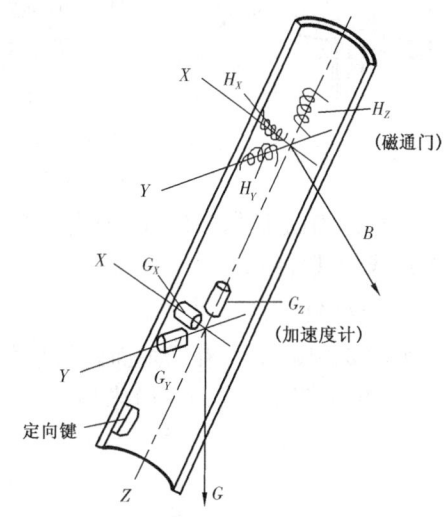

图 2-7 加速度计、磁通门布置示意图

如图 2-8 所示，铁心上绕着两级线圈。初级线圈先正向缠绕，然后反向缠绕。当给线圈通交流电时，不管电流大小和变化如何，感应线圈的磁场都互相抵消。次级线圈仅向一个方向缠绕且不通电。在没有地球磁场情况下，不会产生感应电流，而在有地球磁场的影响下，则会产生感应电流。感应电流电压的大小与该点处地球磁场强度与通过磁通门的磁通量有关。

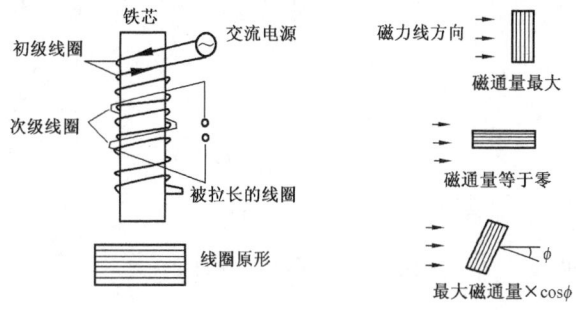

图 2-8 磁通门工作原理

2. 磁通门测斜原理

磁通门在仪器中的布置与重力加速度计相同,分别在 X、Y、Z 轴上。根据三个磁通门测得的磁通量的值,可以算出磁北方向与井眼方位的夹角,即为井斜方位角。

四、陀螺原理

陀螺仪结构及原理,如图 2-9 所示,高速旋转的陀螺具有定向性(定轴性),加上内外框架,构成"万向机架",只要陀螺轴的方向不变,与外框架构成一体的罗盘的方向也不变。在陀螺仪启动时,人为地使陀螺轴指向地理正北方向,就可以保证罗盘的 N 极始终指向地理正北方向。因此,可以以陀螺罗盘的正北方向作为参照方向,测量井斜方位角。

利用磁罗盘或磁通门测量井斜方位角的仪器均要求测量点附近无磁干扰。陀螺类测斜仪是利用自身的定轴性来测量的,不受磁干扰,可用于套管内、丛式井或没有无磁钻铤的情况,但在测量过程中存在陀螺漂移的问题。

五、井斜角、井斜方位角和工具面角的测量计算

测量仪器的加速度计输出的电压对应于三个正交轴分别记为 G_X、G_Y 和 G_Z,同样,磁通门的输出电压分别记为 H_X、H_Y 和 H_Z,如图 2-7 所示。

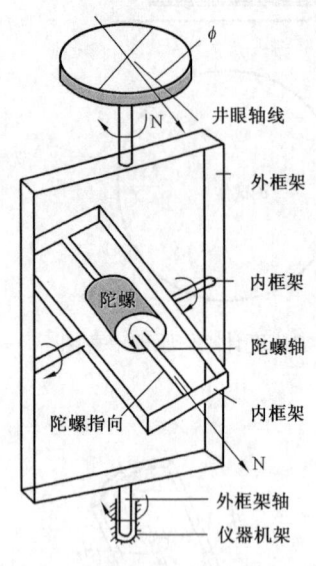

图 2-9 陀螺原理示意图

注意:Z 轴是仪器轴(井眼轴线),方向向下;Y 轴规定为与工具面方向一致,它可作为弯接头刻度线的基准线。

1. 井斜角

如图 2-10 所示,在铅垂面内的直角三角形中,井斜角是从铅垂线到 Z 轴(加速度计轴)的夹角,井斜角可由式(2-1)求出:

$$\tan\alpha = \frac{\sqrt{G_X^2 + G_Y^2}}{G_Z} \tag{2-1}$$

2. 工具面角

工具面角有两种表示方法:一种是以井眼高边(也称重力高边)为基准的重力工具面角(GTF),如图 2-11 所示;另一种是以磁北极为基准的磁性工具面角(MTF),如图 2-12 所示。

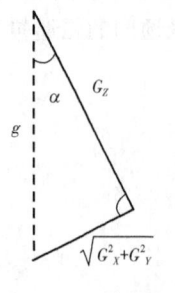

图 2-10 井斜角

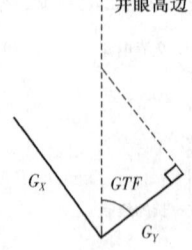

图 2-11 重力工具面角

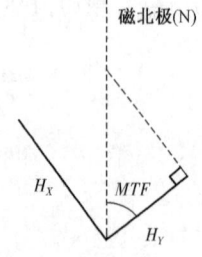

图 2-12 磁性工具面角

1）重力工具面角（GTF）

重力工具面角是沿井眼向下看时，由重力矢量所确定的井眼高边和 Y 轴（加速度计轴）之间的夹角，如图 2-11 所示，有

$$\tan GTF = \frac{G_X}{G_Y} \tag{2-2}$$

2）磁性工具面角（MTF）

磁性工具面角是磁北极与 Y 轴之间的夹角，如图 2-12 所示，有

$$\tan MTF = \frac{H_X}{H_Y} \tag{2-3}$$

3. 井斜方位角

井斜方位角是从磁北极按顺时针旋转到 Z 轴在水平面上的投影（V_1 轴）所转过的角度。为计算井斜方位角（ϕ），必须将磁通门和加速度计测得的数值分解到 V_1 轴和 V_2 轴上，如图 2-13 所示。V_1 轴是井眼方向在水平面内的投影，V_2 轴与 V_1 轴垂直。所以，对井斜方位角 ϕ，有

$$\tan\phi = \frac{V_2}{V_1} \tag{2-4}$$

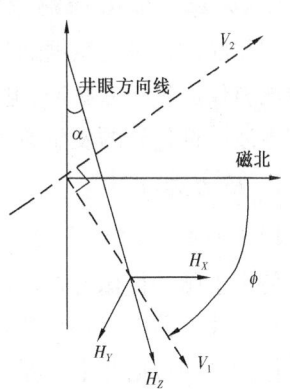

图 2-13 井斜方位角计算示意图

将 H_X、H_Y 和 H_Z 换算成 V_1 和 V_2 方向的分量值，可得到下列方程：

$$V_1 = H_Z\sin\alpha + H_Y\cos TF\cos\alpha + H_X\sin TF\cos\alpha$$
$$V_2 = H_X\cos TF - H_Y\sin TF$$

$$\sin\alpha = \frac{\sqrt{G_X^2 + G_Y^2}}{G_Z} \tag{2-5}$$

$$\cos\alpha = \frac{G_Z}{g} \tag{2-6}$$

$$\sin TF = \frac{G_X}{\sqrt{G_X^2 + G_Y^2}} \tag{2-7}$$

$$\cos TF = \frac{G_Y}{\sqrt{G_X^2 + G_Y^2}} \tag{2-8}$$

式中 TF——H_X 与 V_2 的夹角，(°)。

将 V_1、V_2 代入式（2-4），得到井斜方位角的计算公式为

$$\begin{aligned}\phi &= \arctan\frac{V_2}{V_1}\\ &= \arctan\frac{g(H_X G_Y - H_Y G_X)}{H_Z(G_X^2 + G_Y^2) + G_Z(H_Y G_Y + H_X G_X)}\end{aligned} \tag{2-9}$$

$$g = \sqrt{G_X^2 + G_Y^2 + G_Z^2}$$

井斜方位角表达式中包括加速度计和磁通门的测量结果。

六、测量数据的记录方式

测量过程中数据的记录方式主要有两种:照相底片记录方式和电子数字记录方式。

(1)使用照相底片记录方式的有:磁罗盘、单(多)点照相测斜仪和照相陀螺测斜仪。这些仪器在测井斜角和高边工具面角时,采用机械测角装置进行测量,将测量的角度投影到陀螺仪刻度盘或罗盘上,由胶片或胶卷记录下来。

(2)使用电子数字记录方式的有:电磁类测斜仪和电子陀螺测斜仪。这些仪器在测井斜角和工具面角时,均是采用重力加速度计测量,井斜方位角通过磁通门或其他方式进行测量,所有测量数据通过有线或无线方式传输到地面。

七、测量数据的传输方式

照相底片记录的数据通过取出仪器内的底片来读取数据;有线测斜仪通过电缆传输数据;无线测斜仪通过压力脉冲、电磁波和声波等方式传输数据。这里,只简单介绍压力脉冲、电磁波和声波三种信号的发生原理。

1. 压力脉冲

1)正脉冲

使用正脉冲传输方式时,要用到正脉冲发生器,如图2-14所示。

在下井仪器中有一个节流阀(由针阀和阀座组成),针阀的开启与关闭由液压调节器控制。执行机构根据井下仪器中传感器采集的数据经编码器转换后,控制节流阀的开启与关闭。平时节流阀打开,立管压力正常。当针阀动作时,阀座被堵,钻柱内钻井液形成瞬时压缩,引起立管压力的突然增加。为了使测量数据传到地面,多次开启与关闭针阀,便可产生一系列的脉冲,如图2-15所示。

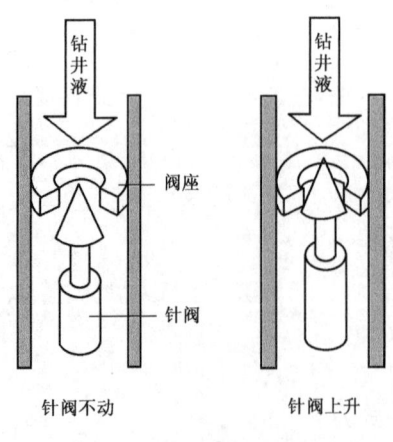

图2-14 正脉冲发生器示意图

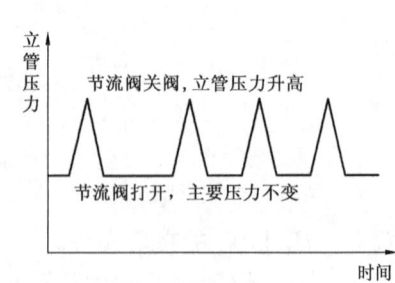

图2-15 正脉冲示意图

MWD系统的接收部分安装在钻杆中,其传感器可测出的压力脉冲幅值为0.35~0.70MPa,传感器检测出信号后由地面计算机译码。计算机首先识别出一组参考脉冲,随后是数据脉冲,通过在特定的时帧内检测有无脉冲对信息进行译码,然后将二进制编码转换为十进制数据。脉冲顺序由一个图表记录仪来监视,当译码机构出现异常时,可根据图表记录仪上的脉冲顺序进行人工译码。

带涡轮、螺杆钻具的MWD系统工作时,只要有钻井液循环就能进行连续测量。转盘钻进时,由于钻具的回转、振动等原因导致立管压力数据波动大,所以,应该以钻柱静态时测量的数据为准。正脉冲发生器因传输速率高,在井下参数测量仪(特别是LWD)中获得广泛应用。国际上的正脉冲发生器型号较多,结构与性能各异,但基本原理相同。该传输方式传输一个脉冲需要5s,传输一个参数需要1~2min。

2)负脉冲

使用负脉冲传输方式时,要用到负脉冲发生器,如图2-16所示。

发送器由阀门组成,当阀门打开时,使一小部分钻井液从钻柱内流向环形空间,快速开关这个阀门就会引起立管中的压力变化,这个变化可由压力传感器检测出来。为了形成压力负脉冲的信息通道,必须在管内和环空之间建立初始压力降,压力降消耗在水力喷射钻头的工作过程中和MWD系统的钻具组合中。在钻杆壁上有一个连接钻柱管内外空间的阀门,当阀门打开很短时间(0.25~1.0s)时会产生脉冲,脉冲的下限值取决于钻井泵高压管线中的压力降。水力压力脉冲的前沿坡度为5~6MPa/s。在井内仪器中装有参数监测传感器、编码电路和由阀门和大功率线圈组成的脉冲发生机构。压力负脉冲发生器的重要特征是在发生器短节上有一个可更换的喷嘴,它的横截面积比阀门的横截面积小得多。这种技术方案可减小阀门的磨损。负脉冲示意图如图2-17所示。

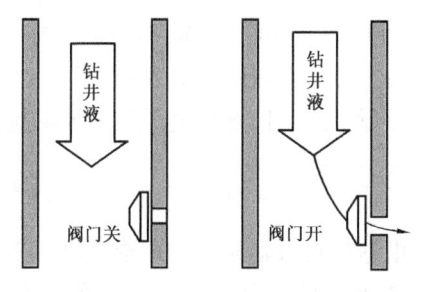

图2-16 负脉冲发生器示意图

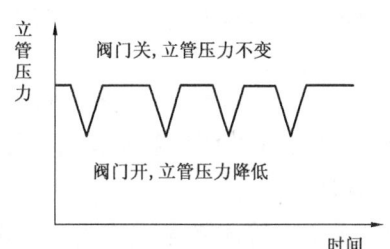

图2-17 负脉冲示意图

与正脉冲系统一样,数据脉冲前有一系列参考脉冲来建立译码过程。不同的公司,对信号的译码方法不同。在一个帧内或两个相继脉冲之间的时间间隔内有无脉冲是目前解释负脉冲顺序的两个特点。与正脉冲系统一样,当译码机构出现异常时,也可以利用图表记录仪上的脉冲顺序进行人工译码。

负脉冲发生器在早期的MWD中应用较为广泛,但因负脉冲MWD的传输速率低,不能满足测量更多参数的需要,正逐渐被正脉冲发生器所取代。

3)连续波

使用连续波传输方式时,要用到连续波发生装置。

不同于前两种信号发生系统的是,连续波信号发生系统中不会产生明显的脉冲。发生器是一个旋转的阀,该阀由一对与钻井液液流方向成直角的有槽圆盘组成。其中一个是固定的,另一个是由马达驱动的,如图2-18所示。马达以一定速度转动,产生规则连续的压力变化,这实际上是个驻波,该波作为载体将数据传输到地面。当需要发生信号时(连续波),降低或提高马达的速度使该波的相位发生变化(反向),该波的相位由相调节器中能够发出反馈信号的传感器控制,调节器将该连续波调制成相应的数据信号。在发送信号的过程中,阀门以固定的频率回转,产生与高精度时间传感器同步的信号。地面压力传感器采集到信号后在地表接收装置中经过滤波、放大、恢复同步脉冲的次序并确定所采集信号的相位,相位位移被相敏元件及其积分电路识别出来。在接收装置上分离出同步的字,循环同步传输的字被译码。这是一个比较复杂的通信系统,与前两种钻井液脉冲方法相比,能提供更高的数据传输速度,然而,它的井下和地面装备都很复杂,技术难度大,限制了它的广泛使用。目前,只有Schlumberger公司拥有该产品,并应用于自己的工具系统中。连续波脉冲发生器是井下脉冲发生器的发展方向。如图2-19所示,每秒钟可发出三个波形,传输一个参数只需要9s。

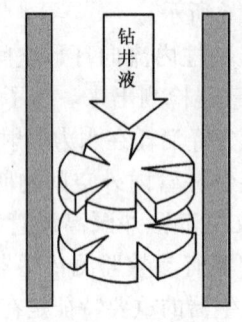

图2-18 连续波发生器示意图

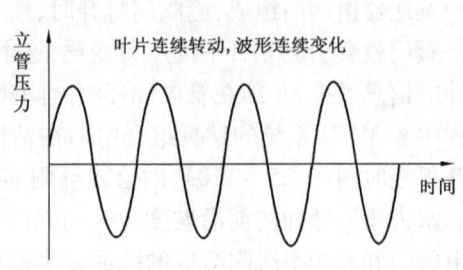

图2-19 连续波示意图

2. 电磁波

电磁波可以传输电视信号、广播信号、电报信号等,理论上也可以传输井下测量信号。电磁波方式不受钻井介质的影响,主要应用在欠平衡钻井;气体钻井或泡沫钻井;煤层气钻井;钻井液中需加入堵漏材料,不适合钻井液脉冲传输的高侵入地层钻井;适合电磁波传输的定向井和水平井;垂直钻井控制,特别是前两种钻井方式。

3. 声波

利用地面制造地震波,传到井下后再反传回地面,由地面接收器接收。理论上也可以将井下测量信息传到地面上,但实际应用困难也很大,主要原因也是因为信号衰减严重,传输过程中受到的干扰太大。

无线随钻测量技术的发展方向有:(1)传输率高;(2)对介质性能要求低;(3)传输深度提高;(4)现场操作简便;(5)可靠性高。

第三节 几种典型的测量仪器简介

一、电子多点测斜仪

电子多点测斜仪(Electronic Survey Slope,简写为ESS)是一种先进的测量仪器,采用固体电子测量元器件(测量元件内部无运动件),可对钻具的磁干扰进行修正,其精度可与先进的陀螺仪相比,而且ESS不需要电缆,减少了操作费用。ESS既可进行单点测量,又可用做多点测量。

1. ESS 的用途

在单点工作方式下,ESS可用作测量井斜角、井斜方位角、工具面角等井眼轨迹参数;在多点工作方式下,进行多点测量,ESS可连续测量1000个测点,也可用于定向取心。

2. ESS 的结构

ESS主要由井下测量仪器总成、地面数据回放和打印系统两部分组成,如图2-20所示。

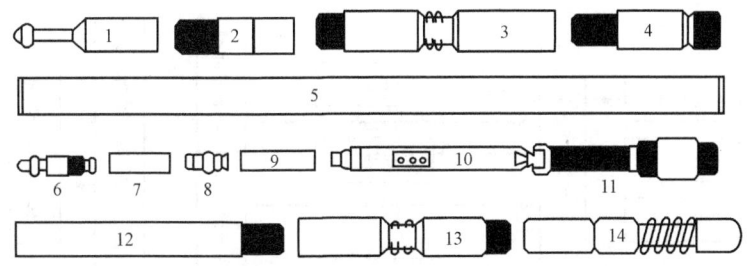

图 2-20 井下仪器结构示意图

1—绳帽;2—旋转接头;3—扶正接头;4—配合接头;5—抗压筒;6—塔头;7—电池筒;8—触点接头;
9—电池筒;10—探管;11—内部减震弹簧;12—加长杆;13—扶正接短节;14—底部减震弹簧

1) 井下测量仪器总成

井下测量仪器总成由仪器外筒总成和测量机构总成两部分组成。

(1) 仪器外筒总成(压力保护筒)。

仪器外筒总成由打捞头(绳帽)、抗压筒、加长杆、减震弹簧、定向斜口管鞋(减震引鞋)等组成。

(2) 测量机构总成。

测量机构总成由电池筒、探管总成、单(多)点程序模块、数据回放接口等组成。电池筒为井下仪器提供电源。探管总成由三轴重力加速度计、三轴磁通门(磁力计)、数据存储器等电子元件和电子线路组成,探管是个非常关键的部件,在测量中用于感知被测参数。单(多)点程序模块控制井下仪器按预定程序进行测量和存储。当测量仪器从井下取出后,通过数据回放接口仪器连接计算机。

2) 地面数据回放和打印系统

地面数据回放和打印系统由地面计算机、打印机和连接电缆组成。

3. ESS 中探管部分的组成及原理

探管总成由三轴加速度计、三轴磁通门、探管温度计及电池等元件组成。将仪器下井后可测得井下重力的三个矢量(G_X、G_Y、G_Z)的三个磁通门矢量(B_X、B_Y、B_Z)、探管温度、电池电压等参数。这些参数和经过计算机处理后的井眼轨迹参数均可储存在探管内的存储器中,当仪器从井下取出后,再经地面计算机、打印机把探管内存储器中的数据进行回放和打印。ESS 工作原理如图 2-21 所示。

4. ESS 主要测量参数的测量范围及精度

ESS 主要测量参数的测量范围及精度,见表 2-2。

表 2-2 ESS 测量范围及精度

测量参数	测量范围,(°)	测量精度,(°)
井斜角	0~180	±0.1
井斜方位角	0~360	±1(井斜角>10,磁倾角<70)
高边工具面角	0~360	±1(井斜角<20,磁倾角<80)
磁性工具面角	0~360	±1.5(井斜角>10)

5. ESS 的使用要求

(1) 测量前,必须对所有井下钻具的水眼内径进行检查,钻具内径不小于仪器外筒直径。

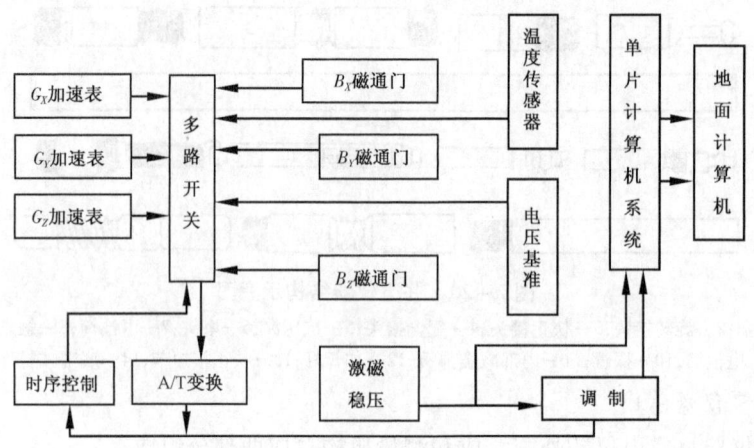

图2-21 ESS系统原理示意框图

(2)如果是投测仪器,为防止仪器在投入过程中损坏,钻杆内必须灌满钻井液。

(3)测量人员必须知道仪器的测量位置,测量环境的温度和压力,不得超过仪器的最高工作压力和温度。

(4)根据测量任务和要求,选择单点工作方式或多点工作方式。

(5)根据井下温度和测量所需的时间,选用合适的电池类型。标准碱性电池工作温度应低于70℃,氧化锌电池的工作温度应低于125℃。在单点工作方式下,标准碱性电池可连续工作5h,氧化银电池可连续工作11h。在多点工作方式下,标准碱性电池可连续工作40h,氧化银电池可连续工作60h。

(6)采用定向斜口管鞋外筒总成定向时,下井前必须校准斜口管鞋的缺口方向。

(7)下井前按要求对仪器作系统、全面的检查。

(8)起出仪器进行数据回收时,一定要注意数据回收工作完成后才能卸下电池筒。

(9)仪器使用完后,取出电池筒中的电池,清洁仪器各部分。

二、随钻测量仪

随钻测量(Measurement While Drilling,简写为MWD)即是随着钻井进程的进行,井眼不断延伸,在井眼延伸过程中实时的测量和传输井下的各种参数,钻井工程人员利用这些参数对钻进的全过程以及井下地质情况进行分析,从而对钻进过程进行有效的控制。

1. 测量内容

MWD可用于实时测量井眼轨迹的几何参数(井斜角、井斜方位角)、定向参数(工具面角)、钻井工艺参数(钻压、转速、泵压等)及地层的物理性质(电阻率、伽马射线)等参数。

2. MWD的组成

MWD的组成分为三大部分:

(1)井下测量部分,包括测量各种参数的传感器。

(2)信号传输部分,包括编码器、传输部分和动力部分。

(3)地面接收部分,包括译码器、计算机、显示器、存储器和打印机等。

在这三部分中,难度最大的是传输部分。

3. MWD 的类型

根据信号传输途径的不同,随钻测量技术可以分为有线随钻测量和无线随钻测量两种类型。

1)有线随钻测斜仪

有线随钻测斜仪(Steering Survey Tool,简称 SST)系统主要包括井下测斜仪、保护筒总成、地面接收器(计算机)、电源接口箱、司钻显示器、信号传输电缆及密封装置等。

(1)用途。

有线随钻测斜仪与无磁钻铤、定向弯接头、钻井液马达或定向直接头、弯外壳马达配合使用,可进行定向造斜、增斜和扭方位作业中的随钻测量工作。

(2)结构(以 DOT 为例)。

DOT 是有线随钻测斜仪中比较有代表性的仪器,它主要由井下测量仪器总成、数据监控设备、信号传输电缆及电缆密封装置三部分组成,如图 2-22 所示。

① 井下测量仪器总成。

井下测量仪器总成由探管总成和外筒总成组成。

a. 探管总成。

探管是测量井眼轨迹各参数的心脏,它主要由磁通门(磁力计)、重力加速计等测量元件和电子线路组成。

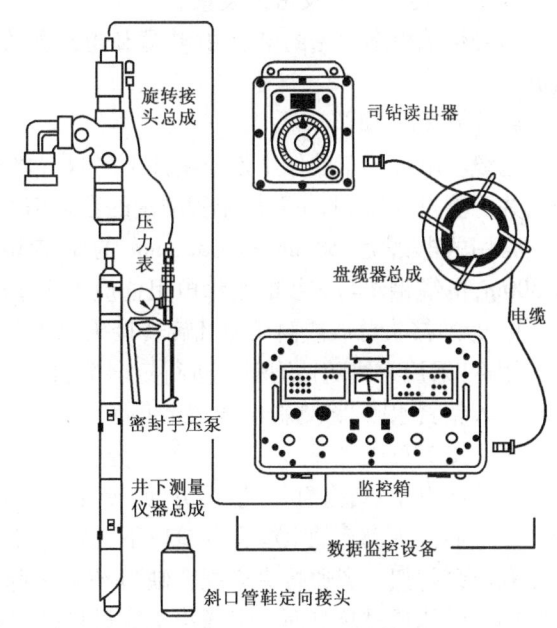

图 2-22　DOT 有线随钻测斜仪

b. 外筒总成。

DOT 井下测量仪器外筒总成如图 2-23 所示。

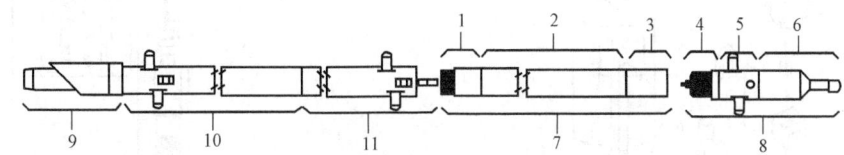

图 2-23　DOT 井下测量仪器外筒总成

1—下堵头总成;2—压力筒(外筒);3—上堵头总成;4—绳帽体连接插头;5—绳帽体扶正器接头;
6—电缆绳帽体;7—探管总成;8—绳帽(扶正器)总成;9—定向鞋总成;10—下加长杆;11—上加长杆

② 数据监控设备。

数据监控设备由控制箱、司钻读出器和盘缆器总成组成。

a. 控制箱。

控制箱主要由监视灯、电源表、监视开关、读数开关、数据输出显示器等组成。

控制箱是 DOT 随钻测斜仪的控制中心,它可以为井下仪器和地面仪表提供电源,显示监控仪器的工作状况,随时指示仪器出现的各种故障,选择仪器的工作方式,测取所需要的井眼轨迹参数。

b. 司钻读出器。

司钻读出器由面板定向盘、靶指示器等组成。

司钻读出器安装在司钻操作台附近,司钻能连续直观地获得由控制箱输出的井斜角、井斜方位角和工具面角等参数,以便根据井眼轨迹控制的要求选择合理的钻井参数。

c. 盘缆器总成。

盘缆器总成由电缆绞盘和电缆组成,主要用于控制箱与司钻读出器之间的连接和信息传输。

③ 信号传输电缆及密封装置。

信号传输电缆及密封装置由电缆和电缆绞车、旁通接头总成或高压循环旋转接头总成组成。

a. 电缆和电缆绞车。

电缆和电缆绞车的作用是连接井下测量仪器和地面计算机,将地面控制箱提供的电源输送给井下测量仪器,把井下仪器所测量的数据信号传输给地面监控处理设备。

常用的电缆是 $\phi 8mm$ 和 $\phi 5.6mm$ 的铠装单芯测井电缆,电缆的电阻率为 3.3~4.2 $\Omega/300m$,电缆钢丝与芯线的绝缘电阻值应大于 $20M\Omega$。

b. 旁通接头总成或高压循环旋转接头总成。

用途:采用有线随钻测斜仪进行定向造斜、扭方位时,电缆通过旁通接头或高压循环旋转接头进入钻具水眼,将测斜仪器送至井底。

旁通接头总成,如图 2-24 所示。旁通接头总成主要由接头体、电缆密封总成和电缆卡子组成。其特点是:结构简单,使用方便,使用旁通接头定向、扭方位时,中途不需要起下电缆。但由于旁通接头以上的电缆在井口以下的钻杆环形空间中,井口作业时应特别注意,防止挤坏电缆和电缆打扭。旁通接头应配合缺口补心一起使用(改造补心、切割一条槽),以便裸露在环空的电缆能通过转盘面。旁通接头应尽量接在极浅的井段,通常在井深 200m 以内处工作。

高压循环旋转接头总成如图 2-25 所示。

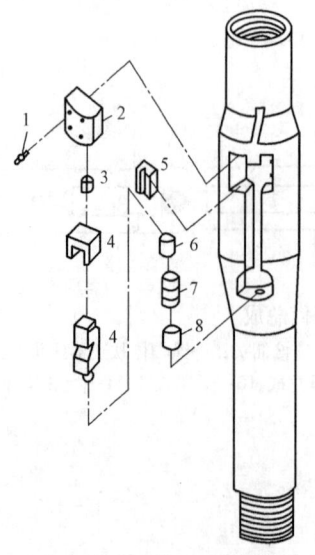

图 2-24 旁通接头总成
1—螺帽;2—电缆卡子;3—密封插口螺帽;4—密封总成;
5—电缆入口;6—补心;7—密封填料;8—补心

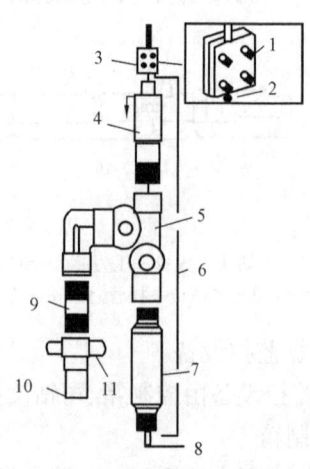

图 2-25 高压循环旋转接头总成
1—长螺帽;2—电缆;3—电缆卡子;4—液压密封头;
5—循环头;6—水龙头总成;7—钻杆异径接头;
8—电缆;9—水龙带活接头;10—水龙带;11—活接头

高压循环旋转接头总成主要由循环头、密封头和手压泵组成,如图2-26所示。其特点是:高压循环头直接和水龙带连接,不用水龙头;电缆从高压循环头的顶端密封头进入钻杆,电缆不易损坏;每次接单根时,必须把井下仪器提到井口最上面的一根钻杆或工作立柱里,接完单根后,再下放仪器到井底座键,用手压泵打压以密封电缆,压力一般为6.89~12.51MPa,最后卡上电缆卡子(井深2000m内可不用卡子)。

(3)工作原理。

探管通电以后,探管中的三轴加速度计、三轴磁通门及其他测量仪器,测量出井下重力的三个矢量(G_X、G_Y、G_Z)、三个磁通门参数(B_X、B_Y、B_Z),这些参数经过计算处理转换为井眼轨迹参数,再通过电子仪器把井下的井眼轨迹参数转变成电信号,经A/D转换,并以数字编码的形式通过单芯电缆送到地面控制箱。地面控制箱接收到来自探管的编码信息,并将其放大、译码、处理,分别以数字形式直观地显示在面板显示屏上,并传输给司钻控制台附近的司钻读出器和输入打印机,显示和打印测量结果。

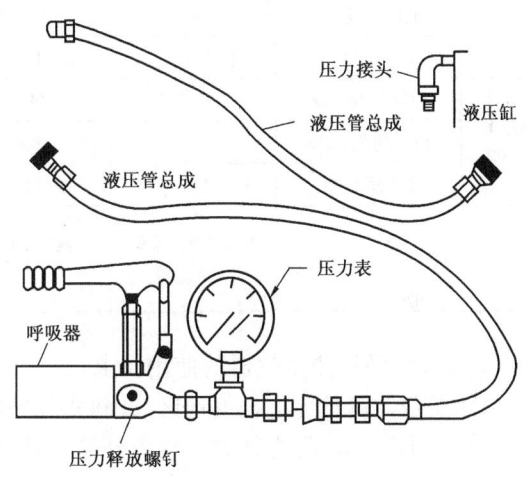

图2-26 液压管线及手压泵

(4)有线随钻测量仪器的主要技术指标。

① 测量参数:井斜角、井斜方位角、磁性工具面角、高边工具面角、磁倾角、磁场强度、探管的工作温度等。

② 测量范围:井斜角0°~90°,井斜方位角0°~360°,工具面角0°~360°。

③ 测量精度:井斜角±0.5°,井斜方位角±2°,工具面角±2°。

④ 外筒直径:45.0mm。

⑤ 最高工作温度:121℃。

⑥ 最大耐压:176MPa。

⑦ 输入电源:AC220V±10V,60Hz。

有线随钻测斜仪器技术规格见表2-3。

表2-3 有线随钻测斜仪技术规格

	仪器名称	DOT	SST	DDS	DEVELCO	国产45型
测量范围	井斜角,(°)	0~180	0~180	0~180	0~180	0~180
	井斜方位角,(°)	0~360	0~360	0~360	0~360	0~360
	工具面角,(°)	0~360	0~360	0~360	0~360	0~360
测量精度	井斜角,(°)	±0.5	±0.5	±0.5	±0.5	±0.5
	井斜方位角,(°)	±2	±2	±1	±2	±2
	工具面角,(°)	±2	±2	±1	±2	±2

续表

仪器名称		DOT	SST	DDS	DEVELCO	国产45型
地面仪器	数据显示	发光二极管	发光二极管	计算机显示	发光二极管	计算机显示
	报警显示	监视器灯和监视器数据显示	错误代码和蜂鸣器	数据显示黑框	显示错误	显示错误
	工作温度,℃	0~50	-18~50	0~55	0~50	0~50
	工作电压,V	220	110	220	90~130	220
井下探管	探管外径,mm	45.0	44.5	44.5	44.5	44.5
	最大耐压,MPa	176	120	84	176	84
	最大耐温,℃	121	125	125	200	120
特点		操作方便,维修较为困难	操作、维修比较方便	连接繁杂,维修方便	使用方便,维修较困难	使用、维修方便,高温情况下可靠性差

(5)有线随钻测量仪器的使用要求。

① 无磁钻铤长度应根据地区、井斜角和井斜方位角的不同,按要求选配。

② 最小钻具内径必须大于仪器外筒直径,使仪器能安全下入。无磁钻铤内径应满足仪器对循环的要求。

③ 斜口管鞋与定向键必须相匹配,且能满足循环要求。

④ 使用循环头电缆密封装置,吊环长度不小于3.65m。

⑤ 井眼必须畅通,钻井液性能良好,含砂量低。

⑥ 仪器下井前必须对仪器各部分作系统全面的检查。

⑦ 下放仪器时,注意控制箱上的探管温度显示。DOT探管温度不超过121℃,如果探管温度超过上述值,则应停止下放仪器,循环钻井液降温,若无效应起出仪器。

⑧ 井斜角大于6°时采用高边工作方式,小于6°时采用磁性工具面工作方式。工作方式一旦确定,仪器工作过程中不得随意改变。

(6)有线随钻测斜仪器存在的问题。

由于在测量过程中有线随钻测量系统是靠电缆将井底测量信息传到地面的,因此在施工作业中需要电缆绞车,需要特殊的井口密封工具,工序繁琐,操作复杂,工作强度相对较大。接单根时需要把电缆和井底工具起出地面,钻井实效低。井斜角较大时,工具下放比较困难,需采用特殊井下接头才能完成。以上的问题都是由于测量中使用了电缆作为传输媒介,为了避免这些问题,井下测量开始采用无线随钻测量的方法。

2)无线随钻测斜仪

无线随钻测斜系统是由井下随钻测量仪器总成、地面接收仪表及计算机监控软件系统组成。通过井内钻井液的压力脉冲传递井下探测仪器测取的井眼轨迹参数的编码数据,由地面接收压力传感器测量此脉冲,然后由地面计算机进行解码处理,以数字形式显示和打印出来,可定量指导现场施工。

无线随钻测斜系统克服了有线随钻测量的缺点,但由于信号的传输是靠压力脉冲实现的,因此信号的传输速度较慢,在传输过程中会受到较大的外界干扰。

无线随钻测斜系统的优点是可以对井眼轨迹进行实时监测、实时调整,控制更加精确,从而使井眼更加光滑。同时简化了施工程序,节约了定向、造斜工作的时间。当需要改变方位时,MWD系统可以通过转动转盘来调整,操作方便、快捷,使井斜方位控制更加容易。施工中可随时活动钻具,转动转盘,在测斜时不需要长时间停泵,不用卸方钻杆,降低了黏附卡钻事故的发生概率。由于不使用电缆绞车,不会出现断钢丝绳和井口密封失效事故的发生,进一步提高了钻井速度,缩短了钻井周期。如果在大斜度定向井、水平井、绕障井、防碰技术中使用MWD系统,则更能体现出其优势。

MWD随钻测斜仪是通过钻井液的压力脉冲传递井下仪器测取的参数,省略了有线随钻仪的起下电缆作业,大大缩短了测斜时间,而且还可用于旋转钻井。国外生产的MWD随钻测斜仪种类较多,仪器规格见表2-4。

表2-4 国外MWD仪器规格

公司	TELEO	Sperry-Sun	CEOLIN	SMTTH	EASTMAN
仪器精度,(°)	井斜角:±0.25 井斜方位角:±1.5 工具面角:±3.0	井斜角:±0.2 井斜方位角:±1.5 工具面角:±2.8	井斜角:±0.1 井斜方位角:±1.0 工具面角:±1.0	井斜角:±0.2 井斜方位角:±1.0 工具面角:±1.0	井斜角:±0.2 井斜方位角:±2 工具面角:±2
脉冲方式	正脉冲	负脉冲	正脉冲	正脉冲	负脉冲
能否回收	不可回收	不可回收	不可回收	可回收	不可回收
耐温,℃	125	125	150	125	125
耐压,MPa	105	105	105	140	140
对钻井液的要求	含砂:<1% 排量:12.6~69.3L/s 黏度:无限制	含砂:<2% 排量:9.45~75.6L/s 黏度:50mPa·s	含砂:<1% 排量:5~69.3L/s 黏度:50mPa·s	含砂:<1% 排量:5~50L/s 黏度:无限制	含砂:<1% 排量:不限 黏度:50mPa·s
测量内容	定向参数	定向参数	定向参数	定向参数	定向参数
电源	发电机	发电机	电池	电池	电池
仪器总长,m	D:10.4 DG:11	D:4.92 DG:7.13	5.64	14.6(包括钻铤)	5.5
钻铤规格,in	特殊钻铤 6¾、7¾、 8¼、9½	标准钻铤 4¾~9½	标准钻铤 4¾~9½	标准钻铤 4¾~9½	标准钻铤 6¾、7¾、 8、9、9½

下面以美国EastmanChristensen公司生产的ACCUTRAK-MWD仪器为例进行介绍。

(1)用途。

ACCUTRAK-MWD主要用于定向井、大斜度井、水平井及导向钻井井眼轨迹控制。

(2)结构。

ACCUTRAK-MWD随钻测斜仪采用负压脉冲方法,由电池组为数据测量和数据传输提供电源,其结构可分为井下仪器总成、地面接收仪表及数据处理系统两大部分。

① ACCUTRAK-MWD井下仪器总成,如图2-27所示。

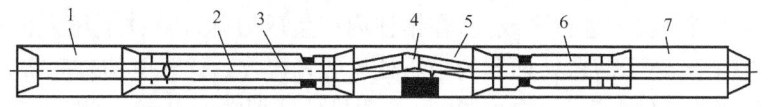

图2-27 MWD井下仪器总成

1—顶部短节;2—电子信息处理器;3—测量传感器;4—泄压阀总成;
5—井下压力传感器;6—电池组;7—底部短节

ACCUTRAK – MWD 井下仪器总成由顶部短节、电子信息处理器、测量传感器、泄压阀总成、井下压力传感器、电池组和底部短节组成。各种仪器装在无磁外筒中,仪器整体设计成环柱形,中间水眼直径为 51mm,外径与钻铤外径相同,有 ϕ171.5mm、ϕ196.9mm、ϕ203.2mm、ϕ228.6mm 和 ϕ241.3mm 等规格,适用于各种同尺寸的井眼。

a. 顶部短节位于工具顶端,装有密封圈,钻井液只能流入水眼,并对脉冲发送器/测量传感器起加压作用。

b. 电子信息处理器/测量传感器由磁通门(磁力计)、重力加速计、温度控制器等测量元件和信号接收、译码、处理电路和电子元件组成,用于测取各项井眼轨迹参数并进行编码处理。它装在无磁外筒中,上与短节相接,下与泄压阀相连。

c. 泄压阀总成是一种脉冲发送装置,它与井下压力传感器和短路杆销一起装入不锈钢外筒的凹腔内,用电线与电子信息处理器或测量传感器相连。环片式的阀片开关时所需的动力很小,由马达控制线路,按指令将阀片打开或关闭,从而使钻具内的钻井液分流到钻具外的环形空间造成压力降。

d. 井下压力传感器是利用惠斯顿电桥原理将液压转变为模拟电压,传感器可指示钻具内液压变化,它与电子信息处理器的中心处理装置以电线相连。

e. 电池组为井下探测仪器、电子电路和脉冲发送装置提供电源。电池外筒结构与脉冲发送器或测量传感器的外筒相似,也是由不锈钢制成的,两端均为母螺纹。

f. 底部短节是该工具的底部钻铤段,是一个过桥接头,与钻铤相接。

② 地面接收仪表及数据处理系统。

ACCUTRAK – MWD 的地面接收仪表及数据处理系统可将钻井液遥控信息传送到井下仪器,同时又可接收、译码、处理并显示来自井下仪器的遥测信息。它主要由以下几部分组成:

a. 询问阀。询问阀是一个阻流阀,它与立管相接。现场工程师根据特定的时控程序,通过气控或手控实现阀的开启和关闭,询问阀发送的负压脉冲经井内钻井液传到井下压力传感器。这就是测斜开始所采取的方法。

b. 地面压力传感器。地面压力传感器位于立管上询问阀的高压端,用于测量钻具内压力的变化,并将压力信号转变成电信号,然后传输给数字接收机。

c. 数字接收机。数字接收机为地面电子装置,可将地面压力传感器送来的压力模拟信号进行处理并编码,将滤波压力信号送给记录仪,通过进一步处理成数字资料,在接收机上显示出井斜角、井斜方位角和工具面角的数值。

d. 记录仪。记录仪将来自数字接收机的原始模拟信号持续记录。

e. 地面控制箱。地面控制箱是数字接收机与记录仪的组装箱,箱内有一套净化装置,对接收机和记录仪实现净化,防止钻台附近有害气体的侵入而爆炸。

f. 电缆与胶管。电缆与胶管连接地面各种设备和仪表。

(3) ACCUTRAK – MWD 的工作原理。

地面询问阀按指令程序进行开或关,在钻柱内产生压力脉冲。井下压力传感器将压力脉冲信号转变为电信号,电子信息处理器的中心处理装置接收到这些电信号后将其译码,并按既定程序向测量传感器提供电源(来自电池组)。测量传感器瞬时升温,立即将反映井斜角和井斜方位的电压信号传输给模拟电路,模拟电路通过信号连乘器运算,按要求数据信号传输给测量传感器的中心处理装置(SSCPU),SSCPU 经进一步处理,将数据信号输入电子信息处理器的中心处理装置(TCPU),TCPU 将井斜角和井斜方位资料转变为数据群。定向模式的数据是一系列被校正的工具面角测量值。

泄压阀中的阀门在平时是堵住的,立管压力正常。在 TCPU 的指令下打开阀门,将井内与环空连通(相当于循环短路),压力突然降低,发出一个负脉冲信号。TCPU 不断按照井眼轨迹参数的大小发出一系列的指令,泄压阀中的阀门就连续按照一定规律进行开启与关闭,从而使立管压力形成压力升降的脉冲,将数据群以钻井液脉冲形式发送到地面。

地面压力传感器接收到钻井液脉冲并将它们转化为二进制数字信号,数字接收装置接收到这些二进制数字信号后又将它们转换成与之当量的十进制数值,这些数值显示在数字接收装置的面板上,这样从井下发送的数据就都被记录在记录仪上了。

(4)MWD 随钻测量仪器的规格。

MWD 随钻测量仪器的测量范围及测量精度见表 2-5,井下仪器规格和工作参数见表 2-6。

表 2-5 测量范围及精度

项　　目	测 量 范 围	测 量 精 度
井斜角,(°)	0~180	0.2
井斜方位角,(°)	0~360	2.0*
工具面角(重力),(°)	0~360	1.0*
工具面角(磁力),(°)	0~360	2.0*

注:* 为井斜角在 3.5°以上。

表 2-6 井下仪器规格和工作参数

工作参数	仪 器 规 格				
外径,mm	171.45	196.85	203.20	228.60	241.30
内径,mm	51	51	51	51	51
质量,kg	770	1065	1100	1474	1550
最高工温度,℃	125	125	125	125	125
最高静压力,MPa	137.94	137.94	137.94	137.94	137.93
最高钻井液密度,g/cm³	2.28	2.28	2.28	2.28	2.28
最高钻井液黏度,mPa·s	50	50	50	50	50
最高工作扭矩,N·m	33895.45	61011.81	62367.63	88128.17	93551.44

(5)无线随钻测量仪器的使用要求。

① 井底最高静液柱压力不得大于 140MPa。

② 立管最高压力要小于 31MPa,最低压力要大于 4MPa。

③ 仪器最高工作温度不得超过 125℃,最低工作温度不低于 -55℃。

④ 使用转盘钻进时,转盘转速应低于 170r/min。

⑤ 仪器工作扭矩和螺纹上紧扭矩不得超过仪器的许用值。

⑥ 划眼期间,一定要卸下 MWD。因为划眼会因仪器受到剧烈震动而损坏机械部件和电子元件。

⑦ 钻井液性能必须满足 MWD 的使用要求,测量期间若要调整钻井液性能,应征求 MWD

服务工程师的意见。

⑧ MWD 随钻仪测量期间,应保持钻井泵正常工作,上水良好,泵及地面管线无刺漏现象。

⑨ 钻具内径尽量保持一致。上紧钻具,防止钻具刺漏。

⑩ 仪器入井前必须对 MWD 系统作全面的检查。

(6) 使用 MWD 系统的钻井作业。

① 地面系统。

大多数 MWD 系统都用相似的地面设备来解释、记录和显示井下传感器测量的数据。地面设备的数量取决于仪器类型及测量参数。如果只要求定向数据,对于钻井液压力脉冲式的 MWD,只需要一个立管压力传感器和一套可安装在司钻值班房中的接收、处理系统即可完成。如果还要测量地层评价数据和钻井参数,可将所有电子仪器和图形记录仪装在钻井液录井室或钻台上特制的房子内。地面系统基本部件如图 2-28 所示,并分别说明。

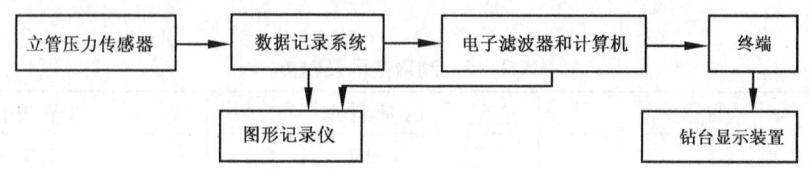

图 2-28 地面系统的主要部件

a. 立管压力传感器。

在大多数钻机上,立管管汇上有许多可装仪表的测压接头。卸掉一个仪表,传感器就可以安在这一便于装卸的点上。传感器内有个敏感的膜片可以检测压力的变化,并将液压脉冲转化为电压脉冲,其电压输出通过电缆传输给其他的地面设备。

b. 电子滤波器—放大器—地面计算机。

如同检测 MWD 的脉冲一样,传感器也要受到由钻井泵或井下马达引起的压力变化的影响。这种影响使它很难识别出 MWD 的脉冲,有时变换钻井泵的冲数可以减少这种干扰。钻井泵上的压力缓冲器可以减少出口压力较大的波动。

从传感器中传出的信号可以通过滤波器的滤波作用而得到改善。因为需要的 MWD 的信号频率是已知的,所以可以设置电子滤波器消除任何高或低于预先设定范围的其他频率信号。然后,信号经过放大后可以清楚地显示出波峰和波谷。增强后的脉冲顺序送入已编程的地面计算机,识别出参考脉冲后,对数据脉冲进行译码,最终结果在计算机终端的打印机上列出并记录在磁带中。

定向测量结果(井斜方位角、工具面角和井斜角)传到钻台上后,为方便司钻操作,将数据显示在一个表盘上,地层评价数据在钻进过程将被连续地打印出来。另外,还要用一个深度跟踪系统记录相对深度的伽马射线或电阻率的响应值。

定向数据、地层数据和井下钻井参数是按预先确定的顺序传输的。测量结果的传输顺序和频率由制造厂家确定,但在工作过程中可按照实际需要选用。例如,在定向作业时可能只传输测量数据,而在旋转钻进时就需要传输伽马射线和电阻率。

② MWD 系统的使用。

a. 施工前的要求。

在使用 MWD 系统前,必须预先确定的内容有:测量计算需要的基本数据是什么;现有的哪种系统可以满足这些要求;明确所选工具的适用条件和技术规范是否符合使用要求(如测量精度、数据传输速度、温度等)。

在有多种仪器都能满足所有作业要求时,有些作业者通过试验评价其可靠性、成本和效益,从而优选仪器系统。

被选中的 MWD 服务公司要从作业者处得到以下的信息:

第一,作业者何时使用 MWD 仪器,要有足够的时间进行车间试验,设备和人员运送,井场上的安装时间;

第二,预期的流速、泵压、钻头水眼直径、钻井液密度等参数大小和近钻头钻具(BHA)组件情况,这些都会影响装在仪器内的 MWD 部件的选择。

仪器离开车间之前,所有构件都要彻底检查。定向传感器要在能模拟预计井斜方位角和井斜角的校准架上进行试验。有些公司能够在出厂前将所有必需的井下部件装在无磁钻铤内,同时提供备用仪器。

b. 组装及地面检查。

所用 MWD 系统都是设计成便于组装的,从而达到不会严重妨碍正常钻进过程的目的。服务公司提供必要的井下和地面设备。安装和操作一套 MWD 系统通常需要服务公司的两个工程师。

对于地面系统,要求将压力传感器装在立管管汇上的方便位置,然后将电缆连到位于司钻房或钻台上的 MWD 设备上。地面系统的安装需要井场电工或安全人员的协助。其中钻台显示器是为了让司钻监视所测参数的变化。

如果井下仪器的构件已装在钻铤中,组装就很简便了,只要小心地吊装钻铤就行了。如果井下仪器要在井场上组装,就要分别检查每个组件。在连接钻铤时,需十分小心,确保施加合适的扭矩。操作大钳和卡瓦可能会损坏钻铤内的灵敏元件。

如果 MWD 仪器是同井下动力马达和弯接头一起使用的,就要测量工具面的偏差角,这是实际工具面(由弯接头的刻线确定的)和 MWD 仪器的工具面(由 BHA 轴位置确定的)之间的夹角。这个角度可以在钻台上用量尺或特制的量规测得,如图 2-29 所示。工具面偏差角要存贮在地面计算机中,以便将磁方位角转化为真实的方位角。

当仪器悬挂在钻台上时,应该进行功能测试,以确保所有元件能工作正常,有关仪器可靠性的试验就是在每次下钻时必须在一个特定的深度进行的测量,这就是所谓的基准点测量。通常在套管鞋下部一点,以便在仪器显示出的不是期望值时,起出仪器时不会浪费太多的时间。

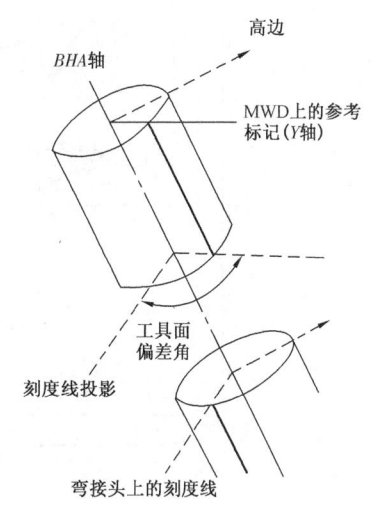

图 2-29 工具面偏差角示意图

c. 测量操作程序。

对于定向操作的随钻测量有旋转钻进和定向作业两种操作方式。

旋转钻进时,每次接单根后,进行静态测量(井斜角、井斜方位角),如有需要,可以使测段更短些。

定向作业时,使用弯接头和井下马达,在这种情况下,当钻头钻进时监视工具面更为重要。对某些仪器,作业者必须确定选用哪种定向方式。另外有些仪器是将静态和动态的测量结果都按顺序传输。静态测量的常规过程是钻完方钻杆后,接单根,然后将钻头提离井底约1.5m左右进行测量。在传感器测量数据的过程中(2min),钻杆要保持静止。钻进时,在4min以内,脉冲就可传到地面并将结果显示出来。

在定向作业时,MWD 以很短的时间间隔(1min)将最新的工具面角的大小传输上来。通常工具面是参照井眼高边(重力工具面)的,而对于小井斜($\alpha<8°$)的井,工具面角参照的是磁北极(磁工具面角)。但是,当存在磁干扰(井铁)时,磁性测量仪器会失效,此时必须使用陀螺测斜仪。

三、无线随钻测井仪

无线随钻测井(Logging While Drilling,简写为 LWD)在 20 世纪 90 年代以后被国际上广泛应用于石油钻探领域。其对应仪器是在 MWD 的基础上发展起来的一种代表钻井和勘探水平的先进装备,可对井眼轨迹参数实现实时的动态监测、传输。同时,可完成对地层解释和油气层评价,被广泛应用于薄油层水平井的地质导向钻井中,如图 2 – 30 所示。

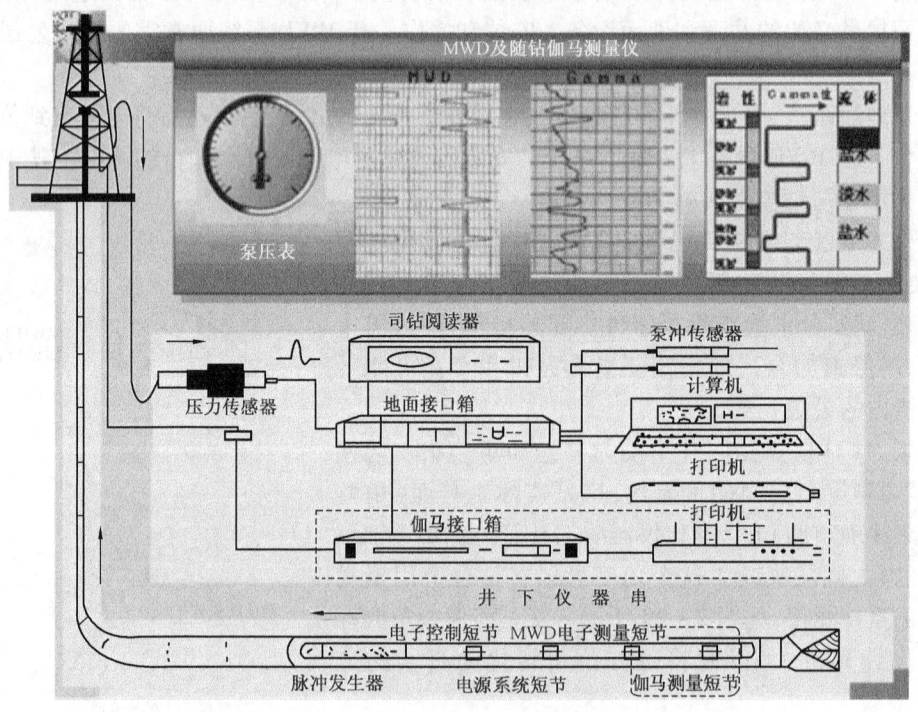

图 2 – 30 MWD 及随钻伽马测量仪示意图

下面以 Sperry – Sun 公司生产的 LWD 为例来介绍该系统。

1. LWD 的用途

1)随钻地质测井

LWD 可以在钻进作业进行的同时,实时的测取地质参数,并按照用户的需要,绘制出各种类型的测井曲线,提供给地质人员作为地质分析的依据。由于是实时测量,地层暴露时间短,因此,测井曲线是在钻井液轻微侵入地层的环境下获得的。与电缆测井相比,测得的数据更接近地层的真实情况,可以获得储层油藏物性的原始资料。

2) 地质导向

LWD 提供的实时地质参数数据,可以帮助施工作业人员随时监控地质参数的变化情况,对将要出现的地层变化情况做出准确的判断。因此,在水平井的钻井过程中,利用 LWD 的地质参数和定向参数的配合,可实现地质导向,准确地控制井眼轨迹穿行于储层中,有利于产油最佳位置的确定,有效地回避油气和油水界面。利用这一技术可以大幅度的提高单井产量和储层采收率。

3) 风险回避

通过对地质参数变化的综合分析,能够辅助预测各种风险因素,如异常地层压力、岩性变化等。此外,如果在 LWD 中附加上钻柱振动传感器(DDS),就可以及时地探测到钻柱的剧烈振动。因此,现场人员可以根据实际情况,分析发生风险的可能性,提前采取措施,控制风险的发生或减少损失。

4) 提高钻井效率

由于 LWD 测量的实时性,现场工作人员可以随时监控井眼轨迹的走向和相应的地质参数变化。因此,可以根据需要和现场情况,及时采取相应的措施,有效的控制井眼轨迹的延伸方向,从而可以显著的提高钻井效率,缩短钻井周期,从整体上降低钻井成本。

2. LWD 测量数据的采集

井下各传感器测得的地质参数数据,传输到井下数据处理短节(HCIM),由其储存和控制数据的实时传输,同时,部分传感器具备独立存储数据的能力。当仪器由井下起出后可进行所有地质参数测量数据的提取和处理。

3. LWD 的地层评价传感器

1) 地层电阻率传感器(EWR – Prase4)

Sperry – Sun 公司生产的 EWR – Prase4 多种探测深度电磁波电阻率传感器,采用独有的四相位测量技术,具有高精度、高灵敏度和可靠性好的特点。仪器由四个发射器和两个接收器组成,通过测量每一组传感器和接收器之间的相位差和波幅衰减,可以绘制出四条不同的探测深度(极浅、浅、深、极深)的电阻率曲线。相位差和对应的波幅衰减组合,可以用来评价地层的渗透性,计算地层真电阻率,识别地层标志,识别地层岩性的变化,计算地层油、气、水的含量等(包括取心层的选择,套管鞋位置的选择和造鞋点位置的选择)。

2) 地层自然伽马传感器(DGR)

DGR 采用双向伽马测量技术,即包含有两组伽马射线探测器(盖革—米勒计数器)。每一组由 8 根长 22.9mm 的盖革—米勒计数管组成。两组探测器用捕获的地层自然伽马射线来计数,地层中的放射性元素主要有钾、钍和铀,钾和钍存在于页岩和黏土矿物(伊利石、高岭石和蒙脱石)中。传感器将伽马的原始记数转换成 API 标准计数,经过平均计算后组合成伽马测井曲线,使测量更加精确。同时,这种结构可以在有一组探测器失效的情况下,仍可以保证获得可靠的伽马计数。伽马测井曲线可以帮助现场工作人员区分泥岩和砂岩地层,并划分岩性界面。

3) 地层岩石密度传感器(SLD)

SLD 密度传感器采用铯 – 137(Cs137)作为密度源。远、近两个低密度窗允许地层反射回来的伽马射线进入,并引发内部闪烁计数器进行伽马计数。为减少射线在通过环空时的衰减,SLD 传感器采用了独特的"扶正器增益"技术,即将密度源和接收器安放在扶正器的扶正片上。由于扶正片更加贴近井壁,减少了射线经过的环空距离,可以有效地增加探测深度和精度。从每一个探测器中获得的在不同能窗范围内的计数,计算出各自的密度值和光电值,采用"脊—肋"校正技术,对远、近两个探测器测取的密度值进行校正,组合成最终的岩石密度曲线。由于采用了"扶正器增益"和"脊—肋"校验两项技术,传感器的探测深度得到了明显的增加,SLD 可以探测到井壁径向 50.8~101.6mm 处的地层情况。

4) 补偿中子孔隙度传感器(CNP)

CNP 采用锔 -241 铍(Am -241Be)作为中子源,放射性活度为 3Ci(111GBq)。锔 241 在衰变中产生 α 射线,用 α 射线去轰击铍,发生核反应产生平均能量为 4MeV 的中子。在沉积岩所有元素中氢对中子的弹性散射截面最大,每次弹性散射的能量损失也最大,并且其他元素与氢相比相差极大。氢含量高则岩石对中子的减速快,反之则慢。弹性散射减速为热中子被岩石原子核俘获,放出中子伽马射线,所以中子伽马射线的强度取决于地层的含氢量。与伽马传感器类似,这种结构可以保证仪器的工作可靠性,在其中一组计数管失效的情况下,仍可以获得可靠的伽马计数。CNP 在探测地层、捕获中子后,释放出伽马射线,并通过计算得到孔隙度曲线,经过与岩石密度曲线的对比,可以帮助区分油、气界面。

4. LWD 数据的传输

LWD 的信号传输系统主要由钻井液脉冲信号发生器组成。在钻井作业的同时,井下传感器测得的地质参数数据,由脉冲发生器以脉冲信号的形式通过钻井液传输至地面,再由地面接收装置接收,处理成数字信号进行解码。

5. 地面计算机数据处理系统(INSITE)

INSITE 是哈利伯顿(HALLIBURTON)公司最新研制的一种网络化、集成化和模块化的现场数据处理软件,具有现场数据采集和数据库管理功能。INSITE 选择 WINDOWS NT 作为操作平台,有很强的适应性和可移植性。适用于对 HALLIBURTON 公司所提供的现场技术服务、进行数据的实时采集、记录和管理。它允许运行多计算机系统,可以将实时数据在局域网的多个终端上同时显示,并允许扩展新的功能项。

四、电磁随钻测量仪

欠平衡钻井技术与气体钻井技术的推广,为电磁随钻测量(Electro Magnetic - Measurement While Drilling,简写为 EM - MWD)系统提供了广阔的发展空间。我国电波传播研究所于 2006 年启动了电磁随钻测量系统研制的工作,历经理论研究、原理样机研制、工程样机研制几个阶段,2010 年推出 SEMWD - 2000 电磁波随钻测量系统,通过现场试验表明:该系统的传输能力已达到国际同类产品水平;绝缘天线强度已满足现场施工的要求;测量精度能够满足工程的需要;已经具备了工业化的条件。SEMWD - 2000 电磁波随钻测量系统的成功研制,标志着我国已拥有独立知识产权的、工(商)业化的电磁波随钻测量系统。

1. 电磁波随钻测量(EM - MWD)系统的工作原理

如图 2 -31 所示,发射机将井下传感器测量的信息调制激励到用特殊工艺绝缘的上下钻柱之间,信号经由钻柱、套管、钻井介质、地层构成的信道传输到地面,地面接收系统通过测量地面两点之间的电位差的变化获得相关信息,指导工程施工。

2. 电磁波随钻测量(EM - MWD)系统的主要技术特点

(1)信息以电磁波的形式传输,受钻井介质影响小;

(2)井下没有活动部件,可靠性高;

(3)仪器结构形式对传输率选择限制少,传输率选择更灵活;

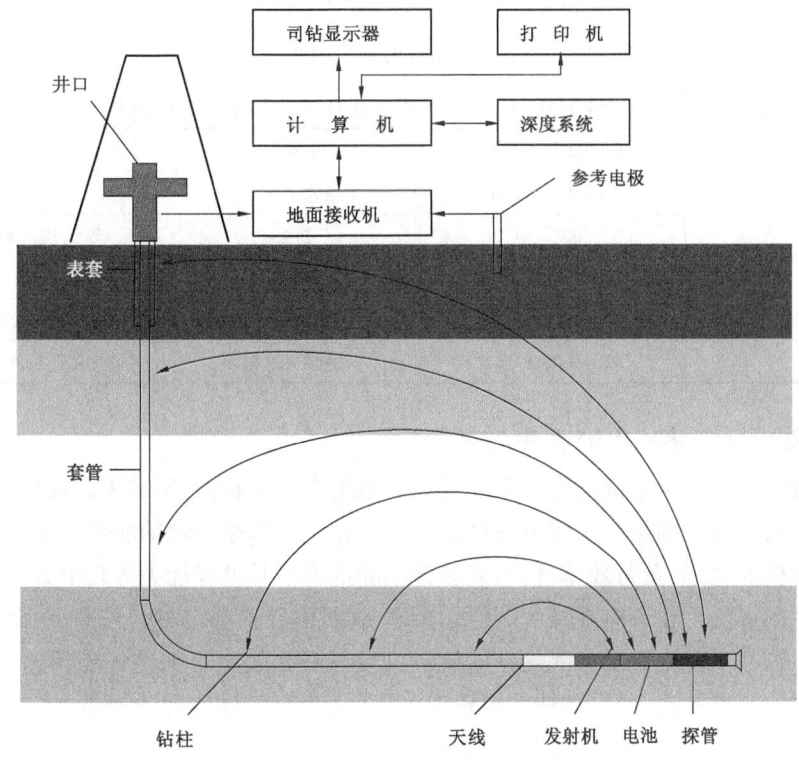

图 2-31　电磁波随钻测量系统示意图

(4) 不受钻井液循环和开停泵的限制, 可连续传输信息节省钻井时间;
(5) 传输深度受地层电阻率影响较大, 有些区块不能满足深度要求;
(6) 不受堵漏剂限制, 适于漏失地层钻井;
(7) 结构简单, 装卸方便;
(8) 容易实现双向通信。

3. SEMWD-2000 电磁波随钻测量系统的构成

SEMWD-2000 电磁波随钻测量系统主要有井下工具、地面系统及系统软件构成。其中井下工具主要包括绝缘天线、控制模块、功放模块、电池组件、测量模块(定向、伽马、环空压力等);地面系统主要包括专用接收天线、地面接收机、工业计算机、深度系统、打印机、司钻显示器及辅助设备;系统软件主要包括系统设置、仪器刻度、数据采集和处理、工程应用模块。SEMWD-2000 电磁波随钻测量系统构成及信息传递流程如图 2-32 所示。

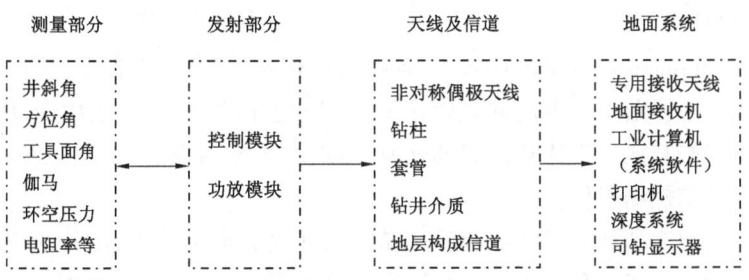

图 2-32　SEMWD-2000 电磁波随钻系统构成及信息传递流程

4. SEMWD-2000 电磁波随钻测量系统的技术指标

SEMWD-2000 电磁波随钻测量系统的详细技术指标见表 2-7。

表 2-7 SEMWD-2000 电磁波随钻测量系统的技术指标

井斜角	0~180°, ±0.2°	工作温度	-25~125℃
方位角	0~360°, ±1.0°	最大工作压力	105MPa
工具面角	0~360°, ±1.5°	抗震动	20g,30~300Hz 随机
伽马	0~500API, ±7%	抗冲击	1000g/0.5ms
波特率	0.5~6.25bit/s	电池工作时间	>200h
适用地层	2~1000Ω·m	绝缘天线强度	抗拉载荷 120t,抗压载荷 50t

5. 电磁波随钻测量技术的发展趋势

由于电磁波随钻测量系统的传输深度受地层电阻率影响较大,限制了其推广应用,因此提高传输深度扩大应用范围是其主要发展趋势之一。在工作频率一定的前提下系统传输深度主要取决于发射机的功率、发射效率、信道衰减大小和地面信号处理能力等几个方面。目前使用提高传输深度的方法主要有有线接力、无线中继、地面信息融合几种。俄罗斯 ZTS 系列电磁波随钻测量系统井下使用大功率涡轮发电机解决发射功率增大带来的耗能问题,但目前涡轮发电机对钻井液要求较高,如果高性能涡轮发电机(适合于气体钻井或对钻井液要求低)研制成功,提高发射功率也是一种可供选择的方法。

随着新型钻井液脉冲发生器的出现,钻井液脉冲式随钻测量系统的传输速率大幅度提高,电磁波随钻测量系统传输率高的优势逐渐消失,如何提高信息传输率成为其发展趋势之一。利用集成芯片进行中继转发的研究已经起步,这种方法以中频或高频电磁波为载波,在井底安装发射器,在地面安装接收器,在钻孔中设置多个中继转发器。利用电子集成技术把转发器制成集成芯片,每个芯片都有电池、天线和其他部件,电池可使用几个星期甚至几个月。芯片间仅有几米的距离,传输速率可达几兆比特每秒。此技术一旦试验成功,能很好地解决随钻测量的传输问题。

地质导向技术让钻头长上了"眼睛",推动了钻井技术的发展。如何拓展电磁随钻测量系统使其具有近钻头测量和方位测量功能,为地质导向提供技术支撑,成为电磁波随钻测量技术的另一个发展趋势。目前国外几家大公司的产品已具备了此功能。

通过增加工程参数的随钻测量,如钻压、钻速、环空压力、扭力/反扭力等,可以实时监控了解钻具的实际工况,帮助钻井工程师指导现场施工,降低作业风险,实现优快钻井,这也是电磁波随钻传输测量技术的一个发展趋势。

五、陀螺测斜仪

陀螺测斜仪(Surface Recording Gyroclinometer,简称 SRG)作为井眼轨迹测量的专用工具,适用于有磁干扰或磁屏蔽条件下的井眼轨迹测量,20 世纪 80 年代已应用于现场并逐渐发展成熟。陀螺测斜仪按其测量方式和性能可分为:单点陀螺测斜仪、多点陀螺测斜仪、电子陀螺测斜仪和地面记录陀螺测斜仪。

随着油田开发力度的加大,开发难度越来越大,开发成本也越来越高,油田开发初期的许多富含油储层已经得到了充分利用。各油田为了保持原油生产的稳定性纷纷开展对老油田的二次开发,将工作重点逐渐转向开发薄油层和小断块等边缘区块。在二次开发过程中,为了降低成本增加效益,大多选择利用就近的老井进行开窗侧钻,达到用较小的成本完成开采目的层的目的;为了提高油井开发的成功率,地质部门对井眼轨迹描述的准确性提出了更高的要求。只有井眼轨迹的测量数据精确可靠,地质技术人员才能有效地对地层情况进行准确的评估和预测。但是,以前的井眼轨迹测量由于受仪器精度及设备技术条件等原因的限制,井眼轨迹的测量结果往往存在较大的偏差,从而影响了对地层的正确评估。为了提高侧钻井的成功率,就需对某些老井进行井眼轨迹的复测。而上述作业的完成都离不开一项关键的测量工具——陀螺测斜仪。陀螺测斜仪可有效地发挥无线随钻测量系统(MWD)在油田开发生产中的作用,拓展 MWD 的服务领域。

美国汉非(HUMPHREY)公司生产的陀螺测斜仪(SRG)采用计算机可连续记录测量数据,校正仪器的进动漂移,打印测量结果,它既可用于测量也可用于定向。

1. SRG 的用途

SRG 主要用于套管内、钻杆内或其他有磁干扰的井眼内的多点测斜。

2. 结构

陀螺测斜仪(SRG)系统由井下测量仪器总成、测量参数信号传输系统、地面数据处理打印系统和附件等部分组成,如图 2-33 所示。

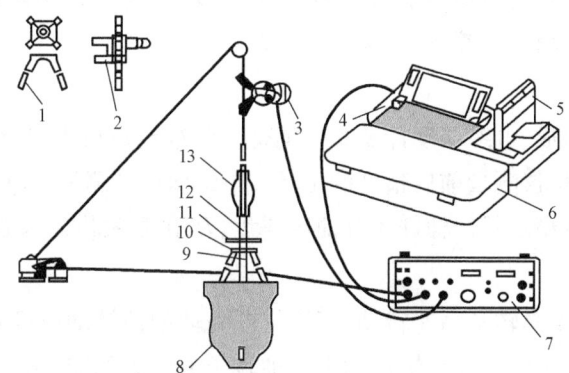

图 2-33 陀螺测斜仪(SRG)系统

1—瞄准台;2—瞄准望远镜(正向锁紧);3—电缆深度指示器;4—便携式计算机打印机;
5—便携式计算机;6—可锁手提铝箱;7—控制箱;8—下部下入工具;9—控制短节;
10—瞄准台;11—瞄准望远镜(瞄准枪);12—陀螺仪探管;13—扶正器

1)测量仪器总成

测量仪器总成由陀螺探管、外筒等组成。陀螺探管由传输短节和定向陀螺仪两部分组成,它们分装在上下压力筒中,中间由接头相连。定向陀螺仪是 SRG 系统的核心部分,主要由一副精密的滚珠轴承支承的两个自由度水平陀螺、重力加速度计和电子接口线路组成。传输短节是一个移频键控(FSK)传输系统,应用于单芯电缆,接收来自地面控制箱的电源和锁紧或解锁信号,同时给控制箱送回数字式信号,如图 2-34 所示。

扶正器因仪器规格和测量条件不同而有不同的配置,钻杆内测量或陀螺定向采用橡胶扶正棒或不装扶正器,在套管内测量时采用弹簧扶正器。

2)测量参数信号传输系统

测量参数信号传输系统主要由传输单芯电缆、电缆绞车或电缆拖撬、滑轮及连接导线组成。

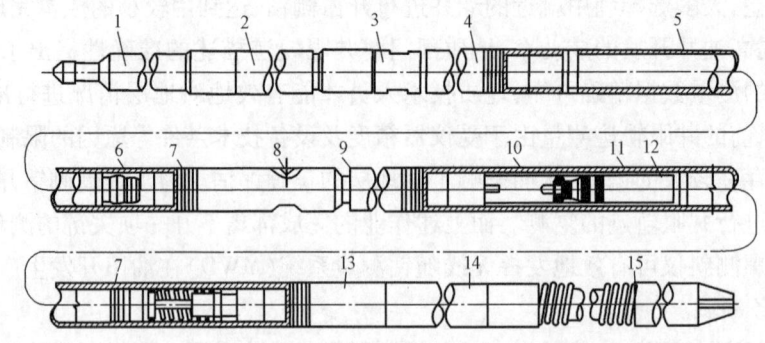

图 2-34 SRG 井下测量仪器总成

1—单芯电缆芯总成;2—旋转头总成;3—配合接头总成;4—上堵头总成;5—FSK 传输短节;
6—压力筒;7—"O"形圈;8—定位孔;9—控制接头总成;10—压力筒;11—定位销;
12—螺钉;13—下堵头与减震器总成;14—加长杆;15—减震器

3) 地面数据处理打印系统

地面数据处理打印系统主要由控制箱、计算机、打印机等组成。控制箱主要由数据传输指示灯、电源表、各种开关和接口组成。计算机、打印机采用便携式 IBM 兼容机和佳能 BJ-10 喷墨式打印机,用于监控和打印测量结果。

4) 辅件

辅件包括瞄准台总成、电缆深度计及其他辅件。瞄准台总成由瞄准台和瞄准器两部分组成,是专门用于校正陀螺仪测量前后精度的工具。电缆深度计测量出电缆下入井内的长度,并将测量信号传输给控制箱。其他辅件还有袖珍罗盘、万用表、兆欧表及各种手工具。

3. 工作原理

陀螺探管通电后,陀螺转子高速转动,不管仪器壳体如何转动或倾斜,转子轴始终在惯性空间保持方向不变。测量电路以该恒定的水平轴转子方向为基准,结合重力加速度计给出的重力场信息,从而确定井眼的井斜角、井斜方位角和工具面角。传输系统把探管测量的井眼轨迹参数模拟信号转变成数字信号,进行排列,通过单芯电缆送到地面控制箱。地面控制箱和计算机对来自井下的编码信号进行放大,译码处理,以数字形式直观地显示在计算机屏幕上,并将测量结果打印出来。

4. 主要技术指标

(1) 主要测量参数的测量范围及精度见表 2-8。

表 2-8 SRG 的主要测量参数的测量范围及精度

测量参数	DS33		DS39	
	测量范围	精度	测量范围	精度
井斜角,(°)	0~50	±0.1	0~35	±0.1
井斜方位角,(°)	0~360	±0.3	0~360	±0.5
工具面角,(°)	0~360	±0.3	0~360	±0.5

(2) 其他技术指标见表 2-9。

表 2-9 SRG 的技术指标

仪器类型	DS33	DS39	
		不带隔热筒	带隔热筒
仪器直径,mm	63.5	38	38
外筒直径,mm	76.2	44.5	54.1
工作温度,℃	-17~82	-17~82	<315.6(带温工作时间<8h)
工作压力,MPa	<84	<112.5	<84
漂移量,(°)/h	<6	<10	<10
输入电源,V/Hz	210~240/50~60	210~240/50~60	210~240/50~60
输入功率,W	600	600	600

5. 使用要求

(1)送去井场前,操作人员必须了解测量井眼的尺寸、最大井斜和井深,选用合适的仪器类型及扶正器尺寸。

(2)仪器下井前,要认真核对井眼尺寸和钻具内径,保证仪器或扶正器能顺利通过。仪器的最高工作温度和压力应在允许的范围之内。

(3)仪器下井前,要对仪器进行系统、全面的检查。

(4)在连接陀螺探管与电缆的过程中,应保证所有开关处在"OFF"位置,还应保证电源正确接地,并能为控制箱提供合适的电压。

(5)在组装井下仪器前要用合适的润滑脂润滑所有螺纹和"O"形圈。

(6)如果陀螺处于解锁状态,移动会造成陀螺严重损坏,因此每当在地面移动陀螺探管前,必须将陀螺仪锁死。

(7)起下仪器操作必须平稳,最大起下速度不得大于1m/s,不得猛刹、猛放。

(8)根据被测井的井深,按要求进行漂移检查。

(9)测量完成后,在计算机还没有计算完所有测点的最终漂移,数据还没有安全地储存到磁盘上时,不能关闭控制箱或探管电源。

(10)陀螺仪是精密仪器,装有超小型高精度轴承,易受污染,因此,所有的调试工作都应在洁净无尘的环境中进行。

第四节 MWD 磁干扰的分析判断方法

随着钻井工艺技术的不断发展,定向钻井已成为油田勘探、开发中的极为重要的手段,井眼轨迹控制则是定向钻井技术的基本内容,而 MWD 又是井眼轨迹控制中常用的测量仪器,其测量参数的精确程度除了与 MWD 仪器自身的质量有关外,还与 MWD 测量时所处的环境因素(主要是地磁场强度)有直接关系。因此,在钻井现场使用 MWD、LWD 等磁性传感仪器进行井斜方位测量时,为提高测量精度必须保证测点处没有磁干扰。如何使井下磁性测量仪器不受到磁干扰已成为定向井测量时最为关注的问题。

目前,我们判断井下是否存在磁干扰的方法是通过对本地磁场强度(地磁场的大小)与井下磁性测量仪器所测得的磁场强度值(MWD 等磁性传感测量仪器都有直接测量井下磁场强度的功能)之间的比较(仪器装在没有被磁化的无磁钻铤中、仪器工作正常),如果二者测得的值比较接近,就认为没有磁干扰;如果差别较大,则表示井下存在磁干扰,并认为干扰来自邻井套管、测量仪器探管等横向干扰。但是,不可避免的是现场可能会出现一些意外的情况,如仪器损坏、无磁钻铤完全被磁化、无磁钻铤上部或下部磁化严重等情况都可能导致现场测得的井下磁场强度与本地磁场强度存在较大差别。因此,需根据现场数据准确判断出现差别的具体原因。用该方法判断井下磁性测量仪器是否受到磁干扰,在一般情况下是能够满足钻井工程技术要求的。

地磁场是一个矢量,由 MWD 的测量基本原理分析可知,在 MWD 仪器内部装上三个互相垂直的磁通门传感器,分别测量 X、Y、Z 方向的磁场强度,如图 2-35 所示;仪器测得的三个磁场强度值(B_X、B_Y、B_Z),如图 2-36 所示,地磁场强度大小,它们之间的关系如下:

设 X、Y 轴表示探管径向方向,二者互相垂直,Z 轴表示探管轴线方向,则

$$B_{XOY} = \sqrt{B_X^2 + B_Y^2} \tag{2-10}$$

式中 B_X、B_Y——探管径向磁场强度;

B_Z——探管轴线方向的轴向磁场强度;

B_t——大地的地磁场强度;

B_{XOY}——B_X 与 B_Y 的矢量和,同时又是 B_t 的分量。

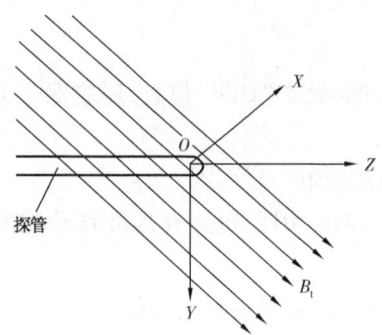

图 2-35 探管工作姿态示意图

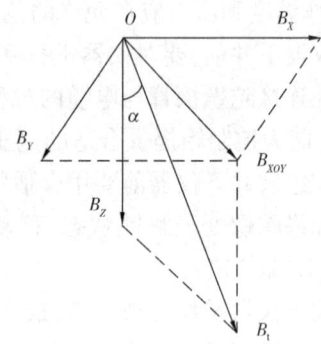

图 2-36 磁场分布示意图

在实测过程中:

B_{XOY} 反映了探管检测到的径向磁场强度和量,如果径向方向存在井铁,将产生磁干扰,引起测量值 B_{XOY} 的变化。

B_Z 反映了探管检测到的井眼轴向的磁场分量,如果仪器受到上、下部钻具的磁干扰时,将引起测量值 B_Z 的变化。

由此推断,在无磁干扰的情况下,同一地区,井斜角和井斜方位角相同的两测点,所测得的 B_Z 相同,B_{XOY} 也应相同。由此可定性地知道上测点在无磁干扰下的 B_{XOY}、B_Z 与下测点所测得的 B_{XOY}、B_Z 间的相互关系,分析出地磁场强度异常的原因。

案例分析

第一种情况:定向钻进在稳斜段测量时,已知上测点在无磁干扰情况下的 B_{XOY}、B_Z 值,下测点测量时发现测得值与已知的 B_{XOY}、B_Z 值有异常。

出现这种情况的原因有多种,如地层含硫铁矿、钻具本身(铁磁物质)、邻井干扰、仪器损坏、无磁钻铤被磁化等都可能导致磁场强度异常。在分析原因时,通过上述方法,可以实时观察下测点 B_{XOY} 和 B_Z 的数值与磁场强度出现异常前的上测点的 B_{XOY} 和 B_Z 数值进行比较,首先

分析异常来自 B_{XOY} 还是 B_Z，判断干扰源来自仪器径向还是轴向。如果 B_{XOY} 数值相近，而 B_Z 误差较大，判断为无磁钻铤被磁化，磁干扰来自钻具方向；如果 B_{XOY} 数值相差较大，而 B_Z 数值接近，可排除无磁钻铤被磁化的可能性，则磁干扰来自邻井套管或含硫铁矿地层。通过类似对比、分析也可以判断出其他原因引起的磁干扰。

上面的案例中，如果事先没有测得稳斜井段磁场强度 B_t 的分量值 B_{XOY} 和 B_Z，就无法用定性的方法来分析判断。

第二种情况：在不知道上测点有无磁干扰情况下的 B_{XOY}、B_Z 值时，判断 MWD 磁干扰的原因。

首先，根据本地的地磁场强度、地磁倾角和本井某测点的井斜角和井斜方位角，推导出 B_{XOY} 和 B_Z 的计算公式，计算出 B_{XOY} 和 B_Z 的具体数值，然后由计算值与该点的测量值比较，判断 MWD 磁干扰的原因。

B_{XOY} 和 B_Z 计算公式的推导。

首先，求出测点的井眼方向与地磁场方向的夹角，如图 2-37 所示。

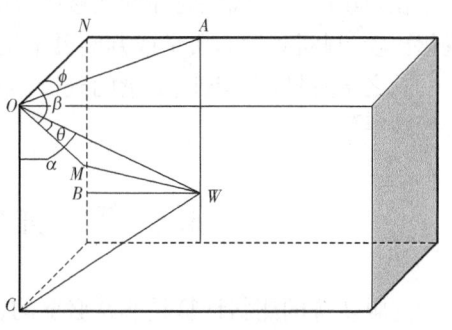

图 2-37 磁场要素示意图

以某一测点 O 为基点，做一个立方体，ON 为磁北方向；OW 为测点 O 的井眼方向线并与立方体交于点 W，OM 为地磁场方向，位于立方体平面上，于边相交于 M 点。设井眼方向线与磁力线的夹角 $\angle WOM = \theta$，OA 为 OW 在水平面上的投影；$\angle NOA$ 为磁方位角 ϕ，$\angle NOM$ 为磁倾角 β，$\angle WOC$ 为井斜角 α。求 $\triangle OMW$ 三条边的长度。

设 $ON = a$，则

$$AN = a\tan\phi, OA = \frac{a}{\cos\phi}$$

因为 $\triangle ONM$ 和 $\triangle OAW$ 为直角三角形，因此

$$OM = \frac{a}{\cos\beta}, OW = \frac{OA}{\cos(90° - \alpha)} = \frac{a}{\sin\alpha\cos\phi}$$

又因为 $AW = OA\tan(90° - \alpha) = \frac{\cot\alpha}{a\cos\phi}$，$NM = a\tan\beta$，$BM = AW - NM = a\left(\frac{\cot\alpha}{\cos\phi} - \tan\beta\right)$

所以 $MW = \sqrt{BM^2 + BW^2} = \sqrt{BM^2 + AN^2} = a\sqrt{\tan^2\beta - \frac{2\tan\beta\cot\alpha}{\cos\phi} + \frac{\cot^2\alpha}{\cos^2\phi} + \frac{1}{\cos^2\beta}}$

根据余弦定理，可知

$$MW^2 = OW^2 + OM^2 - 2OW \cdot OM\cos\theta \quad (2-11)$$

将 MW、OW、OM 代入式(2-11)，整理得

$$\cos\theta = \frac{1}{2}\left(\frac{1}{\cos^2\beta} + \frac{\sin^2\alpha}{\cos^2\phi} - \tan^2\beta - \frac{2\tan\beta\cot\alpha}{\cos\phi} + \frac{\cot^2\alpha}{\cos^2\phi} + \frac{1}{\cos^2\beta}\right)\cos\beta\sin\alpha\cos\phi$$

$$(2-12)$$

因为 $\qquad B_t^2 = B_{XOY}^2 + B_Z^2$

所以 $\qquad B_Z = B_t\cos\theta \qquad (2-13)$

$$B_{XOY} = B_t\sin\theta \qquad (2-14)$$

以上的推导过程是在已知井眼轨迹和磁场强度的条件下进行的,计算出的 B_{XOY} 和 B_Z 的大小,可以为现场技术人员提供定量分析判断磁干扰原因的手段。

如果测点处于垂直井段时,则

$$B_{XOY} = B_t \cos\beta \qquad (2-15)$$

$$B_Z = B_t \sin\beta \qquad (2-16)$$

在现场的直井或定向井的测量中,均可用实际测出的 B_{XOY} 和 B_Z 与计算出的 B_{XOY} 和 B_Z 的值相比较,判断测量的质量或判断磁干扰的来源。

总之,通过以上定性、定量的分析,为现场技术人员提供了分析判断是否存在磁干扰及其来源的手段。

第五节 井眼轨迹测斜计算方法

井眼轨迹的测斜计算是非常必要的,当有了测斜计算结果后,首先根据此结果,可以知道实钻井眼的形状。将其与原设计的井眼形状对比,可以知道实钻井眼轨迹是否符合设计要求,从而可以指导钻进施工。将计算结果绘图,还可及时预测井眼轨迹发展的趋势,并制定相应的井眼轨迹控制技术措施。井眼轨迹的测斜计算结果,是井眼轨迹的重要数据,也是一口井的最重要数据之一,对钻井、采油、修井、油气层开发,都有重要的意义。

(1)进行测斜计算的依据是:井斜角 α,井斜方位角 ϕ 和井深 L。

(2)测斜计算的内容有测段计算和测点计算。

① 测段计算:ΔD、ΔL_p、ΔN、ΔE 和 K,共计五项。

② 测点计算:D、L_p、N、E、S、θ 和 V,共计七项(在以下计算中,L_p 代表水平投影长度,S 代表水平位移)。

(3)测斜计算的顺序:测斜计算的最终要求是算出每个测点的坐标值,为此必须首先算出每个测段的坐标增量,然后累加才能求得测点的坐标值。具体的计算是从第一个测段开始,逐段向下进行。

一、我国钻井行业标准化委员会对测斜计算数据的相关规定

在进行井眼轨迹的测斜计算之前,为了统一标准,对测斜计算数据作如下规定,如图 2-38 所示。

(1)测点编号:自上而下,第一个井斜角不为零的测点为第 1 测点,由此向下依此类推编号,即 $i = 1, 2, 3\cdots, n$;每个测点的参数皆以该测点的编号作为下标号。

(2)测段编号:自上而下编号,第 $i-1$ 个测点与第 i 个测点之间所夹的测段为第 i 个测段,所以,有几个测点就有几个测段;每个测段的参数皆以该测段的编号作为下标号。

(3)第 0 测点:第 0 测点不是实测的,而是人为规定的。当第 1 测点的井深大于 25m 时,规定第 0 测点的井深小于 25m,且井斜角规定为 0;当第 1 测点的井深不超过 25m 时,规定第 0 测点的井深和井斜角均规定为 0。

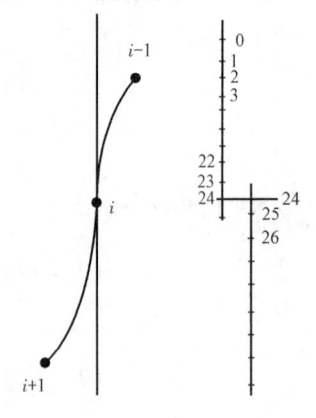

图 2-38 测斜计算规定示意图

(4)第1测段:第0测点和第1测点之间的测段。

(5)用于计算全井轨迹的计算数据必须是多点测斜仪测得的数据。

(6)磁性测斜仪测得的井斜方位角数据,必须根据当地当年的磁偏角进行换算之后才能进行井眼轨迹的测斜计算。

(7)测点中若有一个测点的井斜角为0,则该测点的井斜方位角等于相邻上测点的井斜方位角。

(8)在一个测段内井斜方位角变化的绝对值不超过180°,若井斜方位角的增量大于180°时,应按逆时针方向的角度进行计算。在具体计算时,还要特别注意平均井斜方位角 ϕ_c 的计算方法。

此处应注意的是,当 $\phi_i - \phi_{i-1} > 180°$ 时(图2-39),有

$$\Delta\phi = \phi_i - \phi_{i-1} - 360 \tag{2-17}$$

$$\phi_c = \frac{\phi_i + \phi_{i-1}}{2} - 180 \tag{2-18}$$

当 $\phi_i - \phi_{i-1} < -180°$ 时(图2-40),有

$$\Delta\phi = \phi_i - \phi_{i-1} + 360 \tag{2-19}$$

$$\phi_c = \frac{\phi_i + \phi_{i-1}}{2} + 180 \tag{2-20}$$

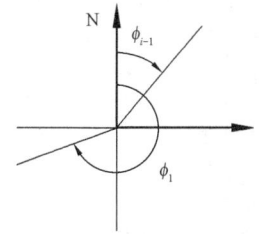

图2-39 井斜方位角示意图

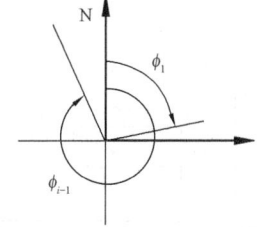

图2-40 井斜方位角示意图

井眼轨迹的测斜计算方法有多种,归因于测段形状的不确定性。通过测斜,人们只能知道测点的有关参数(井斜角、井斜方位角和井深),对两测点之间的测段形状仍一无所知,无法计算。如果要计算,只能假设,假设条件不同,则计算结果也不相同。假设条件相同时,计算过程中对测斜数据的处理方式不同,计算结果也不同。到目前为止,国内外已经提出的测斜计算方法有20多种,但常用的计算方法只有8种。我国钻井行业标准化委员会规定:手工进行测斜计算时,采用平均角法;计算机进行测斜计算时,采用校正平均角法或圆柱螺线法,而国外多用最小曲率法。

二、常用的测斜计算方法

1. 平均角法(又称角平均法)

假设测段为一直线,其方向为上下两测点处井眼方向的"合方向",即方向的矢量和,如图2-41所示。根据这种假设条件,测段计算公式如下:

$$\begin{cases} \Delta D = \Delta L\cos\alpha_c \\ \Delta L_p = \Delta L\sin\alpha_c \\ \Delta N = \Delta L\sin\alpha_c\cos\phi_c \\ \Delta E = \Delta L\sin\alpha_c\sin\phi_c \end{cases} \quad (2-21)$$

$$\alpha_c = \frac{\alpha_1 + \alpha_2}{2}$$

$$\phi_c = \frac{\phi_1 + \phi_2}{2}$$

式中 α_c——平均井斜角,(°);
ϕ_c——平均井斜方位角,(°)。

2. 圆柱螺线法

假设两测点间的测段是一条等变螺旋角的圆柱螺线,螺线在两端点处与上、下两测点处的井眼方向相切。圆柱螺线的水平投影图是圆弧,垂直剖面图也正好是圆弧。圆柱螺线法概念清晰、明确,而且推导出的公式的表达形式也比较好。圆柱螺线法的公式表达形式与美国人提出的"曲率半径法"虽然不同,但计算结果是完全相同的,如图 2-42 所示。

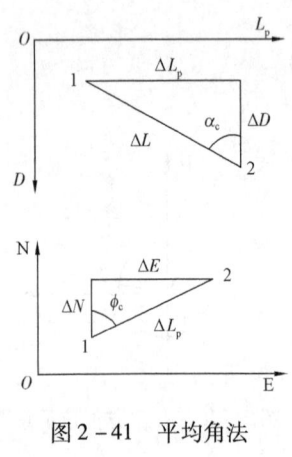

图 2-41 平均角法

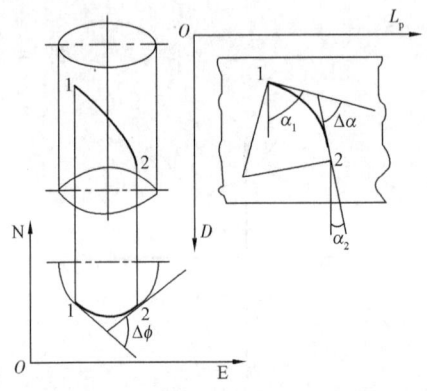

图 2-42 圆柱螺线法测段计算图

1) 圆柱螺线法计算公式

圆柱螺线法的计算公式为

$$\begin{cases} \Delta D = \dfrac{\Delta L \cdot 2\sin\dfrac{\Delta\alpha}{2}\cos\alpha_c}{\Delta\alpha} \\[2ex] \Delta L_p = \dfrac{\Delta L \cdot 2\sin\dfrac{\Delta\alpha}{2}\sin\alpha_c}{\Delta\alpha} \\[2ex] \Delta N = \dfrac{\Delta L \cdot 4\sin\dfrac{\Delta\alpha}{2}\sin\dfrac{\Delta\phi}{2}\sin\alpha_c\cos\phi_c}{\Delta\alpha \cdot \Delta\phi} \\[2ex] \Delta E = \dfrac{\Delta L \cdot 4\sin\dfrac{\Delta\alpha}{2}\sin\dfrac{\Delta\phi}{2}\sin\alpha_c\sin\phi_c}{\Delta\alpha \cdot \Delta\phi} \end{cases} \quad (2-22)$$

注意,式(2-22)中的 $\Delta\alpha$ 和 $\Delta\phi$ 的单位,求三角函数值时用角度制,其他情况下用弧度制。

2)圆柱螺线法在特殊情况下的处理方法

由于在式(2-22)中,分母中都有 $\Delta\alpha$ 和 $\Delta\phi$,只要一个为零,表达式就无意义了,所以在实际使用时,要考虑这些特殊情况。

(1)当 $\alpha_1 = \alpha_2$,$\phi_1 \neq \phi_2$ 时,即 $\Delta\alpha = 0$,$\Delta\phi \neq 0$。

$$\begin{cases} \Delta D = \Delta L \cos\alpha_2 \\ \Delta L_p = \Delta L \sin\alpha_2 \\ \Delta N = \Delta L \sin\alpha_2 \dfrac{\sin\phi_2 - \sin\phi_1}{\Delta\phi} \\ \Delta E = \Delta L \sin\alpha_2 \dfrac{\cos\phi_1 - \cos\phi_2}{\Delta\phi} \end{cases} \quad (2-23)$$

(2)当 $\alpha_1 \neq \alpha_2$,$\phi_1 = \phi_2$ 时,即 $\Delta\alpha \neq 0$,$\Delta\phi = 0$。

$$\begin{cases} \Delta D = \Delta L \dfrac{\sin\alpha_2 - \sin\alpha_1}{\Delta\alpha} \\ \Delta L_p = \Delta L \dfrac{\cos\alpha_1 - \cos\alpha_2}{\Delta\alpha} \\ \Delta N = \Delta L \dfrac{\cos\alpha_1 - \cos\alpha_2}{\Delta\alpha} \cos\phi_2 \\ \Delta E = \Delta L \dfrac{\cos\alpha_1 - \cos\alpha_2}{\Delta\alpha} \sin\phi_2 \end{cases} \quad (2-24)$$

(3)当 $\alpha_1 = \alpha_2$,$\phi_1 = \phi_2$ 时,即 $\Delta\alpha = 0$,$\Delta\phi = 0$。

$$\begin{cases} \Delta D = \Delta L \cos\alpha_2 \\ \Delta L_p = \Delta L \sin\alpha_2 \\ \Delta N = \Delta L \sin\alpha_2 \cos\phi_2 \\ \Delta E = \Delta L \sin\alpha_2 \sin\phi_2 \end{cases} \quad (2-25)$$

3)曲率半径法计算公式

曲率半径法的计算公式为

$$\begin{cases} \Delta D = \dfrac{\Delta L(\sin\alpha_2 - \sin\alpha_1)}{\Delta\alpha} \\ \Delta L_p = \dfrac{\Delta L(\cos\alpha_1 - \cos\alpha_2)}{\Delta\alpha} \\ \Delta N = \dfrac{\Delta L(\cos\alpha_1 - \cos\alpha_2)(\sin\phi_2 - \sin\phi_1)}{\Delta\alpha \cdot \Delta\phi} \\ \Delta E = \dfrac{\Delta L(\cos\alpha_1 - \cos\alpha_2)(\cos\phi_1 - \cos\phi_2)}{\Delta\alpha \cdot \Delta\phi} \end{cases} \quad (2-26)$$

此处应注意的是式(2-26)只能在稳斜时使用。

3. 校正平均角法

假设条件与圆柱螺线法相同。校正平均角法是郑基英教授在圆柱螺线法的基础上,简化处理而推导出的一种新方法。

测段计算公式与平均角法公式的形式相似,只是在平均角法公式的基础上乘以校正系数 f_D 和 f_H,因而又称之为校正平均角法,计算公式如下:

$$\begin{cases} \Delta D = f_D \Delta D_m \cos\alpha_c \\ \Delta L_p = f_D \Delta D_m \sin\alpha_c \\ \Delta N = f_H \Delta D_m \sin\alpha_c \cos\phi_c \\ \Delta E = f_H \Delta D_m \sin\alpha_c \sin\phi_c \end{cases} \quad (2-27)$$

$$f_D = 1 - \frac{\Delta\alpha^2}{24}$$

$$f_H = 1 - \frac{\Delta\alpha^2 + \Delta\phi^2}{24}$$

此处应注意的是,式中 $\Delta\alpha$ 和 $\Delta\phi$ 的单位为弧度。

校正平均角法的优点:计算方法简单,计算精度与圆柱螺线法几乎完全相同且不存在特殊情况的处理,当式中的 f_D 和 f_H 等于1时为平均角法。

4. 正切法(又称下切点法)

假设测段为一直线,方向与下测点井眼方向一致,如图 2-43 所示。正切法是所有计算方法中最简单但也是计算误差最大的一种方法。

$$\begin{cases} \Delta D = \Delta L \cos\alpha_2 \\ \Delta L_p = \Delta L \sin\alpha_2 \\ \Delta N = \Delta L \sin\alpha_2 \cos\phi_2 \\ \Delta E = \Delta L \sin\alpha_2 \sin\phi_2 \end{cases} \quad (2-28)$$

5. 最小曲率法

假设两测点间的井段是一段平面上的圆弧,圆弧在两端点处的切线与上、下两测点处的井眼方向线相吻合,如图 2-44 所示。

$$\begin{cases} \Delta D = \frac{\Delta L}{\gamma}(\cos\alpha_1 + \cos\alpha_2)\tan\frac{\gamma}{2} \\ \Delta L'_p = \frac{\Delta L}{\gamma}(\sin\alpha_1 + \sin\alpha_2)\tan\frac{\gamma}{2} \\ \Delta N = \frac{\Delta L}{\gamma}(\sin\alpha_1\cos\phi_1 + \sin\alpha_2\cos\phi_2)\tan\frac{\gamma}{2} \\ \Delta E = \frac{\Delta L}{\gamma}(\sin\alpha_1\sin\phi_1 + \sin\alpha_2\sin\phi_2)\tan\frac{\gamma}{2} \end{cases} \quad (2-29)$$

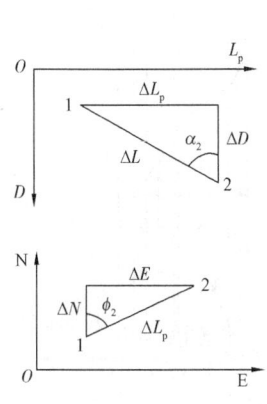
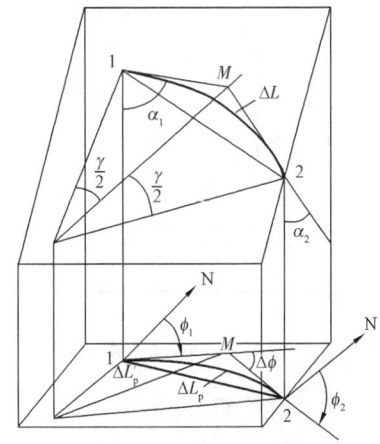

图 2-43 正切法测段示意图　　　图 2-44 最小曲率法测段示意图

测段是一段圆弧,那么它的水平投影图和垂直剖面图一般不是圆弧。对于需要计算水平投影长度的,可按如下近似公式进行计算:

$$\Delta L'_p = \Delta S' \frac{\Delta \phi}{2\sin\frac{\Delta \phi}{2}} \qquad (2-30)$$

三、测斜计算的一般过程

先进行测段计算,算出 ΔD、ΔS、ΔN、ΔE 和 K,虽然测斜计算有多种方法,但涉及井眼曲率 K 的计算时,均采用同一公式。再在测段计算的基础上,进行测点计算,不管哪种方法,测点计算所用的公式都是一样的,有

$$\begin{cases} D_2 = D_1 + \Delta D \\ L_{p_2} = L_{p_1} + \Delta L_p \\ N_2 = N_1 + \Delta N \\ E_2 = E_1 + \Delta E \end{cases} \qquad (2-31)$$

测点计算的其他公式为

$$\begin{cases} \theta_2 = \tan^{-1}\dfrac{E_2}{N_2} & (N_2 > 0) \\ \theta_2 = \tan^{-1}\dfrac{E_2}{N_2} + 180 & (N_2 < 0) \\ S_2 = \sqrt{N_2^2 + E_2^2} \\ V_2 = S_2\cos(\theta_0 - \theta_2) \end{cases} \qquad (2-32)$$

式中　θ_0——原设计的井斜方位角,(°)。

以上各种方法,区别在于 ΔD、ΔL_p、ΔN 和 ΔE 四个参数的计算公式不同。

四、测斜计算结果的常规绘图

根据实钻井眼的测斜资料和测斜计算数据,可以完成关于实钻井眼轴线的许多绘图任务。最常用的是垂直剖面图和垂直投影图,如图 2-45 和图 2-46 所示。

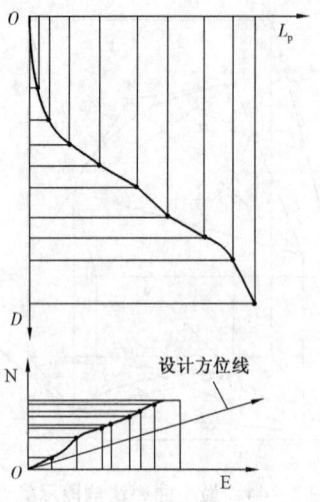

图 2-45 用坐标法作的垂直剖面图

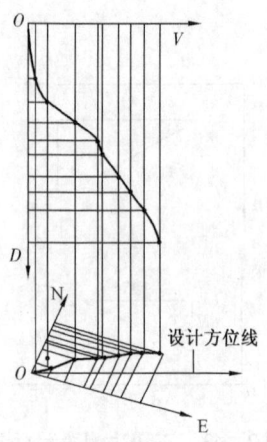

图 2-46 用坐标法作的垂直投影图

井眼轴线水平投影图与垂直剖面图的绘制是定向钻井工作者的主要工作之一,特别是在一口定向井的实钻过程中,要随时掌握井底位置和井眼前进的方向,以便及时采取调整措施。

目前的绘图方法,不管是手工绘图还是计算机绘图,都是根据测斜计算结果,采用坐标绘图法。

五、井眼轨迹质量的评价标准

1. 水平靶的中靶计算

已知目标点坐标(D_t, N_t, E_t)、中靶点的垂深$D_p = D_t$、$i-1$点和i点的坐标,从而可求得测段$(i-1 \sim i)$上p点的坐标(N_p, E_p),如图 2-47 所示。

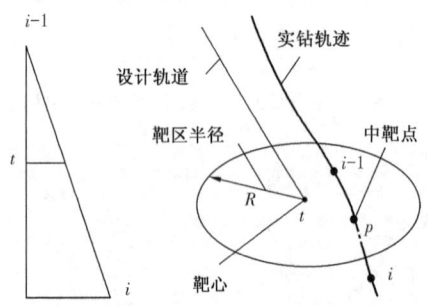

图 2-47 水平靶中靶示意图

(1)计算p点的水平坐标:

$$N_p = N_i - \frac{\Delta N_i}{\Delta D_i}(D_i - D_t) \quad (2-33)$$

$$E_p = E_i - \frac{\Delta E_i}{\Delta D_i}(D_i - D_t) \quad (2-34)$$

(2)靶心距的计算:

$$J = \sqrt{(N_t - N_p)^2 + (E_t - E_p)^2} \quad (2-35)$$

2. 垂直靶或倾斜靶中靶计算

已知目标点的坐标(D_t, N_t, E_t)、井斜角α_t、井斜方位角ϕ_t和实钻井眼轨迹的数据,如图 2-48 所示。

1)中靶点z的坐标的计算

$$\begin{cases} D_z = D_{i-1} + \dfrac{W_{i-1}}{W_{i-1} + W_i}(D_i - D_{i-1}) \\ N_z = N_{i-1} + \dfrac{W_{i-1}}{W_{i-1} + W_i}(N_i - N_{i-1}) \\ E_z = E_{i-1} + \dfrac{W_{i-1}}{W_{i-1} + W_i}(E_i - E_{i-1}) \end{cases} \quad (2-36)$$

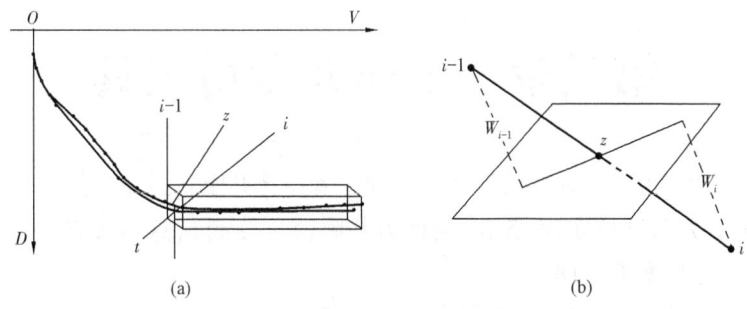

图 2-48 垂直靶或倾斜靶中靶示意图
(a)水平靶;(b)斜靶

$$W_{i-1} = \cos\alpha_t(D_t - D_{i-1}) + \sin\alpha_t\cos\phi_t(N_t - N_{i-1}) + \sin\alpha_t\sin\phi_t(E_t - E_{i-1}) \quad (2-37)$$

$$W_i = \cos\alpha_t(D_i - D_t) + \sin\alpha_t\cos\phi_t(N_i - N_t) + \sin\alpha_t\sin\phi_t(E_i - E_t) \quad (2-38)$$

2)靶心距的计算

纵偏距 J_D 的计算式为

$$J_D = D_t - D_z \quad (2-39)$$

横偏距 J_S 的计算式为

$$J_S = \sqrt{(N_t - N_z)^2 + (E_t - E_z)^2} \quad (2-40)$$

靶心距 J 的计算式为

$$J = \sqrt{(D_t - D_z)^2 + (N_t - N_z)^2 + (E_t - E_z)^2} \quad (2-41)$$

3. 中靶精度计算

$$D_J = \frac{R - J}{R} \times 100\% \quad (2-42)$$

式中 R——靶区半径,m。

4. 结论

(1)当 $D_J < 0$ 时,为脱靶;

(2)当 $D_J = 0 \sim 0.6$ 时,为合格井;

(3)当 $D_J = 0.6 \sim 0.85$ 时,为良好井;

(4)当 $D_J \geq 0.85$ 时,为优质井。

第三章　定向井专用工具

在定向井施工中,为了实现井眼轨迹尽可能沿着设计井眼轨道钻进的目的,在钻进过程中需要对井眼的前进方向进行实时控制(也称为井眼轨迹控制),这需要借助一些井下测量仪器、特殊工具和工艺技术来实现。

井眼轨迹控制需要解决如下三个问题:

(1)合理地设计钻具组合,以保证在井斜的平面上使钻头产生所需的横向力及相应的侧向切削量,从而控制井斜角的变化率;

(2)合理地设计或选择特殊结构的井下工具,以保证在井斜方位的平面上使钻头产生所需的横向力及相应的侧向切削量,从而控制井斜方位角的变化率;

(3)合理地选择和控制钻压,以控制钻头的纵向进尺速度和钻压的大小,以实现控制井眼曲率。

本章主要介绍常用的定向井专用工具、滑动钻进造斜工具、转盘钻进造斜工具和旋转导向钻井工具,并介绍相关的轨迹控制技术和造斜工具的造斜能力预测。

第一节　常规定向井工具

常规定向井工具主要有定向接头、无磁钻铤、加重钻杆、扶正器和键槽破坏器等。

一、定向接头

1. 类型

目前国内常用的定向接头有两种:定向直接头和定向弯接头。定向直接头用于弯壳体螺杆钻具定向钻进;而定向弯接头则用于直壳体螺杆钻具的定向钻进。

2. 基本结构

1)定向直接头

定向直接头基本结构如图 3-1 所示。

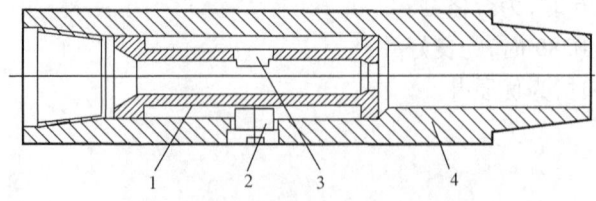

图 3-1　定向直接头的结构示意图
1—扶正套;2—定位螺钉;3—定向键;4—壳体

2)定向弯接头

定向弯接头基本结构如图 3-2 所示,与定向直接头相比多一个结构弯角 λ。

弯接头结构弯角的计算公式:

$$\lambda = \frac{57.3 \times (a - b)}{d} \quad (3-1)$$

式中 λ——结构弯角,(°);
a——弯接头的长边长度,mm;
b——弯接头的短边长度,mm;
d——弯接头的外径长度,mm。

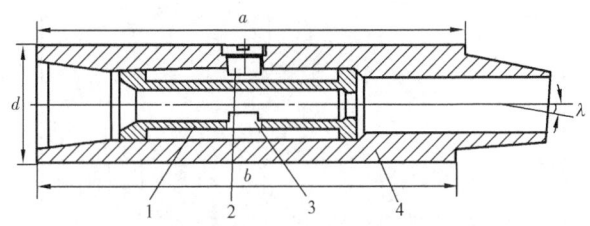

图 3-2 定向弯接头结构示意图
1—扶正套;2—定位螺钉;3—定向键;4—壳体

二、无磁钻铤

1. 作用

由于磁性测量仪器的磁通门感应到的对象是井眼所在的大地磁场,所以测量仪器能够真实反映监测参数的前提是无其他磁场干扰,否则所测得的数据将会失真。在钻井过程中,钻具往往易被磁化,直接导致磁性测量仪器测量井眼轨迹数据失真。此时,只有使用无磁钻铤才能实现对磁性测量仪器的屏蔽,避免测量仪器测取参数时产生误差,同时还可以发挥普通钻铤的作用。

国外已有相当数量的无磁钻铤,并于 1990 年列入 API 标准。我国根据国外无磁钻铤产品制订了《钻铤》(SY/T 5144—2013)这一现行标准。

2. 无磁钻铤工作原理

无磁钻铤上下的干扰磁场对测量仪器部位没有影响,因而无磁钻铤为磁性测量仪器创造了一个无磁场干扰的环境,保证了磁性测量仪器所测到的是真实的大地磁场数据,其结构如图 3-3 所示。

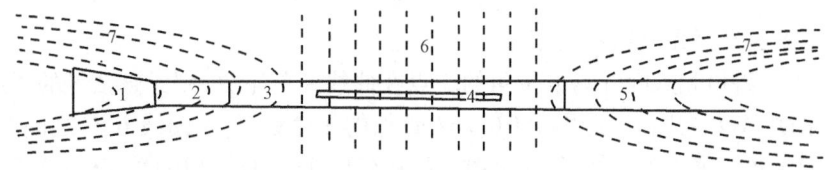

图 3-3 无磁钻铤工作原理示意图
1—钻头;2—钻头接头;3—无磁钻铤;4—磁性测量仪;
5—钢钻铤;6—地磁场线;7—干扰磁场线

3. 无磁钻铤材料

无磁钻铤材料主要有蒙乃尔合金(含有铜、镍、铬等成分)、铬—镍合金、铬—锰为基础的奥氏体合金、铍铜合金、SMFI 无磁钢和国产锰铬镍钢等。

4. 无磁钻铤长度的选择

为精确地测量裸眼井段的磁方位角,需合理地选择无磁钻铤的长度。

在使用磁性测斜仪器时,首先应根据井口地理位置处的地球水平磁场强度分布图确定该地区的地球水平磁场强度区域,如图3-4所示,再根据测段预计的井斜方位值和最大井斜角查找无磁钻铤长度选择图(图3-5)确定无磁钻铤的使用长度。

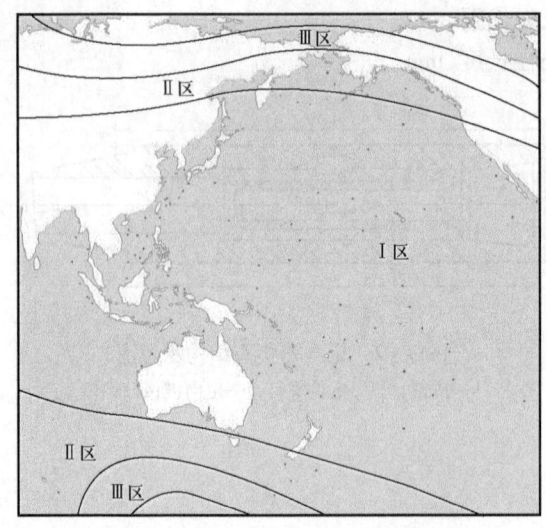

图3-4 地球水平磁场强度分布图

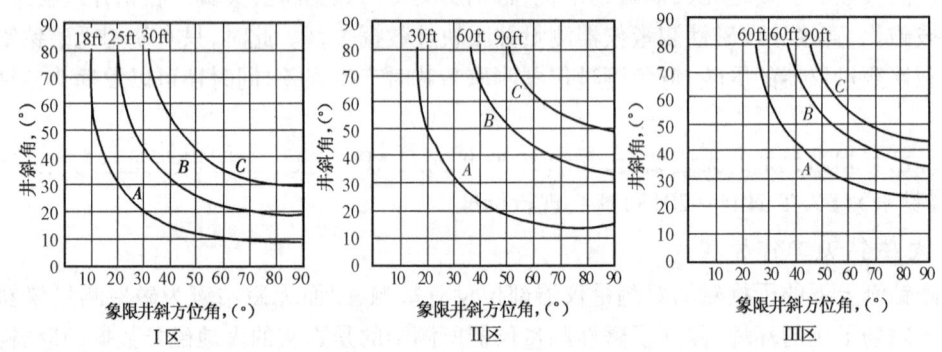

图3-5 无磁钻铤长度选择图

根据以下方法选择无磁钻铤长度。

Ⅰ区:如果井斜角和象限井斜方位角的交点在曲线A的下方,则无磁钻铤的长度选为18ft(5.49m);在曲线A、B之间时,选用25ft(7.62m)长的无磁钻铤;在曲线B、C之间时,选用30ft(9.14m)长的无磁钻铤;在曲线C以上时,选用43ft(13.11m)(串联18ft+25ft)长的无磁钻铤。

Ⅱ区:如果井斜角和象限井斜方位角的交点在曲线A以下时,选用30ft长的无磁钻铤;在曲线A、B之间时,选用60ft(18.29m)长的无磁钻铤(带扶正器);在曲线B、C之间时,选用60ft长的无磁钻铤(带近钻头扶正器);在曲线C以上时,选用90ft(27.43m)长的无磁钻铤。

Ⅲ区:如果井斜角和象限井斜方位角的交点在曲线A以下时,选用60ft长的无磁钻铤(带扶正器);在曲线A、B之间时,选用60ft长的无磁钻铤(带近钻头扶正器);在曲线B、C之间时,选用90ft长的无磁钻铤。

我国大部分地区处于Ⅰ区。磁场区磁场强度越高,需要的无磁钻铤越长。

5. 探管在无磁钻铤中的安放位置

当无磁钻铤间需要用扶正器时,必须注意扶正器对罗盘的影响。最好的办法是将扶正器加工成无磁的,这样可以降低磁场对罗盘的影响。探管在无磁钻铤中的安放位置见表3-1。

表3-1 磁性测斜仪器在无磁钻铤中的位置推荐

区 域	推荐安装位置
Ⅰ区	6m钻铤:钻铤中心以下0.3~0.6m
	8m钻铤:钻铤中心以下0.6~1m
	10m钻铤:钻铤中心以下1~1.3m
Ⅱ区	10m钻铤:钻铤中心以下1~1.3m
	20m钻铤:钻铤中心以下2.3~3m
	30m钻铤:钻铤中心
Ⅲ区	10m钻铤:钻铤中心
	20m钻铤:钻铤中心以下2.3~3m
	30m钻铤:钻铤中心

6. 无磁钻铤的尺寸规格

无磁钻铤的尺寸规格见表3-2。

表3-2 无磁钻铤规格尺寸

外径,mm	内径,mm	连接螺纹	质量,kg		最小旋转扭矩,N·m
			长度7620mm	长度9144mm	
120.65	57.15	NC35	531	662	14643
120.65	57.15	NC38(3½IF)	531	662	17355
127.00	57.15	NC38(3½IF)	606	755	17355
152.00	71.44	NC44	852	1061	24405
152.40	57.15	NC44	939	1169	31591
158.75	57.15	NC44	1034	1245	31591
158.75	71.44	NC46(4IF)	947	1178	30099
165.1	57.15	NC46(4IF)	1130	1407	37963
165.1	71.44	NC46(4IF)	1043	1298	30099
174.45	71.44	NC50(4½IF)	1141	1421	43386
177.8	57.15	NC50(4½IF)	1335	1663	51521
177.8	71.44	NC50(4½IF)	1249	1554	43386
184.15	71.44	NC50(4½IF)	1359	1690	43386
196.85	71.44	NC56	1580	1967	65079
203.20	71.44	6⅝REG	1701	2116	71858
209.55	71.44	6⅝REG	1826	2265	92196
228.60	71.44	NC61-90	2217	2760	112533
241.30	76.20	7⅝REG	2468	3064	119312

7. 无磁钻铤的检查与使用

(1) 无磁钻铤外圆柱面直线度≤2mm/m,全长的直线度≤5mm/m。
(2) 无磁钻铤管体表面伤痕不超过表3-3中的规定。
(3) 螺纹表面应光滑,不允许有凹凸痕迹、裂痕、龟裂及其他破坏。
(4) 无磁钻铤螺纹上扣扭矩应大于或等于表3-2中的规定。
(5) 无磁钻铤每年进行一次相对磁导率及磁均匀的检查,并符合标准《钻铤》(SY 5144—2013)的规定。

表3-3 无磁钻铤管体伤痕允许量　　　　　　　　　　单位:mm

外径	横向伤痕[深度×长度(周长的10%)]	纵向伤痕深
88.9	4×28	4
104.8	5×33	5
120.7	5×38	5
127.0	5×40	5
152.4	6×48	6
158.8	6×50	6
165.1	6×52	6
171.4	6×54	6
177.8	6.5×56	6.5
182.4	6.5×58	6.5
196.8	6.5×62	6.5
203.2	7×64	7
209.6	7×65	7
228.6	7×66	7
241.3	7×72	7
247.6	7×76	7
254.0	8×80	8

三、加重钻杆

加重钻杆是定向井、大位移井、大斜度井及水平井钻井施工过程中不可缺少的钻具。

加重钻杆和钻铤的作用基本相同,但它与井壁的接触面积要小得多,与钻铤一样,加重钻杆能在受压状态下工作,加重钻杆又分为普通加重钻杆和无磁加重钻杆。

1. 加重钻杆的用途

(1) 用于钻铤和钻杆的过渡区,缓和两者弯曲刚度的变化,滑动钻进过程中有利于定向井、水平井井眼轨迹的控制;增加了井眼与钻具之间的环空,减少了钻杆的损坏。
(2) 在小井眼钻井中,加重钻杆具有普通钻杆、钻铤的作用,操作方便。
(3) 18°斜坡台肩加重钻杆可以减少起下钻阻力和减小对井壁的破坏,在定向井、水平井钻进过程中还可起到降低摩阻、扭矩的作用。
(4) 用于井眼曲率变化大的井段,可防止起下钻时出现挂阻现象;代替普通钻铤,减少了井下复杂情况和黏附卡钻的发生。

(5)加重钻杆在定向井、水平井钻井施工中代替钻铤,可以降低井下的各种复杂情况的发生概率。

2.加重钻杆的结构和特点

加重钻杆的壁厚比普通钻杆增加了2~3倍,长度短,其接头比普通钻杆长,两端接头之间有一个整体式耐磨垫,具有扶正器的作用。加重钻杆比钻杆多了一个支撑辊,增加了抗弯曲能力,其结构如图3-6所示。

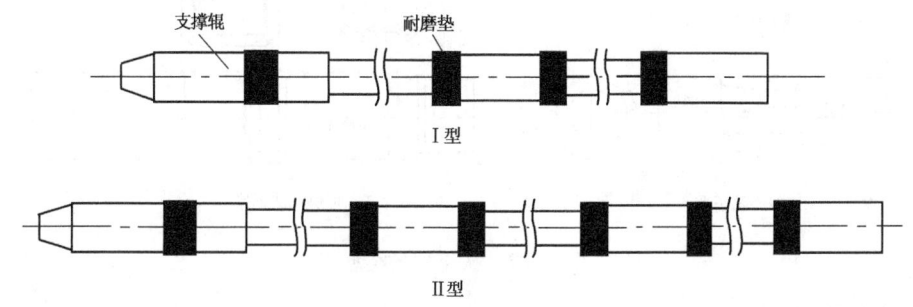

图3-6 加重钻杆结构示意图

在钻定向井或水平井的钻柱中,钻铤和钻杆可根据实际情况连接若干根加重钻杆。为了减少钻具因弯曲造成的破坏,钻铤与钻杆连接处的截面模量比应小于5.5。

3.加重钻杆的规格尺寸

加重钻杆的规格尺寸见表3-4。

表3-4 加重钻杆的规格尺寸

型号	外径(C)		内径(E)		接头		管体加厚部分		单根质量,kg
	mm	in	mm	in	形式	外径(A),mm	中部(L),mm	端部(B),mm	
5in	127	5	76.2	3	4½IF	165.1	139.7	130.2	700
3½in	88.9	3½	50.8	2	3½IF	120.7	116.3	101.6	370

四、扶正器(稳定器)

定向钻井中,扶正器可分为直棱对称扶正器、五瓣(三瓣)球形扶正器、五瓣(三瓣)螺旋扶正器、三瓣偏心扶正器和可换式扶正器,如图3-7所示。

扶正器在定向钻井中的用途:

(1)在增斜钻具组合和降斜钻具组合中,扶正器起支点的作用,通过改变扶正器在下部钻具组合中的位置,可改变下部钻具组合的受力状态,达到控制井眼轨迹的目的。

(2)增加下部钻具组合的刚性,达到稳定井斜和方位的目的。稳斜钻具组合中,通过减小钻头与扶正器、扶正器与扶正器之间的距离,增强下部钻具的刚性,限制下部钻具受压变形的程度,达到稳斜的效果。

(3)修整井眼,使井眼曲率变化平缓、圆滑,有利于减少井下复杂情况的出现。

扶正器出、入井时,应认真测量扶正器的外径,检查磨损情况和扶正器在钻具组合中的安放位置,扶正器的外径磨损不大于2mm。

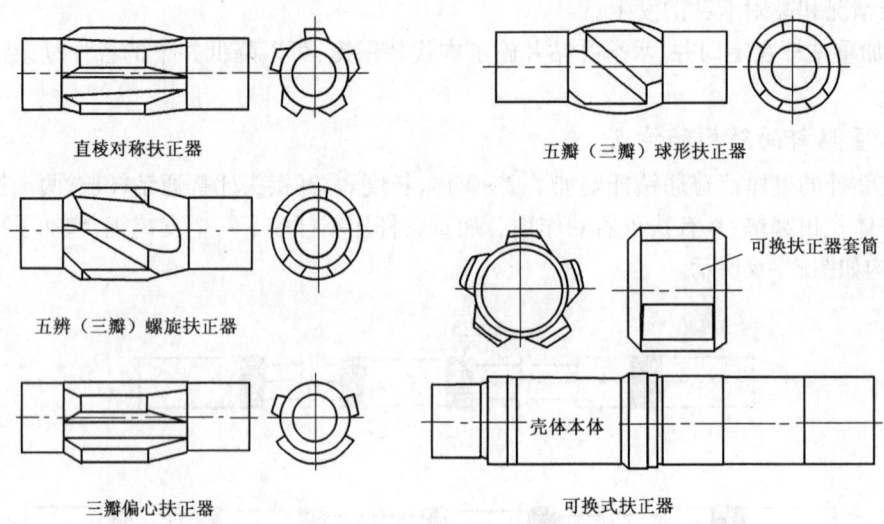

图 3-7 扶正器的类型

五、键槽破坏器

键槽破坏器的几何形状与螺旋式扶正器相似,外形尺寸较扶正器小而较钻铤大。它与螺旋式扶正器的不同之处是上下斜台肩都是用硬质合金焊条堆焊成锥形,具有切削、扩孔、破坏键槽的性能。键槽破坏器在钻柱中的位置如下。

1. 专门用于破坏键槽的钻具组合

破坏一般键槽的钻具组合形式,钻头+小尺寸钻铤(50~60m)+键槽破坏器+随钻震击器+加重钻杆。

用于破坏较长的键槽,可采用钻头+小尺寸钻铤1柱+键槽破坏器+小尺寸钻铤1柱+挠性接头+随钻震击器+加重钻杆。

钻柱中小尺寸钻铤的外径应与钻进时钻杆的接头外径一样,当下钻至键槽以上100m左右时,控制下放速度,发现遇阻时开始划眼,严格控制钻压,一般应小于49kN。

2. 随钻破坏键槽

在定向钻进中,从增斜井段开始,常在井下钻具组合中使用键槽破坏器。根据已钻井眼的曲率大小和地层岩性,在容易形成键槽的"狗腿"井段,用键槽破坏器反复划眼,以防形成键槽。

六、浮阀

浮阀的主要作用是防止钻井液倒流而损害井下测量工具,以及防止钻头水眼被堵。

七、悬挂短节

将 MWD 仪器坐在其中,为 MWD 提供一个安全稳定的测量环境。

悬挂短节外壁上有一高边刻度线,其作用是校正螺杆钻具高边及测量 MWD 到螺杆钻具的偏差值。短节内壁有一个凸出的键,在 MWD 座封时使用。在不使用 MWD 时,一定要注意先甩掉悬挂短节,以避免因流量过大而冲掉该键,造成井下事故。

八、震击器

震击器的主要作用是保持钻头和钻具的工作平衡,在卡钻时帮助解卡。

九、挠性接头

挠性接头的主要作用是保护震击器,增加震击时的钻具弹性。

第二节　井底动力钻具

井底动力钻具(又称井下马达),主要分为涡轮钻具、螺杆钻具和电动钻具三种。不论是哪种钻具,其工作特点都是在钻进过程中,动力钻具的外壳及其上部的钻柱不旋转只滑动钻进,以利于定向造斜。只有动力钻具的主轴带动钻头旋转破岩,形成井眼。目前,我国多使用螺杆钻具。

一、涡轮钻具

涡轮钻具是一种井底水力发动机,内部装有若干级涡轮,通过涡轮外壳导向液体(钻井液)以一定的方向和速度冲动转子,转子将液体(钻井液)的动能转变为机械能,带动钻头旋转破碎岩石。

1. 结构

涡轮钻具由旋转和不旋转两大部分组成,主要包括止推轴承、径向轴承、驱动部分、扶正轴承、压紧短节、涡轮外壳(定子)、转子和主轴等组成,如图3-8所示。复式涡轮是通过联轴短节把上、下两节涡轮传动轴连接起来合为一体的。

涡轮钻具的级是指一个转子和一个定子组成的对数。单级涡轮钻具只有一个转子和一个定子,为了提高涡轮钻具的输出功率,通常将多个结构完全相同的涡轮串联起来组合成多级涡轮,常用涡轮钻具的级数为110级。涡轮的定子和转子结构形状,如图3-9所示。

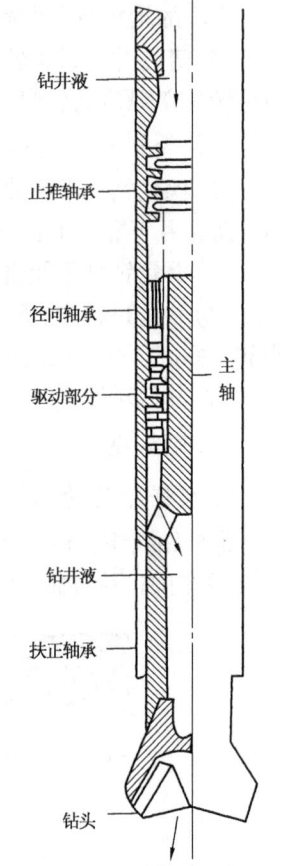

图3-8　涡轮钻具结构示意图

2. 工作原理

当泵入的钻井液进入第一级定子叶片孔道后,高速液流被定子叶片导向给下面的转子,转子因获得转矩而旋转。然后,高速液流从第一级涡轮的转子进入第二级涡轮的定子,再从第二级涡轮的定子又冲向第二级转子,以此类推一级一级不断传递下去,多级涡轮的转子就同时旋转起来。转子安装在主轴上,通过主轴输出的扭矩即可带动钻头旋转破碎岩石。

3. 涡轮钻具的特性

涡轮钻具的特性为:转速较快(1000r/min),扭矩较小;转速与扭矩随流量的增大而增大;流量一定时,转速随扭矩增大而减小;扭矩增高时,地面压力并不增高,所以难以判断转速;涡轮钻具空转时,转速达到最高,因此不宜用涡轮钻具进行划眼。

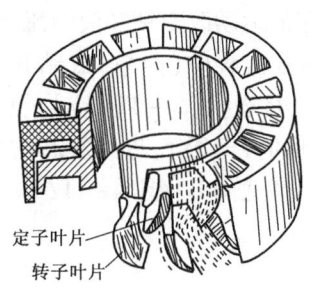

图3-9　涡轮钻具的定子、转子

4. 涡轮钻具的使用方法

1）下井前的检查

（1）检查涡轮钻具两端接头丝扣、台肩是否完好无损坏，本体有无变形、损伤或裂痕。认真测量其长度、外径等尺寸，并绘出草图做好记录。

（2）测量压紧短节与涡轮外壳连接处台肩的距离，一般为 4～15mm。

（3）新涡轮钻具轴向间隙不大于 2mm，维修后的涡轮钻具轴向间隙不大于 3mm。检查方法：吊起的涡轮钻具，放在转盘面上，在露出的轴短节上做一个标记；上提涡轮钻具使其悬空，再在露出的轴短节上做第二个标记，两标记之间的距离为涡轮钻具的轴向间隙值。

（4）进行井口试运转（不带钻头，并用大钳或其他工具固牢外壳，防止由于反扭矩的作用而反转），单泵启动（泵压不超过 1.5MPa），转子旋转正常后方能入井。

2）涡轮钻具的入井启动

（1）涡轮钻具下到井底，应将钻头提离井底 2～5m，启动泵，逐渐加压到规定的钻压钻进。为了防止井下黏吸卡钻，钻进过程中，要定时上提下放，大幅度活动钻具。

（2）涡轮钻具不能启动时，可加压至 20kN 左右，用转盘强制启动。

（3）钻进过程中，需停泵时，应上提钻具 10～15m 并活动钻具。不能活动钻具时，应将钻头放到井底压死，并保持钻井液循环。

（4）其他对钻井液性能、井眼准备、机泵条件等方面的要求与螺杆钻具相同。

二、螺杆钻具

1. 螺杆钻具的结构

螺杆钻具主要由旁通阀总成或代用接头、防掉总成、螺杆钻具总成（定子、转子）、万向轴总成（万向轴、万向轴壳体）和传动轴总成组成，如图 3-10 所示。

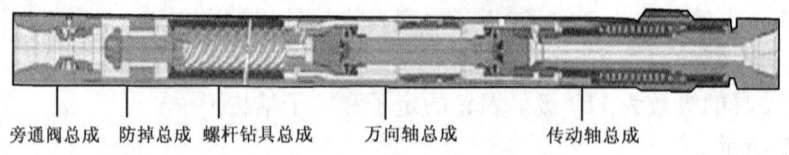

图 3-10 螺杆钻具工作原理

1）旁通阀总成

旁通阀总成（By-pass Valve Assembly）位于螺杆钻具的上方，它由阀体、阀芯、阀套、弹簧和旁通孔组成。

在阀芯上下压差及弹簧的作用下阀芯在阀套中滑动，通过阀芯的运动改变钻井液的流向，使旁通阀有旁通和关闭两个状态，如图 3-11 所示。在起、下钻作业过程中（停泵）或钻井液流量过小时，在弹簧力的作用下，阀芯让开旁通孔，旁通阀处于旁通状态[图 3-11（a）]，使钻柱中的钻井液直接流入环空；当钻井液流量和压力达到标准设定值时（开泵），流经阀芯的钻井液在阀芯的上下两端产生压差，迫使阀芯压缩弹簧而下移，关闭旁通阀孔[图 3-11（b）]，此时钻井液流经螺杆钻具，把钻井液的压能转变成机械能。

2）螺杆钻具总成

螺杆钻具总成（Motor Assembly）由定子和转子组成，如图 3-12 所示。定子是在钢管内壁上压注橡胶衬套（丁腈橡胶）而成，橡胶内孔是具有一定几何参数的螺旋形。转子是一根经过特殊工艺加工而成的耐磨、抗腐蚀性好的左旋螺杆。螺杆钻具转子和定子在某一横截面上的啮合关系如图3-13所示。根据螺杆钻具线型理论研究结论可知,转子线型和定子线型是一对摆线类共轭曲线副,转子与定子相互啮合,利用两者的导程差形成螺旋密封线,同时形成密封腔。由于万向轴约束转子的轴向运动,在高压钻井液流经螺杆钻具副时,各密封腔内不平衡的水压力则驱动转子作平面行星运动,密封腔沿着轴向移动,不断地生成与消失,完成能量的转换,这就是螺杆钻具总成的基本工作原理。

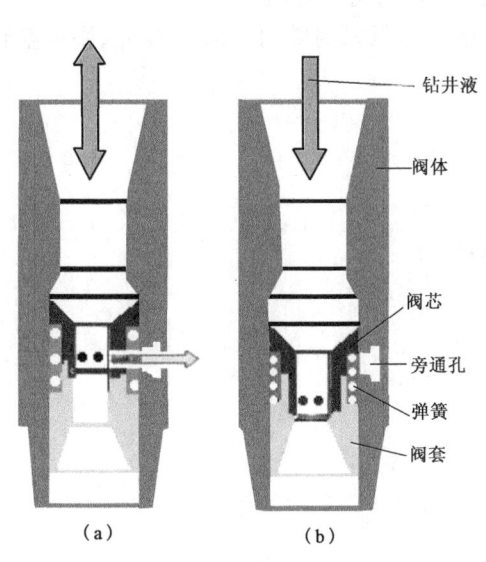

图 3-11 旁通阀结构示意图
(a)旁通;(b)关闭

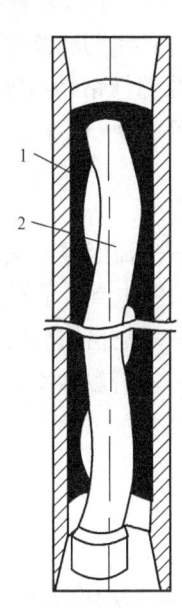

图 3-12 螺杆钻具总成
1—定子;2—转子

(1)定子。

定子(Stator)按照橡胶(丁腈橡胶)材质的耐温程度可分为常温(95~120℃)型和高温(105~150℃)型两种。为了保证螺杆钻具的密封效果,应合理地选择转子与定子之间的配合尺寸。

(2)转子。

常规转子(Hollow Rotor)是一根表面镀有耐磨材料(铬)的钢制螺杆,其上端是自由端,下端与万向轴相连。将转子加工成带合金喷嘴的中空结构称为中空转子,中空转子可以增加钻头的水马力和钻井液的上返速度,如图3-14所示。螺杆钻具的总流量等于流经螺杆钻具密封腔内的流

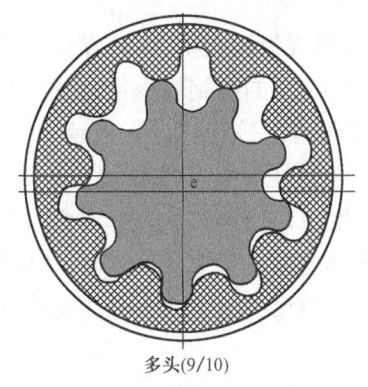

多头(9/10)

图 3-13 螺杆钻具任意一处的截面形状

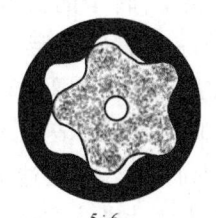
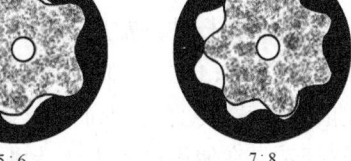

5:6   7:8

图 3-14 中空转子结构示意图

量和流经转子喷嘴的流量之和,每种规格的螺杆钻具都有其推荐的最大流量值。若流量过大,则转子会超速运转,定子和转子会先期损坏;若流量过小,螺杆钻具将停止转动。因此在选择转子喷嘴时,要确保螺杆钻具密封腔内的流量始终大于或等于最小推荐流量值,这样才能使螺杆钻具正常运转。当钻井液密度、喷嘴尺寸和螺杆钻具流量为定值时,流经转子喷嘴的流量和流经螺杆钻具密封腔内的流量是随负载的变化而变化的。当钻头提离井底后,螺杆钻具负载近似为零,此时流经转子喷嘴的流量最小,而流经螺杆钻具密封腔内的流量最大。当钻进时,螺杆钻具进出口压差不断增大,流经转子喷嘴的流量增加,流经螺杆钻具密封腔内的流量减少。

设流经螺杆钻具喷嘴的流量为 q_Z,流经螺杆钻具密封腔内的流量为 q_m,则中空转子螺杆钻具的总流量 $q = q_m + q_Z$,有

$$q_m = \frac{nq_1}{60\eta_V} \tag{3-2}$$

式中　q_m——流经螺杆钻具密封腔内的流量,L/s;

　　　q_1——中空转子螺杆钻具的每转排量,L/r;

　　　n——螺杆钻具转速,r/min;

　　　η_V——容积效率,一般取 0.90。

$$q_Z = q - q_m \tag{3-3}$$

$$d = \sqrt[4]{898\frac{\rho q_Z^2}{\Delta p}}$$

$$\Delta p = \Delta p_{st} + \Delta p_{op}$$

式中　Δp——螺杆钻具压降,MPa;

　　　Δp_{st}——螺杆钻具启动压降,MPa;

　　　Δp_{op}——螺杆钻具工作压降,MPa;

　　　d——喷嘴直径,mm;

　　　ρ——钻井液密度,kg/L。

螺杆钻具的输出扭矩与螺杆钻具的压降成正比,输出的转速与输入的钻井液流量成正比,随着负载的增加,螺杆钻具的转速降低,因此在地面只能根据压力表的显示调控钻压,根据流量计调控泵的流量,以便于控制井下螺杆钻具的扭矩和转速。现场使用时,工作人员应在厂家推荐的范围内控制钻井液的流量,否则将直接影响螺杆钻具的效率,甚至引起螺杆钻具磨损加快,致使螺杆钻具先期损坏。

螺杆钻具常用的线型有:短幅内摆线等距线型、短幅外摆线等距线型、内外摆线法线型和非摆线型四类。螺杆钻具转子的螺旋线有单头和多头之分(定子的螺旋线头数总比转子的头数多1)。螺杆钻具在相同规格下,转子的头数越少,转速越高,扭矩越小;头数越多,转速越低,扭矩越大,如图 3-15 所示。螺杆钻具定子的一个导程(螺距×定子头数)组成一个密封腔,也称为一级。螺杆钻具常用的级数为 2~6 级,每级额定工作压降为 0.8MPa,最大压降为额定工作压降的 1.3 倍。比如四级螺杆钻具,额定压降为 3.2MPa,最大压降为 4.16MPa。压降超过此值螺杆钻具就会出现泄漏,转速迅速下降,严重时会完全停止转动,甚至造成螺杆钻具损坏,螺杆钻具在使用过程中要特别注意这一点。

3)万向轴总成(Cardan Shaft Unit)

万向轴总成主要由万向轴和万向轴壳体组成,如图 3-16 所示。

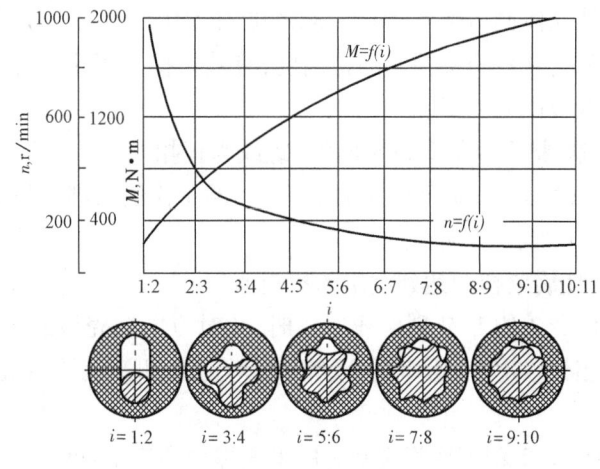

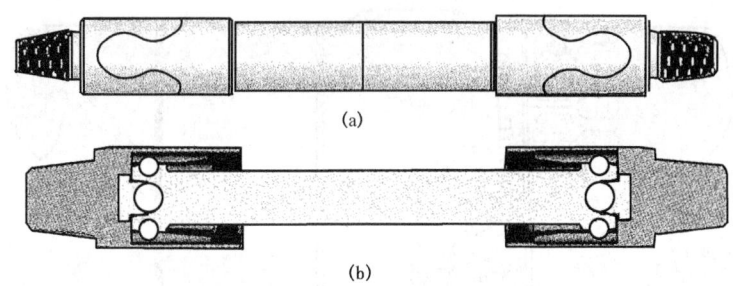

图 3-15 螺杆钻具特性曲线

图 3-16 万向轴示意图
(a)"U"形瓣万向轴;(b)球型万向轴

(1)万向轴。

万向轴的形式主要有"U"形瓣万向轴、挠性万向轴(一根直杆)和球形万向轴等形式,目前应用最普遍的是"U"形瓣万向轴。为了适应钻井工艺对螺杆钻具长寿命的要求,在引进吸取国外先进技术的基础上,国内又研发出了球型万向轴。球型万向轴采用油润滑,多个钢球传递扭矩,使其受力更合理、摆动更加灵活,大大延长了使用寿命。

(2)万向轴壳体。

万向轴的壳体通过上、下锥形螺纹分别与螺杆钻具定子壳体下端螺纹和传动轴壳体上端螺纹相连接,分为直螺杆钻具和弯外壳螺杆钻具两种。直螺杆钻具的万向轴壳体无结构弯角,而弯外壳螺杆钻具的万向轴带一个有结构角的弯壳体,根据结构弯角是否可调又分为不可调弯外壳螺杆钻具和可调弯外壳螺杆钻具,其中可调弯外壳螺杆钻具又分地面可调和井下可调弯外壳螺杆钻具两种。

地面可调弯外壳螺杆钻具结构弯角角度标记规定:以宽环形槽、尖环形槽来表示弯角度,每一宽环形槽表示1°,每一尖槽表示15′;标记槽位置距内螺纹端面200~250mm。如图 3-17 所示。

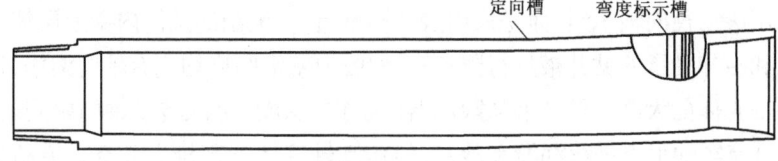

图 3-17 螺杆钻具弯壳体角度标示

地面可调式万向轴壳体调节部件在0°~3°范围内,如图3-18(a)所示,可调节出十多种不同的结构弯角。增强了井眼轨迹控制的精确度,有效地提高了定向井钻井的效率。地面可调式万向轴壳体角度调节说明如下。

① 将上壳体1卡紧,将下壳体3退出两圈(螺纹为正扣)。

② 将定位套2向右移动后,旋至所需要的刻度,再左移使内部牙齿啮合,轴向复位,如图3-18(a)所示。

③ 旋紧下壳体3,使旋紧扭矩达到规定的扭矩值。

当上壳体1与定位套2的1.5°刻度线对正时,此时万向轴壳体的结构弯角为1.5°,如图3-18(b)所示;当上壳体1与定位套2的0°刻度线对正时,此时万向轴壳体的结构弯角为0°,如图3-18(c)所示。

④ 上壳体1与定位套2刻度线相交确定的平面即为高边工具面。

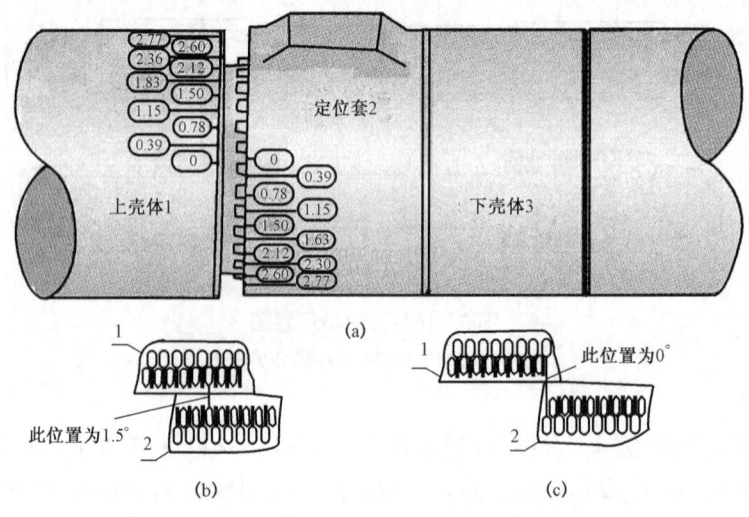

图3-18 地面可调式壳体结构弯角调节说明

井下可调弯外壳螺杆钻具是在井下实现结构弯角的调整,不用起下钻具,缩短了钻井周期,节约了钻井成本。目前,对于结构弯角的调整,国内是通过改变钻井泵的流量控制的一套井下液压机械装置,来实现可调弯外壳螺杆钻具结构弯角的调节;国外则是通过钻井液脉冲指令、电子短节控制井下执行机构来实现可调弯外壳螺杆钻具结构弯角的调节。

4) 传动轴总成

传动轴总成(Shaft Assembly)由壳体、传动轴、上止推轴承、下止推轴承、径向扶正轴承、限流器及其他辅助零件等组成。上、下止推轴承分别用来承受钻具在各种工况下产生的轴向力。径向轴承组则是用于对传动轴进行扶正作用,保证传动轴正常平稳工作。原来生产的螺杆钻具传动轴不是采用滚动径向轴承组,而是采用滑动轴承组,在钢制的圆筒内壁上压铸耐磨橡胶。为了对分流润滑和冷却轴承的钻井液进行限流,在橡胶内壁沿圆周均刻有轴向沟槽,通常称为限流器。流经万向轴壳体的大部分钻井液从限流器(也称导水帽)进入传动轴的中间通道,小部分钻井液(小于7%)流经轴承组进行润滑和冷却,经传动轴壳体下部排向环空。传动轴的作用是将螺杆钻具的动力传递给钻头,同时承受钻压所产生的轴向和径向载荷,如图3-19所示。

国内常用的螺杆钻具传动轴总成主要有 7.0MPa 和 14.0MPa 两种结构形式,如图 3-20 所示。国外常用的传动轴总成为 Shaft Assembly,如图 3-21 所示。

(1)钻头水眼最大压降为 7.0MPa 的传动轴总成,采用硬质合金制成径向轴承,在径向轴承之间有一组推力轴承。

(2)钻头水眼最大压降为 14.0MPa 的传动轴总成,由硬质合金径向轴承和金刚石复合片(PDC)的平面止推轴承组成,其寿命更长、承载能力更大。

2. 螺杆钻具的工作原理

螺杆钻具是以钻井液为动力的一种容积式井下动力钻具,其中螺旋形钢制转子与橡胶衬套(定子)构成一套密封件。由于钢制螺杆的螺杆头数总比橡胶衬套的螺杆头数少一个,故在两者间存在一个容积的渐进空穴,并有一定的偏心距。因此在上下空穴之间的压差作用下,高压液流便会迫使螺杆密封件移动旋转,从而将液压能转变为带动钻头旋转的机械能。螺杆钻具的性能主要取决于转子和定子的性能。

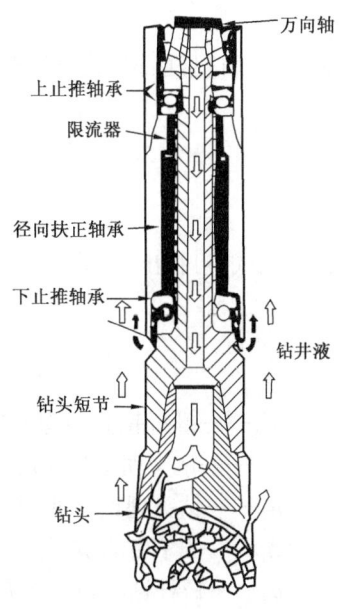

图 3-19 传动轴总成和工作原理

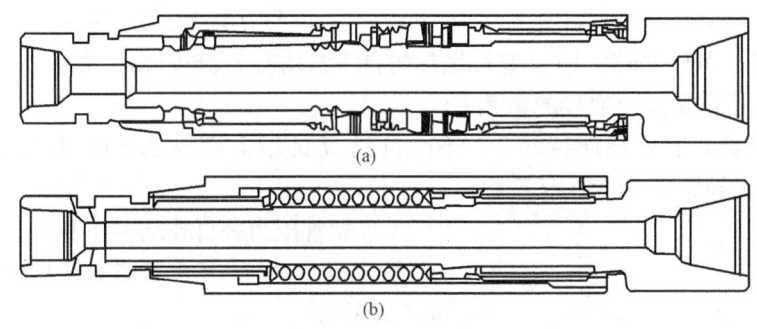

图 3-20 传动轴总成
(a)7.0MPa 传动轴总成;(b)14.0MPa 传动轴总成

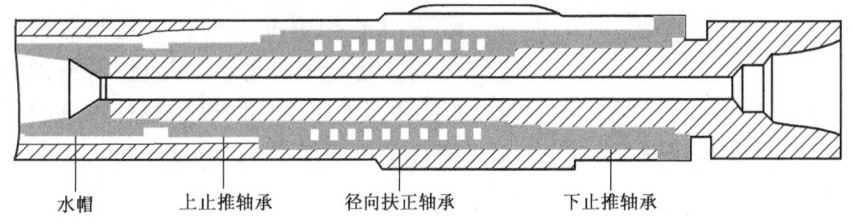

图 3-21 Shaft Assembly 传动轴总成

3. 螺杆钻具的工作特性

1)理论特性

以单头螺杆钻具为例,简要分析螺杆钻具的理论工作特性。假设不计各种损失,容积式机械在工作过程中遵守能量守恒,所以单位时间内钻头输出的机械能($M_T\omega_T$)应等于单头螺杆钻具输入的水力能(Δpq),满足

$$M_T \omega_T = \Delta p q \qquad (3-4)$$

根据容积式机械的转速关系,有

$$n_T = \frac{60q}{q_0} \qquad (3-5)$$

$$\omega_T = \frac{\pi n_T}{30} \qquad (3-6)$$

由以上三式,可得出

$$M_T = \frac{1}{2\pi} \Delta p q_0 \qquad (3-7)$$

$$N_T = \Delta p q \qquad (3-8)$$

式中 M_T——螺杆钻具的理论转矩,kN·m;
ω_T——钻头理论角速度,r/min;
n_T——钻头理论转速(螺杆钻具输出的自转速),r/min;
Δp——螺杆钻具进出口的压力降,MPa;
q_0——螺杆钻具每转排量,L/s;
q——流经螺杆钻具的流量,L/s;
N_T——理论功率,kN。

根据式(3-4)至式(3-8)可得出以下重要的结论:
(1)螺杆钻具的转速只与自身的结构和钻井泵的流量 q 有关,与工况无关。
(2)工作扭矩 M_T 与压降 Δp 和螺杆钻具的自身结构有关,与转速无关。
(3)转速和扭矩是两个独立的参数。
(4)螺杆钻具具有硬转速特性——不因负载 M 的增大而降低转速;具有良好的过载能力——Δp 增大可导致工作转矩 M 变大。

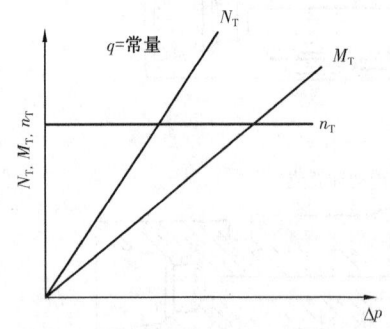

图3-22 单头螺杆钻具的理论工作曲线

(5)立管压力表可作为井下螺杆钻具的监视器,Δp 的变化可以显示出井下螺杆钻具的工作情况(转矩和钻压)。
(6)转速 n 随着流量 q 的变化呈线性变化,因此,可通过调节流量 q 来实现调节螺杆钻具的转速。
(7)工作扭矩 M 与转速 n 均与螺杆钻具的结构有关,增大螺杆钻具每转的排量,可得到适应钻进作业的低转速大扭矩特性单头螺杆钻具的理论工作曲线,如图3-22所示。

2)实际特性

在实际使用中,由于螺杆钻具存在着转子与定子间的摩擦阻力和密封腔间的漏失,传动轴的轴承等处存在着机械损失和水力损失,则螺杆钻具存在着机械效率 η_m 和水力效率 η_V,因此螺杆钻具的总效率为

$$\eta = \eta_m \eta_V \qquad (3-9)$$

螺杆钻具的转矩 M、钻头实际转速 n 和实际输出功率 N_0 为

$$M = M_T \eta_m = \frac{1}{2\pi} \Delta p q_m = \frac{1}{2\pi} \Delta p_2 q_0 C \qquad (3-10)$$

$$n = n_T \eta_V = \frac{60q}{q_1} \eta_V \qquad (3-11)$$

$$N_0 = N_T \eta = \Delta p q \eta \qquad (3-12)$$

$$C = \eta_m (1 + \frac{\Delta p_1}{\Delta p_2}) = \eta_m \frac{\Delta p}{\Delta p_2};$$

式中 C——螺杆钻具的转矩系数;

q_m——流经螺杆钻具密封腔内的每转排量,L/r;

Δp——螺杆钻具的总压降,MPa;

Δp_1——螺杆钻具的启动压降,MPa;

Δp_2——螺杆钻具的负荷压降,MPa。

根据螺杆钻具转子和定子间的配合松紧程度而定,一般取 Δp_1 为 0.5~1MPa。

三个压降之间的关系为

$$\Delta p = \Delta p_1 + \Delta p_2 \qquad (3-13)$$

图 3-23 为某型螺杆钻具在实验台架上测得的工作特性曲线。图中 Δp_2 为螺杆钻具钻进时的立管压力与循环时立管压力的差值,η_L 曲线被称为负载效率曲线。

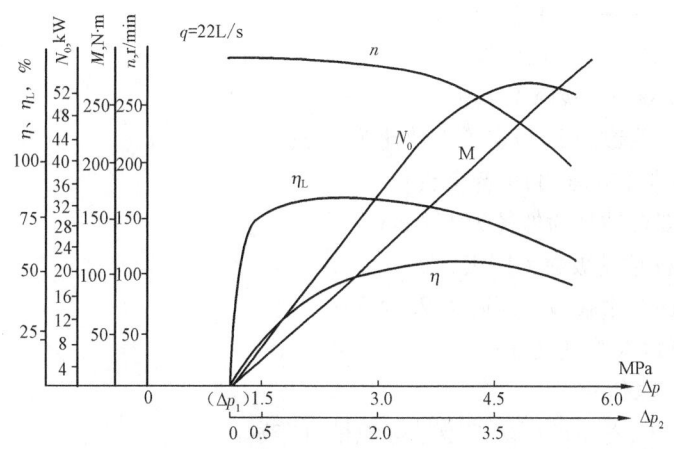

图 3-23 某型螺杆钻具的实际工作特性曲线

假设不计负载效率,螺杆钻具启动阶段的压降和机械、水力损失,只是工作阶段输出的机械能与有效水力能(Δpq)之间比值的关系,则

$$\eta_L = \eta \frac{\Delta p_2}{\Delta p} \qquad (3-14)$$

分析对比图 3-22 和图 3-23,可得出以下结论:

(1)螺杆钻具的实际转速特性与总压降 Δp 有关,实际特性要比理论特性要"软";

(2)转速曲线 n—Δp 最初阶段较平缓,速率下降较小,对应的负载效率 η_L 值较大;

(3)负载效率最大的工况点被定为螺杆钻具的工作点,工作点对应的工况参数是螺杆钻具的最优工作参数。

(4)在现场使用螺杆钻具时,应尽量使螺杆钻具的工况点在工作点附近工作。在此区域内,螺杆钻具具有极强的转速硬特性,这是涡轮钻具无法相比的。

3)螺杆钻具的特点

(1)转速较慢(100~300r/min),扭矩较大;

(2)转速与扭矩随流量的增大而增大;

(3)扭矩与压力降成正比,钻进时可通过观察泵压的变化了解钻头扭矩和钻压的变化,即可以看着泵压表打钻。根据泵压表上的压力降还可以换算出钻头上的扭矩值,从而可以较为准确地求得反扭角。

4. 螺杆钻具的型号

螺杆钻具的型号表示方法如下:

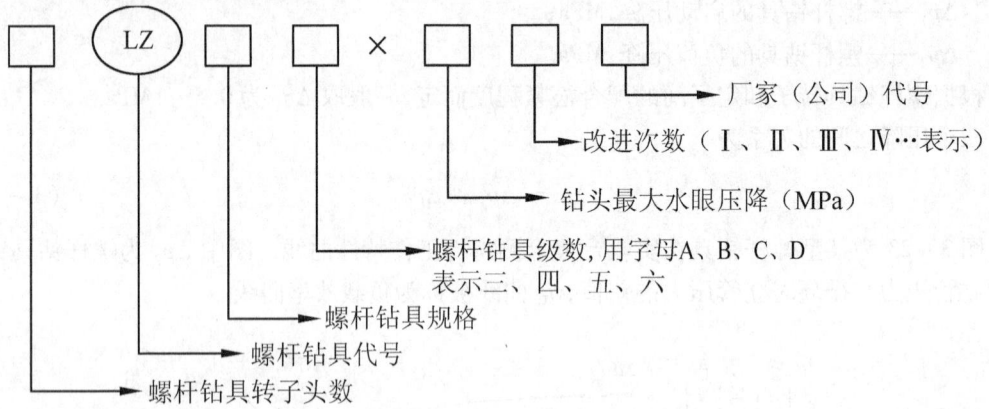

例如 5LZ172B×7.0—ⅥAB,其中

　　5——转子头数为5,与定子头数比为5∶6;

　　LZ——"螺杆钻具"的拼音字头;

　　172——螺杆钻具的外径为172mm;

　　B——螺杆钻具级数为四级;

　　7.0——钻头水眼最大压降为7.0MPa;

　　Ⅵ——第六次改进设计;

　　AB——厂家代号。

在实际的标识中,各生产厂家的型号标识稍有差别。

5. 螺杆钻具的技术参数

螺杆钻具的技术参数见表3-5。

表3-5　螺杆钻具的技术参数

参数 \ 型号	5LZ73A×7.0LL	7LZ79B×7.0LL	4LZ120C×7.0LL	4LZ120D×7.0LL
公称直径,mm	73	79	120	120
螺杆钻具头数	5∶6	7∶8	4∶5	4∶5
螺杆钻具级数	3	4	5	6
井眼尺寸,mm	85~111	95~121	149~200	149~200
钻头螺纹(REG),in	2⅜	2⅜	3½	3½
连接螺纹(REG),in	2⅜	2⅜	3½	3½
钻头水眼压力降,MPa	1.4~6.9	1.4~6.9	1.4~6.9	1.4~6.9

续表

参数 \ 型号	5LZ73A×7.0LL	7LZ79B×7.0LL	4LZ120C×7.0LL	4LZ120D×7.0LL
流量,L/m	84~390	140~419	495~990	495~990
钻头转速,r/min	109~260	122~372	128~256	128~256
螺杆钻具工作压力降,MPa	2.4	3.2	4.0	4.8
螺杆钻具最大压力降,MPa	3.39	4.25	5.65	6.78
工作扭矩,N·m	460	465	1780	2137
最大扭矩,N·m	650	617	2515	3019
功率,kW	18	24	67	81
工作钻压,kN	12	16	49	49
最大钻压,kN	25	25	100	100
钻头至弯点距离,mm	705	705	1115	1115
钻具全长,mm	3310	3215	6030	6754

6.螺杆钻具使用须知

(1)钻井工程技术人员和司钻必须了解螺杆钻具的结构原理和厂家推荐的使用参数,做到科学合理使用螺杆钻具。

(2)根据整个钻井作业工序,钻井工程师根据工程设计的井别、井型、井眼尺寸、井深等资料,结合所钻地层情况和机械钻速,优选钻头的水眼直径。

(3)钻井液使用得当。钻井液的固相含量必须予以限制,因为它会加速轴承、螺杆钻具的磨损而缩短螺杆钻具的使用寿命。在施工作业过程中,建议钻井液的含砂量小于1%。通过大量的试验和实钻资料证明:若钻井液中固相含量达到5%,螺杆钻具的寿命会减少50%。应尽可能减小对螺杆钻具定子橡胶的气蚀损坏。油基钻井液中芳香烃含量应低于2%,苯胺点(苯胺点是指石油产品与等体积的苯胺相互溶解成单一液相所需的最低温度)应高于75℃,否则将会引起橡胶老化,缩短螺杆钻具的使用寿命,现场使用时应予以足够的重视。盐水钻井液中的氯离子对螺杆钻具转子的腐蚀也是相当严重的,因此,在盐水钻井液中使用过的螺杆钻具,起出后应尽快用清水冲洗干净。

(4)钻头的类型与螺杆钻具匹配是否合理,是螺杆钻具能否发挥最佳性能的关键。钻头选型的主要依据是钻井方案及施工计划、地层情况、机械钻速、运转时间及水眼压降。

(5)井下温度过高会大大缩短螺杆钻具定子的寿命。一般情况下,常温螺杆钻具要求井下温度不能超过95℃,否则要选用适应井下实际温度的耐高温螺杆钻具。

(6)螺杆钻具输出转速与输入钻井液的流量成正比,每种型号的螺杆钻具都有一定的工作流量,建议按厂家推荐的参数作业,否则会直接影响螺杆钻具的工作效率和使用寿命。

(7)适当的钻井液压差与钻压。螺杆钻具在工作时,钻井液循环压力随着钻压的逐渐增大而上升,压力的增量与钻压或钻进所需扭矩的增量成正比。当钻压达到最大推荐值时,产生最佳输出扭矩。当继续增加钻压时,在螺杆钻具两端产生的压降会超过最大设计值,导致螺杆钻具发生泄漏。螺杆钻具正常工作时,泵压应随着钻压的增减而升降。在钻进过程中,如果泵压突然增加,再继续增加钻压,而泵压不再增加了,此时说明螺杆钻具出现了泄漏,螺杆钻具定子与转子间的密封被损坏,钻井液通过螺杆钻具密封腔从钻头水眼中流出,螺杆钻具被制动。这时应将螺杆钻具提离井底,重新加压至厂家推荐的值。另外,为了使螺杆钻具获得最佳工作效率,应将螺杆钻具两端的压差控制在厂家推荐值范围内。

(8)进行必要的水力参数计算。在钻井作业时,要根据钻井深度、钻具组合、地面管汇及水龙带、钻井液性能等计算出总压力损失,由此确定螺杆钻具工作时的泵压参数。方法一是应用休斯水力参数计算法;方法二是将钻头稍稍提离井底,在螺杆钻具的额定流量下,立管压力表此时显示的便是总压力损耗值。

7. 螺杆钻具的使用

1) 钻具下井前的地面检查

(1)检查钻具扶正器的外径尺寸、螺杆钻具的拐点位置、拐点至螺杆钻具底端面的长度及螺杆钻具的直径等几何尺寸是否符合钻井工艺的需要,旁通阀上定位槽和弯壳体上定位槽是否在同一条线上(一个工具面内),并绘出草图做好记录。

(2)用提升短节把钻具吊上钻台,把旁通阀置于转盘以上便于观察的位置,用卡瓦把钻具卡牢,卸去提升短节,用锤柄或木棒下压旁通阀芯,使其处于关闭状态,从上部向旁通阀内注满水,此时旁通阀不漏,水面无明显下降,然后挪开锤柄或木棒,阀芯在弹簧的作用下复位,打开旁通阀,所注水应从旁通阀侧面各孔均匀的流出,表明旁通阀工作正常。

(3)螺杆钻具在安装钻头之前,检查螺杆钻具的轴承间隙。轴承间隙测量的方法:在螺杆钻具自由悬吊的条件下测量轴承短节下端与钻头接头上端面之间的距离,然后把螺杆钻具全部重量坐在转盘上,重复测量此间隙,测得的两个距离差就是螺杆钻具的轴承间隙值,记录这两个测量结果,如图3-24所示。作业完毕起出钻具后重做这两项检查工作,以便测定作业期间轴承的磨损量。螺杆钻具允许的最大间隙见表3-6。

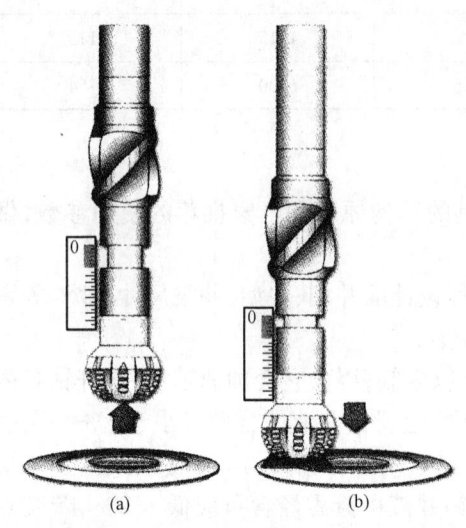

图3-24 螺杆钻具轴承间隙检查
(a)螺杆钻具自由悬吊;(b)螺杆钻具坐在转盘上

表3-6 螺杆钻具允许轴向轴承磨损间隙

螺杆钻具	轴承磨损量,mm	螺杆钻具	轴承磨损量,mm
φ73mm	3	φ172mm	6
φ89mm	4	φ197mm	6
φ95mm	4	φ203mm	7
φ105mm	4	φ216mm	7
φ120mm	5	φ244mm	8
φ165mm	6		

(4)安装钻头时,严禁用大钳或液压大钳夹住螺杆钻具的传动轴,只允许用链钳顺时针方向(俯视旋向)转动螺杆钻具的传动轴头,严防因螺杆钻具内部螺纹松扣而造成螺杆钻具入井后发生事故。

(5)接方钻杆后,下放螺杆钻具使旁通阀移至转盘面以下,开泵后逐渐加大流量直到旁通阀关闭,这时螺杆钻具应有明显的抖动。上提钻具观察钻头是否转动(时间不宜过长),此时旁通阀应处于"关闭"位置,钻井液不会从旁通阀孔流出。操作过程中应避免钻头与井口防喷器、喇叭口碰撞。停泵后注意观察旁通阀是否再次打开,应使钻井液从旁通阀孔排出。泵未完全停止之前,不要把旁通阀提到转盘面以上,防止钻井液喷出伤人和污染钻台。

(6)检查定向接头的定向键是否与螺杆钻具的高边工具面"发线"在同一平面内,若有误差,应仔细丈量角差,以免定向施工时造成大的误差。在装卸过程中应牢记:钻头接头相对于螺杆钻具壳体旋向为逆时针方向(俯视)。严禁逆时针(反向)转动转盘或用转盘旋转上紧螺杆钻具上部的丝扣,否则会造成螺杆钻具内部零件的松扣或脱扣。

2)螺杆钻具入井

(1)下钻时要控制下钻速度,以防螺杆钻具被井眼中的砂桥、井壁台肩、套管鞋损坏。当下钻遇阻需要划眼时,应开动转盘控制下划速度(防止定向)。如果下钻速度过快,从钻头水眼中进入的钻井液会使螺杆钻具的转子反向转动,可能造成螺杆钻具内部松扣。

(2)对于深井和高温井,下钻过程中分段开泵循环,以防止钻头水眼堵塞或因井下高温而先期损坏螺杆钻具的定子。下钻时钻井液若不能迅速地通过旁通阀阀孔流进钻柱中,应减缓下钻速度或不时地向钻柱内灌钻井液。

3)螺杆钻具的启动与钻进

(1)螺杆钻具启动前必须确保钻头提离井底,开动钻井泵记录下立管压力值,并与计算所得的压力值进行对比。若循环压力值比计算压力值高得很多,说明是钻头水眼被堵塞或传动轴被卡死。若钻头提离井底后,循环压力值低于计算值,可能是旁通阀处于"开位"、螺杆钻具损坏及其他原因引起。

(2)钻进前首先把堆积在井底的岩屑或其他沉淀物清理干净,清理时要慢慢地转动钻具。井底清理干净后,再把螺杆钻具提离井底 0.3~0.6m,校对并记录立管压力值,重新下放螺杆钻具至井底并缓慢地施加钻压,当螺杆钻具压降增加时,螺杆钻具的扭矩与立管压力值随之升高。这个压力升高值反映了螺杆钻具的负载是否正常和施加的钻压是否合适(钻进泵压=空载时的循环泵压+螺杆钻具负载压降),同时应符合各型号螺杆钻具规定的螺杆钻具压降值。司钻应合理施加钻压,控制立管压力值在所用螺杆钻具推荐的钻压范围之内。在钻压选择上应该注意:相同规格的螺杆钻具与牙轮钻头或 PDC 钻头配合使用时的额定钻压是不同的。PDC 钻头所施加的钻压要比牙轮钻头小,操作时要均匀送钻,以钻速、进尺为依据,当钻进进尺较慢时,过大的钻压钻进会使螺杆钻具先期损坏。

4)起钻

(1)螺杆钻具起钻过程中,旁通阀处于"开位"(与井眼环空连通),把钻柱内腔的钻井液泻入环空。若螺杆钻具无旁通阀而使用代用接头时,钻具本身不能排出钻井液,通常在起钻前向钻柱内注入一段加重钻井液,以便将井中钻杆水眼内的钻井液顺利排出。

(2)将螺杆钻具提出并使旁通阀至转盘面位置后,卸下旁通阀口上的各部件,先用清水从旁通阀顶部进行冲洗,然后使用锤柄或木棒将阀芯按下、松开,使其移动无阻。

(3)在地面上检查传动轴转动是否灵活。

(4)测量轴承间隙并与入井前的测量结果对比,确定轴承的磨损情况。

(5)装好钻头装卸器,卡牢钻具外壳,反转钻头(俯视),将螺杆钻具中残留的钻井液从旁通阀排出,卸下钻头。

8. 现场维护保养

(1)卸下旁通阀以上各件,用清水冲洗旁通阀,同时上、下移动阀芯,无阻卡现象,清洗完毕,拧上提升短节。

(2)将钻头坐入钻头装卸器中,用大钳夹紧钻具,逆时针旋转钻头,空出钻具中剩余的钻井液(钻井液由旁通阀阀口流出),然后卸去钻头。

(3)从万向轴接头处冲洗传动轴,将传动轴上部的水帽及轴承清洗干净,然后将螺杆钻具平放,正常维护保养后待用。若暂时不用或长时间搁置,应向螺杆钻具内注入少量的矿物油以防锈蚀(不允许加柴油)。

9. 螺杆钻具井下异常现象与处理方法

在螺杆钻具的使用过程中,随时注意观察立管压力的变化,可以发现和判断钻进过程中出现的许多问题。正确分析和采取适当的措施,往往可节省起、下钻所耗费的时间和费用。螺杆钻具井下异常现象及处理方法见表3-7。

表3-7 螺杆钻具井下异常现象分析

异常现象	可能原因	判断及处理方法
立管压力突然升高	螺杆钻具失速	将钻具上提0.3~0.6m,核对循环压力,逐渐加钻压,压力随之升高,均正常,可确认是失速
	螺杆钻具传动轴被卡死,钻头水眼被堵	将钻头提离井底,立管压力仍很高,只能起出螺杆钻具检查或更换钻头
立管压力逐渐升高	钻头水眼被堵	将钻头提离井底,检查压力,如果压力仍然高于正常循环压力,可以试着改变循环流量或上下活动钻具,如无效只得起出维修、检查或更换
	钻头磨损	继续工作,细心观察,如仍无进尺,只能起出更换
	地层变化	将钻头稍稍上提,如果立管压力无变化,则可继续工作
立管压力缓慢降低	循环压力损失变化	检查钻井流量
	钻具被刺坏	稍上提钻具,压力仍低于循环压力,起出螺杆钻具检查
无进尺	地层变化	适当改变钻压和循环流量
	螺杆钻具失速	立管压力偏高,钻具提离井底,检查循环压力,从小钻压开始逐步增加钻压
	旁通阀处于"开位"	立管压力偏低,稍提起钻具,起停钻井泵两次仍无效,则起出螺杆钻具,检查、更换旁通阀
	万向轴被损坏	常伴有压力波动,稍提起钻具,压力波动范围小些,只能起出螺杆钻具,检查更换
	钻头磨损严重	更换新钻头

螺杆钻具在工作中常见的异常现象分析如下。

1)螺杆钻具提离井底的情况

(1)立管压力(循环压力)低于计算值。

这种情况通常是因为旁通阀停泵后没有自动关闭；钻柱被刺坏形成循环短路或出现井漏造成的。解决方法一般是起钻检修。

(2) 立管压力高于计算值。

这种情况可能是因为钻具或钻头堵塞；传动轴轴承受卡或损坏；井眼过小或弯接头结构角过大；使钻头侧向力增大引起的。

典型现象：

① 无循环,检查整个循环系统。

② 部分循环,可能是钻头堵塞或钻头侧向力过大。

③ 完全循环,一般认为螺杆钻具负载太大,工作扭矩大于该螺杆钻具的推荐值。

采取的措施包括：

① 稍微上提钻具,以减小钻压；

② 改变循环流量,判断钻具或钻头是否被堵塞；

③ 短时间内开、停钻井泵,以降低泵压；

④ 如钻具组合装有弯接头或弯壳体,应将方钻杆稍向下送进,使钻具在弯曲井眼中放松,以减小钻头侧向力。

2) 螺杆钻具坐井底情况

(1) 立管压力低于计算值。

这种情况通常是因为旁通阀停泵后没有自动关闭；钻柱刺坏或出现升温；也可能是由于螺杆钻具螺杆钻具定子和转子之间的密封不良引起。后一种情况可通过检测螺杆钻具制动点的方法来判断。具体方法与步骤如下：

① 将钻具提离井底 0.3~0.5m 并开泵；

② 记录泵的出口流量,核准入井流量是否符合要求；

③ 记下钻具提离井底时的空载循环泵压值；

④ 缓慢将钻头坐入井底,并逐渐地施加钻压；

⑤ 泵压逐渐上升,达到推荐值,此时螺杆钻具获得最佳功率值,若再继续增加钻压,则钻头所需的功率最终将超出螺杆钻具所能提供的功率值,螺杆钻具出现制动。此时无论怎样继续增加钻压,泵压都不会再增加,该值即为螺杆钻具制动时的压力降。

⑥ 多数情况下,螺杆钻具制动点的压力降应是推荐工作压力的 2 倍,如果制动压力降太低,易制动,说明螺杆钻具已失效,应予以更换。

注意,这种试验只能偶尔进行,试验时间应短,以防高压钻井液长时间流过不转的螺杆钻具,造成定子被刺坏。

(2) 立管压力高于计算值。

这种情况通常是因为螺杆钻具或钻头水眼被堵塞,轴承损坏卡住传动轴或施加钻压过大。

处理办法：

① 减小钻压；

② 停泵；

③ 将钻头提离井底。

如果压力还是降不下来,说明螺杆钻具或钻头已经堵塞。

第三节 滑动钻进造斜工具

滑动钻进是指在钻进过程中依靠井下动力钻具带动钻头旋转破碎岩石,而钻具本身不旋转,只做滑动前进。

一、滑动钻进造斜工具的类型

滑动钻进造斜工具的类型有三种:弯接头+动力钻具、弯外壳螺杆钻具和偏心垫块。

1. 弯接头+动力钻具

弯接头接在动力钻具和钻铤之间。弯角越大,造斜率越高。弯曲点以上的刚度越大,造斜率越大。弯曲点至钻头的距离越小,且重量越小,造斜率越高。钻进速度越小,造斜率越高。此外,造斜率的大小还与井眼间隙、地层因素、钻头结构类型有关。弯接头+动力钻具结构类型如图3-25(a)所示。

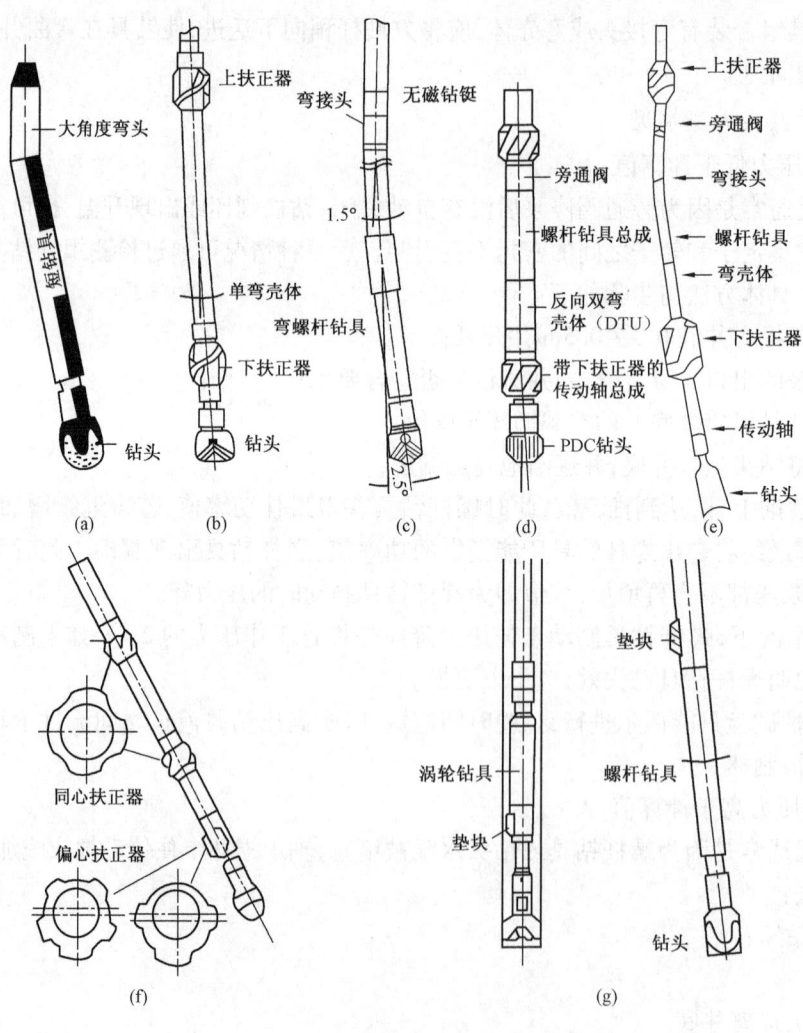

图3-25 常用造斜工具的结构类型示意图

2. 弯外壳螺杆钻具(弯外壳)

将动力钻具的外壳做成弯曲形状。比弯接头的造斜能力更强。弯外壳螺杆钻具结构类型如图3-25(b)、图3-25(c)、图3-25(d)和图3-25(e)所示。

3. 偏心垫块

在动力钻具壳体的下端一侧加焊一个"垫块"或安装一个偏心扶心器,垫块的偏心距高度越大,造斜率越大。偏心垫块结构类型如图3-25(f)和图3-25(g)所示。

二、滑动钻进造斜工具的造斜原理

滑动钻进造斜工具是由钻头+直螺杆钻具+弯接头+钻铤+钻杆组成的钻柱,入井前处于自由弯曲状态。在井眼中,钻柱的弯曲由于受到井壁的限制,而使钻头对井壁产生造斜力(弹性力或指向力),此外,钻头轴线与井眼轴线不重合,从而产生对井壁的横向破碎和对井底的不对称破碎,在井下动力钻具带动钻头旋转的过程中,造斜工具不转动,这就保证钻头朝一定方向偏斜一定角度从而达到造斜的目的,如图3-26所示。

三、弯接头+井下动力钻具的组合

在定向钻井中,目前普遍使用井下动力钻具(螺杆钻具、涡轮钻具)+弯接头组合进行造斜和扭方位。与转盘钻进时的下部钻具组合不同的是弯接头+井下动力钻具组合存在工具面和工具面角 Ω。当 $\Omega \neq 0$ 时,即使钻具组合位于一维井身(井眼轴线为铅垂线或斜直线,对此时钻具的受力和变形分析称为一维分析)或二维井身(井眼轴线只有井斜角的变化)内,井眼轨迹控制也是三维的。也就是说,此时不仅存在钻具组合因弹性变形而造成的钻头造斜力,同时也存在着相应的钻头变方位力,再加上造斜段的井斜角一般较小,于是更易造成井斜方位的漂移。所以,分析造斜力和变方位力是选择、控制井斜变化率和方位变化率的理论依据,对于钻定向井,尤其是丛式井都是至关重要的。

由力学理论(纵横弯曲法)分析井下动力钻具的造斜能力,以一维井身为例,如图3-27所示。

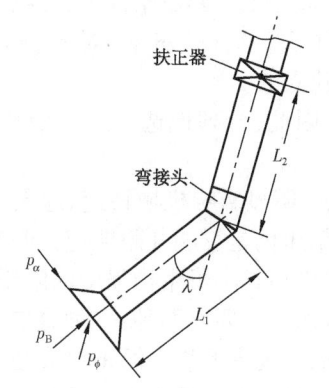

图3-26 直螺杆钻具+弯接头
组合示意图

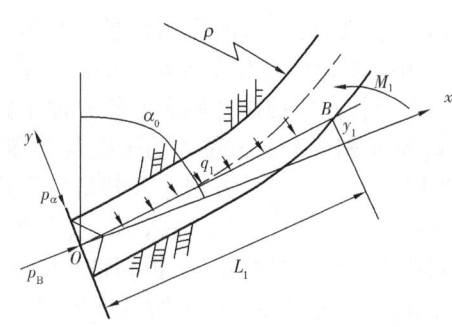

图3-27 钻头处井壁侧向反力的求解

若忽略第一跨(钻头至第一个扶正器的距离)钻铤自重纵向分量的微小影响,对第一扶正器中心 B 点求扭矩,由 $\sum M_B = 0$,可求出

$$p_\alpha = -\left(\frac{p_B y_1}{L_1} + \frac{M_1}{L_1} + \frac{q_1 L_1}{2}\right) \tag{3-15}$$

$$y_1 = \frac{L_1^2}{2\rho} - e_1 \qquad (3-16)$$

$$e_1 = \frac{D_0 - D_{S1}}{2} \qquad (3-17)$$

$$q_1 = w_1 \sin\alpha_0$$

式中　p_α——井壁对钻头的侧向反力,kN;

　　　p_B——钻压,kN;

　　　y_1——第一扶正器中心 B 点的纵坐标,m;

　　　M_1——第一扶正器处的内弯矩,是井身条件、工艺参数、钻具结构等多种因素的函数, kN·m。

　　　q_1——第一跨的横向均布载荷,kg/m;

　　　w_1——第一跨的线密度,kg/m;

　　　L_1——第一跨的长度,m;

　　　ρ——井眼曲率半径,m;

　　　e_1——井眼与扶正器的单侧间隙,m;

　　　D_0——井眼直径,m;

　　　D_{S1}——扶正器直径,m。

式(3-15)对一维井身、二维井身和三维井身条件下的弯接头+井下钻具组合均适用。显然,p_α 值与弯接头处内弯矩 M_1 有关,应先由三弯矩方程求出 M_1,再求 p_α。当 $p_\alpha>0$,表示造斜;$p_\alpha<0$,表示降斜;$p_\alpha=0$,表示稳斜(此处未考虑地层力的作用,仅是指钻具力的作用效果,有关地层力和钻具力联合作用下的效果请参阅相关书籍)。

由弯接头+井下动力钻具组合的受力与变形分析可知,对弯接头+井下动力钻具组合的造斜、变方位性能有影响的诸多钻具结构参数中,按其影响程度由大到小,一般是 L_1、λ(弯接头的结构弯角)、EL_1(动力钻具的等效抗弯刚度)和 D_W(弯接头的外径)等。

井眼曲率增大导致钻头造斜力减小,在同样的结构参数和工艺参数条件下,二维井眼条件下的 p_α 小于一维井眼情况。井眼曲率越大,钻头造斜力越小。K_α(造斜率)对 p_α,K_ϕ(井斜方位变化率)对 p_ϕ(变方位力)的作用和影响基本上是相互独立的。

工具面角 Ω 对造斜力和变方位力的影响较为显著。因此,合理地选择工具面角,准确计算动力钻具的反扭角对控制井斜和井斜方位至关重要。

钻压 p_B 对造斜力和变方位力的影响甚微,但因钻压 p_B 明显影响机械钻速、地层力和工具面角,因此影响侧向切削量、井斜角和井斜方位角,因此,钻压仍是影响井眼轨迹控制的最主要的参数。不过对井下动力钻具来说,施加钻压的大小还要受钻具本身结构强度的限制。

从钻具组合设计的角度出发,提高钻头造斜力的有效途径主要有两种:一种是增大弯接头的结构弯角 λ;另一种是缩短动力钻具下部的长度 L_1,即把弯接头下移。但 λ 过大会影响到起下钻,动力钻具长度的缩短又有一定的限制。因此,较好的解决办法是在动力钻具的结构本体上产生弯角,如设计成弯外壳、斜轴承组合、双弯壳体等。另外,增大弯接头的直径亦可提高工具的造斜力,如把弯接头扩大为满眼扶正器。

综上所述,当使用弯接头+井下动力钻具组合时,有效控制井眼轨迹的途径有三条:设计合理的钻具组合,施加合理的钻压和采用合理的工具面角。

四、弯外壳导向钻具

在定向钻井设计施工中,常常需要根据造斜率选择和设计钻具组合。对于弯外壳导向钻具来说,钻具的结构参数是影响造斜率的主要因素。采用几何法进行设计可以比较直观地反映出这些结构参数与造斜率之间的关系,突出主要因素对工具造斜率的影响,计算方法简单,计算精度可满足钻井工程的要求,是设计弯壳体导向钻具的一种有效方法。

根据几何法设计弯壳体导向钻具,可以计算出所需的结构弯角的大小、扶正器的位置和尺寸。设计导向钻具常用的方法有以下三种。

1. 解析法

依据几何法造斜率的计算公式,直接导出待求参数的解析表达式,如图 3-28、图 3-29 所示。

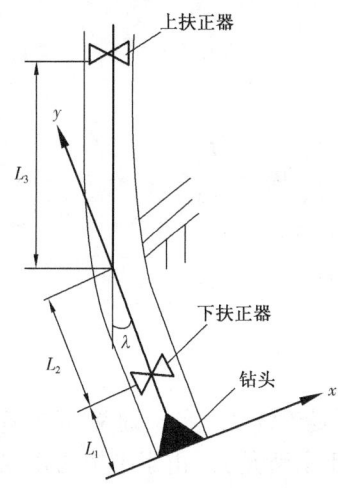
图 3-28 单弯导向钻具示意图

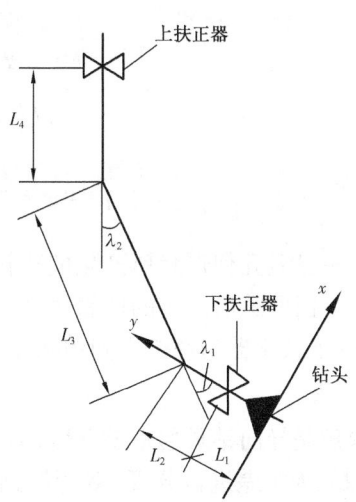
图 3-29 双弯导向钻具示意图

(1) 导向钻具的结构弯角 λ:

$$\lambda = \frac{L_T(K - K_\delta)}{60\mu} \qquad (3-18)$$

(2) 导向钻具的首跨长度 L_1:

$$L_1 = \sqrt{b^2 - 2c} + b \qquad (3-19)$$

其中

$$b = \frac{30}{K}\mu\lambda - \frac{L_S}{2} + \frac{c}{L_S} \qquad (单弯钻具)$$

$$b = \frac{30}{K}(\lambda_1\mu_1 + \lambda_2\mu_2) - \frac{L_S}{2} + \frac{c}{L_S} \qquad (双弯钻具)$$

$$c = \frac{5.4}{\pi K}\delta$$

特别是当 $\delta = 0$ 时,有

$$L_1 = \frac{60}{K}\lambda\mu - L_S \qquad (单弯钻具) \qquad (3-20)$$

$$L_1 = \frac{60}{K}(\lambda_1\mu_1 + \lambda_2\mu_2) - L_S \qquad (双弯钻具) \qquad (3-21)$$

(3)下扶正器与井壁的间隙:

$$\delta = \frac{\pi L_1}{10.8}(KL_T - 60\lambda\mu)\frac{L_S}{L_T} \quad \text{(单弯钻具)} \quad (3-22)$$

$$\delta = \frac{\pi L_1}{10.8}[KL_T - 60(\lambda_1\mu_1 + \lambda_2\mu_2)]\frac{L_S}{L_T} \quad \text{(双弯钻具)} \quad (3-23)$$

$$K_\delta = \frac{10.8\delta}{\pi L_S L_1}$$

$$K = K_\beta + K_\delta$$

$$L_S = L_2 + L_3$$

$$L_T = L_1 + L_2 + L_3$$

$$\mu = \frac{L_3}{L_S}, \mu_1 = \frac{L_3 + L_4}{L_S} = 1 - \frac{L_2}{L_S}, \mu_2 = \frac{L_4}{L_S}$$

式中 K_β——钻具几何形状所产生的造斜率,(°)/30m;
K_δ——由间隙所产生的造斜率,(°)/30m;
δ——下扶正器与井壁之间的间隙,m。

2. 枚举法

结构弯角是导向钻具的重要参数,但是该参数并不是连续变化的。通常,结构弯角不超过3°,并以0.25°为级差进行分级(双弯钻具的下弯角大于上弯角)。由于结构弯角在一定范围内有若干个可选值,因此可以枚举出所有的参数组合,并计算出所对应的造斜率,这样便可找到能够满足设计造斜率要求的参数组合。

对于给定的预期造斜率,双弯导向钻具的结构弯角应满足

$$\lambda_1\mu_1 + \lambda_2\mu_2 = \frac{L_T}{60}(K - K_\delta) \quad (3-24)$$

因此,可以使用枚举法确定出合理的结构弯角组合。当然,也可以先给出一个结构弯角值,然后再用解析法确定出另一个结构弯角的大小。

3. 迭代法

扶正器的位置往往是以某段钻具的长度来确定的,通常可视为连续变量。在导向钻具设计时,可将长度参数作为自变量,根据给定的造斜率,用迭代法计算出相应参数的值。

在选择扶正器与井壁的间隙时,主要是根据井眼尺寸确定出适当的扶正器外径,该间隙值可作为连续参数来处理,但在实际的钻具设计中,间隙值往往也有几种规格。

总之,在进行弯外壳导向钻具设计时,根据上述方法,可以求得任意一个结构参数。当然,这些方法是可以综合应用的,以达到优化设计弯外壳导向钻具的目的。

第四节 转盘钻进造斜工具

转盘钻进造斜工具包括变向器、射流钻头、下部钻具组合(BHA)、导向式螺杆钻具等,其工作特点是在钻进过程中,井内钻具带动钻头沿造斜工具确定的方向旋转钻进。

一、变向器(斜向器)

槽式变向器的结构及原理如图 3-30 所示。由于变向器的作用,钻头在钻压的作用下被迫吃进井壁,逐渐改变钻进方向,从而实现造斜。它是早期的造斜工具,由于工艺复杂,现在仅用于套管内开窗侧钻或用于不宜用井下动力钻具的井内。

目前现场使用的变向器种类较多,但原理与槽式变向器基本相同。如 YTS 系列变向器,它是把地锚与变向器制造成一体,构成所谓的"一趟钻开窗系统",即一次下钻完成变向器坐挂、套管开窗和修窗等几项作业,提高了施工时效。还有贝克休斯公司的 Windowmaster 变向器、EYM 型变向器和裸眼用变向器等。

二、射流钻头

钻头上安放一个大喷嘴,两个小喷嘴。造斜时,先定向,开泵循环,靠大喷嘴射流冲击出斜井眼,再用钻头扩眼,反复操作,直至完成造斜,如图 3-31 所示。此工具仅适用于较软的地层和缺少井下动力钻具的情况。

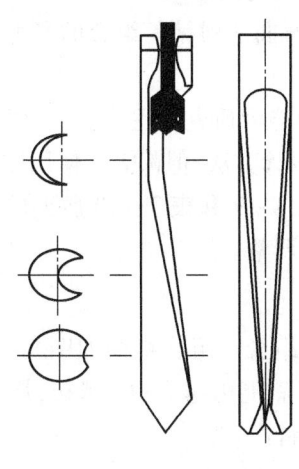

图 3-30 槽式变向器

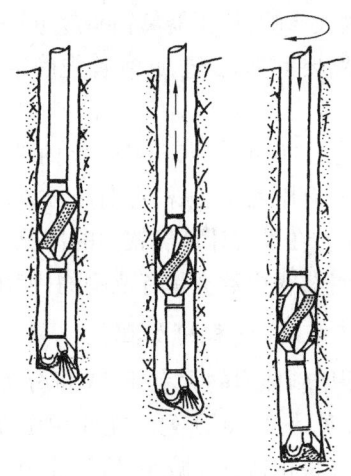

图 3-31 射流钻头造斜过程示意图

三、下部钻具组合(BHA)

此类工具不能用于造斜,仅用于对已有一定斜度的井眼进行增斜、降斜或稳斜。此类工具是在转盘钻进的基础上,利用靠近钻头的钻铤部分,巧妙地利用扶正器,得到各种性能的钻具组合。

BHA 钻具造斜原理:

由钻头、钻铤、钻杆、扶正器组成的钻柱入井前处于自由状态,入井后在弯曲井眼和钻压作用下钻柱弯曲并受到扶正器(支点)及井壁的限制,从而使钻头对井壁产生斜向力。此外,钻头轴线与井眼轴线不重合,从而产生对井壁的横向破碎和对井底的不对称破碎,这就保证井眼朝一定方向偏斜一定角度而达到变斜的目的。

下面以纵横弯曲法对下部钻具组合的一维分析为例来说明钻头的造斜力。

取第一跨进行研究,就可以确定钻头造斜力,如图 3-32 所示。若忽略第一跨钻铤

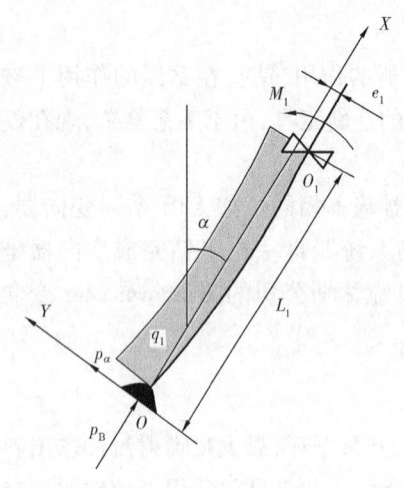

图3-32 一维分析钻具造斜力

自重纵向分量的微小影响,对第一扶正器中心 O_1 求扭矩,由 $\sum M_{01}=0$,可解得

$$p_\alpha = \frac{p_B e_1}{L_1} - \frac{M_1}{L_1} - \frac{q_1 L_1}{2} \quad (3-25)$$

若 $p_\alpha>0$,则为增斜力;若 $p_\alpha<0$,则为降斜力;若 $p_\alpha=0$,则为稳斜。

由式(3-25)分析可以得出,p_α 的大小与 p_B、e_1(第一扶正器处的径向间隙)、L_1、α(井斜角)和 M_1 有关,要想得到符合要求的钻头造斜力,需综合考虑上述多种因素。

钻头的造斜力随钻压的变化而变化,其变化量与跨度 L_1 有关,跨度越大则造斜力对钻压的变化越敏感。钻头的造斜力随井斜角的变化而变化。扶正器的间隙对造斜力有较大影响,扶正器离钻头越近,其间隙值对造斜力的影响就越大。

显然,要计算 p_α 值,必须首先确定 M_1,M_1 可以由纵横弯曲法对钻具组合的受力与变形分析求得。

20世纪80年代以来,随着国内外对下部钻具组合造斜能力研究的逐步深入,研究出了微分方程法、有限元法、纵横弯曲法、加权余量法等钻具组合设计方法,但都需要使用较复杂的计算机程序。在没有计算机软件的情况下,可选用表3-8、表3-9和表3-10所列的现场常用的经验数据,表中数据是有范围的,使用者可根据经验精心调整。

1. 增斜组合(杠杆原理)

按照增斜能力的大小,BHA可分为强、中、弱三种增斜组合。组合结构如图3-33所示,配合尺寸见表3-8所列。在使用中要注意:钻压越大,增斜能力越大;L_1 越长,增斜能力越小;近钻头扶正器直径减小,增斜能力也减小;使用时应保持低转速。

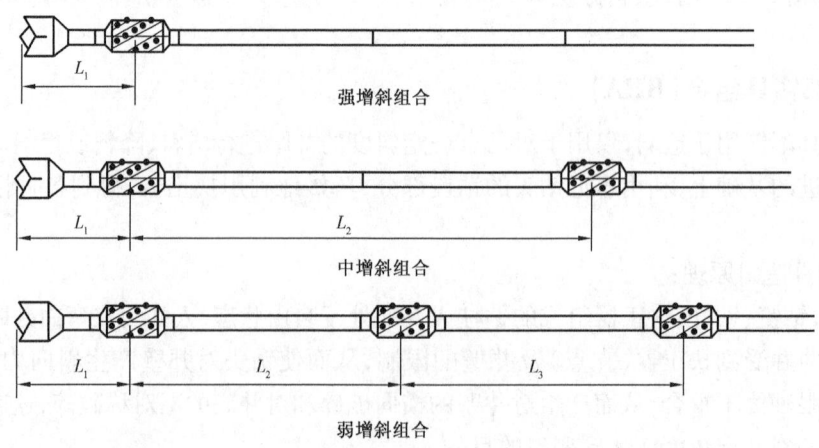

图3-33 增斜组合示意图

表 3-8　增斜钻具组合常用的配合尺寸

类型	L_1, m	L_2, m	L_3, m
强增斜组合	1.0~1.8	—	—
中增斜组合	1.0~1.8	18.0~27.0	—
弱增斜组合	1.0~1.8	9.0~18	9.0

2. 稳斜组合(刚性满眼钻具原理)

按照稳斜能力的大小,BHA 可分为强、中、弱三种稳斜组合。组合结构如图 3-34 所示,配合尺寸见表 3-9。在使用中要注意保持正常的钻压和较高的转速。若需要更强的稳斜组合,可使用双扶正器串联作为近钻头扶正器,增强稳斜效果。

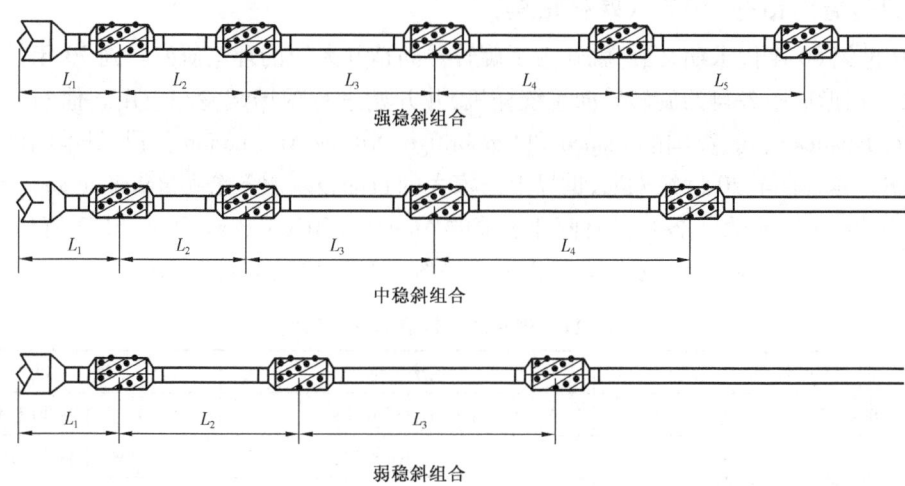

图 3-34　稳斜组合示意图

表 3-9　稳斜钻具组合常用的配合尺寸

类 型	L_1, m	L_2, m	L_3, m	L_4, m	L_5, m
强稳斜组合	0.8~1.2	4.5~6.0	9.0	9.0	9.0
中稳斜组合	1.0~1.8	3.0~6.0	9.0~18.0	9.0~27.0	—
弱稳斜组合	1.0~1.8	4.5	9.0	—	—

3. 降斜组合(钟摆原理)

按照降斜能力的大小,BHA 可分为强、弱两种降斜组合。组合结构如图 3-35 所示,配合尺寸见表 3-10。在使用中要注意保持小钻压和较低的转速。对于强降斜组合来说,L_1 越长则降斜能力越强,但不得与井壁有新的接触点。

表 3-10　降斜钻具组合常用的配合尺寸

类型	L_1, m	L_2, m
强降斜组合	9.0~27	—
弱降斜组合	0.8	18.0~27

以上钻具组合的造斜率(增斜率、降斜率)是通过计算机软件预测,实钻过程中不断修正钻井工艺参数总结得出的,具有一定的实际指导意义。

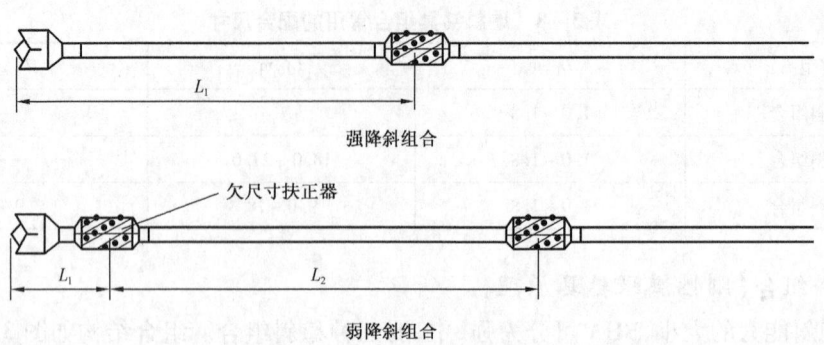

图 3-35 降斜组合示意图

四、旋转导向钻井(导向式螺杆钻具)

从 20 世纪 80 年代末期,国外就开始了旋转导向钻井系统的理论研究。到 90 年代世界上已有多家公司形成了各自的旋转导向系统样机,并开始进行现场试验和应用。他们分别是美国的 Baker Hughes 公司、英国的 Camco 和 Cambridge Drilling Automation 公司、日本的国家石油公司(JNOC)等。直至 20 世纪末期,世界上三家大的石油技术服务公司 Baker Hughes、Schlumberger 和 Halliburton 研发了各自具有商业价值的 AutoTrak RCLS、PowerDrive SRD 和 Geo – Pilot 旋转导向钻井系统。各公司开发旋转导向钻井系统的具体情况见表 3 – 11。

表 3-11 现有的旋转导向钻井系统

公司名称	系统名称	现状
Baker Hughes Inteq	Auto Trak® RCLS	1997 年商业应用
Schlumberger Anadrill	Power Drive® SRD	1998 年商业应用
	PowerDrive Xceed	2002 年商业应用
Halliburton Sperry – Sun	Geo – Pilot™	1998 年商业应用
Rotary Steerable Tools LLC.	SmartSleeve™ RST	已投入商业应用
Noble Corp.	Well Director®	已投入商业应用
Precision Drilling Corp.	Revolution™	2003 年商业应用
Gyrodata Drilling Automation Ltd.	Well – Guide RSS™	已投入商业应用
PathFinder Energy Services Inc.	PATHMAKER™	2003 年商业应用
Cambridge Drilling Automation Ltd.	AGS	被 Gyro – Data 合并
Camco International Inc.	SRD	被 Schlumberger 合并
JNOC	RCDOS	与 Sperry – Sun 联合
Smart Stabilizer System Ltd	Smart Stabilizer System	被 Precision 合并
NQL Drilling Tools Inc.	CroBar™	2003 年商业化
Directional Drilling Dynamics Co.	Contra – Nutating System	
3D Stabilisers		被 PathFinder 收购

20 世纪 90 年代中期,在跟踪调研国外先进技术的基础上,国内少数几家研究机构也开始进行了这一方面的研究工作,但与国外水平相比还存在相当大的差距,更没有形成应用于现场的能力,根本无法满足越来越严峻的油藏开发形势和越来越苛刻的油藏开发地质条件的要求。

进入 21 世纪后,在国家"863"项目的支持下,由中国石油化工集团公司胜利石油管理局钻井院和中国海洋石油总公司分别牵头,对调制式旋转导向钻井系统和静态偏置推靠式旋转导向钻井系统进行了系统的研究攻关,并在关键技术方面取得了突破,即将形成样机进入现场试验阶段。

1. 旋转导向钻井的概念

旋转导向钻井是利用旋转式导向工具直接引导钻头沿着设计的轨道钻进,在钻进过程中可以避免钻柱由于重力的作用而躺在井壁上滑动,从而使井眼得到很好的清洗。

2. 旋转导向钻井系统的组成

旋转导向钻井系统实质是由一个旋转导向工具与测量传输仪器(MWD/LWD)联合组成的井下闭环工具系统。

3. 旋转导向钻井的导向方式

1) 几何导向

由井下随钻测量工具(MWD/LWD)测量的几何参数(井斜角、井斜方位角和工具面角)的数值传输给控制系统,由控制系统及时纠正钻头的前进方向。

2) 地质导向

地质导向是在拥有几何导向能力的基础上,根据随钻测井工具(LWD)得出的地质参数(地层岩性、地层层面和油层特点等),实时控制钻头,使钻头沿着地层的最优位置钻进。这样可在预先不掌握地层特性的情况下对井眼轨迹实现最优的控制。

4. 旋转导向钻井系统的分类

旋转导向钻井系统的核心是井下旋转导向钻井系统。按照国际惯例,目前使用的旋转导向钻井井下工具系统,根据其导向方式的不同可以划分为推靠式和指向式两种,如图 3-36 所示;按照偏置机构的工作方式不同可分为静态偏置式和动态偏置式(调制式)两种,如图 3-37 所示。

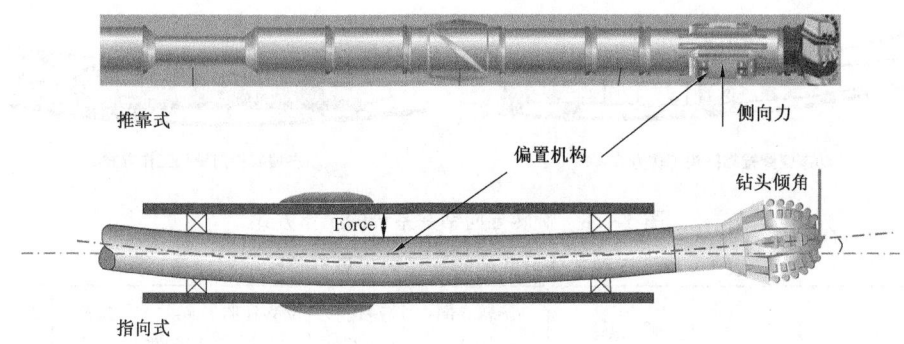

图 3-36 旋转导向钻井工具系统导向方式示意图

5. 旋转导向钻井系统的工作原理

旋转导向钻井系统的工作原理都是利用偏置机构、偏置钻头或钻柱,从而实现导向。推靠式旋转导向钻井系统是在钻头附近直接给钻头提供侧向力。指向式旋转导向钻井系统是通过近钻头处钻柱的弯曲使钻头偏离原来的轴线指向井眼轨迹延伸的方向。静态偏置式是指偏置导向机构在钻进过程中不与钻柱一起旋转,从而在某一固定方向上给钻头提供侧向力;动态偏置式是指偏置导向机构在钻进过程中与钻柱一起旋转,依靠控制系统使其在某一不固定的位置上定向给钻头提供侧向力。

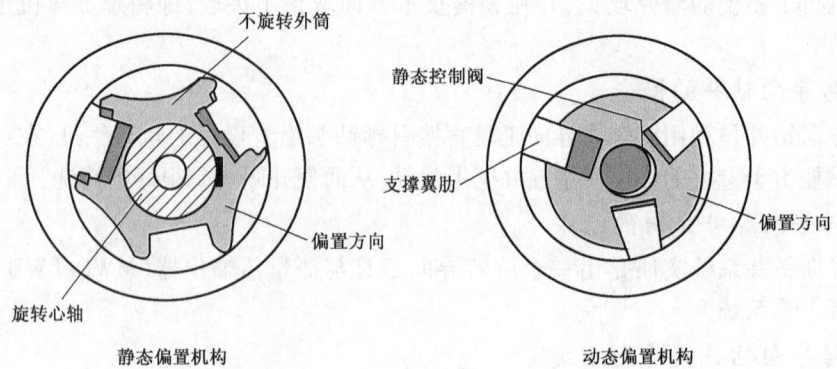

图 3-37 两种偏置工作方式对比

综合考虑导向系统和偏置方式,可以将目前世界上所有的旋转导向钻井系统的井下旋转导向工具系统按其工作方式更全面、更准确地分为四种,即静态偏置推靠式、动态偏置推靠式、静态偏置指向式和动态偏置指向式,如图 3-38 所示。目前,最具有代表性的导向工具系统分别是 Baker Hughes Inteq 公司的 AutoTrak RCLS 系统、Schlumberger Anadrill 公司的 PowerDrive SRD 系统和 Halliburton Sperry - Sun 公司的 Geo - Pilot 系统。三种旋转导向工具系统的性能对比见表 3-12。

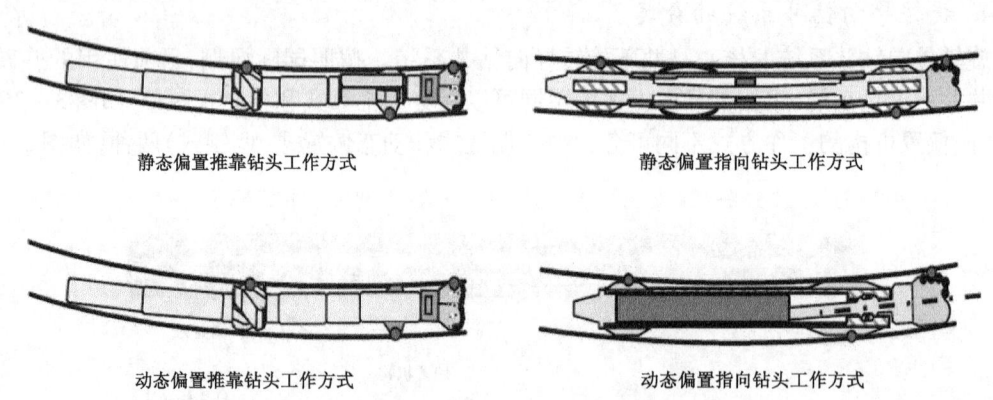

图 3-38 旋转导向钻井系统的工作方式

表 3-12 三种工作方式的旋转导向工具系统性能对比表

工作方式	公司	代表系统	旋转导向特征	造斜能力(°)/30m	位移延伸能力	钻井安全性	螺旋井眼	适应井眼直径 mm
静态偏置推靠式	BakerHughes Inteq	AutoTrak RCLS	工具系统外筒不旋转	6.5	低	中	存在	215.9~311.2
动态偏置推靠式	Schlumberger Anadrill	PowerDrive SRD	全旋转	8.5	高	高	存在	152.4~311.2
静态偏置指向式	Halliburton Sperry - Sun	Geo - Pilot	工具系统外筒不旋转	5.5	中	高	消除	215.9~311.2

在上述的三种旋转导向系统中,从工作原理和适应井下工作环境方面分析,三种工作方式的旋转导向钻井系统各有其特点。

AutoTrak RCLS 系统(不旋转外筒式闭环自动导向钻井系统)采用了静态式工作原理,主要靠钻具的偏心控制来改变钻头上的侧向力。这种系统的优点是可以利用成熟的控制技术实现偏心距的控制。但是由于井下复杂条件使得这种系统具有许多缺点,如偏执机构小型化能力差、结构复杂等,这些缺点影响了这种系统的发展。

相对而言,PowerDrive SRD 系统(全旋转导向钻井系统)动态偏置推靠式旋转导向工具系统在结构设计方面更为简单,小型化趋势好,全旋转工作方式使钻柱对井壁没有静止点,从而可以保证这种系统更能适应井下的各种复杂环境,达到更深的极限井深,钻速更快。在大位移井、三维多目标井及其他高难度特殊工艺井中更具竞争实力,但钻头和钻头轴承的磨损较严重,工作寿命有待进一步提高。

Geo-Pilot 系统(旋转导向自动钻井系统)采用控制钻柱弯曲的特征实现对钻头轴线的有效导控。其优点是造斜率由工具本身确定,不受钻进的地层岩性的影响,在软地层及不均质地层中效果明显。缺点是由于钻柱承受高强度的交变应力,钻柱容易发生疲劳破坏。另外,高精度的加工是保证这种系统导向效果的关键。

6. 动态偏置推靠式旋转导向钻井系统

动态偏置推靠式旋转导向钻井系统主要包括地面监控系统、井下旋转导向工具系统、井下测量系统、双向通信系统及短程通信系统五部分,如图 3-39 所示。

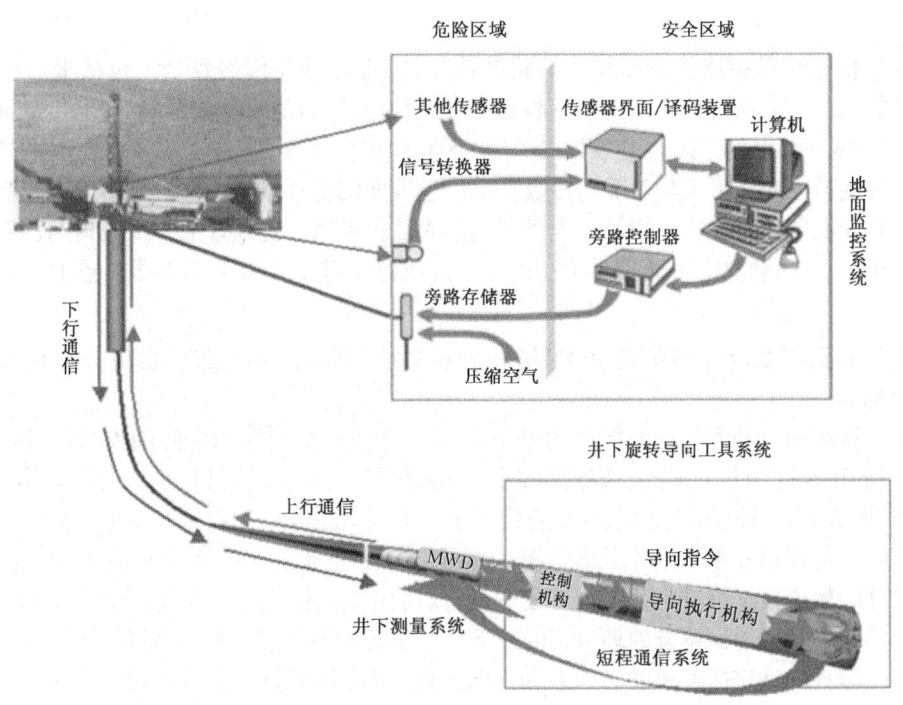

图 3-39 旋转导向钻井系统原理示意图

1)地面监控系统

地面监控系统主要包括各类传感器、传感器界面/译码装置、计算机、控制器、存储器等。地面监控系统的主要功能可概括为以下三个方面:

(1) 随钻监测旋转导向钻井工具在井下的工作状况,即所谓的"监";

(2) 当实钻井眼轨迹偏离了设计轨道时,能够及时地分析和计算出轨迹的偏离程度,设计出新的待钻井眼轨道,并产生使旋转导向系统按新的井眼轨道钻进的控制指令,即所谓的"控";

(3) 把设计井眼轨道和实钻井眼轨迹以及其他相关的重要参数可视化地显示出来,便于现场工程技术人员直观地掌握和分析钻头所在的位置以及旋转导向钻井工具对井眼轨迹的控制情况。

2) 井下旋转导向工具系统

井下旋转导向工具系统(以动态偏置式旋转导向井下工具系统为例)主要由稳定平台测控短节和偏置导向执行短节两大部分组成,如图 3 – 39 所示。其作用是适时地调节钻头的偏置力。

3) 井下测量系统

井下测量系统主要由随钻测量系统和工具测控系统两部分组成。随钻测量系统主要用于测量井眼轨迹的几何参数和地质参数,如井斜角、井斜方位角、工具面角、自然伽马、电阻率等参数。此外,由于动态偏置式旋转导向钻井系统在钻进过程中一直处于全旋转工作状态,因此,作为井下工具系统测控部分的稳定平台测量系统是保证实现旋转导向钻进的关键。稳定平台测量系统首先通过自身的测控系统在旋转钻柱内与大地保持相对静止,然后完成对井斜角、井斜方位角及工具面角的测量,从而实现对井下工具的空间状态进行实时测量。

4) 双向通信系统

双向通信系统是指连接地面与井下测量系统,实现信号互传的媒介。包括上行通信系统和下行通信系统。该系统首先是将井下测量信息,通过上行通信系统传至地面,上传数据包含两部分:一是 MWD 测得的井眼轨迹参数;二是井下工具系统自身测量的近钻头处的井眼轨迹参数和有关反映旋转导向井下工具工况的参数。上传至地面的各项数据可通过通信电缆或数据传输线直接传到地面监控计算机。现场工程师利用地面监控系统可将设计的井眼轨道与已钻的井眼轨迹进行比较,然后通过下行通信系统发送控制指令到控制机构,实现对井眼轨迹的实时监控。

5) 短程通信系统

井下工具测控系统与 MWD(LWD) 随钻测量系统数据之间的交换,是由井下短程通信系统来完成的。

现场工程师通过地面处理系统了解井下工具测控单元对下传指令的接收/解码情况(导向方向、解码的正确性和井下工具系统实际的执行情况等)。同时地面处理系统通过对井眼信息的计算处理,形成实钻井眼轨迹数据,并计算出井下工具系统的实际造斜率。将地面处理系统中的下传指令和上传实钻井眼轨迹数据结合在一起可以得出井下工具系统的实际导向能力。同时,根据实钻井眼轨迹数据可进行井眼轨道校正设计,得出下一步进行导向钻井所需要的导向力和导向方向参数。经过地面系统处理得到的井下工具系统的实际造斜率与经过井眼轨道校正设计得到的下一步导向钻进所需要的导向力和导向方向,将代替控制系统前一阶段所输入的控制参数,用于设定工具系统的新的参数。对该工具系统设定的新的参数进行编码、下传,指导井下工具系统进行新的旋转导向钻进,从而实现地面和井下的闭环控制(大闭环控制)。

7. 发展趋势

随着井下测控系统处理器(CPU)功能的增强,一些由地面计算机完成的计算及控制指令的产生将在井下由井下计算机直接完成。当大闭环控制系统的地面部分只起到"监"的作用时,大闭环即变为了井下闭环控制系统(小闭环控制)。井下闭环控制系统的导向控制主要由井下系统完成,随钻测得的井眼轨迹信息既上传到地面系统,用于地面监控;又通过井下短程通信系统传输到稳定平台测控系统内部的井下计算机。该计算机内预置了井眼轨道设计参数,将随钻测量的井眼轨迹信息与预置的井眼轨道设计参数进行比较,直接产生控制指令,控制偏置导向工具系统,从而实现旋转导向钻进。同时,新的控制指令将通过井下短程通信系统传输到随钻测量及信息上传系统,并与随钻测量系统测量的井眼信息(井斜角、井斜方位角等轨迹参数)一起上传到地面系统。

地质导向闭环控制方式是在井下闭环控制的基础上,将随钻测量系统(MWD)升级为随钻测井系统(LWD),除了可进行井眼几何参数(井斜角、井斜方位角)的测量以外,还可进行地质参数的测量,并将测量的井眼地质参数通过井下短程通信系统传输到稳定平台测控系统内部的井下计算机。该计算机内不仅预置了井眼轨道设计参数,还预置了地质模型,将随钻测量的井眼地质信息与预置的地质模型进行比较,产生地质导向控制指令,即上盘阀稳定方向的基准(导向方向)和上盘阀的摆动幅度(导向能力),并按照这两个参数通过稳定平台控制轴控制液压分配系统的上盘阀,实现偏置导向工具系统的偏置,从而实现地质导向闭环控制的旋转导向钻进。

随着井下处理系统功能的加强及随钻测井技术的日益成熟,旋转地质导向钻井系统作为一种发展方向将在复杂油气藏开发等方面发挥越来越重要的作用,以满足油气田开发的需要。

第五节 造斜工具造斜能力的预测

在钻井过程中,无论是几何导向还是地质导向钻井都需要调整井眼轨迹,而井眼轨迹调整需要的造斜率 K 是由造斜工具实现的。这就需要对造斜工具的造斜能力进行预测。

目前国外对造斜工具造斜能力的预测方法有计算带双扶正器的单弯壳体动力钻具组合造斜率的"三点定圆法"、计算同向双弯钻具组合造斜率的"双半径法"和"极限曲率法"三种方法。

一、三点定圆法

1985 年,美国 Norton Christensen 公司的 H. Karisson 等人,提出了计算带双扶正器的单壳体动力钻具组合性能的三点定圆法(three point geometry)。研究人员认为沿着钻头和两个扶正器这三点确定的圆弧即可钻出设计的井眼轨道,如图 3-40 所示。由图 3-40 可推导出如下关系:

$$K = \frac{2\lambda}{L_1 + L_2} \qquad (3-26)$$

$$R = \frac{L_1 + L_2}{2\lambda} \qquad (3-27)$$

式中 K——工具造斜率(BUR),(°)/m;

R——井眼曲率半径,m;

λ——工具的结构弯角,(°);

L_1——上下两个扶正器的中心距,m;

L_2——下扶正器中心至钻头底面的距离,m。

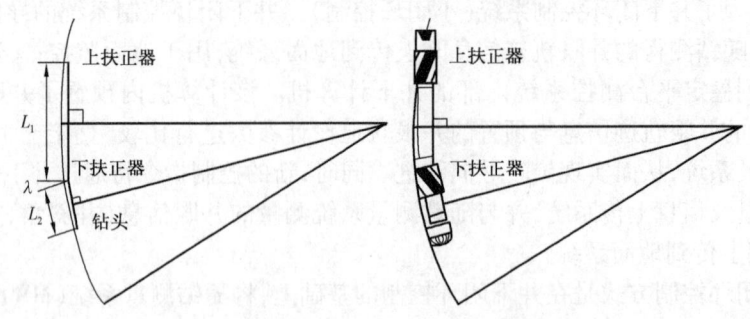

图 3-40 三点定圆法示意图

二、双半径法

对于不带扶正器的同向双弯钻具组合,三点定圆法因找不到"三个点"而无法应用。针对这种情况,美国 AEC 油气公司的 B. R. Hassen 等人在三点定圆法的基础上提出了"双半径法",如图 3-41 所示。

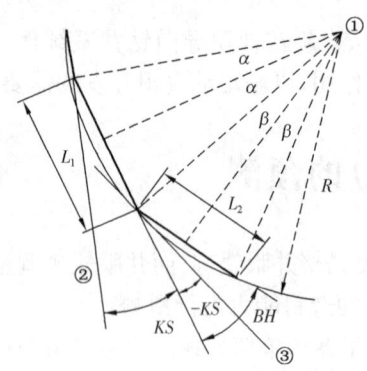

图 3-41 双半径法示意图
① 曲率中心;
② 弯接头处井身曲线的切线;
③ 弯螺杆钻具处井身曲线的切线

因为同向双弯钻具往往是由一个单弯壳体(Bent Housing)动力钻具在其螺杆钻具上方加装一个共面的造斜弯接头(Kick Off Sub),即图中的 BH 与 KS 构成的组合,因此 Hassen 等人认为当下部钻具组合的几何形状一定时,两段弧线的曲率半径 R_1 和 R_2 分别为

$$R_1 = \frac{L_1}{2\sin(KS)} \quad (3-28)$$

$$R_2 = \frac{L_2}{2\sin(BH-KS)} \quad (3-29)$$

两段弧线的曲率半径也等于井眼的曲率半径 R,即

$$R = \frac{L_1}{2\sin(KS)} = \frac{L_2}{2\sin(BH-KS)} \quad (3-30)$$

式中 KS——上部弯接头的结构弯角,(°);
BH——弯螺杆钻具的结构弯角,(°);
L_1——上下两弯点的距离,m;
L_2——弯壳体弯点至钻头底面的距离,m。

三、三点定圆法和双半径法的分析

三点定圆法及由此演变而来的双半径法的优点在于计算简单,强调了结构弯角对工具造斜能力的影响,并在一定程度上反映了扶正器位置的影响。但其缺点也十分突出:

(1)这种简单的造斜率计算方法未考虑钻具的受力与变形对造斜率的影响,即把造斜率计算建立在绝对刚性条件下的几何关系基础上。

(2)未考虑钻具刚度对造斜率的影响,用三点定圆法计算的 λ、L_1 和 L_2 等参数对应相等,但当工具的直径、刚度不相同时计算的造斜率也是相同的。

(3)未考虑近钻头扶正器位置(L_1)对造斜率的影响。由式(3-26)可得出,在上扶正器固定的提前下($L_1+L_2=$常量),若移动近钻头扶正器(L_1变化)却不会改变工具的造斜率,这一结论与钻井实践明显相悖。

(4)未考虑井眼扩大对工具造斜率的影响。

(5)由式(3-26)可推出转盘钻BHA(无结构弯角,即$\lambda=0$)不会影响井斜变化的推论(由$\lambda=0 \Rightarrow K=0 \Rightarrow$必然稳斜),但实际上转盘钻的BHA有降斜、增斜和稳斜的能力。

(6)当不接扶正器时,三点定圆法因找不到"三个点"而无法用式(3-26)计算造斜率。

(7)双半径法对钻具结构尺寸提出了过于严格的限制,即必须满足$R_1=R_2$时才会有确定的造斜率;当实际结构尺寸使$R_1 \neq R_2$时,则无法确定工具的造斜率;实际使用的工具绝大多数都不满足这种人为的要求,但它们都具有一定的造斜率。

(8)双半径法假设弯接头以上的钻柱就是井眼的切线,这是缺乏实际与理论依据的。

(9)钻井实践证明,用三点定圆法和双半径法进行预测计算的结果,与实测结果相比往往存在十分明显的误差,以致不能作为决策参考的依据。

四、极限曲率法

极限曲率法在实际中的运用主要有三个方面:工具的选型和钻具组合设计,导向钻具的总体设计,井眼轨迹的预测和控制计算。

1. 极限曲率法的基本概念

(1)极限曲率(K_C):是指下部钻具组合的侧向力为零时所对应的井眼曲率值。

(2)工具理论造斜能力(K_T):是指工具在钻进过程中,改变井斜角和井斜方位角的平均综合能力,反映的是全角变化率。

(3)工具造斜率(K_{Ta}):又称工具实际造斜能力,是指工具在钻进过程中的实际造斜率。

2. 运用极限曲率法进行K_C值的计算

根据理论分析和钻井实践,K_C、K_T和K_{Ta}之间存在如下的关系:

$$K_T = AK_C \tag{3-31}$$

$$K_{Ta} = BK_T \tag{3-32}$$

或

$$K_{Ta} = (AB)K_C \tag{3-33}$$

式中 A——与地层有关的折减系数,一般取0.70~0.85,地层造斜能力强时取上限;

B——除地层因素以外的折减系数,按经验取为0.8~0.9。

当使用随钻测量仪MWD或SST测量时,由于工具摆放时的对准度高,则实钻井眼的井斜变化率基本接近K_T值,可用式(3-31)来预测井斜变化率K_α。当使用单点测斜仪时,因工具面摆放时的对准度低而使工具的造斜能力不能全部发挥,因此实钻的井斜变化率K_α低于K_T值,此时可用式(3-32)或式(3-33)来预测井斜变化率K_α。

在一般计算与粗略预测中往往采用下式计算工具造斜率K_{Ta},有

$$K_{Ta} = 0.7K_C \tag{3-34}$$

K_C值是下部钻具组合或造斜工具的一项重要的力学指标,它是工具结构参数、井眼几何条件和操作工艺参数的函数。K_C值可由求解下部钻具组合受力与变形的计算机软件确定。

五、影响造斜工具造斜能力的因素

造斜工具的实际造斜能力不仅与造斜率的预测计算有关,还与造斜工具的实际工作环境及工具在井下的工作姿态有关。

1. 钻压的影响

钻压是影响钻头与地层作用力的重要参数之一,而且是一个可控制的钻井参数,研究它的影响规律,对于井眼轨道的预测和控制是十分必要的。多数情况下,增斜力随钻压的增加而增加。

2. 井斜角的影响

钻具的横向分布载荷是由于重力和井斜产生的。当下部钻具组合选定后,横向分布载荷的大小取决于井斜角的大小,同时轴向载荷密度也随井斜角的变化而变化。因此,钻头与地层的作用力必然与井斜角有密切的关系。降斜钻具的降斜力随井斜角的增大而增大。增斜钻具、单弯导向钻具、反向双弯钻具的增斜力随井斜角的增大而增大,其中以增斜钻具组合最为明显。井斜角对稳斜钻具的增斜特性无明显影响。

3. 井眼曲率的影响

各种钻具组合均具有抗弯刚度,当它们受到井眼弯曲作用时,必然出现自身的弹性效应。井眼曲率的大小对钻头的造斜力(包括增斜力和降斜力)影响很大,增斜力随井眼造斜率的增加呈线性下降,其中稳斜、增斜和导向钻具的斜率最大,降斜钻具斜率较小。某一井眼曲率下的增斜钻具在另一曲率下可能产生降斜力,反之亦然。某一曲率下的增方位钻具在另一曲率下,可能产生降方位力,反之亦然。

4. 井径扩大或扶正器偏心的影响

下部钻具组合的变形一直受到井眼几何形状的严格约束。当遇到井径扩大或采用偏心扶正器导向钻井系统时,井眼对钻具的约束条件就发生了变化,从而影响到钻具的受力和变形状态。井径扩大或扶正器偏心对不同钻具的力学特性影响不同,当扶正器距钻头较远时对钻具的影响很小,如图3-42(a)所示;当扶正器距钻头较近时对钻具的影响很大,如图3-42(b)、图3-42(c)、图3-42(d)、图3-42(e)所示。影响规律是井径扩大或扶正器偏心(偏心扶正器窄边向下)导致增斜力减小、降斜力增加;井径扩大或扶正器偏心使方位力增加,但增加很小。对于多扶正器钻具组合,近钻头扶正器与井壁的间隙对钻头侧向力影响最大,离钻头越远的扶正器的间隙对钻头侧向力的影响越小。

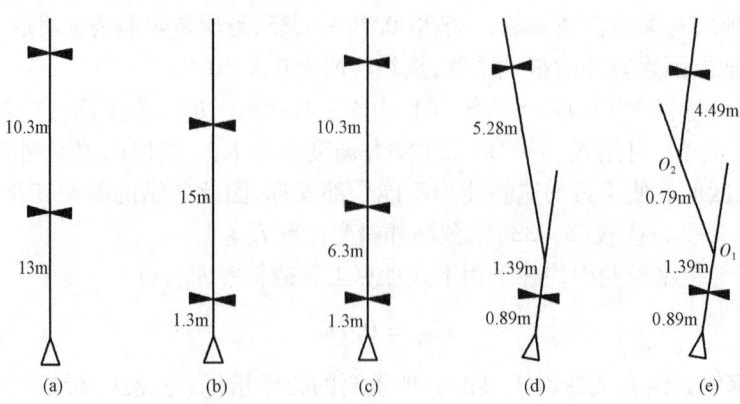

图3-42 下部钻具组合实例

5. 钻井液密度的影响

下部钻具组合在充满钻井液的井眼里工作,必然受到浮力的作用,但钻井液密度对钻头侧向力的影响较小。

6. 扶正器安放位置的影响

扶正器安放位置对钻具的力学特性影响很大。所谓的"钟摆原理"、"杠杆原理"和"满眼稳斜原理"的主要区别在于扶正器的安放位置不同。当第一个扶正器距钻头足够远时,上述钻具都具有降斜作用;当第一个扶正器距钻头较近时,在同样的条件下,不同钻具产生不同的钻头侧向力,即使同一钻具,在不同条件下钻头侧向力也不同。随着两个扶正器间距的增加,增斜力也增加,但增加到一定值时,增斜力反而降低。

7. 导向钻具弯角位置的影响

导向钻具弯角的位置是导向钻具重要的结构参数之一。随着第一弯角到近钻头扶正器距离的增加,导向钻具的增斜力呈直线迅速下降;随着弯角间距的增加,钻具的增斜力也呈直线增加。

8. 导向钻具结构弯角大小的影响

导向钻具结构弯角的大小是导向钻具重要的结构参数之一。导向钻具的增斜力随第一结构弯角值的增加呈线性迅速增加,随第二结构弯角的增加呈线性迅速减小。

9. 导向钻具工具面角的影响

导向钻具的工具面角也是导向钻具的重要结构参数之一。钻具的增斜力与工具面角有关。

六、井下动力钻具适用范围推荐

下入什么样的钻具组合,应根据井眼轨迹调整所需的造斜率 K 来决定,K 值也决定着井下动力钻具的组合形式:

(1)造斜率 K 在 10°~15°/100m 之间,可以下入弯接头组合;

(2)造斜率 K 在 15°~25°/100m 之间,可以下入单弯动力钻具;

(3)造斜率 K 在 25°~45°/100m 之间,可以下入双弯动力钻具;

造斜率要求不高,为了减少起下钻次数,在配合高效 PDC 钻头的情况下,可以下入反向双弯动力钻具组合(DTU)。

第四章 井眼轨迹预测与控制

在钻井施工过程中,通过采用合理的措施(包括下部钻具组合、操作参数及测控系统等),强制钻头沿着设计的井眼轨道破碎岩石的定向钻进过程就称之为井眼轨迹控制。为了进行井眼轨迹控制,必须准确地描述出井眼轴线的几何形状和空间位置,因此,需要定义井眼轴线的各种参数并建立各参数之间的相互关系,这些参数就成了井眼轨道设计、测斜计算、井眼轨迹控制的理论依据。

井眼轨迹控制有两个基本目标:(1)准确地钻达目的层;(2)降低钻井成本。在实际的钻井施工中,这两个目标又常常体现在井身质量控制和机械钻速的提高上。

钻井实践表明,钻井过程中出现井眼轨迹漂移是必然的。由理论分析可知,井眼轨迹漂移的根本原因是近钻头钻具轴线偏离井眼轴线,此现象的出现主要是由于钻具偏倒、钻具弯曲或二者同时存在造成的。钻具偏倒、钻具弯曲产生的条件是要有偏倒力、弯曲力和允许偏倒或弯曲的间隙。如果仅有近钻头钻具的偏倒或弯曲,而偏倒或弯曲的方向不定,则钻头在井底仅能产生扩大井壁的效果,井眼轨迹不会漂移。因此,理论上产生井眼轨迹漂移的充分必要条件是:(1)钻具与井眼间存在间隙,为近钻头钻具偏倒或弯曲提供了空间;(2)具备偏倒或弯曲的力,为近钻头钻具偏倒或弯曲提供了能量;(3)近钻头钻具偏倒或弯曲面的方向稳定。客观上发生井眼轨迹漂移的原因是多因素相互作用的结果,如地质条件(客观存在而不可控因素)、钻具结构、钻进参数、钻进技术措施、操作技术以及设备安装质量等(可控因素)。归纳起来,究其本质还是钻头对井底的不对称切削和钻头对井壁的侧向切削造成的。

钻进过程中井眼轨迹漂移既然是不可避免的,那么为了达到目的层就必须对其进行控制。井眼轨迹控制是定向井施工中的关键环节,是使实钻井眼轨迹尽可能沿着预先设计的井眼轨道钻达目的层的一项综合性技术。

井眼轨迹控制贯穿钻进的全过程,其内容包括:优化钻具组合、优选钻井参数、优选井下工具仪器、应用计算机等手段进行井眼轨迹的监控和预测,在监控过程中充分利用地层的自然漂移规律等。

井眼轨迹控制的实质就是不断地控制井眼的前进方向,包括井斜控制和井斜方位控制两个方面。井斜控制就是控制井眼井斜角的变化,可以采用两种方法:一种方法是利用造斜工具(最常用的是井下动力钻具带弯接头)进行造斜和增斜,在特殊需要时,也可以利用造斜工具来降斜;另一种方法是利用 BHA 进行增斜、降斜和稳斜。井斜方位控制就是控制井斜方位角的变化,也可以采取两种方法:一种方法是利用 BHA 和地层的自然漂移来达到目的;另一种方法是利用造斜工具强行改变井斜方位。由此可见,井眼的前进方向是由井斜角和井斜方位角决定的。井斜角(增斜、降斜、稳斜)和井斜方位角(增方位、降方位、稳方位)就成了井眼方向控制的主要内容,如图4-1所示。

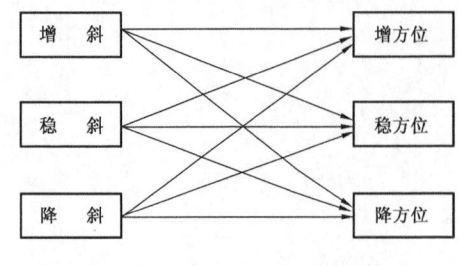

图 4-1 井眼轨迹控制内容框图

井眼轨迹控制的这两个方面在控制方法上是相互独立的,但在控制内容上又是相互依存的,二者控制量的分配比率是由工具面角决定的。

第一节 井斜方位漂移

在钻井施工中,无论是井斜控制,还是方位控制,都是利用造斜工具和BHA来完成的。在定向钻井技术发展的初期,人们就开始使用造斜工具,不仅利用它来控制井斜,而且还利用它来控制井斜方位。随着造斜工具的发展,造斜工具的造斜理论、造斜计算以及现场使用经验也日益成熟。至于BHA,虽然人们很早就发现它对井斜角和井斜方位角的变化有很大的影响,但在很长时间内对它的研究还不够。从20世纪50年代起,鲁宾斯基就开始研究钻具组合的力学性能,但主要用于打直井。直到20世纪60年代,才有人提出定向井下部钻具组合的力学模型,一时间成了热门研究课题,随之也建立了许多研究模型,如数学模型、力学模型等。到了20世纪80年代,BHA由两维分析发展到了三维分析,由静态分析发展到了动态分析。但总体来说,对于定向井BHA的研究现在还是不够成熟。因此,本节关于井眼轨迹控制的计算方面只重点介绍井斜方位漂移率及方位扭转角的内容。

一、井斜方位漂移率

在实际钻进过程中,井斜方位不可能保持固定不变,这种井斜方位角的变化现象,我们称之为井斜方位漂移(Walk)。如果这种变化总在某个方位值左右,则可认为该井的方位没有发生漂移;如果在较长的井段内,井斜方位角总是增加,这个现象我们称之为右手漂移现象(右漂);反之,若井斜方位角总是减小,则称为左手漂移现象(左漂)。当井斜方位发生漂移时,就需要进行扭方位。扭方位的首要问题是需要知道扭转量,然后才是如何扭的问题。

1. 影响井斜方位漂移的因素

1)钻柱旋转方向的影响

转盘钻井正常钻进时钻柱是按顺时针方向旋转的(自上而下看)。在倾斜的井眼里,下部钻柱主要与井眼的下侧井壁接触。当钻柱在井内以转盘的转速(ω_2)按顺时针方向绕自身轴线旋转时,由于钻柱的自重作用,使钻柱与下侧井壁间产生摩擦阻力。在摩擦力的作用下,钻柱会沿井壁以一定的角速度(ω_1)按逆时针方向绕井眼轴线旋转,使钻柱产生向右侧靠的趋势,这时井斜方位增加,即右漂,如图4-2所示。这是转盘钻井多数井眼出现右漂的主要原因。

在用井下动力钻具钻进时,由于钻柱不旋转,井斜方位漂移无规律,不存在右手漂移。较多的钻井实践证明,使用井下动力钻具钻出的井眼多表现为左漂。

2)地层走向的影响

根据地层各向异性的规律,井斜方位有沿着垂直于地层走向的方向漂移的趋势,如图4-3所示,左半部分的井斜方位表现为右漂趋势,右半部分的井斜方位表现为左漂趋势。

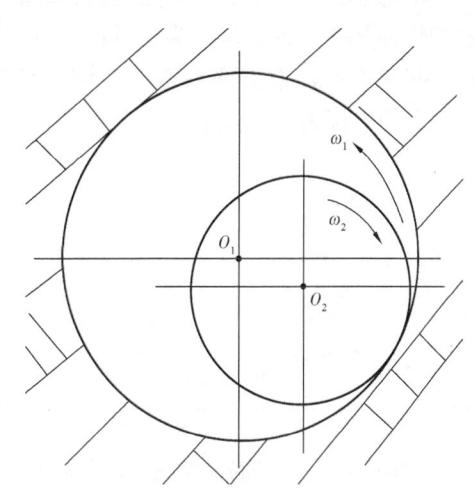

图4-2 钻柱旋转产生右漂示意图

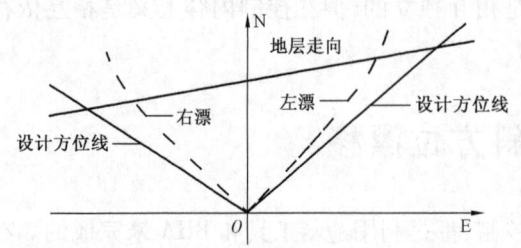

图 4-3 地层走向对井斜方位漂移的影响

3) 其他因素的影响

除上述两种主要影响因素外,钻具组合(包括钻具的尺寸、长度、扶正器位置和直径等)、钻压、转速等,都对井斜方位漂移有影响。但影响规律较为复杂,不易找到。

当钻柱旋转方向和地层走向不变的情况下,直接影响井斜方位漂移的方向和漂移率的主要因素是钻具组合。所以,在算出某井段的井斜方位漂移率之后,还要注明钻进这个井段时的钻具组合情况。

2. 井斜方位漂移率的计算

井斜方位角的变化程度用方位漂移率 K_p 表示,是指钻进单位长度井段井斜方位的变化量。此值等于井斜方位角的变化率 K_ϕ,即

$$K_p = \frac{\Delta \phi}{\Delta L} = K_\phi \tag{4-1}$$

K_p 的单位与 K_ϕ 相同,常用 (°)/100m 表示。当 $K_p > 0$ 时为右漂,$K_p < 0$ 时则为左漂。

在具体计算井斜方位漂移率时,要利用井身的水平投影图,如图 4-4 所示。先将用井下动力钻具钻出的井段挑出来(图中的 oa 段),再将用转盘钻钻出的井段,根据井斜方位变化的趋势,分成几段,如图 4-4 中的 ab、bc、cd 和 de 段。最后根据井身测斜计算的数据,分别求出各段的井斜方位变化率 K_ϕ。

对于井斜方位控制,最具有现实意义的是靠近井底那个井段的漂移率(图 4-4 中的 de 段)。因为再继续钻进时,地层性质可能与该段相近,可能还将使用当前的钻具组合,即使是需要改用井下动力钻具带弯接头来扭方位,在扭完方位之后仍可能用此钻具组合来继续钻进。

二、方位扭转角的计算

可按如下步骤进行方位扭转角的计算。

1. 测斜计算

首先算出当前井段的坐标位置,如图 4-5 所示,OT 为设计的井斜方位线,曲线 Ode 为实钻井眼轴线的水平投影,e 为当前的井底。根据原设计可以知道,目标点 T 的坐标为 (E_T, N_T, D_T),井深为 L_{OT},根据测斜资料及测斜计算可知,d、e 两点的基本参数为 L_d、L_e、α_d、α_e、ϕ_d 和 ϕ_e,e 点的坐标为 (E_e, N_e, D_e)。

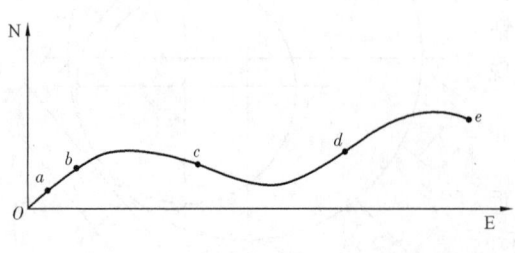

图 4-4 井斜方位漂移率计算示意图

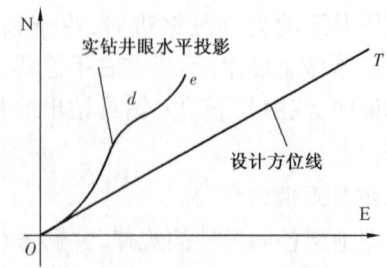

图 4-5 井斜方位漂移投影

2. 计算现用钻具组合所钻井眼的井斜方位漂移率 K_p

根据式(4-1),可知

$$K_p = \frac{\phi_e - \phi_d}{L_e - L_d}$$

3. 计算用现用钻具组合钻达目标的总方位漂移量 $\Delta\phi_p$

假定用现用钻具组合一直钻到目标点,如果钻了一段又换了钻具组合,则应重新计算。$\Delta\phi_p$ 是根据现用钻具组合所钻井眼的井斜方位漂移率 K_p 来计算的:

$$\Delta\phi_p = K_p(L_T - L_e) \tag{4-2}$$

式中　L_T——目标点的设计井深,m;
　　　L_e——当前井底的实钻井深,m。

显然,这样计算的 $\Delta\phi_p$ 是一个近似值。

4. 计算对准目标方位线的井斜方位角 ϕ_Z

如图 4-6 所示,自当前井底 e,对准目标点 T 的方位线为 eT,eT 的井斜方位角为 ϕ_Z,ϕ_Z 可按如下情况分别计算。

(1)当 $N_T > N_e$ 时:

$$\phi_Z = \arctan\frac{E_T - E_e}{N_T - N_e} \tag{4-3}$$

(2)当 $N_T < N_e$ 时:

$$\phi_Z = \arctan\frac{E_T - E_e}{N_T - N_e} + 180 \tag{4-4}$$

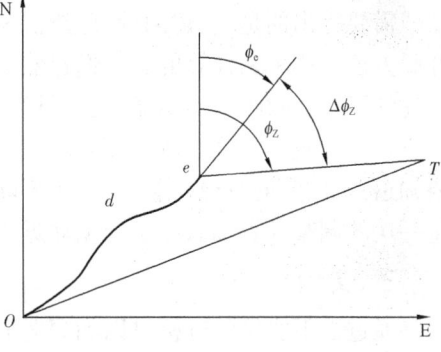

图 4-6　方位扭转角计算示意图

5. 计算当前井底的井斜方位角与目标点井斜方位角之间的偏差 $\Delta\phi_Z$

$\Delta\phi_Z$ 可由下式计算:

$$\Delta\phi_Z = \phi_Z - \phi_e \tag{4-5}$$

对于偏差角 $\Delta\phi_Z$,如果按照井斜方位均匀漂移(漂移率不变),那么从当前井底 e 钻达目标点 T,需要的方位漂移量应该有多大呢?由图 4-7 可以看出,需要的方位漂移量应为偏差角 $\Delta\phi_Z$ 的两倍,即 $2\Delta\phi_Z$。

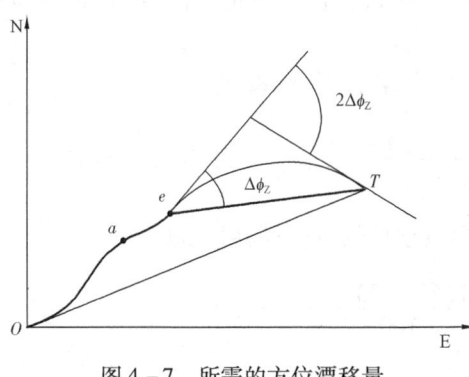

图 4-7　所需的方位漂移量

6. 选择控制井斜方位的方法

选择方法的依据是将 $\Delta\phi_p$ 与 $2\Delta\phi_Z$ 进行对比。$2\Delta\phi_Z$ 是需要的方位漂移量。$\Delta\phi_p$ 是目前用钻具组合可能达到的方位漂移量。

若 $2\Delta\phi_Z \approx \Delta\phi_p$,则使用当前在用钻具组合的自然漂移率即可准确钻至目标点。

若 $2\Delta\phi_Z$ 与 $\Delta\phi_p$ 相差较大时,则表明必须使用井下动力钻具带弯接头强行扭方位。必须注意,在强行扭完方位之后的钻进过程中,仍然会出现井斜方位漂移的现象。所以,在计算使用弯外壳动力钻具扭方位的方位扭转角时,必须考虑井斜方位漂移的影响。

7. 计算用井下动力钻具强行扭方位的方位扭转角 $\Delta\phi$

$\Delta\phi$ 的计算式为

$$\Delta\phi = \Delta\phi_Z - \frac{1}{2}\Delta\phi_p \tag{4-6}$$

式(4-6)表明,用动力钻具强扭方位时,在计算出的方位扭转角的基础上要"少扭"一个角度($\frac{1}{2}\Delta\phi_p$),留下的这个角度让钻具组合的自然漂移去扭。

8. 计算预计的井底井斜方位角 ϕ_T

ϕ_T 的计算式为

$$\phi_T = \phi_e + \Delta\phi + \Delta\phi_p \tag{4-7}$$

需要指出的是,上述的计算过程是根据该井在用的钻具组合和正在钻进的地层条件下的井眼方位漂移率来计算的。人们自然会问,在继续钻进的过程中,钻具组合和地层都会变化,上述计算还有效吗?很明显,当钻具组合、地层变化了,井眼方位漂移率也会发生变化,原来的计算也就无效了。这时就需要根据井身水平投影图及新的测斜资料,重新计算井眼漂移率。要知道,定向井的方位控制,是一个不断调整的过程,不可能调整一次就能钻达目标点。但是,每一次的调整计算都只能是根据靠近当时井底那个井段的方位漂移率来进行的。

三、实例

通过以下实例的分析可以加深对上述计算方法的理解和掌握。

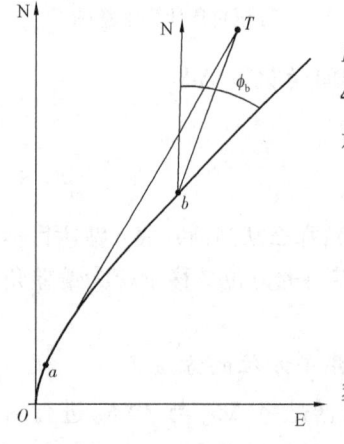

图 4-8 方位扭转角的计算

[例 4-1] 某定向井设计目标点 T 的坐标为 $D_T = 4053.84$m, $N_T = 1001.02$m, $E_T = 424.92$m;设计方位角$\phi_0 = 23°$,设计井深 $L_T = 4201.67$m。实钻了一段以后,根据测斜计算做出实钻井眼的水平投影图,如图 4-8 所示。有关的测斜资料及计算结果如下。

a 点: $\alpha_a = 15°$, $\phi_a = 27°$, $L_a = 237.74$m
$\quad\quad D_a = 229.64$m, $N_a = 55.75$m, $E_a = 26.00$m

b 点: $\alpha_b = 15.5°$, $\phi_b = 30°$, $L_b = 2331.72$m
$\quad\quad D_b = 2246.92$m, $N_b = 539.37$m, $E_b = 297.33$m

试问:是否需要扭方位;如需要扭方位,方位扭转角应该是多大。

解:(1)计算 ab 段的井斜方位漂移率 K_p。

$$K_p = \frac{\phi_b - \phi_a}{L_b - L_a} = \frac{30 - 27}{2331.72 - 237.74} = 0.1433 \, (°/100\text{m})$$

(2)计算使用现用钻具组合由当前井底钻达目标点预计的方位漂移量 $\Delta\phi_p$。

$$\Delta\phi_p = K_p(L_T - L_b) = 0.1433 \times \frac{4201.67 - 2331.72}{100} = 2.68(°)$$

(3)计算对准目标方位线的井斜方位角 ϕ_Z。

$$\phi_Z = \tan^{-1}\frac{E_T - E_b}{N_T - N_b} = \tan^{-1}\frac{424.92 - 297.33}{1001.02 - 539.37} = 15.45(°)$$

(4)计算目前井底方位的偏差 $\Delta\phi_Z$。

$$\Delta\phi_Z = \phi_Z - \phi_b = 15.45 - 30 = -14.55(°)$$

(5)确定扭方位的方案。

$2\Delta\phi_Z \neq \Delta\phi_p$,且 $\Delta\phi_Z < 0$,表示需要向左扭方位。如果只靠钻具组合的漂移来自然扭方位,则需要的总漂移量为 $2\Delta\phi_Z = -29.10°$。可是,前面计算出使用在用钻具组合钻达井底可能实现的总漂移量 $\Delta\phi_p = 2.68°$,两数值相差较大,而且符号相反,所以,仅靠钻具组合的自然漂移,不但不可能将方位扭转过来,而且还会越漂越远。这时就需要换用弯外壳动力钻具进行强行扭方位。

(6)计算用弯外壳动力钻具组合强扭方位的方位扭转角 $\Delta\phi$。

$$\Delta\phi = \Delta\phi_Z - \frac{1}{2}\Delta\phi_p = -14.55 - 2.68 \times \frac{1}{2} = -15.89(°)$$

$\Delta\phi = -15.89°$,说明需要用带弯接头的井下动力钻具强行将井斜方位向左扭 $15.89°$,扭完方位之后,换用原来的钻具组合,采用转盘钻进,依靠钻具组合的自然漂移,使方位向右漂移 $1.34°$,这样正好钻达目标点。

(7)计算钻达目标点时的井斜方位角 ϕ_T。

$$\phi_T = \phi_b + \Delta\phi + \Delta\phi_p = 30 + (-15.89) + 2.68 = 16.79(°)$$

[**例 4-2**] 某定向井设计的井底坐标:$D_T = 2682.24\text{m}$,$N_T = 749.20\text{m}$,$E_T = -287.73\text{m}$,$L_T = 2873.35\text{m}$。实钻井段的水平投影图如图 4-9 所示。测斜及计算结果如下。

a 点:$\alpha_a = 16°$,$\phi_a = 338°$,$L_a = 679.70\text{m}$,$D_a = 653.37\text{m}$,
$N_a = 155.54\text{m}$,$E_a = -106.53\text{m}$。

b 点:$\alpha_b = 17.5°$,$\phi_b = 330°$,$L_b = 1484.38\text{m}$,$D_b = 1415.83\text{m}$,
$N_b = 388.38\text{m}$,$E_b = -220.10\text{m}$。

试计算方位扭转角。

解:$K_p = \dfrac{330 - 338}{1484.38 - 679.70} = -0.9942(°/100\text{m})$

$$\Delta\phi_p = -\frac{0.9942}{100} \times (2873.35 - 1484.38) = -13.81(°)$$

$$\phi_Z = \arctan\frac{-287.73 - (-220.10)}{749.20 - 388.38} = -10.616°$$
$$= 349.384°$$

$\Delta\phi_Z = 349.38 - 330 = 19.38(°)$

$2\Delta\phi_Z = 38.76(°)$

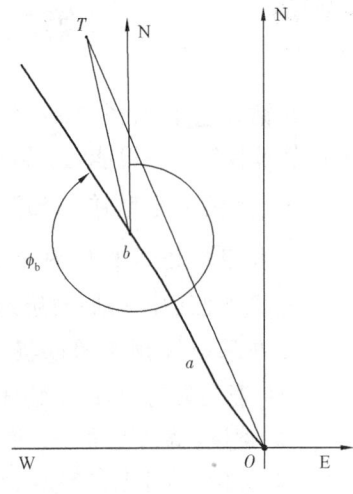

图 4-9 方位扭转角的计算

可见 $2\Delta\phi_Z$ 与 $\Delta\phi_p$ 相差甚远,且符号相反,需要改用弯外壳动力钻具强行扭方位。

$$\Delta\phi = 19.38 - \frac{1}{2} \times (-13.81) = 26.29(°)$$

$$\phi_T = 330 + 26.29 + (-13.81) = 242.48(°)$$

以上计算结果说明,需要用井下动力钻具带弯接头强行向右扭26.29°。

[例4-3] 某定向井设计目标点 $D_T = 2971.80\text{m}$, $N_T = 2256.43\text{m}$, $E_T = 1579.96\text{m}$, $L_T = 4052.32\text{m}$。实钻井段的水平投影图如图4-10所示。测斜资料及测斜计算的有关数据如下。

a 点: $\alpha_a = 28°$, $\phi_a = 9.5°$, $L_a = 838.20\text{m}$, $D_a = 740.08\text{m}$, $N_a = 555.47\text{m}$, $E_a = -6.52\text{m}$。

b 点: $\alpha_b = 38°$, $\phi_b = 37.5°$, $L_b = 2093.98\text{m}$, $D_b = 1650.07\text{m}$, $N_b = 1444.26\text{m}$, $E_b = 216.62\text{m}$。

试求方位扭转角的值。

解: $K_p = \dfrac{37.5 - 9.5}{(2093.98 - 838.20)} = 2.2297(°/100\text{m})$

$\Delta\phi_p = \dfrac{2.2297}{100} \times (4052.32 - 2093.98) = 43.66(°)$

$\phi_Z = \arctan\dfrac{1579.96 - 216.62}{2256.43 - 1444.26} = 59.22(°)$

$\Delta\phi_Z = 59.22 - 37.5 = 21.72(°)$

$2\Delta\phi_Z = 43.44(°)$

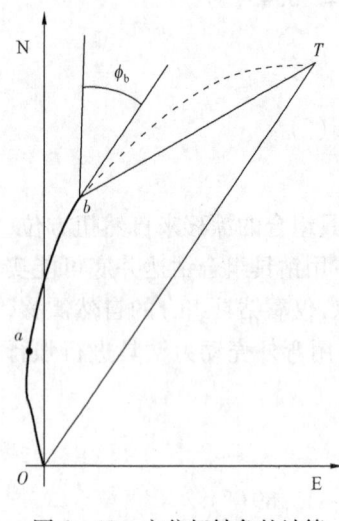

图4-10 方位扭转角的计算

$2\Delta\phi$ 与 $\Delta\phi_p$ 基本相等,说明不需要换用弯外壳动力钻具扭方位,只要按照目前井眼的方位漂移率就可钻达目标点。

第二节 井眼轨迹预测与控制

在钻进过程中,预测是控制的基础。如果没有精确的井眼轨迹参数预测,要想实现准确的井眼轨迹控制是不可能的。因此,井眼轨迹预测就显得更加重要。

一、待钻井眼轨迹的预测

1. 井眼轨迹预测的内涵

在钻进施工中,井眼轨迹预测的实质就是预测井眼的延伸方向。

2. 井眼轨迹预测的依据

由力学可知,力是改变物体运动状态的原因。

(1)速度:就钻进而言主要指机械钻速的大小。

(2)方向:钻井上主要是指井斜角和井斜方位角或井斜变化率和井斜方位的变化率。

通过研究表明,钻头前进的方向是由钻头受力状态决定的。钻头受力状态又是由近钻头的钻具组合结构、受力变形、钻井工艺参数、井眼轨迹的几何形状和地层特性决定的。

目前,尚无准确预测、计算井眼延伸方向的力学—数学模型,常用的预测方法主要有经验法、软件法和综合分析法三种,综合分析法的预测程序如图4-11所示。

3. 单项预测分析说明

1)测斜结果计算对比分析

实现时时监测,并通过对测斜结果进行计算,采用测斜结果绘图的方法,预测井眼延伸方向的趋势。

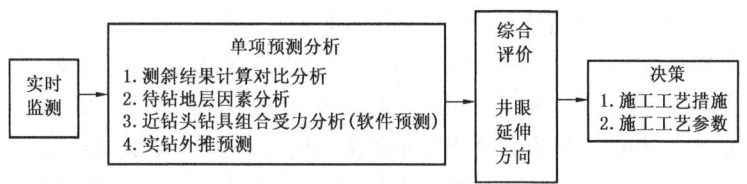

图 4-11 综合分析法预测程序图

2) 待钻地层因素分析

考虑地层特性引起井眼轨迹的自然漂移作用,充分结合邻井资料分析预测井眼延伸方向。

3) 近钻头钻具组合受力分析(软件预测)

对近钻头钻具组合结构进行受力变形分析。考虑其钻具组合结构类型(造斜、增斜、降斜、稳斜钻具组合)、地层特性、井眼轨迹几何形状、钻进工艺参数的相互影响,通过构建力学—数学模型,用计算机软件来预测井眼延伸方向。

建议用 HoDA 软件包 Horizontal Drilling Assistor、力—位移模型法和极限曲率法等预测软件。

4) 实钻外推预测

实钻外推预测是更换新的钻具组合,将其下至井底(i 点)后,用规定的钻井工艺参数钻进 5~10m(考虑井眼惯性的影响),并通过测斜计算出该段的实际造斜率 K_Z ($K_Z = \frac{\alpha_{i+1} - \alpha_i}{L_{i+1} - L_i}$)后,依据 MWD 的方向传感器的安装位置($i+1$ 点)到钻头的距离 L_d,用外推法预测出钻头处($i+2$ 点)的方向参数,即

$$\alpha_{i+2} = \alpha_{i+1} + \frac{\alpha_{i+2} - \alpha_{i+1}}{L_{i+2} - L_{i+1}} L_d \quad (井斜角)$$

$$\phi_{i+2} = \phi_{i+1} + \frac{(\phi_{i+2} - \phi_{i+1}) L_d}{L_{i+2} - L_{i+1}} \quad (井斜方位角)$$

再依据($i+2$)点的参数、待钻井段长度 ΔL 及 K_Z 继续用外推法预测出待钻井段终点($i+3$)处的方向参数(α_{i+3}, ϕ_{i+3})。

现场钻井工程技术人员通过对以上各项预测结果进行对比分析综合评价,最终预测出待钻井眼的延伸方向。

二、井眼轨迹控制

为了提高中靶率,在施工过程中就必须对钻头的前进方向进行控制。而实际的井眼轨迹参数在地面上是无法观测的,必须通过专用仪器监测才能得到。

定向井轨迹控制的主要内容有以下几方面:

(1)适时进行轨迹监测和轨迹计算。选择合适的监测仪器、监测密度和测点密度。根据轨迹计算结果,提出下步轨迹控制要求。

(2)精心选择造斜工具和下部钻具组合。造斜工具和钻具组合的结构选择和井眼前进方向的预测是井眼轨迹控制的关键。

(3)做好造斜工具的装置方位计算。装置角和装置方位角、井下动力钻具反扭角和定向方位角的计算必须准确无误。

(4)造斜工具的井下定向工艺和钻进。正确地选择定向方法,严格执行定向工艺措施,严

格执行钻进过程中制定的工艺措施和技术参数标准。

钻井施工过程中,影响井眼轨迹的主要因素有地质特性(地层可钻性、各向异性、地层的自然倾斜、岩石类型与强度等)、钻具组合结构(钻头类型,稳定器的位置、数量、尺寸,钻具的刚性、倾斜和弯曲等)、井眼轨迹几何形状(井斜角、井斜方位角、井眼直径等)和钻井工艺参数(钻压、转速、泵压等)。井眼轨迹是上述诸多因素互相作用的结果。但目前尚无数学—力学模型能反映井眼轨迹变化与上述诸因素之间的函数关系,现场只能凭经验及外推法进行施工。再加上工程技术人员的层次、经验等方面的差异,就必然造成实钻井眼轨迹要偏离设计井眼轨道这一事实,如图4-12所示。

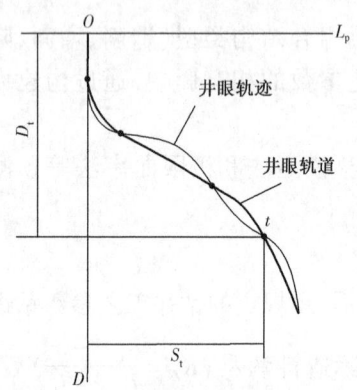

图4-12 井眼轨迹与轨道示意图

目前的钻井轨迹监测技术存在的不足是:不能实现连续监测;监测仪器的方向参数传感器离钻头有一段距离(一般为4~17m),不能随时监测到这段井眼的情况;测量与显示不同步,致使实钻过程中各钻进监测参数的采集、接收滞后。在施工中需要及时了解当前钻头的方向参数及待钻井眼的延伸趋势,目前的监测技术都无法实现。为完成井眼轨迹控制,就需要工程技术人员进行预测并做出施工决策。

三、井眼轨迹控制原则

控制的定义是指被控制对象克服干扰影响达到预先要求状态的手段或操作。

井眼轨迹控制就是在钻井施工过程中,通过一定的技术手段使实钻井眼轨迹尽量能符合设计的井眼轨道,最终保证中靶的过程。

通过运用控制理论对井眼轨迹控制分析可知,目前的井眼轨迹控制系统是一个开环的人工控制系统,如图4-13所示,其具体内容为:

(1)控制对象——钻头;
(2)控制量——井斜角和井斜方位角或井斜变化率和井斜方位变化率;
(3)给定量——井眼轨道参数(最大井斜角、闭合方位角、规定靶区)和给定的地层特性;
(4)操作量(控制量)——BHA结构、钻压、转速、流量和工具面等;
(5)扰动量——地层产状误差、井壁不规则性、岩石不均匀性、岩性分布变化、井底工况及其他随机因素(如井塌、断层等)。

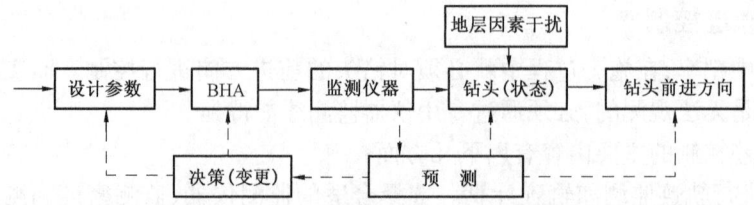

图4-13 井眼轨迹控制系统示意框图

由此可以看出,井眼轨迹控制是一项多目标,多扰动的复杂动态控制过程。

现场工程技术人员随时需要做出下一步施工决策:

(1)是否继续使用该钻具组合控制井眼轨迹?
(2)是否通过调整钻井工艺参数控制井眼轨迹,调整量是多少?
(3)是否起钻通过更换其他控制工具来控制井眼轨迹,更换何种工具;

(4)使用导向钻具时,是采用复合钻进方式还是采用滑动钻进方式。

因目前尚不能通过数学模型计算做出准确的判断,现场工程技术人员只能通过预测结果做出决策。随着钻井装备、钻井工艺及监测技术的发展,通过对控制理论的研究并结合实践经验,可归纳总结出以下控制原则。

1. 既要保证中靶,又要提高钻速

在实钻过程中,要随时准确地预测井眼轨迹的延伸方向,选择合适的造斜工具或钻具组合,使实钻井眼轨迹偏离设计轨道"不要太远"。"不要太远"的意义在于,一方面如果"太远"就可能造成脱靶,成为不合格井;另一方面如果始终要求实钻井眼轨迹与设计井眼轨道误差很小,势必要进行非常频繁地测斜、更换造斜工具,造成钻进工作多次间断,增加了钻井成本,还有可能造成井下复杂情况,得不偿失。所以,何时用更换钻具的方法来控制井眼轨迹,就成了井眼轨迹控制的关键。

控制要点:在待钻井段内,如果因地层因素产生的自然漂移,通过调整钻进工艺参数即可使井眼轨迹恢复到设计的井眼轨道上来的,则用调整后的钻进工艺参数继续钻进,否则更换其他钻具组合进行控制。

预测判据一:

当前工具的造斜率 $K_Z = \dfrac{30\cos^{-1}(\cos\alpha_i\cos\alpha_{i+1} + \sin\alpha_i\sin\alpha_{i+1}\cos\Delta\phi)}{L_{i+1} - L_i}$

预测待钻井眼所需的造斜率 $K = \dfrac{1719(\sin\alpha_{i+3} - \sin\alpha_{i+2})}{D_{i+3} - D_{i+2}}$

式中,K_Z 和 K 的单位为(°)/30m。

当 $K_Z \approx K$ 时,可继续钻进,否则应起钻更换钻具组合。

预测判据二:

现用钻具组合钻达目标点的总漂移量 $\Delta\phi_p = K_p(L_{i+1} - L_{i-1})$,方位偏差 $\Delta\phi_Z = \phi_Z - \phi_e$。

当 $\Delta\phi_p \approx 2\Delta\phi_Z$ 时,可继续钻进,否则需扭方位。

两种判据的适用条件均为待钻井眼地层特性与已钻井眼地层特性接近,近钻头钻具组合不变。

2. 尽可能多地使用转盘钻+近钻头钻具组合进行井眼轨迹控制

由于转盘钻的机械钻速比井下动力钻具的钻速高,所以在造斜段结束之后,一般都要换用转盘钻继续增斜、稳斜或降斜。根据预测,只有在出现下列情况之一时,才使用井下动力钻具进行控制:

(1)使用转盘钻扶正器组合已难以完成增斜或降斜要求时;

(2)转盘钻扶正器组合不能控制方位,当井斜方位已存在较大偏差,有可能造成脱靶时。

3. 尽可能利用地层的自然造斜规律

钻井工程技术人员应熟知,地层特性导致钻头的不对称切削、侧向切削,引起井斜变化或引起井斜方位漂移的规律,并根据预测结果尽可能地利用其特性,以减少更换工具进行控制的次数。

4. 在条件允许的情况下尽可能使用导向钻具+MWD

使用导向钻具+MWD+准确的井眼方向预测,在完成一口井的施工时,就不用更换钻具组合,即可完成造斜、增斜、降斜、扭方位施工时的滑动钻进和稳斜施工时的复合钻进。它不但减少了钻进工作中的间断次数,还避免了因起下钻而引起的井下复杂情况的发生,从而可大大降低钻井成本。

5. 实例

下面以川渝地区水平位移最长的先导性实验开发水平井广安002-H1井为实例,叙述上述理论的应用情况。

广安002-H1井是位于广安构造广1#断层断下盘大兴场高点北翼的第一口先导性欠平衡水平试验开发井。其钻探目的是利用水平井提高单井产量,开发广安构造须家河气藏油气资源。设计井深4055m,目的层须六^{1}亚段第一储层段和第二储层段,在须六^{1}亚段第一储层和第二储层段中钻进2000m完钻。由川钻11队承钻,实际完井井深4055m,层位是须六^{1}亚段第一储层,于2045m着陆A点(井斜85.01°,闭合距489.14m,闭合方位289.31°),在须六^{1}亚段第一储层中水平横穿2010m完钻。该井于2006年11月14日开钻,2007年4月25日钻至4055m完钻,钻井周期162d,平均机械钻速5.44m/h,钻机月速750.93m/台月,储层钻遇率85%。在8½in井眼水平段使用斯伦贝谢旋转地质导向工具,在须六^{1}亚段第一储层中水平横穿2010m,水平位移2499.13m,闭合方位288.3°,按设计要求中靶。为了保障这口欠平衡定向水平井钻探成功,采取了以下主要工程技术措施:

(1)优选定向钻具组合。开始造斜时,采用1°弯螺杆定向组合,造斜率只有(1.8°~3°)/30m,低于设计造斜率,经过测算,改用1.25°弯螺杆定向组合,加强定向监测,达到沿着设计轨道钻进的目的。

(2)定向与旋转钻进相结合。钻进至大安寨与马鞍山交界面时,井深1462m处,井斜增至20°,由于地层原因,使用相同弯度的螺杆钻具钻进时造斜率大增,达到(6.5°~7°)/30m,通过采取加密测斜、复合钻进等措施进行及时修正。

(3)根据轨迹控制效果优选钻头。在井深1845m(井斜66°)之前,使用PDC钻头,复合钻进造斜率只有1.8°/30m,使用牙轮钻头后,复合钻进造斜率达到了3.5°/30m,达到预期控制效果。

(4)加强井眼预测监控。钻进至井深1957.5m,井斜79°,井斜值偏大,经过多次采取定向降斜、复合钻进等措施,控制住了井斜的较快增长。

(5)采用合理的测斜方法。测斜方式统一采用上提钻具时测斜,而不采用加压钻进时测得的数据,避免测斜时产生误差。

(6)采用适当度数的弯螺杆,确保测斜数据的准确。在井深1845.21m下入1°弯螺杆后,相同仪器测出方位角突变6°,分析突变的原因是受螺杆结构弯角过大和螺杆扶正器的影响,改换成0.75°螺杆钻具后又恢复到以前的方位值。

(7)定向施工中,强化井下复杂情况的预防、控制和处理措施。在1258.43~1567m井段施工过程中,频繁出现井漏,起下钻过程中经常出现挂卡现象,通过采取优化钻井液性能、加随钻堵漏剂、安装滤网等系列措施,保证了随钻监测仪器的正常工作,确保了井下施工安全。

(8)加强钻具检查,预防钻具事故发生。由于井斜大、复合钻进频繁,钻具磨损严重,因此,每次起下钻都要认真检查入井钻具、工具和扶正器的磨损情况,并定期对他们进行探伤检查,减少了钻具事故的发生。

(9)使用牙轮钻头时,优化钻井参数,防止钻头事故发生。通过采取适当降低流量,复合钻进时降低转盘转数,减少开泵划眼和钻头悬空开泵的时间,控制钻头使用时间等措施,该井未发生一次钻头事故。

（10）在整个定向和地质旋转导向钻井过程中,采用欠平衡钻井技术,并安装有井下套管阀(防喷器),地层压力当量密度为 1.01g/cm^3,采用欠平衡钻井液密度 $0.85\sim0.93\text{g/cm}^3$,制定了完善的欠平衡钻井井控技术措施,保障了井控安全。

（11）为了确保下套管的顺利进行和提高固井质量,采用了空心微型漂珠降低井眼摩擦阻力,使用了小锥度的加长引鞋,在每根套管接箍处加装带倒角的引导环,在直井段的套管每5根安放一只 $\phi300\text{mm}$ 的刚性扶正器;在斜井段的套管每三根安放一只 $\phi290\text{mm}$ 的刚性扶正器。在定向井井眼轨迹预测与控制理论的指导下,采取强有力的工程技术保障措施,使广安002-H1先导性欠平衡水平试验开发井的钻探施工获得圆满成功。

第五章 常规定向井钻井技术

在石油钻井中,钻头在地面动力或井下马达的驱动下破碎岩石而形成井眼。半个多世纪以来,从直井防斜到定向井、水平井和大位移井的井眼轨迹控制实践中形成了一套比较完整的井眼轨迹控制理论和技术。在理论研究方面,通过对下部钻具组合的力学特性分析和钻头与地层相互作用关系的研究,形成了下部钻具组合设计和性能评价、钻井工艺参数优选的井眼轨迹预测与控制理论和方法。在仪器工具方面,随钻测量技术和井下动力钻具等的研发使用,使直井防斜技术从传统的满眼钻具和钟摆钻具组合发展到偏心钻具、偏轴钻具、大钟摆钻具组合以及 PDC 钻头加井下动力钻具的复合钻进技术,并成功研发了垂直钻井系统。定向钻井技术从传统的滑动几何导向,发展到了旋转几何导向、地质导向和闭环控制钻井系统。

然而,井眼轨迹控制是一个复杂的控制过程,要使实钻轨迹与设计轨道完全吻合几乎是不可能的。此外,由于地质勘探、油藏开发以及钻井施工中存在的误差和不确定性因素,即使是地质导向和闭环控制钻进中也需要实时地修正井眼轨迹参数,甚至调整或改变预期的设计参数。

因此,要有效地控制井眼轨迹,除了研究井眼轨迹预测与控制理论、导向钻井工具和系统以及与之配套的工艺技术之外,还需要研究井眼轨迹的控制方案及其设计方法。尽管各种典型的井眼轨道模型都可用于井眼轨迹控制方案的设计,但是本章仅介绍空间(直线+圆弧)模型的井眼轨迹控制方案的设计方法。

常用定向井专业术语,如图 5-1 所示。

(1)工具面:下部钻具组合中,结构弯点上、下两段钻具轴线所确定的平面。

(2)井眼高边(井眼高边方向):倾斜、弯曲的井眼上任一井深处的截面都是一个倾斜的圆,圆心到该圆最高点的连线方向称为井眼高边,如图 5-1 中的 OA。

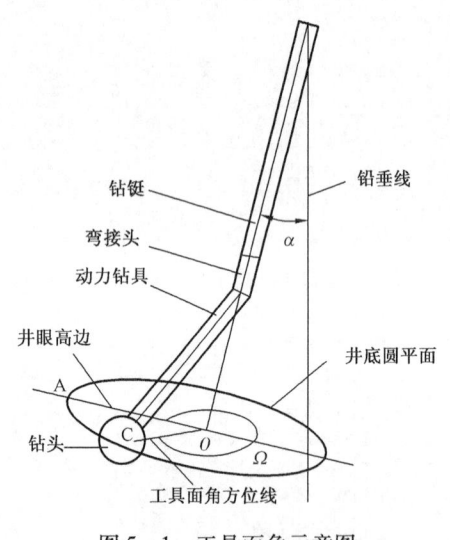

图 5-1 工具面角示意图

(3)井斜铅垂面:井眼高边所在的铅垂面。

(4)工具面角:工具面角是指造斜工具下到井底后工具面所在的位置参数。造斜工具的工况不同,表述方式不同。在马达启动前,称之为安置角(或安置工具面角),即马达启动前人为摆放的工具面的位置;马达启动后,称之为装置角或定向角(或定向工具面角),即马达启动后工具面的实际位置。测量基准不同时,工具面角的表述也不同。当以井眼高边(也称重力高边)为基准时,顺时针旋转到工具面与井底圆的交线(如图 5-1 中的 OC,C 点为钻头的中心)上所转过的角度,称为重力工具面角;另一种是以磁北极为基准时,顺时针旋转到工具面与井底圆的交线(如图 5-1 中的 OC)上所转过的角度,称为磁性工具面角。工具面角用 Ω 表示。

第一节　井眼方向控制方案设计

在定向钻进施工中,经常需要调整井斜角和井斜方位角,从调整频率和工艺难度上看,井斜方位角的调整问题更为突出,所以这种对于井眼方向的控制方案设计以往也被称之为扭方位设计,它是以井斜角和井斜方位角为控制目标,根据拟采用的钻进方式和钻具组合,通过一个曲线段(如空间圆弧、圆柱螺线等)将井斜方位调整到期望值。

一、井斜角、井斜方位角及工具面角的基本关系

井眼方向控制的内容是:从当前井底的井斜角 α_1 和井斜方位角 ϕ_1,钻进长度为 ΔL 的井段后,使井斜角和井斜方位角分别达到 α_2 和 ϕ_2。对于井眼轨道的空间圆弧模型来说,其特征参数主要是井眼曲率 K 和工具面角 Ω。

由于空间圆弧轨迹是一段位于空间斜平面内的圆弧,所以井眼曲率保持为常数,而工具面角是随井深的变化而变化的。因此,井眼方向控制方案设计中的工具面角实际上是指该圆弧井段起始点的工具面角。

空间圆弧轨迹的井眼曲率 K 决定了井眼轨迹的形状,而起始点的井斜角 α_1、井斜方位角 ϕ_1 和工具面角 Ω 则决定了这段空间圆弧存在的姿态。

由"空间斜面圆弧"模型可得到 α、ϕ、Ω、γ 的基本关系式:

$$\cos\alpha_2 = \cos\alpha_1\cos\gamma - \sin\alpha_1\sin\gamma\cos\Omega \tag{5-1}$$

$$\sin\alpha_2 = \frac{\sin\alpha_1\cos\gamma + \cos\alpha_1\sin\gamma\cos\Omega}{\cos\Delta\phi} \tag{5-2}$$

$$\tan\Delta\phi = \frac{\sin\gamma\sin\Omega}{\sin\alpha_1\cos\gamma + \cos\alpha_1\sin\gamma\cos\Omega} \tag{5-3}$$

$$\sin\Omega = \frac{\sin\alpha_2\sin\Delta\phi}{\sin\gamma} \tag{5-4}$$

$$\tan\frac{\Omega}{2} = \frac{\sin\gamma\cos\Delta\phi \pm \sqrt{\sin^2\gamma - \sin^2\alpha_1\sin^2\Delta\phi}}{\sin\Delta\phi\sin(\alpha_1-\gamma)} \tag{5-5}$$

其中　　　　　$\cos\gamma = \cos\alpha_1\cos\alpha_2 + \sin\alpha_1\sin\alpha_2\cos\Delta\phi$

$$\Delta\phi = \phi_2 - \phi_1$$

当 $\sin\Delta\phi\sin(\alpha_1-\gamma)=0$ 时,式(5-5)可变为

$$\tan\frac{\Omega}{2} = \frac{\sin(\alpha_1+\gamma)}{2\sin\gamma}\tan\Delta\phi \tag{5-6}$$

特别地,当 $\alpha_1 = \gamma$ 时,式(5-6)可变为

$$\tan\frac{\Omega}{2} = \cos\alpha_1\tan\Delta\phi \tag{5-7}$$

此处要说明的是,式(5-5)中正负号的一般规定:增斜时取负号,降斜时取正号。

二、井眼方向控制设计方法

在设计井眼方向控制方案时,当前井底的井斜角 α_1 和井斜方位角 ϕ_1 是已知量,而井眼曲率或工具造斜率 K、工具面角 Ω、井段长度 ΔL 以及待钻井眼的 α_2 和井斜方位角 ϕ_2 为未知量。

早期的井眼方向控制方案,主要是根据井斜方位的变化量 $\Delta\phi$、井段长度 ΔL 和工具的造斜率 K 来计算所需要的工具面角 Ω 和待钻井眼的井斜角 α_2,其设计方法和功能都很单一。例如,钻井工程师有时期望继续钻进 ΔL 后,井斜角和井斜方位角分别达到 α_2 和 ϕ_2,而需要计算工具造斜率 K 和工具面角 Ω。这种情况不仅具有工程上的实用性,而且理论上也是可行的。事实上,在上述的五个未知量中,只要给定其中的三个参数,就可以计算出另外两个参数。换句话说,可以任选两个待定参数来进行井眼方向控制方案的设计,根据该思路,可开发用于井眼方向控制方案设计的计算机软件。由于可任选两个待定参数进行设计,所以可选取不同的待定参数进行多次的优化设计并进行结果验证,从而构建出一种交互式的设计平台,这种交互式的设计理念和设计方法,使用起来灵活方便,并且具有优化设计的功能。

[**例 5 - 1**] 假设当前井底的井斜角 $\alpha_1 = 30°$、井斜方位角 $\phi_1 = 200°$,各种组合的求解设计示例结果见表 5 - 1。

表 5 - 1 井眼方向控制方案的设计示例结果

设计序号	已知数据	设计结果
1	$K = 8°/30m, \Omega = 320°, \Delta L = 28m$	$\alpha_2 = 36.1°, \phi_2 = 191.83°$
2	$\phi_2 = 190°, \Omega = 320°, \Delta L = 28m$	$\alpha_2 = 37.74°, K = 10.20°/30m$
3	$\phi_2 = 190°, K = 8°/30m, \Delta L = 28m$(增斜设计)	$\alpha_2 = 35.19°, \Omega = 309.64°$
4	$\phi_2 = 190°, K = 8°/30m, \Delta L = 28m$(降斜设计)	$\alpha_2 = 24.05°, \Omega = 213.00°$
5	$\phi_2 = 190°, K = 8°/30m, \Omega = 320°$	$\alpha_2 = 37.74°, \Delta L = 35.69m$
6	$\alpha_2 = 35°, \Omega = 320°, \Delta L = 28m$	$\phi_2 = 192.99°, K = 6.70°/30m$
7	$\alpha_2 = 35°, K = 8°/30m, \Delta L = 8m$(增方位设计)	$\phi_2 = 210.36°, \Omega = 52.54°$
8	$\alpha_2 = 35°, K = 8°/30m, \Delta L = 28m$(减方位设计)	$\phi_2 = 218.96°, \Omega = 307.46°$
9	$\alpha_2 = 35°, K = 8°/30m, \Omega = 50°$	$\phi_2 = 209.59°, \Delta L = 26.88m$
10	$\alpha_2 = 35°, \phi_2 = 210°, \Delta L = 28m$	$K = 7.84°/30m, \Omega = 51.37°$
11	$\alpha_2 = 35°, \phi_2 = 210°, K = 8°/30m$	$\Omega = 51.37°, \Delta L = 27.47m$

此外,在进行井眼方向控制方案设计时,不仅需要计算出井眼轨道的特征参数,还要计算出井眼轨道的分点数据,以便了解和校正井眼方向控制的施工过程。

三、井眼轨迹特殊控制

式(5 - 1)至式(5 - 7)是井眼轨迹控制方案设计时计算公式的一般形式,适用于所有情况下的井眼轨迹控制方案设计。然而,在钻井施工过程中,有时希望保持井斜角不变只调整井斜方位角,有时则希望尽可能快地调整好井斜方位角而不计较井斜角的变化。在这些特定的情况下,计算公式会得到简化。

1. 90°工具面角的扭方位

已知 $\Omega = \pm 90°$,K 和 $\Delta\phi$,如图 5 - 2 所示。求 α_2 和 ΔL。

将 $\Omega = \pm 90°$ 代入式(5 - 3)中,经整理得

$$\tan\gamma = \pm \sin\alpha_1 \tan\Delta\phi \tag{5-8}$$

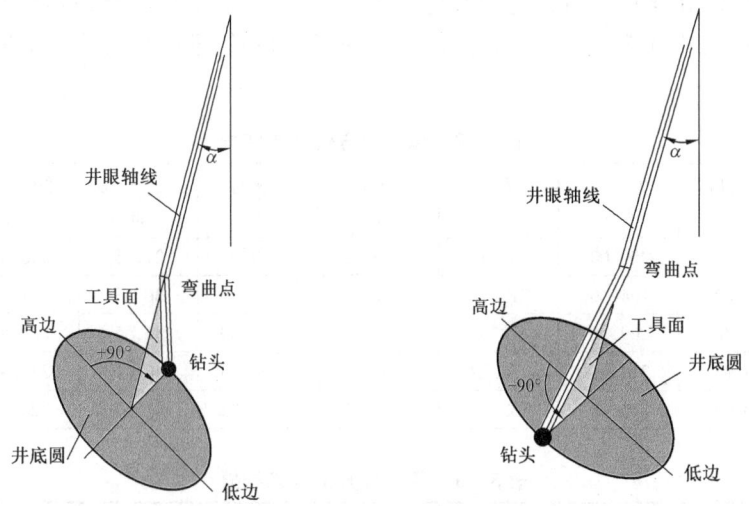

图 5-2　$\Omega = \pm 90°$ 的扭方位示意图

显然,当 $\Omega = 90°$,$\Delta\phi > 0$ 时,为增方位;当 $\Omega = -90°$,$\Delta\phi < 0$ 时,为减方位。换而言之,当 $\Delta\phi > 0$ 时,应取 $\Omega = 90°$;当 $\Delta\phi < 0$,应取 $\Omega = -90°$。总之,由式(5-8)所计算出的狗腿角 γ 应该总为正值。

再将 $\Omega = \pm 90°$ 代入式(5-1),得

$$\cos\alpha_2 = \cos\alpha_1 \cos\gamma \qquad (5-9)$$

而

$$\Delta L = \frac{\gamma}{K} C_K \qquad (5-10)$$

式中　C_K——与造斜率 K 的单位有关的常数,C_K 的数值等于测段长度,m。

2. 稳斜扭方位

已知 $\alpha_2 = \alpha_1$,K 和 $\Delta\phi$。求 Ω 和 ΔL。

由于 $\alpha_2 = \alpha_1$,所以狗腿角的计算公式变为

$$\cos\gamma = \cos^2\alpha_1 + \sin^2\alpha_1 \cos\Delta\phi \qquad (5-11)$$

又由式(5-1),得

$$\cos\Omega = \frac{\tan\dfrac{\gamma}{2}}{\tan\alpha_1} \qquad (5-12)$$

井段长度 ΔL 仍按式(5-10)进行计算。

需要说明的是,所谓的稳斜扭方位只是确保稳斜井段始、末点的井斜角相等,而在稳斜井段内井斜角却是沿井深变化的。

[例 5-2]　假设当前井底的井斜角 $\alpha_1 = 30°$、井斜方位角 $\phi_1 = 200°$,工具造斜率为 $8°/30\mathrm{m}$,若采用稳斜扭方位控制方法,使井斜方位角分别达到 $\phi_2 = 216°$ 和 $\phi_2 = 180°$。试设计其扭方位方案。

要满足 $\phi_2 = 216°$ 的要求,经计算得 $\Omega = 96.94°$,$\Delta L = 29.93\mathrm{m}$。对于 $\phi_2 = 180°$ 的情况,经计

算得 $\Omega=261.32°$, $\Delta L=37.36$m。这说明稳斜扭方位时,初始工具面角 Ω 应该选在 $90°\sim270°$ 范围内,式(5-12)中才会出现负号。但是,工具面角和井斜角都是沿井深变化的,见表 5-2 和表 5-3。

表 5-2 稳斜增方位计算结果

井深 m	井斜角 (°)	方位角 (°)	垂深 m	北坐标 m	东坐标 m	水平位移 m	平移方位 (°)	工具面角 (°)
712.50	30.00	200.00	707.43	-18.69	-19.96	27.35	266.88	96.94
720.00	29.82	204.00	713.93	-22.16	-21.36	30.78	223.95	93.48
730.00	29.76	209.36	722.61	-26.59	-23.59	35.55	221.58	88.82
740.00	29.93	214.71	731.29	-30.81	-26.23	40.46	220.41	84.18
742.43	30.00	216.00	733.39	-31.79	-26.93	41.67	220.26	83.06

表 5-3 稳斜减方位计算结果

井深 m	井斜角 (°)	方位角 (°)	垂深 m	北坐标 m	东坐标 m	水平位移 m	平移方位 (°)	工具面角 (°)
712.50	30.00	200.00	707.43	-8.69	-19.96	27.35	266.88	261.32
720.00	29.76	196.01	713.93	-22.24	-21.11	30.67	223.51	264.77
730.00	29.62	190.64	722.62	-27.06	-22.26	35.03	219.44	269.45
740.00	29.71	185.25	731.31	-31.95	-22.94	39.33	215.67	274.13
749.86	30.00	180.00	739.86	-36.85	-23.16	43.53	212.15	278.68

3. 全力扭方位

全力扭方位的含义:在给定的条件下,确定一个工具面角,使井斜方位角的变化量 $\Delta\phi$ 达到最大值。

已知 K 和 $\Delta\phi$。求 Ω, α_2 和 ΔL。

工具面角应满足

$$\frac{d(\tan\Omega)}{d\Omega}=0 \tag{5-13}$$

将式(5-3)代入式(5-13),整理得

$$\cos\Omega=-\frac{\tan\gamma}{\tan\alpha_1} \tag{5-14}$$

联立式(5-1)和式(5-14),得

$$\cos\alpha_2=-\frac{\cos\alpha_1}{\cos\gamma} \tag{5-15}$$

井段长度 ΔL 仍按式(5-10)进行计算。

上述三种特殊的井眼方向控制方式,总的思路都是以满足井斜方位角的变化量为目的,所以这里仍称之为"扭方位"。对于这三种井眼方向的控制方式,交互式的设计方法仍然适用。显然,根据简化后的关系式,容易得到特殊井眼方向控制方式下各种求解组合的计算方法。

4. $\Omega=0°$ 时的扭方位(全增斜)

图 5-3 为 $\Omega=0°$ 时的扭方位示意图。

$$\cos\alpha_2 = \cos(\alpha_1 + \gamma) \qquad (5-16)$$
$$\alpha_2 = \alpha_1 + \gamma$$

5. $\Omega = 180°$时的扭方位(全降斜)

图 5-4 为 $\Omega = 180°$时的扭方位示意图。

$$\cos\alpha_2 = \cos(\alpha_1 - \gamma) \qquad (5-17)$$
$$\alpha_2 = \alpha_1 - \gamma$$

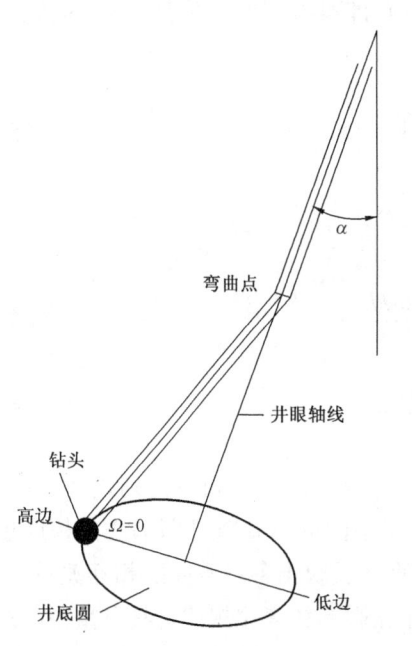
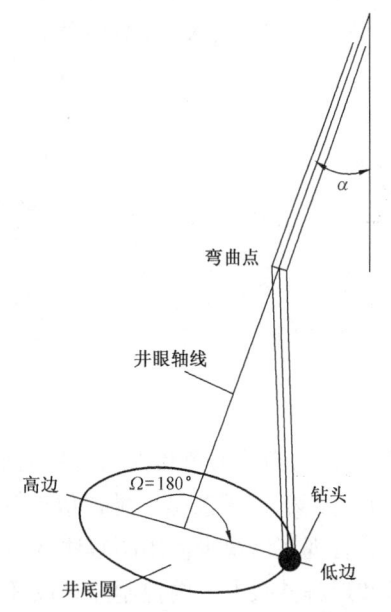

图 5-3　$\Omega = 0°$时的扭方位示意图　　　图 5-4　$\Omega = 180°$时的扭方位示意图

四、井眼轨迹控制方案设计——图解法

用图解法进行井眼方向控制方案的设计,是苏联学者沙尼金提出的,此法曾一度被广泛地推广应用,后经设计成为定向钻井中工具面角的计算尺——显灵板。

对于给定工具的造斜率 K、井斜方位角的变化量 $\Delta\phi$ 和井段长度 ΔL 来求解工具面角 Ω 和终点井斜角 α_2 的情况,需要预先设计出狗腿角 γ 之后,根据计算结果做出井眼轨迹方向控制方案,作图步骤如图 5-5 所示。

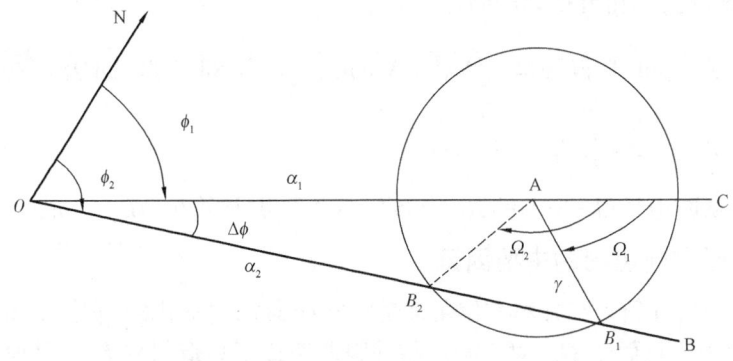

图 5-5　井眼方向控制方案设计的图解法

(1) 按一定的比例(例如,用 1cm 代表 1°),做直线 OC;

(2) 选定原点 O 的位置,做出北坐标轴 ON,使 $\angle NOC = \phi_1$,并在 OC 上截取 $|\overline{OA}| = \alpha_1$,以 A 点为圆心,γ 为半径画圆。

(3) 作直线 OB,使 $\angle AOB = \Delta\phi$($\Delta\phi > 0$ 时,OB 线在 OC 线的下方,$\Delta\phi < 0$ 时,OB 线在 OC 线的上方),与圆相交于 B_1、B_2 两点,连接 AB_1 和 AB_2;

(4) 根据增斜或降斜要求,分别量取 $\angle CAB_1$ 或 $\angle CAB_2$ 的数值,即可得到工具面角 Ω 的值;

(5) 量出线段 OB_1 或 OB_2 的长度,并转化为角度值,即可得到终点井斜角 α_2 的值。

根据图 5-5 中的几何关系,不难得出

$$\sin\Omega = \frac{\alpha_2 \sin\Delta\phi}{\gamma} \tag{5-18}$$

$$\cos\Omega = \frac{\alpha_2 \cos\Delta\phi - \alpha_1}{\gamma} \tag{5-19}$$

$$\cos\Delta\phi = \frac{\alpha_1 + \gamma\cos\Omega}{\alpha_2} \tag{5-20}$$

$$\tan\Delta\phi = \frac{\gamma\sin\Omega}{\alpha_1 + \gamma\cos\Omega} \tag{5-21}$$

可以证明,当井斜角和狗腿角都很小时,由式(5-1)至式(5-4)可以得到式(5-18)至式(5-21)。显然,图解法是一种近似求解方法,而且对于不同的已知条件图解法的精度也是不同的。尽管现在已很少使用图解法,但是图解法可直观地反映出各参数间的相互关系,对于定性分析和理解井眼方向的控制原理以及各种参数的相互影响和变化规律仍具有重要的意义。

[例 5-3] 已知 $\alpha_1 = 15°$,$K = 10°/100\text{m}$,$\Delta\phi = 22°$,要求扭完方位以后的井斜角 $\alpha_2 = 18°$。试求工具面角 Ω 和扭方位井段的长度 ΔL。

解:由解析公式可得 $\gamma = \sqrt{\Delta\alpha^2 + \Delta\phi \sin^2\alpha_C} = 6.88°$;由 $\sin\Omega = \frac{\alpha_2 \sin\Delta\phi}{r}$,得 $\Omega = 75.19°$;$\Delta L = \frac{r}{K}C_K = 68.77\text{m}$。

由图解法从图中量得 $\gamma = 7.9°$,$\Omega = 75°$,并计算出 $\Delta L = 79\text{m}$。

[例 5-4] 已知 $\alpha_1 = 15°$,$K = 10°/100\text{m}$,$\Delta\phi = -22°$,要求扭完方位以后的井斜角 $\alpha_2 = 18°$。试求工具面角 Ω 和扭方位井段的长度 ΔL。

解:由解析公式可求得 $\gamma = \sqrt{\Delta\alpha^2 + \Delta\phi \sin^2\alpha_C} = 6.88°$;由 $\sin\Omega = \frac{\alpha_2 \sin\Delta\phi}{r}$,得 $\Omega = -75.19° = 284.19°$;$\Delta L = \frac{r}{K}C_K = 68.77\text{m}$。

由图解法可从图中量得 $\gamma = 7.9°$,$\Omega = 285° = -75°$,并计算出 $\Delta L = 79\text{m}$。

五、影响井眼方向控制的主要因素

空间圆弧轨迹的井斜角和井斜方位角都是沿井深变化而变化的,它们的变化速率主要取决于井眼曲率 K 和工具面角 Ω。对于给定的井眼曲率或工具造斜率 K,工具面角 Ω 决定了造斜率 K 用于改变井斜角和井斜方位角的分配关系。一般情况下,工具面角 Ω 影响井斜角和井斜方位角变化的定性关系,如图 5-6 所示。

$0° < \Omega < 90° + \Delta\Omega$ （增斜增方位）
$90° + \Delta\Omega < \Omega < 180°$ （降斜增方位）
$180° < \Omega < 270° - \Delta\Omega$ （降斜减方位）
$270° - \Delta\Omega < \Omega < 360°$ （增斜减方位）

注:$\Delta\Omega$ 为偏增角,其计算公式为 $\Delta\Omega = \arccos\dfrac{-\tan\dfrac{\nu}{2}}{\tan\alpha_1} - 90°$,美国一般取为 $5°$。

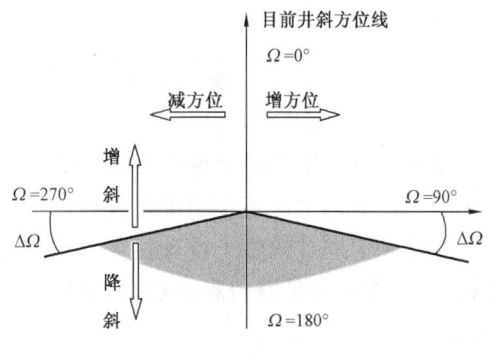

图 5-6 α、ϕ 与 Ω 的关系示意图

但是,要准确地控制井眼方向,必须研究各参数之间的定量关系。由"空间斜面圆弧"模型可得出如下基本关系式:

$$K_\alpha = \frac{K}{\sin\alpha}(\cos\alpha_1\sin\gamma + \sin\alpha_1\cos\Omega\cos\gamma) \qquad (5-22)$$

$$K_\phi = K\frac{(\sin\Omega\cos\Delta\phi - \cos\alpha_1\cos\Omega\sin\Delta\phi)^2}{\sin\alpha_1\sin\Omega\cos^2\gamma} \qquad (5-23)$$

$$\tan\phi = \frac{\sin\alpha_1\sin\phi_1 + (\cos\alpha_1\sin\phi_1\cos\Omega + \cos\phi_1\sin\Omega)\tan\gamma}{\sin\alpha_1\cos\phi_1 + (\cos\alpha_1\cos\phi_1\cos\Omega - \sin\phi_1\sin\Omega)\tan\gamma} \qquad (5-24)$$

因此,对于给定的井眼曲率 K 和工具面角 Ω,用式(5-1)、式(5-3)和式(5-22)至式(5-24)可计算出空间圆弧轨迹上任一点的井斜角 α、井斜方位角 ϕ、井斜变化率 K_α 和方位变化率 K_ϕ。

依据式(5-1)、式(5-3)和式(5-22)至式(5-24),还可以进一步研究出空间圆弧上任一点处各参数之间的相互关系。当 $\Delta L \to 0$ 时,$\gamma \to 0$,$\alpha \to \alpha_1$,$\phi \to \phi_1$,$\Delta\phi \to 0$。考虑到圆弧轨迹起始点 (L_1,α_1,ϕ_1) 的一般性,由式(5-22)和式(5-23),得

$$K_\alpha = K\cos\Omega \qquad (5-25)$$

$$K_\phi = K\frac{\sin\Omega}{\sin\alpha} \qquad (5-26)$$

尽管式(5-25)和式(5-26)是由空间圆弧轨迹的关系式得出的,但是它的使用范围并非仅局限于空间圆弧轨迹。这是因为上述过程是以微分学为基础的,其结果虽然是井眼轨迹上任一点处的关系式,但同时也可以验证 K、K_α 和 K_ϕ 同时满足 $K = \sqrt{K_\alpha^2 + K_\phi^2\sin^2\alpha}$ 的井眼曲率计算公式的情况。

根据上述研究结果,可以得出以下结论:

(1)井眼曲率 K 是井斜变化率 K_α 和井斜方位变化率 K_ϕ 存在的先决条件,且 K_α、K_ϕ 均与 K 成正比;

(2)对于给定的工具造斜率 K,工具面角 Ω 决定了 K 对于 K_α 和 K_ϕ 的分配关系;

(3)在 K 和 Ω 确定的条件下,K_α 与井斜角 α 无关,且 $|K_\alpha| \leq K$;

(4)当 α 增大时,K_ϕ 减小。这说明 α 越大扭方位越困难。而当 $\alpha \to 0$ 时,$K_\phi \to \infty$,说明此时的井斜方位变化近乎随机状态。

第二节　常规定向井施工准备

定向前准备工作的情况直接影响到定向施工的效果,因此必须按设计和施工工艺的要求,仔细、认真、全面地做好各项准备工作。

当接到定向井的施工设计任务书后,应对设计书(包括地质设计和工程设计)进行认真的分析,并仔细查阅邻井资料,核对好具体施工方案,然后,准备好施工所需的工具、仪器,方可进行施工。

一、设计分析

1. 地质设计分析

(1)熟悉该井的地理位置和储层构造位置、井号及施工井队。

(2)熟悉井深、井斜方位和位移,并用坐标校对位移及井斜方位,熟悉进入油层层位的质量要求。

(3)查看构造圈闭图,了解地层的倾角、走向、断层等情况。

(4)了解地层的分层和岩性特征,分析该地层岩性及走向在施工中会对井眼轨迹控制有何影响等。

2. 工程设计分析

(1)熟悉设计中的基本数据:设计轨道类型、井深、垂深、水平位移;目标点井深、垂深、水平位移;设计井斜方位角、造斜点、最大井斜角、靶区半径、磁偏角及特殊工艺要求。

(2)计算井斜方位角的允许偏差值:

$$\Delta\phi = \arctan\frac{R}{S} \tag{5-27}$$

式中　$\Delta\phi$——允许方位角偏差范围,(°);

　　　R——允许最大靶区半径,m;

　　　S——设计水平位移,m。

(3)熟悉增(降)斜钻具的增(降)斜率,增(降)斜井段的起点和终点井深、垂深和水平位移。

(4)熟悉各井段的深度、钻具组合以及钻进参数间的配合。

(5)熟悉全井的井身结构,套管尺寸和下深,明确钻井目的和地质要求。

(6)对于防碰井,注意防碰井段的基本数据,认真分析施工井和防碰井的相对位置,并在垂直剖面图和水平投影图上标明。

(7)对于绕障井,要熟悉绕障井段初始点和终止点的井深、垂深、水平位移、井斜方位角和井斜角,并熟悉安全圆柱半径。

3. 查阅邻井资料

(1)了解邻井的构造图,各层位的分层和岩性。

(2)了解邻井的各种钻具组合和钻进参数配合,各井段钻进情况,钻头选型和水眼组配。

(3)了解邻井出现的各种井下复杂情况和处理的方法,并从中吸取经验教训。

(4)了解邻井的基本数据,井斜角和井斜方位角的变化情况及其采取的相应措施。

(5)了解邻井的定向造斜情况及实际造斜井深、井下动力钻具的类型及造斜能力,使用的钻头型号及定向时间,滑动钻进的钻速等参数。

(6)了解与邻井的防碰情况。

通过以上三个方面的设计分析,可做出施工井的水平投影图和垂直剖面图,然后制定出合理的定向井施工方案和需要采取的技术措施,并按设计内容准备所需的仪器、工具和设备等。

二、定向工具和仪器的准备与检查

1. 准备

(1)施工前由技术员下达定向时需要的井下工具和监测仪器的指令书。

(2)定向井施工技术人员开钻前对井队的准备情况负责落实。

(3)钻井队工程技术人员在开钻前按设计要求准备好定向工具。

2. 检查

定向施工人员应检查好以下内容:

(1)井下动力钻具的类型、尺寸和扣型。

(2)无磁钻铤的内外径尺寸、扣型。

(3)弯接头结构弯角的度数、尺寸和扣型,弯接头循环套内径是否与定向外筒斜口引鞋匹配,定向键的方向是否在高边上。

(4)弯接头、扶正器的外径、扣型和长度,外径不得小于钻头直径3mm,要在扶正器上标明外径尺寸。

(5)短钻铤的长度、内外径和扣型。

(6)配合接头的内外径尺寸和扣型。

(7)所有入井钻具、接头、工具等要求绘出草图并做好记录,如果井队使用固定式测斜绞车,应试运转正常后方可使用。

3. 测斜仪器

仔细阅读所选仪器的使用说明书手册,了解该仪器的组成、结构、工作原理、技术指标、使用要求及使用注意事项。并按仪器的使用说明书手册做好仪器入井前的检查。

第三节 定向井直井段施工技术

通过前面相关章节的分析可知,影响井眼轨迹的因素很多,但可控因素只有三方面:钻具组合的类型与结构、钻头类型和钻井工艺参数。在这三方面可控因素中,钻具组合的类型与结构是首要考虑的内容。因为井斜控制的实质就是控制钻头上的三维分力(钻压、变井斜力和变井斜方位力)。钻具组合和钻头类型确定之后,二者对钻头侧向力的影响就相对稳定了。因为,在钻进过程中无法随时变更钻具组合。在钻井工艺方面,能对钻头侧向力产生一定影响并能随时调整的可控因素主要是钻压。钻压对钻具力、地层力、机械钻速、反扭角、工具面角及钻头的侧向切削力均有影响。因此,它是影响造斜率和井斜方位变化率的主要因素。其他工艺参数,如转速、水力参数和工具面角等,也是可以在钻进过程中进行适当调整的。

定向井的施工控制可分为三个阶段实施,即垂直段控制、定向造斜控制和后续定向控制。垂直段控制是要求实钻井眼轨迹尽可能接近铅垂状态,也就是要求井斜角尽可能小。定向井的垂直井段可以按照钻直井的方法进行井眼轨迹控制,而且控制精度比钻直井要求更高,因为它是定向造斜控制的基础。

一、直井防斜技术

实际钻的直井,并非绝对的垂直。由于 BHA 特性及地层造斜效应的综合作用,钻头总有偏离垂直轨道的趋势。因此,实际钻井中允许直井在一定的范围内偏离铅垂方向。所谓直井的防斜打直,就是在充分认识地层等诸多因素的影响规律基础上,试图采用合理的措施(BHA 与操作参数),纠正钻头过大的侧向力,将实钻井眼轨迹有效控制在允许的井斜角和井眼曲率范围之内。

定向井直井段的井眼轨迹控制原则是防斜打直。有人认为常规定向井(指单口定向井)直井段钻不直影响不大,通过后续的调整最终也可中靶,这种想法是不对的。因为当钻至造斜点(KOP)时,如果直井段不直,KOP 处不仅因为有一定的井斜角而影响定向造斜的顺利完成,还会因为这个井斜角形成一定的水平位移而影响下一步钻进的井眼轨迹控制。假如 KOP 处的水平位移是负位移,为了达到设计要求,在实际施工中就需要选用比设计值更大的造斜率和最大井斜角;如果是正位移情况恰好相反。如果 KOP 处的水平位移是向设计方向的两侧偏离,这口两维定向井就变成了三维定向井,同时也加大了下一步井眼轨迹控制的难度。

如果是水平井直井段的井眼轨迹控制,控制精度要求将会更高,因此水平井直井段井斜角的大小及其所形成的水平位移量相对于普通定向井来讲更为关键。

如果丛式井的直井段发生井斜,不仅会造成普通定向井中所存在的危害,还会造成丛式井中两口定向井的直井段井眼相碰造成新老井眼同时报废的施工事故。

直井段的井身质量要求包括以下三个方面:(1)井斜角不能超过允许值;(2)井斜变化率(狗腿严重度或井眼曲率)不能超过允许值;(3)井底水平位移不能超过允许值。

由于各地区情况不同,对直井段井身质量的规定也有不同的要求。一般来讲,井越深,对狗腿严重度的要求就越严格,否则,就会形成键槽致使钻杆疲劳破坏。对 3000~4000m 的中深井来讲,如能保持狗腿严重度小于 1.5°/30m,就不至于发生井下复杂情况;对超深井来讲,在距井口较近的井段,由于钻杆拉力较大,地层较松软,起下钻次数多,对狗腿严重度的要求应更小些;反之,就可稍大些。

在钻直井时,井斜控制的主要任务是防斜和纠斜。防斜钻具组合主要有钟摆钻具、满眼钻具和偏轴防斜钻具等,常用的防斜钻具组合是钟摆钻具和满眼钻具。

二、直井段的施工

直井段上部井段施工的重点是采取合理有效的技术措施,加强单点监测,严格控制井眼轨迹,防止井斜角超标,尤其是多靶定向井、丛式井及防碰绕障井,要求随钻跟踪、计算、作图对比预测井眼轨迹发展的趋势,以便为定向造斜施工创造良好的条件。

下面介绍定向井直井段井眼轨迹控制注意事项。

(1)丛式井的布井要求:根据一开井眼的大小及生产时将选用的采油设备,井口地面间距一般不小于 2m。

(2)选择好钻具组合及钻进参数。垂直井段施工,常因地区、地层条件和钻井经验的不同,在具体施工方法和技术措施上也存在着一些差别,根据现场经验对造斜点的确定推荐如下:

①造斜点深度小于 500m,采用塔式钻具或钟摆钻具,以提高钻速并严格控制钻压,保证井斜角不大于 1°。

②造斜点深在 500~1000m 时,采用塔式钻具或钟摆钻具,钻进时严格控制钻压,钻至离造斜点 100~150m 时,采用轻压吊打,控制井斜角不大于 1.5°。

③造斜点深度大于1000m,采用钟摆钻具或刚性满眼钻具。当扶正器进入二开小井眼吊打50m之后,逐渐将钻压加至设计值,以提高钻速。当钻至距造斜点100~150m时,采用轻压吊打,控制井斜角不大于2°(建议上直段均使用钟摆钻具组合)。

常规定向井直井段施工中,应选用在本地区钻进时不容易发生井斜的钻具组合,如胜利油田一般在12¼in井眼中选用塔式钻具组合,组合形式为:12¼in钻头+9in钻铤×3根+8in钻铤×6根+6¼in钻铤×9根+5in钻杆。8½in井眼中通常选用光钻铤结构或钟摆钻具组合,光钻铤组合形式为:8½in钻头+6¼in钻铤×9根+5in钻杆;钟摆组合形式为:8½in钻头+6¼in钻铤×2根+ϕ215.9mm钻柱扶正器×1只+6¼in钻铤×9根+5in钻杆。

常规定向井直井段施工中,钻水泥塞时,宜采用轻压吊打方式穿过,以防大钻压钻穿水泥塞后发生井斜。在上述钻具组合中钻进参数选为:12¼in井眼,正常钻进钻压常采用180~200kN,吊打时常采用50~80kN;8½in井眼,正常钻进钻压常采用120~140kN,吊打时常采用30~50kN。

(3)随时进行井斜角的监测,发现井斜立即采取相应措施。在直井段钻进过程中,根据实际情况及时进行井斜角的中途监测。在中途监测过程中,如果发现井斜,根据井斜的实际情况,可以采用轻压吊打进行纠斜、弯接头反方位侧钻纠斜或填井侧钻等相应的措施。对于丛式井,第一口井由于没有磁干扰,可以使用磁性测量仪器进行井眼轨迹数据的测量,但是为了方便下一步施工和具有较强的对比性,建议第一口井就使用陀螺测斜仪测取数据,以便与后续施工井的参数进行数据对比。

(4)根据上直段的长短,地层是否易造斜,作业者的施工经验和井眼轨迹控制的水平等,制定合理的测斜计划(建议直井段每200m内测斜一次)。

(5)对于造斜前的直井段较长(超过1000m)或直井段井斜角较大等情况,必须进行多点测斜、数据处理、计算结果和修正靶心方位后,方可进行定向施工。在直井段施工过程中,必然会出现井斜产生水平位移,当直井段较短且井斜角较小时,影响不明显。但当直井段较长或井斜角较大时,这段水平位移将有很大的影响,如图5-7所示。如果仍按照原设计方位进行定向施工作业,则井眼轨迹无法中靶(如图5-7中虚线所示),因此,必须重新计算施工方位,设计新的施工方案。

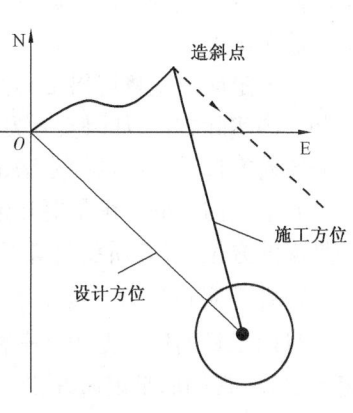

图5-7 轨道修正示意图

第四节 定向井斜井段的施工技术

造斜就是从造斜点开始强制钻头偏离垂直方向增斜钻进的过程。由于垂直井段不存在井斜方位角,所以开始造斜时就需要"定向",定向的实质就是造斜时使造斜工具的工具面处在预定的定向方位线上,"定向"和造斜的过程统称为定向造斜。定向造斜后所钻出的井段是增斜井段的一部分。如果定向造斜段的井斜方位角有偏差,则会给后续的井眼轨迹控制造成困难。因此,定向井的施工中定向造斜是关键,一定要把好这一关。

现代的定向造斜方法中,除了套管开窗侧钻还使用变向器外,其余全部是使用井下动力钻具组合进行定向造斜。造斜井段的长度一般是以井斜角达到可以使用转盘钻具组合继续增斜为准,这个井斜角约为8°~10°。

定向井斜井段包括增斜井段、稳斜井段和降斜井段。目前,这三种井段(不含造斜段)的施工多采用转盘钻井方法,这种方法钻速快,施工简便,成本低,避免了井下很多复杂情况及事故的发生,充分发挥了旋转钻井的优越性。

一、造斜井段施工

众所周知,直井是不存在井斜方位的。定向井施工中打完直井段后造斜时,就需要选用专用造斜工具按设计方位定向,而且造斜和定向是同步进行的。

1.造斜工具的定向方法

在造斜时,可依据设计的井斜方位角算出造斜工具的定向方位角。我们在地面上是怎样知道造斜工具在井下的状况呢,又是如何使造斜工具的工具面角正好处在设计的定向方位线上呢? 要想找到答案,就需要一套完整的定向工艺技术。

随着定向钻井技术和测量仪器的发展,定向造斜的方法也在不断地向着更科学、更精确的方向发展,从最早使用的转盘钻井定向钻进,发展到目前的井下动力钻具定向钻进;从地面定向法,经过氢氟酸井底定向法、磁力测斜仪井底定向法、有线随钻测斜仪定向法发展到今天的 MWD 随钻测斜仪配合井下动力钻具的导向钻井系统。

定向方法可分为两大类:地面定向法和井下定向法。

地面定向法是在井口将造斜工具的工具面摆到预定的定向方位线上,然后打上"+"标记,在钻杆同一母线的两端接头上也打上"+"标记。然后通过定向下钻,记录每两根钻杆的角度偏差,计算总偏差,根据总偏差量,确定方位的扭转量。这种方法工序复杂,准确性差,已基本被淘汰了。

井下定向法是将造斜工具按常规方法下到井底,然后从钻柱内下入测量仪器,测量工具面在井下的实际方位,如果实际方位与设计方位不符,可以在地面上通过转盘将工具面调整到设计的定向方位线上。这种方法工序简单,准确性高,但需要一套先进的定向测量仪器。

井下定向法的关键是要知道原井斜方位和工具面方位。要把仪器下到造斜工具内部测量工具面的方位,就必须在造斜工具的内部给工具面作个标记。

1)井下定向的工具面标记方法

目前工具面标记方法有三种:定向齿刀法、磁铁定向法(双罗盘定向法)和定向键法(螺鞋定向法)。常用的是定向键法。

(1)定向齿刀法。

定向齿刀法就是使用氢氟酸测斜仪进行定向的标记方法。

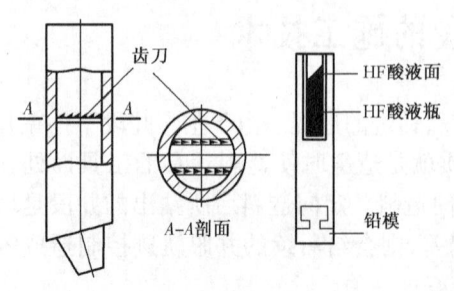

图 5-8 定向齿刀法

仪器组成:氢氟酸测斜仪 + 铅模 + 定向齿刀,如图 5-8 所示。

工作原理:齿刀上的齿尖所指方位,标志着造斜工具的工具面方位。测量时仪器最下面的铅模压在定向齿刀上,留下齿刀的印痕,由此可知道造斜工具工具面的方位;同时,氢氟酸液瓶液面的倾斜方向就是井斜方位。这样就知道了造斜工具的工具面方位与井斜方位的关系。若下钻前在裸眼内测得了井斜方位,就可以知道造斜工具的工具面在井下的实际方位,还可以测 α。

(2)磁铁定向法。

磁铁定向法又称双罗盘定向法,就是使用磁性测斜仪进行定向的标记方法。

仪器组成:双罗盘测斜仪+定向磁铁(安装在无磁钻铤内),如图5-9所示。

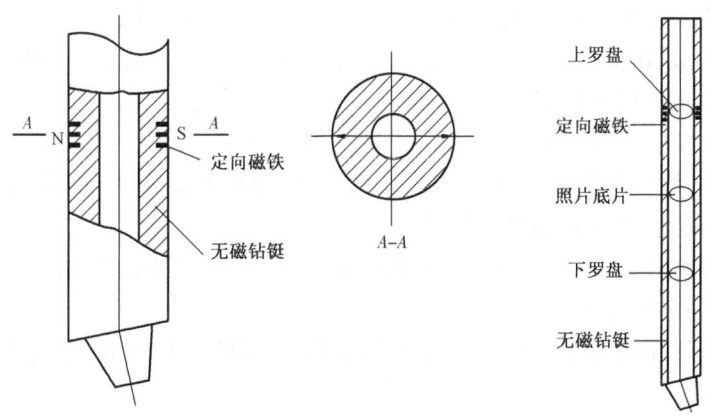

图5-9 磁铁定向法

工作原理:在造斜工具上面接着一根专用的无磁钻铤,在该无磁钻铤的本体内部装有三对小磁铁(从原理上讲一对就行了,装三对的目的是加强磁场强度),磁铁的N极方向与造斜工具的工具面方位之间的关系是已知的。测量仪器中有两个磁性罗盘,下到井底后,上罗盘处在三个定向磁铁位置,指针标志工具面方位;下罗盘则远离定向磁铁,指针指向正北方位。照相时两个罗盘上的指针的位置同时照在一张底片上,于是就可知道造斜工具的工具面在井下的实际方位了。

(3)定向键法(螺鞋定向法)。

定向键法是一种用途广泛的标记方法,就是使用定向键进行定向的标记方法。它既可与磁性测斜仪配合使用定向,又可与陀螺测斜仪配合使用。

仪器组成:磁性或陀螺测斜仪+定向鞋(螺鞋)+定向键,如图5-10所示。

定向原理:定向键安装在造斜工具上,其所在的母线就标志着造斜工具的工具面方位。测量时设法测到定向键的方位,就可以知道造斜工具的工具面方位了。在测量仪器的罗盘面上有一条"发线",在测量仪器的最下面有一个定向鞋,定向鞋上有一个定向槽,在仪器安装时使"发线"与"定向槽"在同一个母线上对齐。当仪器下到井底时,定向鞋斜面的特殊曲线将使定向槽自动卡在定向键上,从而使罗盘面上的"发线"方位能表示造斜工具的工具面方位。在照相底片上罗盘的指针标志着井斜方位,由此可以求得造斜工具的工具面方位。

2)定向方法

根据测斜仪器的种类、井的类型及工作环境的不同,目前主要有四种定向方法:单点定向法、地面记录陀螺(SRO)定向法、有线随钻测斜仪(SST)定向法和无线随钻测量仪(MWD)定向法。

(1)单点定向法。

单点定向法只适用造斜点较浅的情况,通常井深小于1000m。因为造斜点较深时,反扭角的大小很难控制,且定向时间较长。

施工过程如下:

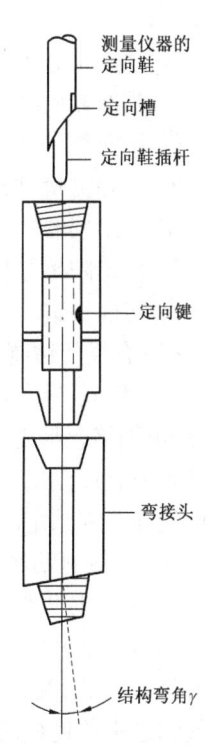

图5-10 定向键法

① 下入定向造斜钻具至造斜点位置(注意,井下马达必须按厂家要求进行地面试验)。
② 单点测斜,测量造斜点的井斜角,井斜方位角和弯接头的工具面。
③ 在测斜照相的同时,在方钻杆和钻杆上作标记,并把井口钻杆的印痕投影到转盘面的外缘上,以此作为定向的基准点。
④ 调整工具面(调整后的工具面角 = 设计井斜方位角 + 反扭角),锁住转盘、开泵钻进。
⑤ 定向钻进,每钻进 2~4 个单根进行一次单点测斜,根据测量的井斜角和井斜方位角及时修正反扭角的误差,并及时调整工具面。
⑥ 当井斜角达到 8°~10°并且井斜方位合适时,起钻换增斜钻具,用转盘钻进。

单点定向作业注意事项:
① 在确定了反扭角和钻压之后,要严格控制钻压的变化范围,通常控制在设计钻压 ±19.6kN(2t)范围内;
② 每次接单根时,钻杆可能会转动一个角度,此时注意转动钻杆的打印位置至预定位置;
③ 如果需要调整的工具面角度较大(>90°),调整后应活动钻具 2~3 次(停泵状态),以便释放钻具上的扭矩。

(2) 地面记录陀螺(SRO)定向法。

在有磁干扰环境下的定向造斜(如套管开窗侧钻、钻丛式井),需采用 SRO 定向法。这种仪器可将井下数据通过电缆传至地面处理系统,由计算机显示并打印出来,直至工具面调整到预定位置,再起出仪器。

施工过程如下:
① 选择参照物,参照物应选择易于观察的固定目标,距井口 40m 左右;
② 井口和参照物之间或其延长线上必须有可放置罗盘支撑架的位置,且周围 15m 以内无磁干扰;
③ 预热陀螺不少于 15min,陀螺工作正常才可下井;
④ 瞄准参照物,并调整陀螺初始读数;
⑤ 接探管,连接陀螺外筒,再瞄准参照物,对探管和计算机状态初始化;
⑥ 下井测量,按规定作漂移检查;
⑦ 起出仪器坐在井口,再次瞄准参照物记录陀螺读数;
⑧ 校正陀螺漂移,确定测量的精度;
⑨ 定向钻进。

(3) 有线随钻测斜仪(SST)定向法。

造斜钻具下到井底后,开泵循环半小时左右,然后接旁通接头总成或高压循环旋转接头总成,用电缆将仪器总成下入钻杆内,使定向鞋上的定向槽坐在定向键上。定向造斜时,可从地面仪表上直接读出实钻井眼的井斜角、井斜方位角和工具面角的大小。司钻和定向钻井工程师应始终跟踪预定的工具面方向,保持井眼轨迹按预定方向延伸。

(4) 无线随钻测量仪(MWD)定向法。

MWD 总成安装在下部钻具组合的无磁钻铤内,其下井前要调整好工作模式和传输速度,并准确地测量偏移量,输入计算机。仪器在井下所测的井眼轨迹参数可通过钻井液脉冲传至地面接收装置,经计算机处理后,可迅速传到钻台上。MWD 不仅可用于定向造斜,也可用于旋转钻进中的连续测量,是一种先进的测量仪器。

2.造斜段井斜角变化率的控制

在造斜方法和造斜工具中,目前使用最普遍的是"弯外壳螺杆钻具组合"造斜。

弯外壳螺杆钻具组合比较简单,钻头接在弯外壳螺杆钻具下端的传动轴上,弯外壳螺杆钻具上方接定向接头,常用弯外壳螺杆钻具的度数一般为1.5°左右。当使用单点、多点或随钻测斜仪时,为了避免磁场干扰,应在弯接头上方接上一根无磁钻铤。

通过对弯外壳螺杆钻具组合的受力变形分析可知:对井下动力钻具组合钻头造斜力影响最大的参数是弯外壳螺杆钻具的结构弯角 λ、井下动力钻具的长度 L_1 和工具面角 Ω。

为了提高造斜率,有效途径之一是缩短井下动力钻具的长度。一般来说螺杆钻具的长度要明显短于涡轮钻具。因此,使用螺杆钻具比使用涡轮钻具更易于造斜。近几年来,为了提高涡轮钻具的造斜率,人们研制了短涡轮钻具。对于螺杆钻具,人们也在寻找缩短总体长度的途径,例如,把螺杆马达转子中心钻孔并在其中安装挠性轴等方法,以缩短螺杆钻具的轴向尺寸,提高造斜率。我国自行研制的LZ198型螺杆钻具就是采用了这种设计方案。

合理地选用弯外壳螺杆钻具的结构弯角是设计井下动力钻具组合的一个关键环节。固定弯外壳螺杆钻具结构弯角度数的规格在0°~3°范围内按0.25°的级差进行分级;可调弯外壳螺杆钻具结构弯角度数的规格在0°~3°范围内可基本实现无级调节。造斜时常用的结构弯角为1°、1.5°、1.75°和2°。若结构弯角太大,钻具不易下井。结构弯角等于2°的弯外壳螺杆钻具,多用于强行扭方位施工。

"弯接头+井下动力钻具"的组合形式中,弯接头结构弯角度数的规格一般有0.5°、1°、1.5°、2°、2.5°、3°、3.5°和4°。造斜时常用的结构弯角为1°、1.5°和2°,角度太大钻具不易下井。大于2°的弯接头,多用于强行扭方位施工。

由纵横弯曲梁理论分析可知,随着弯外壳螺杆钻具的结构弯角变大,钻头处的造斜力明显增大。在选择弯外壳螺杆钻具结构弯角的度数时,可通过计算比较不同规格弯外壳螺杆钻具所对应的钻头造斜力,作为初选依据。

在造斜过程中要经常对井眼轨迹参数进行测量,同时还要进行预测分析。一般每钻进一个单根,需用单点测斜仪测量一次井斜角和井斜方位角。如需改变造斜率,可通过改变钻压和工具面角进行局部调节。

在使用弯外壳螺杆钻具造斜时,地层特性(各向异性、硬度)是很重要的因素。一方面,地层造斜力和变方位力影响造斜率和变方位率;另一方面,在很软的地层中,因井壁承受不住弯接头处很大的侧向力,致使弯接头与井壁的接触状态发生变化,影响钻头的侧向力,结果难以造斜。因此,在设计造斜点位置时应考虑地层硬度这一因素。另外,为了预防在软地层中出现上述情况,可考虑使用有特殊形状的"面接触"式弯接头。

在钻具组装前,应对所使用的弯外壳螺杆钻具的结构弯角进行核算,这是因为结构弯角角度很小,在加工时,易产生较大的相对误差,以致影响造斜率,甚至无法造斜。

在设计和施工中,造斜段最好保持较长的均匀平缓的弧形井段,而不要使井身出现大的狗腿角(一般 $K<5°/30m$ 是安全的),否则不利于后续钻进过程中顺利下入刚性钻具组合(带多个扶正器)。对较深的硬地层造斜井段,用PDC钻头较好,且可用它造斜钻进60~100m。其优点在于:(1)PDC钻头只需要一次起下钻,而牙轮钻头则可能需要多次起下钻;(2)使用牙轮钻头时,牙轮产生金属碎屑的危险性相对较大;(3)由于PDC钻头寿命长、进尺多,所以一般钻出的井身也较平缓,有利于随后下入多扶正器钻具组合。

为了保证弯外壳螺杆钻具组合的钻头侧向力计算准确可靠,应对动力钻具的等效抗弯强度和刚度进行试验测定。

3. 定向造斜时常用的钻具组合

下面介绍目前钻井现场常用的定向造斜钻具组合。

1)定向弯接头造斜钻具组合

(1)钻具结构:钻头 + 螺杆钻具 + 定向弯接头 + 无磁钻铤 + 钻杆。

8½in 井眼常用的组合:8½in 钻头 + 6½in 或 8¾in 螺杆动力钻具 + 6¼in(1°~3°)定向弯接头 + 6¼in 无磁钻铤 ×(9~18m) + 5in 钻杆。

(2)钻进参数。① 钻压:30~50kN。② 流量:根据所选螺杆钻具的推荐参数值确定。

(3)适用范围:造斜率在 5°~10°/100m 的定向井。

(4)特点。① 优点:钻具结构简单,可以通过更换不同结构弯角的定向弯接头来改变钻具的造斜率,以达到设计要求。② 缺点:造斜率比弯壳体螺杆钻具低,钻头偏置位移大,下钻困难等。

2)单弯螺杆定向造斜钻具组合

(1)钻具结构:钻头 + 单弯螺杆钻具 + 定向直接头 + 无磁钻铤 + 钻杆。

8½in 井眼常用的组合:8½in 钻头 + 6½in 或 6¾in(1°~2°)单弯螺杆钻具 + 6¼in 定向直接头 + 6¼in 无磁钻铤 ×(9~18)m + 5in 钻杆

(2)钻进参数。① 钻压:30~50kN。② 流量:根据所选螺杆钻具的推荐参数确定。

(3)适用范围:造斜率在 15°~25°/100m 的定向井和水平井的定向造斜。

(4)特点。① 优点:造斜率高、钻头偏离小、下钻容易。② 缺点:万向轴受力情况复杂,寿命短。

3)双弯螺杆定向造斜钻具组合

双弯螺杆定向造斜钻具组合与单弯螺杆定向造斜钻具组合一样,适用于造斜率可在(25°~65°)/100m 之间调整的定向井或水平井,通过改变上下两个结构弯角的大小来实现。

4. 定向井定向工序

(1)熟悉设计数据。

① 设计造斜点(KOP)深度;

② 设计造斜率,选择何种定向方法及选择何种定向造斜钻具组合;

③ 设计井斜方位角;

④ 本地区磁偏角;

⑤ 为了减少井斜方位的调整次数,还需要掌握井位所在地的井斜方位漂移情况,合理确定定向初始方位。

(2)选择合理的造斜钻具组合。

(3)定向造斜施工。

一般钻至井斜角为 8°~10°,井斜方位符合设计要求时,起出定向造斜钻具组合,更换转盘造斜钻具组合继续钻进。

二、增斜井段的施工

1. 依据增斜井段的增斜率选用合适的增斜钻具组合

1)8½in 井眼

(1)钻具结构。

① 常规钻具组合。

8½in 钻头 + φ215.9mm 双母扶正器 1 只(放入测斜托盘) + 6¼in 无磁钻铤 1.3~2 根 + φ215.9mm 扶正器 1 只 + 6¼in 钻铤 1 根 + φ214.9mm 扶正器 1 只 + 6¼in 钻铤 6 根 + 5in 加重钻杆 15 根 + 5in 钻杆。

② 变截面钻具组合(强力增斜组合)。

8½in 钻头 + φ215.9mm 双母扶正器 1 只(放入测斜托盘) + 4½in 无磁钻铤 1.3~2 根 + φ215.9mm 扶正器 1 只 + 6¼in 钻铤 1 根 + φ215.9mm 扶正器 1 只 + 6¼in 钻铤 6 根 + 5in 加重钻杆 15 根 + 5in 钻杆。

(2) 钻进参数。

① 常规钻具组合。

  钻压 120~140kN
  转速 80~100r/min
  流量 24~26L/min
  造斜率 (5°~7°)/100m

② 变截面钻具组合。

  钻压 80~10kN
  转速 80~100r/min
  流量 24~26L/min
  造斜率 (9°~11°)/100m

2) 12¼in 井眼

(1) 钻具结构。

① 常规钻具组合。

12¼in 钻头 + φ311.1mm 双母扶正器 1 只(放入测斜托盘) + 8in 无磁钻铤 1.3~2 根 + φ311.1mm 扶正器 1 只 + 8in 钻铤 1 根 + φ311.1mm 扶正器 1 只 + 8in 钻铤 6 根 + 5in 加重钻杆 15 根 + 5in 钻杆。

② 变截面钻具组合。

12¼in 钻头 + φ311.1mm 双母扶正器 1 只(放入测斜托盘) + 6¼in 无磁钻铤 1~1.5 根 + φ311.1mm 扶正器 1 只 + 8in 钻铤 1 根 + φ311.1mm 扶正器 1 只 + 8in 钻铤 6 根 + 5in 加重钻杆 15 根 + 5in 钻杆。

(2) 钻进参数。

① 常规钻具组合。

  钻压 200~220kN
  转速 80~100r/min
  流量 33~38L/min
  造斜率 (5°~7°)/100m

② 变截面钻具组合。

  钻压 160~180kN
  转速 80~100r/min
  流量 33~38L/min
  造斜率 (15°~17°)/100m

普通增斜钻具组合与强力增斜钻具组合的对比:普通增斜组合造斜率低,井斜方位稳定性好,漂移量小;强力增斜组合造斜率高,井斜方位稳定性差,漂移量大。

2. 施工要求

(1)按照设计的钻进参数钻进,要求司钻送钻均匀,使井眼曲率变化平缓,井眼轨迹圆滑。

(2)采用随钻跟踪测斜计算作图预测井眼轨迹变化趋势,加强井眼对比,如增斜率达不到设计要求时,应及时采取如下措施进行调整。

① 调整钻进参数改变增斜率。若增大钻压,则可使增斜率增大;若减小钻压,则可使增斜率降低(指同一种增斜钻具组合)。

② 改变近钻头钻具组合,改变近钻头扶正器与上面相邻扶正器之间的距离,距离越短,刚性越强,增斜率越低。

③ 改变近钻头扶正器与上面相邻扶正器之间钻铤的刚性或使用下一级尺寸的钻铤或使用抗压缩钻杆,刚性越强,增斜率越低;刚性越弱,增斜率越高。

(3)控制好井斜方位的变化。

因地层等因素造成井斜方位严重漂移,影响中靶或侵入邻井安全限定区域时,应使用造斜钻具及时调整井眼的井斜方位角。

3. 技术措施及注意事项

(1)下井的增斜钻具结构要符合设计要求或现场定向工程师的技术措施要求。

(2)增斜钻具下入的扶正器尺寸必须进行测量,近钻头扶正器直径磨损量不得超过1.5mm。

(3)发现下井的增斜钻具不合理,要及时地调整或更换,当调整增斜钻具结构时,要根据钻具结构特点缩短测斜间距,预料实钻效果。

(4)定向钻进结束下入增斜钻具时,钻头台肩和第一个扶正器的扶正块下端之间的距离在0.8~1.2m之间,以保证其增斜效果。

(5)必须严格按设计或定向技术人员制定的钻井参数施工。

(6)增斜钻进时,泵压适中并满足增斜的要求。

(7)定向或扭方位后增斜井段测斜检查不超过50m。

(8)在掌握地区、地层的增斜率的前提下,测斜间距不超过100m,特殊要求的井或复杂井(如侧钻井、绕障井等)应缩短测斜间距。

(9)预计最大井斜角的井段长度不超过50m,即增斜井段测斜结束后必须在50m增斜井段之内达到要求的最大井斜角。

(10)由于钻具刚度变大,下钻时注意遇阻情况,地层较软时应防止钻出新井眼。

(11)钻完一个单根后,测量定向完成时的井底的数据(井斜角、井斜方位角),为分析增斜组合的性能提供依据。

(12)钻完2~3个单根后,使用磁性单点测斜仪进行井斜角和井斜方位角的测量,及时分析该钻具组合的造斜率和井斜方位漂移率是否符合设计要求,如果不符合,应及时调整钻进参数或更换钻具组合。

(13)根据测量数据及时作图,分析出井眼轨迹的实际情况。

(14)钻至最大井斜角后起钻,更换稳斜钻具组合。

(15)提高造斜率和降低造斜率的方法,一般来说,在选定的钻压范围内,提高钻压可以增大造斜率,降低钻压可以降低造斜率。钻完一个单根后,对刚刚完成的单根长度井段上部进行划眼可以提高造斜率;如果对刚钻完单根井段的下部进行划眼则可以降低造斜率。

(16)测斜间距一般不大于50m。由于变截面钻具组合的造斜率和井斜方位漂移率比普通钻具组合都大,所以测斜间距一般不大于30m。

三、稳斜井段的施工

1. 依据稳斜井段的要求选用合适的稳斜钻具组合

1) 8½in 井眼

(1)钻具结构。

① 井斜角小于30°。

8½in 钻头 + φ215.9mm 双母扶正器 1 只 + 6¼in 短钻铤 1 根 + φ215.9mm 扶正器 1 只(放入测斜托盘) + 6¼in 无磁钻铤 1～2 根 + φ215.9mm 扶正器 1 只 + 6¼in 钻铤 1 根 + φ215.9mm 扶正器 1 只 + 6¼in 钻铤 6 根 + 5in 加重钻杆 15 根 + 5in 钻杆。

② 井斜角大于30°。

8½in 钻头 + φ215.9mm 双母扶正器 1 只(放入测斜托盘) + 6¼in 无磁钻铤 1 根 + φ215.9mm扶正器 1 只 + 6¼in 钻铤 1 根 + φ215.9mm 扶正器 1 只 + 6¼in 钻铤 1 根 + φ215.9mm 扶正器 1 只 + 6¼in 钻铤 6 根 + 5in 加重钻杆 15 根 + 5in 钻杆。

(2)钻进参数。

  钻压 120～140kN

  转速 80～100r/min

  流量 24～26L/min

  稳斜效果 (-1°～1°)/100m

2) 12¼in 井眼

(1)钻具结构。

① 井斜角小于30°。

12¼in 钻头 + φ311.1mm 双母扶正器 1 只(放入测斜托盘) + 8in 短钻铤 1 根 + φ311.1mm 扶正器 1 只 + 8in 无磁钻铤 1～2 根 + φ311.1mm 扶正器 1 只 + 8in 钻铤 1 根 + φ311.1mm 扶正器 1 只 + 8in 钻铤 6 根 + 5in 加重钻杆 15 根 + 5in 钻杆。

② 井斜角大于30°。

12¼in 钻头 + φ311.1mm 双母扶正器 1 只(放入测斜托盘) + 6¼in 无磁钻铤 1～1.5 根 + φ214.9mm 扶正器 1 只 + 6¼in 钻铤 1 根 + φ214.9mm 扶正器 1 只 + 6¼in 钻铤 6 根 + 5in 加重钻杆 15 根 + 5in 钻杆。

(2)钻进参数。

  钻压 200～220kN

  转速 80～100r/min

  流量 33～38L/min

  稳斜效果 (-1°～1°)/100m

2. 施工措施

(1)在井斜方位漂移严重的地层钻进时,为了稳定井眼方向,可在钻头上面串接2～3个足尺寸扶正器,加强下部钻具组合的刚性。

(2)因地层因素影响,采用稳斜钻具出现降斜趋势时,可用微增斜钻具组合代替稳斜钻具组合,实现井眼稳斜的目的。

① 将近钻头扶正器与其相邻的扶正器之间的距离增加到 5~10m。
② 减小钻头上部第二只扶正器的外径(使用欠尺寸扶正器)。

3. 技术要求及注意事项

(1) 下井的稳斜钻具组合的结构要符合定向施工技术人员的要求。

(2) 由于钻具结构较增斜钻具组合刚度更大,下钻时注意遇阻情况,地层较软时防止钻出新井眼。

(3) 钻进一个单根后,测量造斜完成时井底的井斜角和井斜方位角,为分析稳斜组合的性能提供依据。

(4) 在稳斜井段,由于地层倾角及走向,造成常规稳斜钻具组合起到增斜或降斜的作用时,钻具组合应根据具体情况,变换为微降斜或微增斜钻具组合以保证稳斜效果。

(5) 稳斜井段的单点测斜间距按标准执行(测段不超过 150m),特殊地层或有特殊要求时,测斜间距适当缩短。

(6) 当稳斜井段下入特殊的钻具组合时,必须有相应的钻井技术措施,并且测斜间距不超过 50m。

(7) 钻进 2~3 个单根后,使用磁性单点测斜仪进行井斜角和井斜方位角的测量,及时分析该钻具组合的井斜角变化率和井斜方位漂移率是否符合设计要求,如果符合设计要求就继续钻进,如果不符合,则应调整钻进参数或更换钻具组合。

(8) 根据测量数据及时作图,分析井眼轨迹的实际情况和前进方向。

(9) 定向井稳斜井段扭方位后,要下入单扶正器增斜钻具通井并钻进 10~20m,使井眼轨迹圆滑,充分洗井后方可起钻下入稳斜钻具。

(10) 钻完稳斜段后根据设计要求更换钻具组合或钻至目标点。

四、降斜井段的施工

1. 依据降斜井段的降斜率选用合适的降斜钻具组合

1) $8\frac{1}{2}$in 井眼

(1) 钻具结构。

$8\frac{1}{2}$in 钻头(放入测斜托盘) + $6\frac{1}{4}$in 无磁钻铤 1~2 根 + ϕ215.9mm 扶正器 1 只 + $6\frac{1}{4}$in 钻铤 1 根 + ϕ215.9mm 扶正器 1 只 + $6\frac{1}{4}$in 钻铤 1 根 + ϕ215.9mm 扶正器 1 只 + $6\frac{1}{4}$in 钻铤 6 根 + 5in 加重钻杆 15 根 + 5in 钻杆。

(2) 钻进参数。

首先使用 30~50kN 的钻压钻进 20~30m,使井眼形成一个降斜趋势,然后使用以下参数值钻进。

 钻压　　　120~140kN
 转速　　　80~100r/min
 流量　　　24~26L/min
 降斜效果　(3°~5°)/100m

2) $12\frac{1}{4}$in 井眼

(1) 钻具结构。

$12\frac{1}{4}$in 钻头(放入测斜托盘) + 8in 无磁钻铤 1~2 根 + ϕ311.1mm 扶正器 1 只 + 8in 钻铤 1 根 + ϕ311.1mm 扶正器 1 只 + 8in 钻铤 1 根 + ϕ311.1mm 扶正器 1 只 + 8in 钻铤 6 根 + 5in 加

重钻杆 15 根 +5in 钻杆。

(2)钻进参数。

首先使用 50~70kN 的钻压钻进 20~30m,使井眼形成一个降斜趋势,而后使用以下参数值钻进。

钻压　　　200~220kN
转速　　　80~100r/min
流量　　　33~38L/min
降斜效果　　(4°~6°)/100m

2. 降斜井段的技术要求及注意事项

(1)降斜井段要求选择合理的降斜钻具组合,钻头和扶正器之间的距离应根据井斜角和降斜率的大小来确定。

(2)降斜井段的测斜间距不超过 50m。

(3)降斜井段钻压的选择原则是在满足降斜井段井眼轨迹的同时,兼顾提高机械钻速。

(4)大斜度井段降斜时,要选择合理的钻具组合,严防井眼产生较大的全角变化率而不利于以后的钻井施工、完井作业、采油及修井作业等。

(5)降斜段井斜角在 3°以内,同时预测能够中前靶的井段,可视为直井段,按直井控制,钻压可适当加大,但要定期测斜检查井眼轨迹的变化情况。

(6)降斜井段要控制好降斜率,确保全角变化率不超标。

(7)降斜后直井段每 200~300m 要测斜一次,有特殊要求的井,测斜间距要缩短。

(8)降斜段由于地层、井口操作等原因,出现降斜钻具不降斜或增斜等异常情况时,要及时采取相应的技术措施。

五、扭方位施工

在实际钻进过程中,通过对井眼前进方向的监测和预测,在钻进过程中有目的地采取一些有效的钻井工艺措施,使井眼轨迹尽可能沿着设计的目标方向前进,这是最理想的一种工作状态。一旦井眼轨迹的井斜方位漂移量过大,通过预测有脱靶的危险,这时就要强行改变井眼轨迹的前进方向,即扭方位,使之恢复到能中靶的方位上来。

目前,扭方位有两种方法,一种是利用钻具组合的井斜方位漂移率来自然扭方位;另一种是在考虑了井斜方位漂移的基础上,利用弯外壳螺杆钻具(井下动力钻具带弯接头)强行扭方位。

弯外壳螺杆钻具组合(井下动力钻具带弯接头)强行扭方位,依据施工方法的不同又分为斜面法扭方位和柱面法扭方位两种方法。

斜面法扭方位是在扭方位钻进的过程中,保持工具面方位角不变(钻柱始终不转动)。这样钻出的井眼轨迹是空间斜平面上的一条曲线,这种扭方位的方式称为斜面法扭方位。

柱面法扭方位是在扭方位钻进的过程中,保持工具面角不变,即在扭方位钻进过程中需连续不断地调整钻柱(目前现场只能做到钻一个单根调整一次钻柱),这样钻出的井眼轨迹是柱面上的一条曲线,研究者将这种扭方位的方式称为柱面法扭方位。

造斜工具的工具面角在定向井的井斜方位控制中是非常重要的。造斜工具的工具面角决定了使用这个造斜工具钻出的新井眼是增斜、降斜还是稳斜。是增方位、减方位还是稳方位。井斜控制和方位控制,都可以使用造斜工具进行。当我们使用造斜工具来进行方位控制时,井

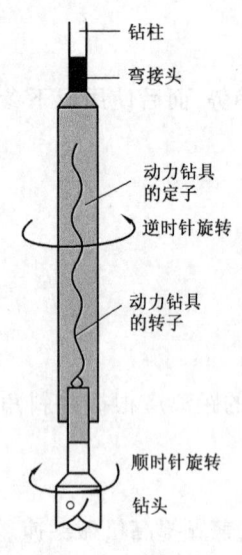

图 5-11 反扭矩示意图

斜角有可能变化。但是,正确的工具面角可以决定这个造斜工具的造斜率如何分配,即有多少角度用于改变井斜角,有多少角度用于改变井斜方位角。也就是说,当我们想把井斜方位扭转一定角度 $\Delta\phi$ 时,关键的问题在于确定好造斜工具的工具面角。

1. 反扭角的概念

井下动力钻具在工作中,钻井液作用于转子并产生扭矩,传给钻头使钻头破碎岩石,同时液流也作用在定子上,使定子受到一反扭矩。此反扭矩有使钻柱反向旋转的趋势,但由于钻柱在井口处被转盘锁住,所以只能扭转一定的角度,这个扭转的角度称之为井下动力钻具的反扭角,常用 ϕ_n 表示,如图 5-12 所示。

反扭角将使已确定好的工具面角减小。为了保证工具面角在定向造斜过程中不变化,考虑到动力钻具反扭角的影响,引出定向方位角的概念,即在给造斜工具定向时,需要在原计算的工具面角上加上此时的反扭角,这时的角度称作定向方位角,用 ϕ_s 表示,如图 5-12 所示,则

$$\phi_s = \phi_\omega + \phi_n = \phi_1 + \Omega + \phi_n \tag{5-28}$$

式中　ϕ_1——目前井底的井斜方位角,(°);

　　　Ω——根据扭方位要求计算的工具面角,(°);

　　　ϕ_s——定向方位角,(°);

　　　ϕ_ω——没有考虑反扭角情况下的定向方位角(°);

　　　ϕ_n——反扭角,(°)。

2. 影响反扭角的因素

影响反扭角的因素很多,但大致归纳有如下四个方面,如图 5-12 所示。

1) 反扭矩的大小

反扭矩越大,则 ϕ_n 越大。反扭矩的大小与动力钻具本身结构性能有关,与钻井泵的流量、压力有关,还与钻压以及岩性有关。这些因素在钻进中都是经常变化的,所以,反扭矩是一个经常变化的参数。要想确定 ϕ_s,保证所需要的工具面角 Ω,就须保持泵的流量和钻压基本不变。

2) 钻柱结构尺寸的影响

钻柱的结构尺寸包括钻柱的内外径和长度。ϕ_n 与钻柱长度成正比,而与钻柱断面的极惯性矩成反比。

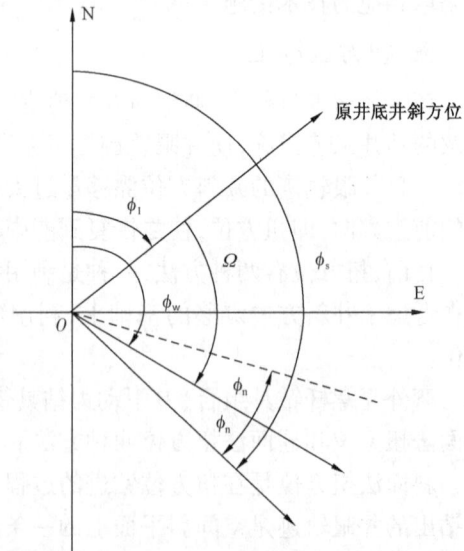

图 5-12 造斜工具定向方位角示意图

3) 钻柱与井壁间的摩擦力的影响

钻柱与井壁间的摩擦力作用在钻柱表面上,使钻柱断面上受到一个摩擦力矩的作用,此摩擦力矩的大小又与井斜角的大小、钻柱和井壁间的摩擦系数有关。

4) 弯接头工具面角的大小

现场经验证明,当工具面角在 0°~180°的范围内时,反扭角小于正常值;当工具面角在 180°~360°范围内时,反扭角大于正常值,而且工具面角对反扭角的影响随井斜角的变化而变化,工具面角为 90°和 270°时,对反扭角的影响最大;为 0°和 180°时,影响最小。

3. 反扭角的确定

由于上述诸多因素对反扭角的影响,在工程上通常采用经验数据法、随钻测量法、计算机软件计算法和实钻资料反算法进行计算。

1) 经验数据法

经验数据法就是有些动力钻具厂家与定向井技术服务公司联合,共同给出一些经验数据,此法的准确性最差。

2) 随钻测量法

随钻测量法需要有随钻测量仪器。从随钻测量仪的显示屏上可以清楚地得到,动力钻具启动后,工具面回转的角度值(反扭角值)。

3) 计算机软件计算法

计算机软件计算法是近年来出现的新方法。此法需要建立计算模型,可以较为准确地考虑钻柱与井壁之间的摩阻、摩阻系数以及其他影响因素,但难以精确计算。

4) 实钻资料反算法

实钻资料反算法就是在实钻过程中,先给定一个定向方位角,试钻一个井段,测取资料,然后根据实钻资料,反算实际的反扭角,再据此反扭角计算出正确的定向方位。这样得到的反扭角值,在下一步钻进中使用,就比较准确了,如图 5-13 所示。计算方法如下例。

[例 5-5] 已知试钻井段起始点(1 点)的定向方位角 ϕ_s、井斜角 α_1 和井斜方位角 ϕ_1;试钻井段结束点(2 点)的井斜角 α_2、扭方位后的井斜方位角 ϕ_2 值。求反扭角 ϕ_n、狗腿角 γ 和工具面角 Ω。

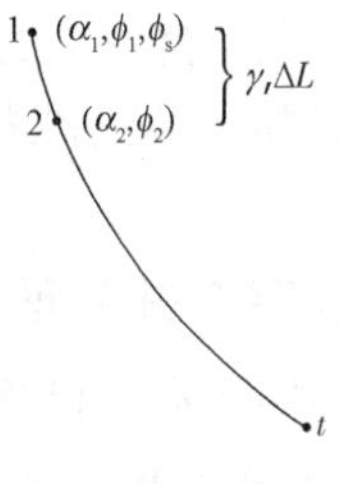

解 (1) 求取试钻井段的狗腿角 γ。
$$\gamma = \arccos[\cos\alpha_1\cos\alpha_2 + \sin\alpha_1\sin\alpha_2\cos(\phi_2-\phi_1)]$$
(2) 求取试钻井段的实际工具面角 Ω。
$$\Omega = \pm\arccos\left(\frac{\cos\alpha_1\cos\gamma - \cos\alpha_2}{\sin\alpha_1\sin\gamma}\right)$$

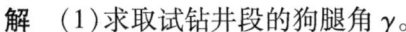

图 5-13 试钻井段示意图

注意,当 $\phi_2 > \phi_1$ 时,取"+";当 $\phi_2 < \phi_1$ 时,取"-"。
(3) 求取实际反扭角 ϕ_n。
$$\phi_n = \phi_s - \phi_1 - \Omega$$

4. 扭方位施工程序

(1) 依据井眼轨迹预测的结果,决定是否需要扭方位;
(2) 确定扭方位施工方法,制定井眼轨迹控制方案;
(3) 确定方位扭转角的大小;
(4) 根据井眼轨迹预测的造斜率 K;
(5) 确定所需的钻具组合;
(6) 确定工具面角的大小;

(7)确定扭方位施工时的钻进参数;
(8)确定反扭角的大小;
(9)确定定向方位角的大小;
(10)扭方位钻进。

5. 施工要点

(1)扭方位钻具组合的结构及钻进参数和常规定向井的定向造斜施工基本上相同(建议尽量少下钻铤,防止压差卡钻);

(2)尽量选择可钻性和稳定性较好的地层(尤其是大段砂层)实施扭方位作业;

(3)由于深井形成的反扭角较大,因此,扭方位施工时一般采用随钻测斜仪器配合扭方位作业;

(4)在井斜角较大(>40°)的井段扭方位时,容易出现降斜的现象。扭方位施工的前一趟钻,可以事先将井斜角增加2°~3°,以弥补扭方位时的降斜效应。当然,采用全力扭方位,扭方位时出现的井斜角自然减小效应,在扭完方位后,再通过适当地增斜手段调整井斜角,也能保证得到较好的井眼轨迹;

(5)依据实钻的垂直剖面图,确定采用何种扭方位的工具面角度(增、降或稳斜)。

6. 扭方位施工的注意事项

(1)首先积累实钻经验,找出反扭角的变化规律,从而进一步完善经验数据法,使初步估计的反扭角更为准确。

(2)利用资料反算法确定反扭角并按照计算出的定向方位角 ϕ_S 定向后,通过保证确定反扭角时的钻具结构、井眼条件、钻压、流量等参数不变,来实现 ϕ_n 与 ϕ_s 不变,从而钻出井身质量合格的定向井。

(3)定向井稳斜井段扭方位后,要下入单扶正器增斜钻具通井并钻进10~20m,使井眼轨迹圆滑,充分洗井后方可起钻下入稳斜钻具。

(4)扭方位的准备工作、下钻、扭方位施工、起钻的技术措施与注意事项都与定向造斜段相同。

六、定向井管理的其他技术要求

1. 井身质量标准

1)定向井靶心距

定向井靶心距是根据设计目标点的不同井深度来确定的,见表5-4。多目标定向井要分目标点进行靶心距的设计并核算。要在设计中注明有特殊要求的定向井靶心距,以钻井工程设计要求为准。

表5-4 靶心距要求

井深,m	探井靶心距,m	生产井靶心距,m
≤1000	≤30	≤20
≤2000	≤50	≤30
≤3000	≤80	≤50
≤4000	≤100	≤70
≤5000	≤140	≤90
>5000	≤180	≤110

2)定向井最大全角变化率

一般定向井的最大全角变化率是以钻杆防疲劳破坏的全角变化率限定值和套管柱抗弯曲强度的全角变化率限定值中的小值为准,特殊情况要在设计中注明。定向井直井段造斜点处的井斜角不应超过2°。

3)定向井井径扩大率

油气层固井水泥封固段平均井径扩大率应小于10%;非油气层固井水泥封固井段平均井径扩大率应小于15%,最大井径扩大率应小于30%。

2.资料要求

1)测斜方式

(1)在不受磁干扰的井段进行多点或随钻磁性测斜时,均采用多点或随钻磁性测斜仪,并将测得的数据经换算后作为井眼轨迹计算和绘图的依据。

(2)在有磁干扰的井段进行多点测斜时,均采用多点陀螺测斜仪,将测得的数据经换算后作为井眼轨迹计算和绘图依据。

(3)直井段测斜,测段不大于50m;斜井段测斜,测段不大于30m。

2)资料收集

(1)图表,包括测斜数据计算表、井身垂直投影图和水平投影图。

(2)技术总结,包括分井段钻具组合、使用效果分析及全井工程施工简况。

(3)测斜数据要求连续、齐全、准确。

第五节 定向井施工中的复杂情况及注意事项

在定向井的施工过程中,由于地层性质、井眼轨迹控制技术措施的合理性、测量仪器的性能、井眼轨迹预测的精度、施工操作的水平等的影响可能出现造斜不成功、井斜方位偏差大、钻出新井眼("裤裆"井)、脱靶或与邻井相碰的现象。这些都给定向井的施工带来很大的困难,它不但降低了钻井效率,同时还增加了钻井成本,严重时还会导致油气井的报废,拖延油气田的勘探、开发速度。因此,钻井工作人员应懂得复杂问题与钻井事故预防和处理的方法,以便在遇到这类问题时做到心中有数,采取正确的措施往往会化险为夷、转危为安。

一、定向井施工中的复杂情况及处理

1.造斜不成功

造斜不成功,可能的原因及相应措施如下:

(1)弯接头度数不够大;解决的办法是考虑换较大度数的弯接头。

(2)地层太软,钻头水眼相对太小,在钻头产生侧向切削之前,靠水力射流的冲蚀作用就已形成井眼;合理的做法是,尽量装较大直径的水眼,并适当减少钻井泵的流量。

(3)钻具刚性太大,不能产生足够的侧向力,如钻井液马达上钻铤根数太多。合理的做法是,尽量少加钻铤。

(4)工具面没有掌握好,工具面反复调整不容易获得稳定的造斜率;合理做法是保证工具面的相对稳定。

(5)水泥塞太软,这种情况出现在侧钻作业中,如水泥塞没有足够的强度将难以侧钻脱离老井眼;合理做法是保证水泥塞有足够的强度,如钻水泥塞时,加压 5~10t,钻时在 5~8min/m 的范围。

(6)马达性能不好。出现这种情况的原因可能是马达不工作、马达本体太长、轴承处横向间隙太大,此时应更换马达。

(7)钻速过快。马达工作,且有较快的进尺,但造斜率远不如其他马达或达不到设计要求,此时应降低钻速。

2. 方位偏差太大

方位偏差太大的原因包括:

(1)井眼轨迹发生始料不及的漂移,如上部井段出现严重左漂或右漂。

(2)由于一些特殊原因,提前结束造斜,起钻时没有获得预计的井斜方位角;比如马达或测量仪器不能保证正常造斜,不得已只好提前结束造斜。

(3)由于测量仪器的故障或测量工程师的失误,使测量仪显示的方向不是真实的定向方向,致使方位偏差太大;解决方位偏差太大的办法是进行纠方位作业;纠方位作业时应主要考虑可能出现的狗腿和安全问题,特别是在裸眼段较长的井段;如果偏差值大得无法用扭方位来弥补时,只能填井重钻。

3. 钻出新井眼("裤裆"井)

(1)新井眼往往在以下情况中可能出现:

① 较浅、较疏松的地层;

② 狗腿较大的井段,如造斜段、扭方位井段;

③ 钻具刚性改变以后。

(2)为避免钻出新井眼,定向钻井时应注意以下几方面:

① 如造斜是在较浅、较疏松的地层进行,造斜过程应尽量使井斜角、井斜方位角平缓变化,避免形成狗腿,特别是井斜方位角的变化。如增斜结束后,要下入刚性较强的稳斜钻具组合,下钻时要小心,不可轻易划眼;如遇阻严重,开泵冲下,如仍遇阻,应考虑起钻,改用刚性较小的增斜组合通井。有时,也可采取划眼的方式,但应在井斜角较大的井段进行,必须注意划眼时钻压、扭矩等的变化。

② 在井眼轨迹过渡井段,扭方位井段以及地层交接面,都要反复划眼,修正井壁,使井眼光滑。

4. 脱靶

当无法进行纠方位作业时,会出现脱靶;或因考虑井眼安全,放弃中靶。因此,对定向井工程师来说,如何准确预测井眼轨迹的变化,并把握好纠方位的时机是很重要的。

5. 与邻井相碰

这种情况主要可能出现在丛式井作业中,如何避免这一事故的发生,可以从以下几方面考虑:

(1)设计时,尽量把相碰的概率减到最小;

(2)实际作业时,严格控制井眼轨迹,按照防碰作业的有关程序采取相应的措施,避免与邻井相碰。

6. 卡钻

定向井卡钻主要包括机械卡钻和压差卡钻,其中机械卡钻可能由以下原因造成:

(1)井眼不干净,岩屑带不上来;

(2)在狗腿大的地方形成了键槽;

(3)井壁坍塌,埋死钻具;

(4)从井口落入不可钻物体,如硬的金属件等卡死钻具;

(5)大块的水泥块掉落,造成扶正器等处被卡。

压差卡钻的原因主要是,钻井液相对密度太大,固相含量高,失水大,滤饼厚等,如钻遇高孔隙度和高渗透性地层,将进一步加剧卡钻的形成。所以,从工艺上讲,为避免压差卡钻,必须保持良好的钻井液性能。

二、定向井施工的注意事项

(1)定向井钻具组合和钻井参数要以设计为准。如需变动,必须以定向技术人员的书面技术措施为准,并严格执行。

(2)定向井施工中,钻井液的含砂量要求控制在 0.3% 以下。

(3)定向井施工中,要严格控制钻井液的失水量和滤饼厚度。一般要求垂深小于 2000m 的井,钻井液失水量不大于 5mL,滤饼厚度不超过 1mm;垂深大于 2000m 的井,控制钻井液在高温情况下的失水量,滤饼厚度不大于 0.5mm。

(4)定向井施工中,进行单点测斜时,应上下大幅度活动钻具,钻具静止时间间隔不超过 3min,以防止卡钻。

(5)定向井施工中,进行单点测斜时,要控制测斜仪的起下速度,同时要注意钢丝绳记号。

(6)如果无磁钻铤没有直接接钻头,必须在其下部安装测斜托盘,以保证测斜资料的准确性。

(7)斜井段进行设备检保时,不要长时间将钻具停在某一处循环,以免井眼出现台阶。

(8)在井斜角大于 30° 的斜井井段且有技术套管时,每立柱钻杆至少装一个胶皮护箍,以防钻杆与技术套管相摩擦。

(9)在井斜角超过 45° 的大斜度井段测斜时,仪器在钻具内下放困难,可利用短起下钻的方法将仪器送至测点;或采用投测的方式,用小流量泵送,然后起钻至技术套管内按打捞仪器的方式进行测斜。

(10)定向井施工中,在井斜角、井斜方位角变化大的井段易形成键槽,定向技术人员在施工过程中,应严格控制井眼的全角变化率。

(11)定向井施工中形成键槽后应及时采取有效的措施破坏键槽,防止出现键槽卡钻。

(12)定向井施工过程中应及时测量井斜角和井斜方位角。定向技术人员、井队工程技术员应根据测量数据及时做出水平投影图和垂直投影图,以掌握井眼轨迹的变化情况,便于制定相应的技术措施。

(13)在增斜段或稳斜段出现井下复杂情况需要划眼时,必须使用原钻具组合进行通井。

(14)定向井在施工中,若井下扭矩及摩阻较大,在满足井眼轨迹控制的前提条件下,尽量简化下部钻具组合结构,减少钻铤和扶正器的数量。

(15)定向井在施工过程中出现下列情况时要及时采取措施。

① 定向前直井段打斜；
② 增斜钻具增斜率太低或不能增斜；
③ 稳斜钻具降斜或增斜；
④ 降斜钻具增斜、稳斜及降斜率太低。

(16)现场技术人员发现以下不符合钻井施工的要求时，应尽快与井队干部或现场钻井监督取得联系，整改符合要求后方可继续施工。
① 钻井液的性能不符合要求；
② 不执行技术措施；
③ 不符合设计要求的钻具组合入井。

第六章 双驱复合导向钻井技术

21世纪,旋转钻井仍是油气工业钻探中最主要的钻井方法。旋转钻井方式不再仅仅是转盘(或顶驱)旋转钻进和井下动力钻进(滑动钻井)方式,又增加了两种钻井方式兼备的双驱复合导向钻井方式。在双驱复合导向钻井方式下既可实现井眼轨迹的连续控制,又能提高机械钻速,是一种比较高效的可控的钻井方式。

在常规的定向钻井方式中,直井段需要吊打、纠斜;斜井段需要经常调整井斜角、井斜方位角及扭方位,甚至多次起下钻改变钻具结构,这样不仅使井眼轨迹控制的难度加大,而且还严重制约了钻井速度。

双驱复合导向钻井技术是近年来普遍使用的一项钻井新技术,它能够大幅度地提高机械钻速,缩短钻井周期,经济效益十分显著。据统计,在浅层钻井,使用双驱复合导向钻井可提高机械钻速1~2倍;在深层、大井眼、定向井钻井中,使用双驱复合导向钻井可提高机械钻速2~4倍。双驱复合导向钻井技术在研究与使用过程中,已形成了一套适合油田钻井特点的双驱钻井井眼轨迹控制技术,已在现场得到了广泛的应用。

双驱复合导向钻井是在钻井过程中,井下动力钻具带动钻头旋转的同时又启动转盘,通过钻柱带动井下动力钻具的外壳旋转的工作方式,简称复合钻井或双驱钻井。该系统是由高效能钻头、导向动力钻具、MWD测量仪器和计算机软件组成,可适时地变更定向(滑动钻进)或开转盘(复合钻进)两种工况,可连续完成定向造斜、增斜、稳斜、降斜及扭方位的操作,而不用起钻变更钻具组合,能快速钻出高质量的井眼轨迹。

在复合钻进方式下,井下动力钻具和下部钻具组合有着与普通定向钻进方式及单纯的转盘钻进方式不同的运动学和动力学性质。以弯壳体导向动力钻具组合为例,如图6-1所示,动力钻具组合的结构弯角 λ 使钻头底平面中心偏离动力钻具中心,其偏移量用 S_B 表示。由于钻具本体和井下动力工具外壳在转盘带动下旋转,将使井眼产生扩眼现象。考虑到钻具强度的限制,要求弯壳体的结构弯角 λ 不能过大,一般 $\lambda \leq 1°$,而且转盘转速通常控制在65r/min以下。

复合钻井井眼轨迹控制技术以动力钻具和下部钻具组合的运动学和动力学理论为依据,对井身质量进行全方位的控制,大幅度提高了钻井效率。优选井口位置,使设计方位与自然造斜规律相一致,降低了定向钻进的难度,提高了钻井速度。合理选择造斜点,优化井身轨道,充分利用转盘旋转增斜,提高了定向速度。钻井施工中,可根据具体情况,优选合适的动力钻具组合和扶正器尺寸,减少了不必要的起下

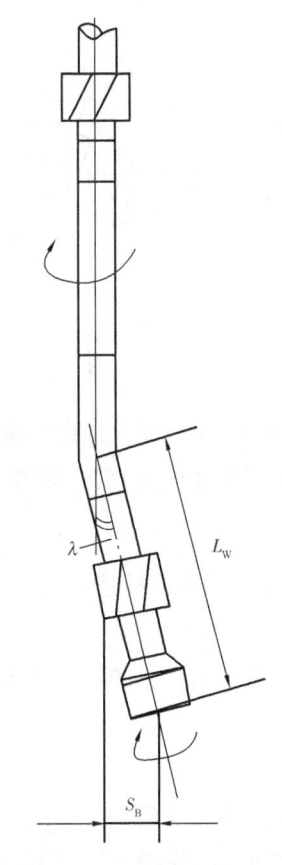

图6-1 复合钻进方式示意图

钻作业。该技术可实现用一套双驱复合导向钻具组合随时调整井斜角、井斜方位角及扭方位连续地控制井眼轨迹,保证了井眼轨迹的圆滑,减少了起下钻时间。该技术广泛用于常规定向井、水平井、大位移及高密度深井中,施工中所用钻压小、钻铤少,摩阻明显减小,客观上提供了钻井安全保障。可与不同尺寸的螺杆扶正器配合使用,使稳斜段的轨迹控制手段多样化,减少了起下钻的时间,最终实现提高钻井速度的目的。

第一节 双驱复合导向钻井技术的特点

双驱复合导向钻井技术的特点是:滑动定向后,仍然使用定向造斜段使用过的钻具组合进行其他井段的钻进工作;在转盘带动钻具旋转的同时,钻井液驱动弯外壳螺杆钻具带动钻头转动。由于复合钻井所使用的钻具在井下的工作状态与常规钻井不同,表现出了双驱复合导向钻井技术独有的特征。

一、复合钻进时钻头的运动分析

1. 钻头的绝对转速

在复合钻进时,钻具本身因钻井液的流量使钻头产生转速 n_1,同时转盘又使钻具产生转速 n_2。根据运动学关系可知,前者是钻头的相对运动,其角速度为 ω_1($\omega_1 = \dfrac{\pi n_1}{30}$);后者是钻头的牵连运动,其角速度为 ω_2($\omega_2 = \dfrac{\pi n_2}{30}$)。钻头的绝对角速度或称合角速度 ω 应是牵连角速度 ω_2 与相对角速度 ω_1 的叠加,如图6-2所示,则有

$$\omega = \omega_1 + \omega_2 \tag{6-1}$$

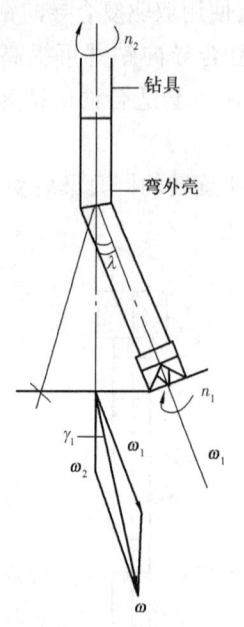

图6-2 复合钻进时的钻头速度示意图

绝对角速度 ω 位于 ω_1 与 ω_2 之间,与钻具本体轴线的夹角为 γ_1($\gamma_1 < \gamma$)。图示的 ω 是钻具位于所示位置的绝对角速度。当钻具以 ω_2 旋转时,绝对角速度的方向在变化,图中标出了以钻具本体轴线为轴,以 γ_1 为半锥角的圆锥面,其大小为

$$\omega = \sqrt{\omega_1^2 + \omega_2^2 + 2\omega_1\omega_2\cos\gamma_1} \tag{6-2}$$

显然,钻头的合成转速 n 为

$$n = \sqrt{n_1^2 + n_2^2 + 2n_1 n_2 \cos\gamma_1} \tag{6-3}$$

由于导向钻具的结构弯角 $\lambda \leqslant 1°$,$\cos\lambda \approx 1$,则式(6-2)和式(6-3)可近似简化为

$$\omega = \omega_1 + \omega_2 \tag{6-4}$$

$$n = n_1 + n_2 \tag{6-5}$$

下面通过实例来分析式(6-4)和式(6-5)的误差。取结构弯角 $\lambda = 1°$,$n_1 = 200\text{r/min}$,$n_2 = 60\text{r/min}$,由式(6-3)可求出 $n = 259.97\text{r/min}$,与式(6-5)所求出的结果 $n = 260\text{r/min}$ 相比较,其相对误差仅为 1.08×10^{-4},可见计算精度很高。因此,在实际应用中可以认为钻头的绝

对转速即为钻具转速与转盘转速之和。

当复合钻进采用直动力钻具钻进时,因为 $\lambda=0$,式(6-5)仍然成立,且 n 为 n_1 与 n_2 的标量和。

2. 钻头上点的速度分析

如图 6-3 所示,现以钻头上 A 点为例,分析 A 点的线速度。

图中的 O 为螺杆马达定子中心(忽略钻头底面与螺杆钻具横截面的夹角圆),O' 为钻头底面中心,圆 O 和圆 O' 分别表示钻具本体和钻头的投影,OO' 即为钻头的偏心距;经过 O 点取定坐标系 XOY,过 O' 点取动坐标系 $X'O'Y'$。根据运动学原理可知,A 点的绝对速度 $v_{绝}$ 等于牵连速度 $v_{牵}$ 与相对速度 $v_{相}$ 的矢量和,即

$$v_{绝} = v_{牵} + v_{相}$$

而

$$v_{牵} = \overline{OA} \times \pmb{\omega}_2 = (\pmb{r}_1 + \pmb{r}_2) \times \pmb{\omega}_2 = \pmb{v}_2$$

$$v_{相} = \pmb{r}_1 \times \pmb{\omega}_1 = \pmb{v}_1$$

故

$$v_{绝} = \pmb{v}_1 + \pmb{v}_2$$
$$= \pmb{r}_1 \times \pmb{\omega}_1 + (\pmb{r}_1 + \pmb{r}_2) \times \pmb{\omega}_2$$

由几何关系可导出

$$v_{绝} = \sqrt{R_B^2 \omega_1^2 + S_B^2 \omega_2^2 + 2 R_B S_B \omega_1 \omega_2 \cos \omega_1 t} \quad (6-6)$$

$$S_B = L_W \lambda \quad (6-7)$$

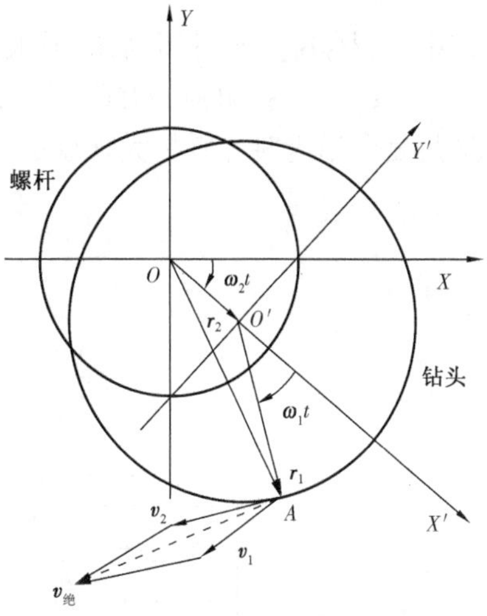

$$\omega = \omega_1 + \omega_2$$

图 6-3 钻头上点的速度分析

式中 R_B——钻头半径,mm;

S_B——钻头偏距,mm;

L_W——钻头底面至弯壳体弯点的距离,mm;

ω_1——钻头因钻井液流量形成的角速度,rad/s;

ω_2——转盘转动角速度,rad/s;

ω——钻头的合成角速度,rad/s。

由式(6-6)可知,在钻头上任意一点的绝对速度 $v_{绝}$ 都是时间 t 的函数,$v_{绝}$ 的最大值为

$$v_{绝\max} = \sqrt{R_B^2 \omega^2 + S_B^2 \omega_2^2 + 2 R_B S_B \omega_1 \omega} \quad (6-8)$$

研究钻头上任意点在复合导向钻进方式下的最大绝对速度的变化规律,对分析该点的加速度、受力、磨损情况和进行优化钻头设计,均具有重要的参考价值,如图 6-3 所示。A 点的最大绝对速度发生在偏心距 OO' 的延长线上,且 $\overline{OA} = \pmb{r}_1 + \pmb{r}_2$ 的情况。当钻头自转一周,即当 $\omega_1 t = 2k\pi$ 时,这种情况发生一次。由于 A 点位于距 O 点最远的外廓,则必然处于切削状态,由此可得出钻头上某点切削岩石的周期 T 为

$$T = \frac{2k\pi}{\omega_1} \quad (6-9)$$

其中,$k = 0,1,2,\cdots$。

二、双驱复合导向钻进过程中的扩眼问题

由于螺杆钻具结构弯角造成钻头偏心距 S_B,导致复合钻进时井眼扩大。现从理论上分析井眼扩大的尺寸范围。

如图 6-4 所示,设复合钻具弯点以上的部分在井眼内居中(由扶正器扶正),当钻柱旋转时,若不考虑弯点以下的弹性变形,即假设钻头的侧向切削力为零,并忽略其他动态因素的影响,则钻头中心轨迹是一个半径为 S_B 的圆。设钻头半径为 R_B,则形成井眼的最大尺寸为

$$(D_O)_{max} = 2(R_B + S_B) = D_B + 2S_B \tag{6-10}$$

式中　$(D_O)_{max}$——扩眼后的最大井眼直径,mm;
　　　D_B——扩眼前的井眼直径,mm。

这是复合钻进时井眼扩大现象的一种极端情况。

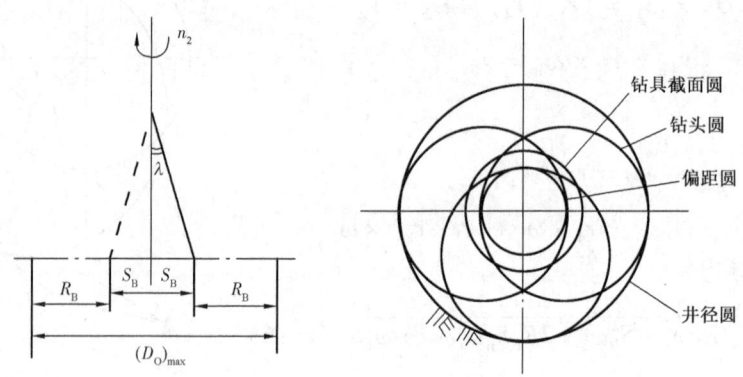

图 6-4　井径扩大的分析

另一种极端情况是钻头完全被钻具的变形约束在井底进行定轴转动切削,此时无井径扩大现象,如图 6-5(a)所示,即 $(D_O)_{min} = D_B$。出现这种情况的原因是:岩石过硬难以切削;钻具弯曲刚度小从而钻头侧向力很小;转速低且平稳,无动载。但实际上这种情况是很少出现的。

综上所述,复合钻进时井眼扩大的直径范围为

$$D_B \leq D_O \leq (D_B + 2S_B) \tag{6-11}$$

[例 6-1]　赛平 1 井电测资料表明,在斜深 1450~1500m 井段的井径为 292mm。该井段采用 ϕ172mm 的单弯螺杆复合钻具,有关参数为:$\lambda = 1°$,$L_B = 2227$mm,PDC 钻头直径为 216mm。由式(6-10),得

$$(D_O)_{max} = D_B + 2S_B = 216 + 2 \times 2227 \times \sin 1° = 297.73(mm)$$

实测井眼直径与这一计算值很接近(略小于)。

考虑到复合钻具组合的弹性变形和侧向力对扩眼量的影响,根据经验,复合钻进时的井径预测值一般可取为

$$D_O = D_B + S_B \tag{6-12}$$

[例 6-2]　大庆树平 1 井的井径电测资料表明,在 $L = 2018~2025$m 井段的井径为 266mm,该井段采用 P5LZ165×0.75°螺杆钻具组合钻进,由式(6-12),计算出井径预测值为

$$D_O = 216 + 2283.5 \times \sin 0.75° = 245.89 (\text{mm})$$

预测值与实测值的相对误差为

$$\varepsilon = \frac{245.89 - 226}{226} \times 100\% = 8.8\%$$

结论:此误差能够满足钻井工程的要求。

三、复合钻进时钻柱的力学分析

1. 双驱复合导向钻进时螺杆钻具转子的离心惯性力

转子的质心绕定子轴线作半径为 e(螺杆钻具偏心距)、角速度为 $\omega_\text{公}$(公转角速度 $\omega_\text{公} = -N\omega_\text{自}$)的匀速转动。但在导向钻进方式下,由于螺杆钻具的定子在钻柱的带动下以 $\omega_\text{杆}$ 转动(方向与 $\omega_\text{公}$ 相反),则转子质心绕螺杆钻具定子中心的绝对角速度为 $\omega = \omega_\text{公} - \omega_\text{杆}$,因此,转子的离心惯性力 F'_g 为

$$F'_g = M \cdot e (\omega_\text{公} - \omega_\text{杆})^2 \qquad (6-13)$$

由式(6-13)可知,在复合钻进方式下的转子离心惯性力小于普通定向方式下的转子离心惯性力。

2. 双驱复合导向钻进时的钻头侧向力

图6-5(b)为单弯双扶复合钻具在斜直井眼中复合钻进的工作状态示意图。由于钻柱以转速 n_2 旋转,相当于复合动力钻具组合在旋转一周的过程中,工具面角 $\Omega = 0 \sim 2\pi$ 时的连续变化的位置状态,图6-5中给出了 $\Omega = 0$ 和 $\Omega = \pi$ 两个特殊位置时钻具的相应弹性变形。当 $\Omega = 0$ 时,钻具组合处于增斜状态($p_\alpha > 0$);当 $\Omega = \pi$ 时,钻具组合处于降斜状态($p_\alpha < 0$)。如果不考虑重力的作用,则在 $\Omega = 0 \sim 2\pi$ 的变化范围内,p_α 的分布是一个圆(等值均布)。但实际上钻具的重力对 p_α 会有一定的影响,且方向始终向下,所以在 $\Omega = 0 \sim 2\pi$ 范围内(下半周),p_α 值将大于上半圆的对应值,呈现非等值态,如图6-5(a)所示。

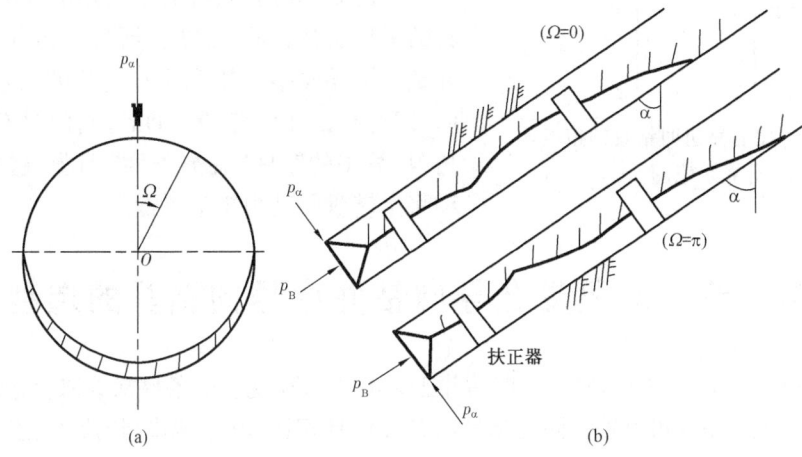

图6-5 复合钻进时的钻头侧向力分布示意图

一般认为在双驱复合导向钻进时,如果 p_α 在一周中等值分布,钻头各个方向均匀切削,将钻出稳斜的直井眼,但实际上钻出的井段都略呈降斜趋势,这一问题可由图6-5(a)的 p_α—Ω

圆很好地加以解释。由于重力作用造成 p_α 的不均布(降斜力总体上大于增斜力)使井眼井斜角略有下降,下降的幅度(降斜率)与钻具刚度有很大关系。当钻具尺寸大,结构弯角 λ 较大时,p_α 值也很大,此时重力作用对 p_α 的影响相对较小,因此降斜趋势不明显;反之,当钻具尺寸较小,结构弯角较小时,此时重力作用对 p_α 的影响相对较大,则显示出一定的降斜特性。

另外,在导向时若地层较软,出现明显的扩眼现象时,近钻头扶正器由于离钻头近而在转动过程中无法接触井壁以形成支点,达不到控制钻头前进方向的目的,此时,在上扶正器作用下的复合钻具组合实际上变成了"小钟摆"组合,因此呈现一定的降斜特性。这种现象在大庆树平1井的水平段钻进中表现尤为明显。

地层和钻柱自重这两个原因引起钻头的侧向力在实际的复合钻进中一般都存在。为了克服复合钻进中的降斜效应,可在钻具结构上加以调整,将近钻头扶正器从传动轴壳体上下移至适当位置,以便出现扩眼现象时能够形成可靠的支点,此法可解决钻具降斜的问题。大庆树平1井钻井实践有效地证明了这一方法的可行性(有关情况将在第七章再作进一步阐述)。

3. 双驱复合导向钻进时的扭矩分布

在复合钻进方式下,螺杆钻具内部运动部件(转子—万向轴—传动轴)的扭矩分布与普通定向钻进时相同,但外部壳体的扭矩分布则和普通定向钻进时存在较大的差异,其主要原因是转盘带动钻柱和螺杆钻具外壳旋转,转盘输入驱动力矩,摩擦阻力与普通定向钻进时方向相反。

如图6-6所示,在转子力矩的驱动下,复合钻具的近钻头扶正器、上扶正器和上切点以上钻柱与井壁的滑动摩擦力矩和螺杆马达的"反转力矩"同向,即均有钻柱反转(紧扣)趋向,此时不存在"反扭角"计算中的钻柱"临界长度"问题,这些力矩的总和将由转盘驱动力矩来平衡。

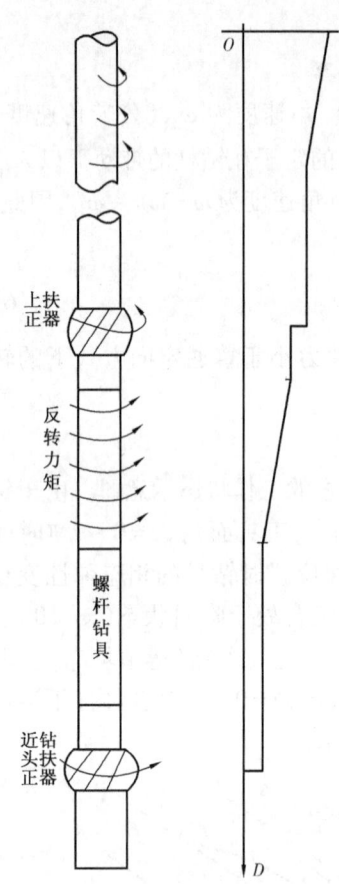

图6-6 复合钻进时钻具的扭矩分布示意图

第二节 双驱复合导向钻井中导向钻具的选型

复合钻井中导向钻具的选型是依据钻井工艺的要求和现有的条件来选取合适的钻具类型(螺杆钻具或涡轮钻具)和型号。涡轮钻具与螺杆钻具相比,其钻速高、压降大、工作特性比较软、轴向尺寸大、造斜率相对较低、目前国内产品较少,所以在选型时主要考虑螺杆钻具。

一、导向螺杆钻具的选型原则

1. 安全性的原则

在同一井眼其他条件不变的情况下,以螺杆钻具的最大刚性和强度为优选条件,即做到大马拉小车的原则,以确保使用过程中的安全性。如在 12¼in 井眼中,可供选择的螺杆钻具型号有 LZ197、LZ203、LZ210、LZ244,其中 LZ244 的强度和刚度最大,所以将其作为首选。

2. 输出扭矩最大的原则

在同一井眼其他条件不变的情况下,以钻具的输出扭矩最大为优选条件,以保证钻进中能提供足够的滑动钻进时所需的扭矩。

3. 流量合适的原则

螺杆钻具为容积式马达,其输出转速与钻井液流量成正比,在同一钻井液流量下,应选择流量合适的螺杆钻具,以确保所要达到的输出转速,将螺杆钻具的工况发挥至最佳状态。

二、导向螺杆钻具的选型思路

导向螺杆钻具选型时主要是依据钻井工艺的要求,确定螺杆钻具的结构类型及其工作参数,再从产品目录中选定所需的型号和规格,具体的思路和方法见表 6-1。

表 6-1 导向螺杆钻具的选型

选型依据 (钻井工艺参数)	选型结果 (导向螺杆钻具结构与工作参数)
井眼尺寸	公称尺寸(外径)
水眼压降	传动轴类型
钻井泵流量	转子类型(常规型、中空型)
井底温度	定子材料(常温型、高温型)
钻头转速	马达类型(单头、多头)
破岩力矩	
造斜率	结构类型、弯角形式(单弯、双弯、同向反向)、是否带扶正器/垫块
钻井液类型	油基、水基

三、导向螺杆钻具的选型步骤

1. 根据井眼尺寸确定螺杆钻具的公称尺寸

定向井常用井径与导向螺杆钻具公称尺寸的对应关系,见表 6-2。

表 6-2 定向井常用井径与导向螺杆钻具公称尺寸的对应关系

井眼直径,mm	螺杆钻具公称尺寸(外径),mm	井眼直径,mm	螺杆钻具公称尺寸(外径),mm
152	120~89	216	165~197
244	197~165	311	197~244

上述对应关系主要是为了保证工具外径和井壁之间留有一定的间隙(约为 1in),以防止钻具在起下过程中遇阻,当井下出现事故时便于打捞作业。

2. 根据井眼轨道设计的井眼曲率选择工具的造斜率

所选工具的造斜率或称实际造斜能力应满足定向钻井的要求,这一原则也称为"造斜率原则",它是确定导向钻具组合和理性的首要原则。按照定向井工艺需要,导向钻具的造斜率实际 K_{Ta} 应比井眼轨道设计的井眼曲率 K 高出 10%~20%,以便有足够的余地应付钻进过程中意外出现造斜率不足的问题,也即是

$$K_{Ta} = (1.1 \sim 1.2)K \tag{6-14}$$

式中 K_{Ta}——导向工具的实际造斜率,(°)/m。

在此之后,依据螺杆钻具制造厂家的产品目录中推荐的产品造斜能力值选定螺杆钻具型号。

3. 根据钻头水眼压降确定传动轴类型

现有螺杆钻具的型号代码中有一项数字是标明传动轴类型的。以 5PLZ165-7.0B 为例,5 表示马达转子头数,P 表示水平井用螺杆钻具,LZ 表示螺杆钻具,165(6½in)为螺杆钻具的外径(165mm),许用的最大钻头水眼压降7.0MPa,B 表示第二次改进(为中空转子)。

传动轴类型由"许用的钻头水眼压降"表示,现有的产品分为 3.5MPa、7.0MPa 和 14.0MPa 三个型号,许用的钻头水眼压降值越大说明传动轴的承力性能越好,但成本也越高。

螺杆钻具的传动轴选型后,要根据水力设计的钻头水眼压降值来核算选型结果是否合理,再确定相应的传动轴类型的级别。不合适的选择会造成钻具的先期损坏(级别过低)或成本增加(级别过高)。

4. 根据钻井工艺要求的流量选择转子类型

螺杆钻具有一额定的工作流量(额定流量),它是螺杆钻具的设计依据之一。由于螺杆钻具的转速与工作流量成正比,增大流量必然增大转子、万向轴、传动轴的转速和万向轴的载荷循环频率,当万向轴的载荷循环频率接近其自激频率时,螺杆钻具将产生共振导致螺杆钻具非正常工作,造成损坏。

但在钻进过程中,尤其是大井眼水平井中(如 ϕ311mm 井眼中,使用 ϕ127mm 钻杆),为了满足携岩的需要,要求有较大的环空面积,较高的环空钻井液返速,在这种情况下螺杆钻具就会有较大的工作流量,而这个流量会远高于螺杆钻具的额定流量,此时就应该选择中空转子的螺杆钻具。由于进入转子与定子形成的容腔 $Q_2 < Q$(螺杆钻具工作流量),使得中空转子的转速低于常规(实心)转子的转速。这一方案同时满足了钻井工艺和螺杆钻具转速所需流量不同的要求。

5. 根据井底温度确定定子材料耐温级别

常温的定子橡胶耐温指标是 125℃ 左右。当工作温度超过这一指标时,就要选择耐高温的橡胶材料。

6. 根据破岩力矩选择螺杆钻具类型

井下螺杆钻具、钻井液、钻头和地层组成了一个破岩系统。钻头在破岩时应有最优的转速及钻压,以满足破岩要求的最低临界破岩力矩。但是,井内液柱压力、井下温度及钻井液的性质等诸多因素都是变化的,对破岩效果都产生影响。

不过,无论是从理论还是实践出发都可以肯定两个结论,其一是现有螺杆钻具产品的马达额定力矩均可满足有效钻进的要求;其二是马达额定力矩越大越好,它可以呈现更好的"硬特性",从而具有较强的过载能力。

综上所述,选择多头螺杆钻具要优于单头螺杆钻具,并应尽量选择额定力矩值较大的多头螺杆钻具。

7. 根据造斜率选择螺杆钻具的结构参数

理论上讲,只要根据"造斜率原则",由井身设计的造斜率 K 值即可确定工具的实际造斜率 K_{Ta} 值,用户可不必过分苛求所选钻具的具体结构形式。但现场上,为了满足钻井工艺的要求,螺杆钻具结构参数(结构弯角类型、结构弯角位置与大小、扶正器类型、扶正器尺寸与位置)的合理确定确实是一个协调矛盾、逐步调整寻优的过程。主要建议性原则概括如下:

(1)用于小曲率井段和水平段钻进的导向螺杆钻具可选择反向双弯双扶正器的结构形式。下扶正器一般为近钻头扶正器,装在传动轴(万向轴)之上。万向轴壳体为反向双弯外壳(DTU),其下结构弯角 λ_1 应大于上结构弯角 λ_2,二者间常用的关系为

$$\lambda_2 = -\frac{1}{2}\lambda_1 \qquad (6-15)$$

工具面是由下结构弯角确定的,根据大小变化有不同的规格,λ_1 增大将导致 K 值增大。

(2)用于小曲率半径和中曲率半径井段的中、下段[$K = (0° \sim 13°)/30\text{m}$]的导向螺杆钻具的基本形式一般为单弯壳体加扶正器的结构形式。扶正器为装在传动轴壳体上的近钻头扶正器,上扶正器为装在钻具旁通阀之上的钻柱扶正器(是否加扶正器可依现场控制需要考虑,若不加上扶正器会使造斜率略有增加,但会降低工具面的稳定性)。单弯壳体确定了工具面,调整弯点位置可影响造斜率的大小。

(3)用于中曲率半径井段的上段[$K = (13° \sim 20°)/30\text{m}$]的导向螺杆钻具的结构型式主要是同向双弯(FAB)的结构形式。这种类型的螺杆钻具组合是由一个较大角度的单弯壳体(带有下结构弯角 λ_1)和装在旁通阀之上的同向共面接头(带有上结构弯角 λ_2)构成,λ_1 和 λ_2 必须同向且严格共面,否则将造成工具的力学特性紊乱,λ_1 对造斜率的影响大于 λ_2。同向双弯螺杆钻具都不加扶正器,需进一步增大造斜率时,可考虑加垫块,位置可在下弯点附近。

(4)弯壳体的弯点位置对于工具的造斜率、钻头的偏移量和钻具的强度均有影响。弯点位置下移可显著增加造斜率和减小钻头偏移量,而减小偏移量有利于降低钻具下井的难度和减小导向钻进时的井眼扩大量。弯点的位置还影响弯壳体内万向轴运动的附加偏移量,从而影响弯壳体内径的大小。因此,确定弯点位置的原则主要有两方面:一是弯点一般在万向轴上球心之下(以尽量增大造斜率同时减小钻头偏移量 S_B);二是若弯点位置在下球心以下时,不宜离下球心太远,以免万向轴运动偏移量 δ 过大,造成单弯壳体内壁切削量过大而导致螺杆钻具的结构强度不足。在调整弯点位置时,必须对钻具组合的强度进行校核。

(5)下扶正器的位置和直径对钻头侧向力影响很大,显著的影响到工具的实际造斜率。因此,下扶正器的位置和直径是螺杆钻具选型时需重点考虑并进行优选的两个参数。滑动式扶正器便于调整和优选位置,但遇到井下复杂情况时容易产生滑动而使螺杆钻具的设计特性难以保证。所以,一旦确定了下扶正器的最优位置后,最好采用和壳体加工在一起的固定式扶正器。下扶正器位于传动轴上,可得到较高的造斜率。一般而言,扶正器离钻头越近其造斜率就越高,但要注意其距离(L_1)不可太小,以免出现在较高造斜率的条件下扶正器抵住上井壁而影响到实际的造斜率。在小造斜率情况下可把扶正器放在万向轴壳体上而形成可靠的支点,有助于克服导向钻进时造成的降斜效应。

(6)近钻头扶正器直径一般要求比钻头直径小 $1.588 \sim 3.175\text{mm}(1/16 \sim 1/8\text{in})$ 左右。对上扶正器直径限制可相对放宽(甚至取消上扶正器)。考虑到尽量降低钻进过程中的阻力要求和起下钻过程中在扶正器处易出现卡阻的情况,扶正器的前、后角应尽量取较小值,而且与壳体交接部分不要形成明显台肩。

应该注意的是,对于造斜能力接近中曲率上限($20°/30\text{m}$)的螺杆钻具,最好采用垫块而不要采用近钻头扶正器。这是因为井身曲率较大易使扶正器抵住井眼上壁而难以造斜。垫块的包角不宜小于 $120°$,前后倒角要小并且平滑,以防在钻进和提升钻具时刮井壁。

直筋扶正器利于减少钻进中可能发生的阻力,其缺点是支点不稳且难以控制;当工具面角改变时,影响扶正器的计算直径。与此相反,螺旋筋扶正器可形成规范的计算直径和可靠支点,从而得到稳定的工具面和造斜率;其缺点是定向钻进时的阻力会大于直筋扶正器。无论采用何种扶正器,都要使扶正器的前、后角保持较小值(尤其是扶正器的前角),在高造斜率的螺杆钻具上,前角不宜超过 15°,以减小阻力。

不加扶正器会显著减小定向钻进的阻力,但会造成定向困难,形成工具面角的大幅度摆动,严重影响造斜率,这一点已被实践多次证明。

造斜工具的造斜能力与实际钻出的井眼曲率是两个不同的概念,当外界条件影响工具造斜能力的发挥时,会使井眼曲率明显低于工具的造斜能力。这就是在选择工具造斜能力时要求它大于井身设计造斜率 K 的 10% ~ 20% 的主要原因。

四、双驱复合导向钻井时钻具组合的总体设计

双驱复合导向钻井时钻具组合的总体设计内容主要包括以下内容:

(1)钻具结构类型的选择:单弯还是双弯钻具,同向双弯还是反向双弯,是否带扶正器。

(2)结构参数的选择:扶正器的外径和位置,近钻头扶正器离钻头的距离(是在传动轴壳体上方还是在万向轴壳体上方),弯点的位置,钻具总体尺寸和各部件的长度。

(3)系列化设计:根据钻井工作的需要,将整体钻具划分为几个钻具外径系列;针对某一外径系列,需使用多少种规格的结构弯角。

这些工作都应建立在掌握钻具造斜能力的基础之上。

选择导向工具时,取 $K = K_C$,由 $K_{Ta} = (AB)K_C$,可得

$$K_C = \frac{(1.1 \sim 1.2) K_{Ta}}{AB} \tag{6-16}$$

[**例 6 – 3**] 大庆树平 1 井着陆进靶段的分析计算表明,若命中靶中线,所需的造斜率为 13.2°/30m。地质师要求中靶点最好不低于靶中线。可选择的造斜工具为 $\lambda = 1.75°$ 的 P5LZ165 单弯螺杆钻具。该工具增加上扶正器而构成单弯双稳钻具,在增斜段的实际增斜率为 12.08°/30m,为此考虑去掉扶正器(ϕ210mm),可提高造斜率,经计算 K_C 后选用此方案。经钻后对 MWD 测斜数据的分析可知,实际造斜率为 13.87°/30m,着陆点在靶中线以上 0.14m,创出了较高精度的控制指标。

[**例 6 – 4**] 冀东油田北 9 – 1 井,表 6 – 3 中列出了用极限曲率法求解的 P5LZ165 系列螺杆钻具的理论造斜率和实际造斜率,可见相符程度较好。

表 6 – 3　P5LZ165 系列螺杆钻具的理论造斜率与实际造斜率

参数	造斜率的值					
λ,(°)	0.75	1.0	1.25	1.5	1.75	2.0
K_C,(°)/30m	7.12	10.40	13.68	16.93	20.16	23.20
K_{Ta},(°)/30m	4.98	7.28	9.58	11.85	14.11	16.32
K,(°)/30m	4.5 ~ 6	7 ~ 8	9 ~ 10	11 ~ 12	12 ~ 13	14 ~ 15

第三节　导向钻具组合及其造斜特性分析

双驱钻井井下动力钻具组合包括单弯螺杆、双弯螺杆、弯接头+直螺杆(涡轮)工具等。目前使用较多的井下动力钻具组合是：弯接头+直螺杆或单弯螺杆。

准确预测下部钻具组合的造斜能力是井眼轨迹控制中十分关键的问题，而选择造斜能力合适的下部钻具组合对井眼轨迹控制也是至关重要的。

影响双驱钻具造斜率的主要因素有：

(1)下扶正器的位置和弯曲角度对钻具的造斜率影响最大。下扶正器离钻头越近，钻头侧向力越大，造斜率越高。增大结构的弯曲角度，可显著提高造斜率。下扶正器的磨损会明显降低造斜率。

(2)上扶正器的位置和外径，对钻具组合的造斜率影响不大。减小上扶正器的外径或增加上扶正器与螺杆钻具之间的距离，钻具组合的造斜率略微增加。但是采用转盘方式钻进时，其位置和外径对钻具组合的增斜、降斜和稳斜效果的影响较大，是控制大段稳斜井段井斜角和井斜方位角的主要调节手段。

(3)井斜角的大小对工具的造斜率几乎没有影响。无论是定向初始的小角度，还是稳斜井段的大角度，理论上认为造斜工具都能以比较固定的造斜率保持井眼轨迹均匀圆滑。

一、螺杆钻具的结构弯角对 BHA 造斜能力的影响

通过前面的理论分析与实际应用对比可知，在不同的地层中使用同样结构弯角的螺杆钻具，在实钻中的造斜率也有所差别，所以在理论分析的基础上还需依据现场经验和试验来优选造斜工具的结构弯角。

下面以中原油田定向钻井中使用过的单弯螺杆钻具造斜效果为例，介绍螺杆钻具结构弯角对 BHA 造斜能力的影响。

1. 0.5°单弯螺杆钻具组合

0.5°双扶和 0.5°单扶单弯螺杆钻具组合在文 33 - 152 井和新卫 222 井钻井中使用，由于增、降斜率太低，钻进了 50~80m 后发现增斜效果较差，可见 0.5°的单弯螺杆钻具组合不适合中原油田定向井采用双驱复合导向钻井技术的需要。

2. 0.75°单弯螺杆钻具组合

0.75°双扶单弯螺杆钻具在胡 5 - 200 井、卫 360 井、胡 7 - 282 井、文 33 - 152 井和胡 5 - 197 井钻井中使用，其增、降斜率每单根能达到 0.75°左右，与设计增斜率 4°/30m 相差太大；降斜率虽然能达到设计要求，但定向滑动钻进速度比转盘慢。因此，在定向增斜时也少用或不用。

0.75°单扶单弯螺杆钻具加 PDC 钻头组合，在濮 7 - 147 井等 6 口井的试验中，定向造斜率适中，一般为(12°~14°)/100m。采用双驱复合导向钻进时的增斜率为(2°~8°)/100m。因此，0.75°单弯单扶螺杆钻具比较适合中原油田钻井的需要。

3. 1°单弯螺杆钻具组合

1°双扶单弯螺杆钻具带 PDC 钻头的钻进中，为了防止全角变化率超标，启动转盘，在钻进过程中当井斜角达到 10°以上后，其稳方位、微降斜效果相当明显，正常情况下降斜 0.5°~2.5°/100m，井斜方位变化很小。

在新文 72 - 8、文 273 - 5 等井的试验中，采用 1°单扶单弯螺杆钻具加 PDC 钻头钻进，定向

造斜至井斜角达到15°后,启动转盘进行复合钻进时,增斜率为(3°~8°)/100m,完全满足中原油田钻井的需要。

4. 1.25°或1.5°单弯螺杆钻具组合

在大井斜角定向井中,使用1.25°单弯双扶螺杆钻具,稳斜效果较好。但由于1.25°或1.5°单弯螺杆钻具的结构弯角大,钻头偏移量大,采用双驱复合导向钻进时螺杆芯子受到的交变应力大,很容易断芯子。为此,使用1.25°和1.5°及以上的单弯螺杆钻具时应严格控制使用时间。

5. 特殊结构弯角的动力钻具

在实际钻井时,有可能出现使用0.75°的结构弯角太小,而使用1°结构弯角又太大的情况,这时可选用可调弯外壳螺杆钻具,该钻具的结构弯角可在0°~3°范围内调节出十余种角度,供现场选择。

二、上扶正器尺寸及位置对BHA造斜能力的影响

单弯双扶螺杆钻具在稳斜井段往往会出现降斜的现象,这对于大位移、大井斜小靶径的井就显得很不适应,尤其在大井斜的控制段,降斜率更高,一般控制在(1°~3°)/100m,甚至达到6°/100m。如果使用单弯双扶螺杆钻具钻进一段后,就要起钻换造斜率高的螺杆钻具进行增斜钻进,然后再将其换成双扶螺杆钻具降斜,这样就增加了起下钻次数。

基于这种情况,根据井下钻具组合的理论分析和实践经验,设法改变螺杆钻具扶正器的尺寸,以改变钻具的受力结构,达到平衡地层降斜力的作用,把原来地层的自然降斜力变成为稳斜力,自然稳斜力变为微增力。为了增加钻头的造斜力,将原来螺杆钻具上的上扶正器 $\phi210mm$(或 $\phi212mm$)减小一定尺寸后,推出了 $\phi190mm$、$\phi195mm$、$\phi200mm$、$\phi206mm$ 和 $\phi208mm$ 几种扶正器尺寸。根据地层区块、井斜角的要求不同进行不同的组合,通过试用,效果明显。

第四节 双驱钻井井眼轨迹控制技术应用

一、井位优选

经过多年的钻井实践,对各区块不同地层的情况已有了总体的了解。根据区块的地层倾向、倾角大小、邻井资料以及双驱钻井的特性,钻井技术人员总结出了一般性的地层自然造斜规律,并将此规律充分利用到了地面井口位置的设计中,现场经验总结如下:

(1)对于直井、单靶井及五段式定向井,以地层自然造斜规律确定地面井口位置,使设计方位满足地层自然漂移的规律,从而可降低井眼轨迹的控制难度,实现优质、快速、中靶的目的。

(2)对于双靶及多靶定向井,由于靶区目标点的给定而限制了井口位置,在确定地面井口位置时,必须将井口位置确定在靶心连线的延长线上或延长线附近。而井口与第Ⅰ靶的靶前位移量非常关键,靶前位移量过大或过小都会造成施工难度增大。根据定向井施工经验及双驱钻井工具的造斜特点,技术人员总结出最大井斜角与第Ⅰ靶靶前位移量的关系,见表6-4。

表 6-4 最大井斜角与第 I 靶所需位移的关系

最大井斜角,(°)	第 I 靶所需位移,m	最大井斜角,(°)	第 I 靶所需位移,m
20~30	50~150	50~60	360~530
30~40	150~240	60~70	530~710
40~50	240~360	70~80	710~880

二、井眼轨道优化设计

为了满足双驱钻井对井眼轨迹的连续控制,需要对原工程设计的定向井井身轨道进行修改和优化。轨道设计除了应满足钻达目的层的需要外,还必须使井眼轨迹平滑,滑动钻进井段尽可能短和倒换钻具次数尽可能少。

根据双驱钻井下部钻具组合的造斜特性,轨道优化设计的原则是:

根据上部直井段轨迹,结合靶区要求,在靶前位移和最大井斜角允许的情况下,在井斜角小于 20°的定向井中,造斜率按(3°~6°)/30m 进行井眼轨道设计,直接采用动力钻具造斜至最大井斜角,然后稳斜钻进中靶;在井斜角大于 20°的定向井中,造斜段按(3°~6°)/30m 钻进之后,再改用转盘钻以 5°/100m 的造斜率按增斜钻进;对于井斜角在 50°以上的定向井,定向至初始井斜角 8°~10°之后,改用转盘增斜,按(3°~6°)/100m 的增斜率设计井眼轨道。

三、直井段井眼轨迹控制(以中原油田为例)

在中原油田的地质构造中,在钻穿馆陶组后,除黄河段南的部分火成岩地层外,其余地层全部使用 PDC 钻头+井下动力钻具双驱钻进。在三段式双靶定向井中,为确保井身质量,减少起下钻次数,减少滑动定向钻进的工作量,必须保证造斜点和两靶点实现三点一线。在直井段的钻进中,根据井下情况,动力钻具可选择直螺杆和弯螺杆两种,而弯螺杆又根据上下扶正器的尺寸和结构弯角的不同按如下情况选择:

(1)在 8½in 的井眼中,馆陶组底界距造斜点 500m 以上,且馆陶组底界时的井斜角较大,实际的井斜方位与设计方位偏差较大。在直井段自然造斜方位与设计方位不一致时,选择直螺杆钻具,钻具组合为:8½in PDC 钻头+5LZ165 直螺杆 1 根+6¼in NDC1 根+ϕ214mm 扶正器 1 只+6¼in DC,钻至造斜点,以控制造斜点侧向或反向位移。例如:文 179-33 井中下入技术套管封隔馆陶组,三开直井段长达 1262m,仍选用此钻具组合方式钻至造斜点 2980m,井斜角只有 1°。

(2)馆陶组底界方位与设计方位基本一致,且第 I 靶靶前位移较大时,选用双扶单弯螺杆钻具,且上扶正器选用小直径,以减少造斜点与第 I 靶之间的位移,降低定向段和稳斜段的井眼轨迹控制难度。例如文 65-165 井,馆陶组底界时井斜角为 2°,井斜方位角为 290°,选用的上扶正器为 ϕ200mm,钻至造斜点时井斜角为 4°,实际方位与设计一致,既减少了定向工作量,又避免了定向前的起钻工作。

(3)在 8½in 井眼中、馆陶组底界井斜角不大时,且距造斜点较近时,直接使用上、下扶正器为同直径的单弯螺杆钻具,其结构弯角的大小根据邻井资料选择。当设计最大井斜角较小时,可完成直井段、造斜段及稳斜段的作业。例如文 98-21 井,钻过馆陶组后,使用双驱复合导向钻井,一趟钻钻完设计进尺,完成了直井段、增斜井段、稳斜井段三段的施工作业。

(4)上部直井段井斜角,靶前位移量均偏大,如继续钻进,由于井底侧向位移可能造成造斜点与双靶不在一条线上,选择双扶单弯螺杆钻具进行纠斜或扭方位后,再钻直井段。如:文

133-19井,由于上部井斜角达4°,实际方位与设计方位基本相符,采用双扶单弯螺杆钻具在直井段纠斜后钻至造斜点。

四、定向段及增斜段的井眼轨迹控制

1. 初始井斜方位角的确定

在定向过程中,为了避免扭方位,应考虑井斜方位自然漂移的影响。但确定合适的初始井斜方位角难度相当大,最主要原因是地层产状的可知度低。因此,在施工中,可结合邻井资料来确定初始井斜方位角。若地层自然造斜方位呈现右漂趋势,则将初始井斜方位角定在靶心与左靶边(顺时针)之间,或左靶边外侧;反之将初始井斜方位角定在靶心与右靶边之间或外侧。在双驱钻进过程中,单弯螺杆钻具配合PDC钻头复合钻进时,稳方位效果较好,所以初始井斜方位角与设计的井斜方位角间的偏差很小,由此初始确定的初始井斜方位角,一般情况下,中途不需要扭方位。

2. 定向造斜段井眼轨迹的控制

定向井施工过程中,使用常规"弯接头+直螺杆钻具+牙轮钻头"的钻具组合存在易掉牙轮,定向速度慢,全角变化率不能有效控制,不能复合钻进等诸多问题,而采用"PDC钻头+单弯螺杆钻具定向造斜+随钻仪器监测",则能有效地解决上述问题。该钻具组合的优点表现为机械钻速高,钻头寿命长,钻具转动容易,并能通过滑动钻进方式与复合钻井技术相结合的方式来控制全角变化率,实现井眼轨迹的连续控制。在8½in井眼中,常用的钻具组合有以下两种。

组合方式一:单弯单扶螺杆钻具组合。

ϕ216mmPDC + ϕ165mm 单弯下单扶螺杆 1 根 + ϕ159mmNDC 1根 + ϕ159mmDC 6根 + ϕ127mmHWDP 12根 + ϕ127mmDP。

组合方式二:单弯双扶螺杆钻具组合。

ϕ216PDCmm + ϕ165mm 双扶单弯螺杆 1 根 + ϕ159mmNDC 1根 + ϕ159mmDC 6根 + ϕ127mmHWDP 12根 + ϕ127mmDP。

钻进参数:钻压为20~80kN,复合钻进时转速为45~65r/min,钻井泵的流量为28~30L/s,泵压为12~18MPa。

当设计的最大井斜角在20°以内或受到第Ⅰ靶靶前位移的限制时,需定向钻至设计最大井斜角的定向井,选用钻具组合方式二,用1°或1.25°双扶单弯螺杆钻具直接造斜到最大井斜角后,采用复合钻进方式稳斜中靶,可完成直井段、造斜段及稳斜段作业。当设计最大井斜角大于20°的定向井时,则选用钻具组合方式一,用0.75°单扶单弯螺杆钻具或1°单扶单弯螺杆钻具造斜到15°以上,启动转盘进行复合钻进使其自然增斜。定向造斜过程中,要根据实际造斜率的大小,灵活掌握滑动钻进和复合钻进井段的长短比例,控制合适的造斜率达到最佳造斜效果。对于三段式双靶定向井,特别是大井斜角的定向井,采用单扶单弯增斜时,若自然造斜率高于优化轨道设计造斜率时,继续使用复合钻进增至最大井斜角,则第Ⅰ靶靶前位移将超标,此时可提前采取微增斜控制造斜率的方法,既可保证第Ⅰ靶的靶前位移量,又可保证中第Ⅱ靶。

五、稳斜段井眼轨迹控制

采用0.75°或1°双扶单弯螺杆钻具组合时,若地层倾向与设计方位同向时,则表现为微降斜,降斜率为(0.6°~1.2°)/30m;若地层的增斜率为(0.45°~0.6°)/30m,地层倾向与设计

方位反向时,则表现为微降斜,降斜率为(0.2°~0.6°)/30m。因此,在下入单弯双扶螺杆钻具组合时,要充分考虑地层倾向、倾角与设计方位之间的关系,下部的增斜率应留有余量。

六、降斜段井眼轨迹控制

降斜段通常采用直螺杆钻具配 PDC 钻头组成的钟摆钻具组合:ϕ216mmPDC + ϕ172mm 或 ϕ165mm 直螺杆钻具 1 根 + ϕ159mmNDC 1 根 + ϕ214 扶正器 1 只 + ϕ159mmDC 6 根 + ϕ127mmHWDP 12 根 + ϕ127mm 钻杆。

钻井参数:钻压为 20~40kN,转盘转速为 45~65r/min,钻井泵的流量为 28~30L/s,泵压为 12~14MPa。该钻具组合能获得较高的机械钻速,但降斜率受地层产状要素和井斜角的影响很大。

双驱钻井井眼轨迹控制技术的优点在于钻头转速高,能够大幅度提高机械钻速。采用导向螺杆钻具进行复合钻进时,可以连续控制井眼轨迹。一趟钻可以完成造斜、增斜、稳斜、降斜、扭方位等多种钻进作业,大大减少了起下钻时间。井眼轨迹平滑,双驱复合导向钻进和滑动钻进相结合的间隔变换,易于控制狗腿度,井下安全得到保证。钻具结构简化,双驱复合导向钻进时要求的钻压小,少下钻铤即可完成钻进要求。扶正器的尺寸小,棱长较短,出现黏卡的概率大大降低。由此,双驱钻井井眼轨迹控制技术得到了全面发展,并广泛应用于直井、小位移井、大斜度多目标定向井等各种井的钻进施工中,钻井速度和井身质量得到了大幅度的提高。

七、PDC + 螺杆双驱钻井技术在塔河油田的应用

PDC 钻头 + 螺杆双驱钻井技术是针对较硬地层双项驱动使钻头钻进的钻井技术,井下动力钻具在水马力的作用下使转子高速旋转和转盘旋转双项驱动钻头,使钻头旋转钻进。

塔河油田所施工的井多为深井、超深井,地层复杂,采用 PDC 钻头 + 螺杆双驱钻井技术能大幅度地提高机械钻速,缩短钻井周期,降低钻井成本。

1. 塔河地区地层特点

从地层分段及岩性分析上看,塔河构造上的岩性构造单一。总体而言,第四系及新近系库车组上部,地层松软,可钻性好;库车组下部、康村组、吉迪克组、苏维依组、古近系、白垩系、侏罗系、三叠系、石炭系,地层岩性多为砂泥岩互层,含砾砂岩,胶结疏松,可以实施快速钻井;三叠系、石炭系地层岩性多为砂泥岩互层,以泥岩为主可钻性差,钻速较慢;二叠系以安山岩和火成岩为主,易剥落掉块。

2. PDC 钻头 + 螺杆双驱钻井技术的应用

1)PDC 钻头的选型技术与思路

(1)PDC 钻头的选型方法:一是利用邻井相关井段的声波时差、伽马时差、密度及孔隙度测井数据,计算出代表岩石硬度的抗压强度和代表岩石研磨性的内摩擦角数据,形成相关的曲线,初步判断每一井段钻头选型的可行性,进而形成全井段钻头的选型方案。二是依靠邻井钻头使用资料、通过对各井段钻头磨损情况、岩性的分析,结合以往积累的钻头使用经验来确定钻头选型。

(2)塔河区块 PDC 钻头的选型难点:三叠系以上地层可钻性较好,局部地层夹有砾石,钻头使用时易先期损坏。石炭系地层可钻性较差,部分井奥陶系地层含有燧石结核,PDC 钻头容易出现崩齿及严重磨损。

(3)塔河区块 PDC 钻头的选型思路:三叠系以上地层首选长抛物线、大螺旋刀翼、长切削齿、多水眼、防泥包性强的 PDC 钻头,同时考虑钻头穿越砾石夹层的能力和钻头寿命,通常采

用 fs 系列钻头。石炭系及石炭系地层以下泥岩为主,可钻性相对较差,主要选择中等抛物线型、中等布齿密度、切削齿长度中等、负前角中等的胎体钻头。

2)PDC 钻头+螺杆双驱钻井技术的优势

(1)机械钻速大幅提高

该项技术在我项目部普遍推广使用后,机械钻速普遍提高,未使用该项技术前,在井队施工的 12¼in 井眼中,机械钻速在 8～10m/h。使用该技术后提高到 15～26m/h。该优势在 tk946h 井、tp214 井、yq12 井尤为突出,机械钻速达到:26.66 m/h、16.75m/h、15.01m/h。

(2)上部井段短提、短起下,阻卡程度明显减轻

① 使用 PDC 钻头钻进时机械钻速快,井眼内岩屑浓度高,使用单一转盘驱动,在高转速的情况下,部分岩屑被钻具和扶正器甩打在井壁上,不能及时随钻井液返出,在起下钻过程中,在扶正器和钻头上部逐渐堆积,当堆积到一定程度时,就造成扶正器通过困难,造成阻卡。使用双驱钻井技术,转盘转速低,高浓度的岩屑很容易通过扶正器的螺旋槽,同时被钻具甩打在井壁的机会减少。

② 使用双驱钻井技术,在螺杆钻具高速旋转和径向摆动作用下,形成的井眼大于钻头的直径。

(3)井身质量控制难度减小

使用 PDC 钻头+螺杆双驱钻井技术,可以充分发挥 PDC 钻头高转速的优势,在完成同样破岩效率下,钻压就可以相对减小,对防斜打直起到积极的作用。

(4)钻具疲劳损坏程度减轻、疲劳损坏概率减小

使用 PDC 钻头+螺杆双驱钻井技术,螺杆钻具承受一部分反扭矩,在较低转盘转速下,钻具承受的扭矩冲量减小,大大减轻钻具的疲劳程度。

(5)钻井设备的负荷减小

PDC 钻头+螺杆双驱钻井技术主要依靠钻井液冲击容积式马达产生的扭矩驱动螺杆钻具,同时配合转盘低转速旋转破岩,这样即发挥了螺杆钻具高转速的特点,同时又可有效防止卡钻。因转盘转速低,所需动力也相应降低,如常规转盘钻进需要开 3 台车,而采用复合钻进只需要开 2 台车就可满足钻井的需要,大大减轻了钻井设备的负荷,此外由于转盘转速的降低,有效地减轻了钻机等地面设备的震动,从而使钻机等设备所受的各种交变应力得到大幅度的减缓,保护了钻井设备。

3. 存在问题

1)PDC 钻头堵水眼和泥包

yq5-4 井在三开钻进时,在 5412.77m 下入 8½in m1655ss、8½in ds653ab、8½in fmx643z 三只 PDC 钻头钻进,堵水眼 1 次、泥包 2 次,累积进尺 261.34m,平均机械钻仅为 1.66m/h,效果不理想,严重影响了三开钻井速度。8½in fmx643z 钻头使用效果很差。fmx643z 钻头使用不成功的原因应从钻井液性能、钻头选型、工程参数、地层岩性等等方面综合分析。

2)部分井段使用 ms1952ss 钻头井斜不好控制

yq5-4 井在 12½in 井眼,井深 3722m 时,井斜达到了 2.53°后来把钻压降至 40kN 来钻进,才使得该井段井斜没有超标,但机械钻速大打折扣。如果发现不及的话很可能造成井斜超标。因此使用 ms1952ss 钻头时,最好注意防斜打直,经常测斜,每钻进 200～300m 必须短起下一次,控制钻井参数,保持低钻压、高转速、大排量,特别是在吉迪克组。

第七章　水平井钻井技术

水平井是定向井的一种,是指井眼轨迹达到水平(井斜角达到90°左右)以后,再在油层中延伸一定长度的井,延伸的长度一般大于油层厚度的六倍。其特点是增大了油层裸露面积,使泄油面积增大,可显著提高单井产量,如图7-1所示。

20世纪50年代初,钻水平井作为一种提高油气井产量的手段,曾在苏联、美国和加拿大等国家的许多油田受到重视,但由于当时的技术和经济因素的限制,水平技术发展缓慢。直至20世纪80年代,水平井技术才呈大规模、加速发展的趋势。至1985年年底全世界共钻水平井100口,至1995年年底全世界共钻水平井1500口。1996年当年全世界就钻水平井2700口。目前,水平井技术已成为当今世界石油勘探开发领域先进的钻井技术之一。

水平井钻井技术就是使用专用的工具、测量仪器及计算机软件,钻出与设计轨道相符的井眼轨迹的操作过程和方法;是合理的技术方案与配套软、硬件技术的综合应用,是对水平井井眼轨道设计内容的物化和实现。水平井的施工设计包括总体控制方案的设计与制订,钻具组合的设计与钻井工具的选择,钻进过程的随钻测量、控制、待钻井眼的参数预测和修正设计,钻井工艺参数的选取,水力参数、钻井液、套管程序等内容的优化设计。

水平井的类型是根据从垂直井段向水平井段转弯时的转弯半径(曲率半径)的大小进行划分的,可分为长半径水平井、中半径水平井和短半径水平井,如图7-2所示,一般划分标准见表7-1。

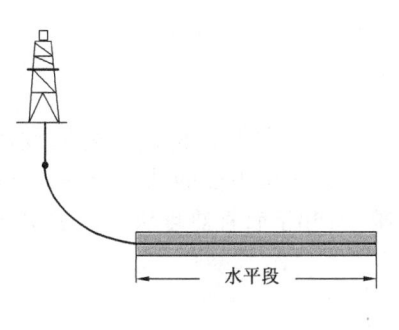

图7-1　水平井示意图

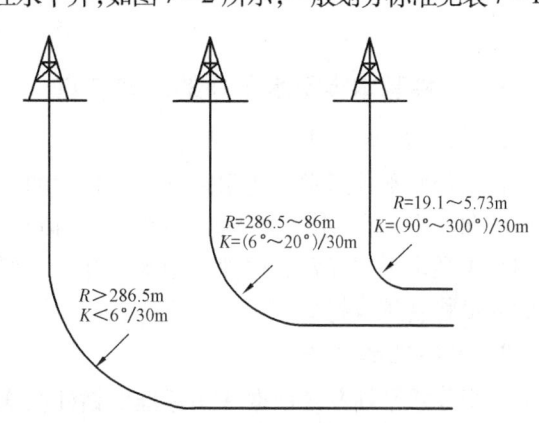

图7-2　水平井类型轨道示意图

说明:在上述三种基本类型的水平井中,造斜率范围有不完全衔接的部分(如中曲率半径和短曲率半径的造斜率之间存在空白区),造成这种现象的主要原因是受钻井工具类型的限制。目前,对于这三种造斜率范围的界定并不是绝对的(有些公司及某些文献中把中、长半径水平井的分界点定为8°/30m),此划分标准将随着钻井技术的发展而有所修正,如国外某些公司研制了造斜率K在(20°~71°)/30m范围变化的特种钻井工具(大角度同向双弯和同向三弯螺杆钻具),在一定程度上填补了中曲率半径和短曲率半径的空白区,就有了"中短半径"的概念。实际钻成的一口水平井,往往是不同曲率半径井段的组合(如中、长半径),而且由于地面、地下的具体条件和特殊要求,在上述三种基本类型水平井的基础上,又繁衍出了多种水平井类型,如大位移水平井、丛式水平井、分支水平井、浅水平井、侧钻水平井、小井眼水平井等。

表 7-1 水平井的类型

项 目	长半径	中半径	短半径
造斜率,(°)/30m	2~6	6~20	90~300
曲率半径,m	>286.5	286.5~86	19.1~5.73
水平段长度,m	300~1700	500~1000	100~300
井眼尺,in	无限制	无限制	6¼~4¾
钻井方式	转盘钻或导向钻井系统	弯外壳马达或导向钻井系统	铰接马达或转盘钻柔性组合
钻杆	常规钻杆	常规钻杆及抗压钻杆	2⅞in 钻杆
测量工具	常规测量工具(单点、多点、有线和无线 MWD)	常规测量工具(单点、多点、有线和无线 MWD)	要求测斜仪器具有柔性
地面设备	常规钻机	常规钻机	需要配备顶部驱动系统
完井方式	常规完井技术,完井方式取决于油藏条件	常规完井技术,完井方式取决于油藏条件	多数用裸眼或割缝管

第一节 几种基本类型水平井的工艺特点及水平井的应用领域

一、几种基本类型水平井的工艺特点

1. 长半径水平井

长半径水平井通常是使用常规定向钻井的井下工具和方法来完成的,造斜点比较浅;设计轨道的曲率半径大,水平位移大。对于海上钻井平台,大跨度和在城市下面的油气层等,最好采用长半径水平井开发。这种类型水平井的主要缺点是摩阻大,起下管柱难度大。此类水平井的数量将会越来越少。

2. 中半径水平井

中半径水平钻井是依据 API 标准对钻柱在施工中的弯曲和扭转的复合应力所给出的极限值,进行有效的钻井作业。

中半径水平井通常是"多增轨道"的水平井,在增斜段均要用弯外壳井下动力钻具进行增斜,必要时使用导向钻井系统控制井眼轨迹。一般在第一个和第二个增斜井段之间加一段稳斜或微增斜井段,井斜角通常在 45°~75°之间。进入水平段着陆前有一段稳斜或微增斜井段,常称为调整井段(稳斜探顶井段),主要是解决因为目的层的不确定性而造成的脱靶,通过此调整井段的调控,可保证在预定的垂深进入目的层进行水平段施工。多增轨道在长半径和中半径水平井中经常使用。

中半径水平井的优点在于井眼轨迹的可控性好,井下扭矩及阻力较小,穿透油层段长,其钻井技术发展迅速,数量增加幅度远高于长、短半径水平井,在每年世界上所钻水平井的总数中,中半径水平井占60%以上。但在中半径水平井的施工中要求使用随钻测量和随钻测井仪器设备。

3. 短半径水平井

短半径水平井是使用普通18°斜坡钻具或铰链工具在小井眼中钻出其全角变化率在90°~300°/30m范围内的水平井。短半径水平井通常是在φ152mm或φ120.65mm的井眼中进行施工,因靶前位移小,曲率半径小,造斜点到靶点的垂深小,中靶精度高,增产效益显著,所以,它适用于那些目的层以上地层较复杂的井,主要用于老井侧钻。但在施工中需用特殊的造斜工具,完井难度大,只能采用裸眼或下割缝筛管的完井方式。

如图7-3所示,水平井的曲率半径越短,则在一定垂深和有限的油藏范围内,可钻达的水平段越长。而且在垂深一定,各类水平井允许的垂向误差相同的条件下,造斜段的曲率半径越小,钻达目标窗口(水平段入口)的误差范围越小。图7-4中曲率半径分别为430m、286m和38m的长、中、短半径水平井,其垂向误差率为10%的误差圆半径分别为43m、28.6m和3.8m。由此可见,对于厚度小于8m的油气层,就难于用中、长半径水平井命中目标了。

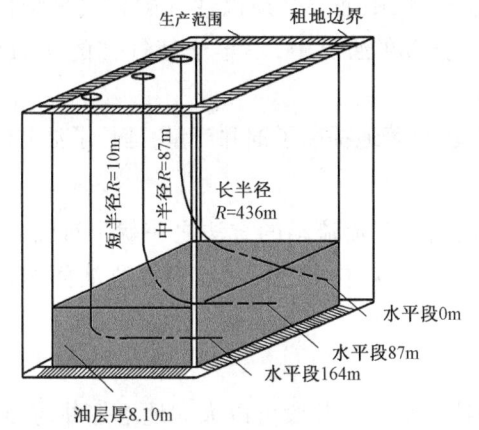

图7-3 各类水平井能钻达的水平段长度
(垂深一定,油藏面积为$16×10^4m^2$)

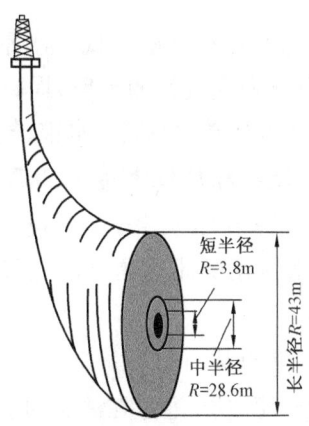

图7-4 各类水平井垂向误差率
为10%的误差圆半径

二、水平井的应用领域

1. 天然垂直裂缝型储层

天然垂直裂缝相交错的油藏为水平井提供了理想的应用条件,这时采用水平井开采可以使产量提高4~20倍。在垂直裂缝油藏中,油气完全储在裂缝中,裂缝之间的非生产地层厚度一般为6~60m,所以垂直井可能只钻到一个产层,也可能一个产层也钻不到,而水平井可以与产层垂直相交横向钻穿若干个产层裂缝,这样一口水平井的产量就比一口垂直井的开采量高得多,如图7-5所示。

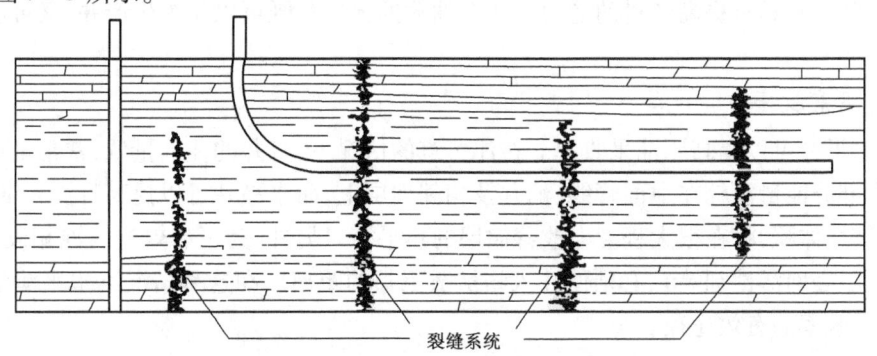

图7-5 天然垂直裂缝型储层中垂直井和水平井钻遇储层对比分析示意图

2. 易出现水锥、气锥的油层

水锥、气锥如图7-6所示。

(1) 水锥:如果产层驱油动力为储层中的水体,垂直井可能会遇到水锥的问题。出现这一现象时,开采出来的会是连油带水的地层流体,严重时会只出水不出油。水平井技术可以在油层的中上部造斜,然后在生产层中钻一定长度的水平段避开水锥,这样不仅减少了水锥的影响,而且每单位长度产油段的压力降比垂直井产油段低,出水、出砂的概率也比垂直井低。

(2) 气锥:因为天然气的黏度远低于原油,通常气锥比水锥出现的概率更高。如果气锥不能控制,则油层必须以注气的方式来维持产量,

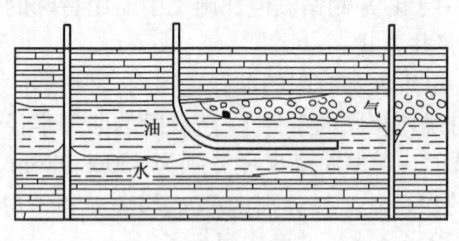

图7-6 水(气)锥示意图

否则压力必然过早地降低。水平井的开采段全部在油层中,不至于使气锥的压力梯度过高,有利于避免气锥的出现,提高原油采收率。

水平井成功地减缓了水锥、气锥的推进速度,显著地提高了油井产量,延长了油井的寿命。

3. 低孔隙度低渗透率油藏

低渗透率油藏,由于生产能力低,传统的提高油气流流动的方法之一就是对油井进行压裂。但目前解决此问题可以选择钻水平井,水平井这样可以大大地增加泄油面积,提高采收率。

4. 薄油层

对于薄油层,通过在油层的上下边界之间钻一个水平井段可以大大地增加井与油层的接触表面积,从而提高了薄油层的产量。

5. 不规则油层

水平钻井已经成功地应用于开发不规则的油气藏。这类含油气地层互不关联,孤立存在,地震测量也难以指定其准确的位置,所以钻直井或常规定向井很难准确钻达这类油藏储层。然而短半径水平井可以从现有的直井出发,在接近油藏的位置进行开窗侧钻钻达目的层,还可避免可能出现的水锥和气锥问题。

6. 重油、稠油产层

在重油产层中,水平井扩大了油层的泄油面积,进行热采时,有利于热线的均匀推进,大大提高了生产能力,具有提高产量的能力。横穿油藏的水平井既可以作为生产井,又可以作为注水井。

7. 提高采收率

采用水平井可以提高原油采收率。在注蒸汽的情况下,直井的注入量低,常常呈现很差的热平衡,有部分能量消耗在地面管线、油井及相邻地层上,而水平井可以提高日注入量,直接加热更大的储层体积,将在很大程度上改善储层的热平衡。另外,为了有效注入混相段塞(CO_2、液化石油气、表面活性剂等),必须使注入物扩散更长的距离。在这种情况下水平泄油无疑是一种提高采收率的有效途径。

第二节　水平井的轨道设计及靶区参数

水平井的井眼轨道设计或称轨道设计是井眼轨迹控制的基础和依据。水平井井眼轨道设计，一般情况下都采用二维设计（在铅垂面中设计）。此种井眼轨道设计的事后评价表明，设计井眼轨道与实钻轨迹最为接近，最大限度降低了控制难度，减少了实际井眼轨迹与设计井眼轨道间的偏差，提高了钻井时效，节约了钻井成本。

一、水平井轨道设计

水平井工程设计时主要考虑以下几个方面的问题：
(1)油气藏描述与精细地质设计；
(2)水平井完井方法的选择；
(3)水平井靶区参数的设计；
(4)水平井井眼轨道设计。

1. 水平井井眼轨道类型

水平井常用的井眼轨道有三种类型：单弧井眼轨道、双弧井眼轨道和三弧井眼轨道。

1）单弧井眼轨道

单弧井眼轨道又称"直—增—水平"轨道，它由直井段、增斜段和水平段组成。此类轨道的突出特点是使井斜角由零度钻至水平段的起始位置。这种井眼轨道适用于目的层顶界、工具造斜能力与所钻地层增斜能力都十分确定的情况。侧钻短半径水平井常采用这种轨道类型，如图7-7所示。

2）双弧井眼轨道

双弧井眼轨道又称"直—增—稳—增—水平"轨道，它由直井段、第一增斜段、稳斜段、第二增斜段和水平段组成。其突出的特点是在两段增斜段之间设计了一段较短的稳斜调整段，调整由于工具造斜率的误差造成的井眼轨迹偏离。这种轨道适用于目的层顶界确定而工具造斜率尚不十分确定的情况，中、长半径水平井常采用这种井眼轨道类型，如图7-8所示。

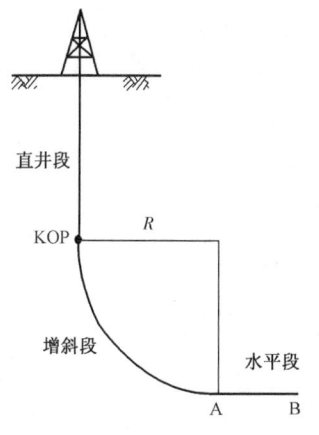

图7-7　单弧井眼轨道水平井示意

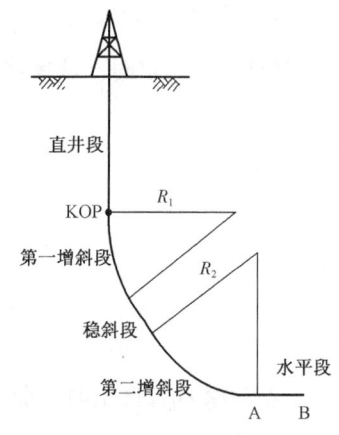

图7-8　双弧井眼轨道水平井示意图

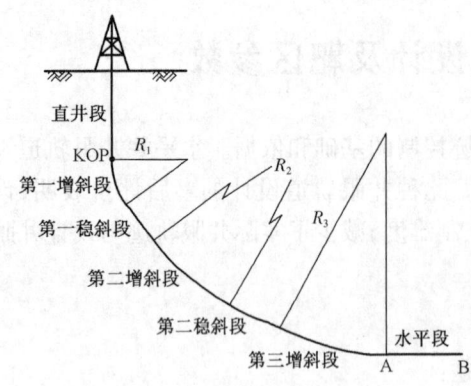

图 7-9 三弧井眼轨道水平井示意图

3) 三弧井眼轨道

三弧井眼轨道又称"直—增—稳—增—稳—增—水平"轨道,它是由直井段、第一增斜段、第一稳斜段、第二增斜段、第二稳斜段、第三增斜段和水平段组成。其突出特点是在三个增斜段之间相继设计了两个稳斜段,第一稳斜段用于调整工具造斜率的误差,第二稳斜段则用于探油顶,即调整钻至目的层顶界的误差。这种井眼轨道适用于目的层顶界和工具造斜率都易出现误差的情况。薄油层水平井常采用这种井眼轨道类型,如图 7-9 所示。

2. 水平井井眼轨道设计

水平井井眼轨道的设计方法,国内外已有大量的文献进行了详细的记载。应用较为普遍的有固定参数法和调整参数法两种,设计内容主要是单弧井眼轨道、双弧井眼轨道和三弧井眼轨道。

水平井轨道的设计前提是在已知水平段的起始点位置、水平段设计井斜角 α_D、水平段长度 L、井斜方位角、目标点的垂深 D_t 的情况下进行的。

1) 固定参数法——设计单弧井眼轨道

如图 7-7 所示,造斜点位置和井眼曲率半径是确定的,或者说要确定靶前位移 S_A、造斜点垂深 D_{KOP}、水平段设计井斜角 α_D 和曲率半径 R。固定参数法设计的自由度为 1 个,即在 3 个参数组合中任意确定一个为已知量,其他两个参数值可由计算确定,计算方法如下。

(1) 曲率半径 R 选定时。造斜点垂深为

$$D_{KOP} = D_t - R\sin\alpha_D \tag{7-1}$$

靶前位移为

$$S_A = R(1 - \cos\alpha_D) \tag{7-2}$$

(2) 靶前位移 S_A 选定时。曲率半径为

$$R = \frac{S_A}{1 - \cos\alpha_D} \tag{7-3}$$

造斜点垂深为

$$D_{KOP} = D_t - \frac{S_A \sin\alpha_D}{1 - \cos\alpha_D} \tag{7-4}$$

(3) 造斜点垂深 D_{KOP} 选定时。曲率半径为

$$R = \frac{D_D - D_{KOP}}{\sin\alpha_D} \tag{7-5}$$

靶前位移为

$$S_A = \frac{D_T - D_{KOP}}{\sin\alpha_D}(1 - \cos\alpha_D) \tag{7-6}$$

注：确定参数时，要在实际情况允许的范围内选择；若变化给定参数，则可得到不同的设计方案。设计水平井井眼轨道时应满足钻井施工的优质、快速、安全、经济等诸多因素的要求。

2）调整参数法——设计双弧井眼轨道

如图 7-8 所示，在工具造斜率有一定误差的情况下，利用中间的稳斜段（长度 L_W 和井斜角 α_W 待定）进行调整。由造斜点垂深 D_{KOP}、靶前位移 S_A、曲率半径 R_1 和 R_2，稳斜段长度 L_W 及稳斜角 α_W 六个参数，可建立如下方程组

$$R_1\sin\alpha_W + L_W\cos\alpha_W + R_2(\sin\alpha_D - \sin\alpha_W) = D_t - D_{KOP} \tag{7-7}$$

$$R_1(1 - \cos\alpha_W) + L_W\sin\alpha_W + R_2(\cos\alpha_W - \sin\alpha_D) = S_A \tag{7-8}$$

在使用调整参数法进行水平井井眼轨道设计时，必须先确定其中任意四个参数，才能求得另外两个参数。例如，给定造斜点垂深 D_{KOP}、靶前位移 S_A、曲率半径 R_1 和 R_2，可求得稳斜段长度 L_W 和稳斜角 α_W。

$$\alpha_W = \arctan\left(\frac{a}{b}\right) + \arcsin\left(\frac{c}{\sqrt{a^2 + b^2}}\right) \tag{7-9}$$

$$L_W = \frac{b}{\cos\alpha_W} - c \cdot \tan\alpha_W \tag{7-10}$$

$$a = S_A + R_2\cos\alpha_D - R_1 \tag{7-11}$$

$$b = D_t - D_{KOP} - R_2\sin\alpha_D \tag{7-12}$$

$$c = R_1 - R_2 \tag{7-13}$$

第一造斜段、第二造斜段的造增率 K_1 和 K_2 与曲率半径 R_1 和 R_2 的关系分别为

$$K_1 = \frac{1}{R_1}, K_2 = \frac{1}{R_2}$$

很显然，当 K_1、K_2 存在偏差时，会引起 α_W、L_W 的相应变化。在实际施工过程中，可以通过调整 α_W、L_W 的值来适应 K_1、K_2 的偏差。

3）三弧井眼轨道的参数设计

如图 7-9 所示，设三弧轨道第一造斜段、第二造斜段和第三造斜段的曲率半径分别为 R_1、R_2 和 R_3，第一稳斜段、第二稳斜段的井斜角和段长分别为 α_{W1}、L_{W1} 和 α_{W2}、L_{W2}，造斜点（KOP）的垂深为 D_{KOP}，着陆点垂深和井斜角分别为 D_t 和 α_D，着陆点靶前位移为 S_A，油顶提前量为 ΔD，γ 传感器距钻头的距离为 L_γ，辨识油顶垂深范围为 Δd，油层厚度的中间界面至油顶的距离为 h，这些参数满足下述方程组

$$D_t = D_{KOP} + R_1\sin\alpha_{W1} + L_{W1}\cos\alpha_{W1} + R_2(\sin\alpha_{W2} - \sin\alpha_{W1}) + L_{W2}\cos\alpha_{W2} + R_3(\sin\alpha_D - \sin\alpha_{W2})$$
$$\tag{7-14}$$

$$S_A = R_1(1 - \cos\alpha_{W1}) + L_{W1}\sin\alpha_{W1} + R_2(\cos\alpha_{W1} - \cos\alpha_{W2}) + L_{W2}\sin\alpha_{W2} + R_3(\cos\alpha_{W2} - \cos\alpha_D)$$
$$\tag{7-15}$$

$$\alpha_{W2} = \arccos \frac{R_3}{\sqrt{L_{CT}^2 + R_3^2}} + \arcsin \frac{R_3 \sin\alpha_D - d}{\sqrt{L_{CT}^2 + R_3^2}} \qquad (7-16)$$

$$L_{CT} = L_\gamma + \frac{\Delta d}{\cos\alpha_{W2}} \qquad (7-17)$$

$$L_{W2} = \frac{\Delta D}{\cos\alpha_{W2}} + L_{CT} \qquad (7-18)$$

在上述参数中,D_{KOP}、α_D、D_t、S_A、ΔD、Δd、d 和 L_γ 这 8 个参数一般为已知的,其余的 L_{W1}、L_{W2}、α_{W1}、α_{W2}、R_1、R_2、R_3 和 L_{CT} 8 个参数中,具有 5 个约束条件的式(7-14)至式(7-18),需先确定 3 个未知数,然后解出其余的 5 个参数。例如,给定 R_3(着陆进靶曲率半径)、R_1(第一稳斜段曲率半径)和 L_{W1}(稳斜段长),即可求出 R_2、α_{W1}、α_{W2}、L_{W2} 和 L_{CT}(稳斜进入油顶的最短矩离)值。

二、靶区参数

地质设计给出的水平井靶区通常是指在目的层内沿水平段设计井眼轴线方向的几何体,其截面多为矩形、圆柱形或梯形,这个几何体也称为靶体,常用的是矩形靶,如图 7-10 所示。可以将靶体看成是由无数个法面组成的,因此,控制水平井井眼轨迹中靶,与常规定向井、多目标井的中靶是个截然不同的新概念。

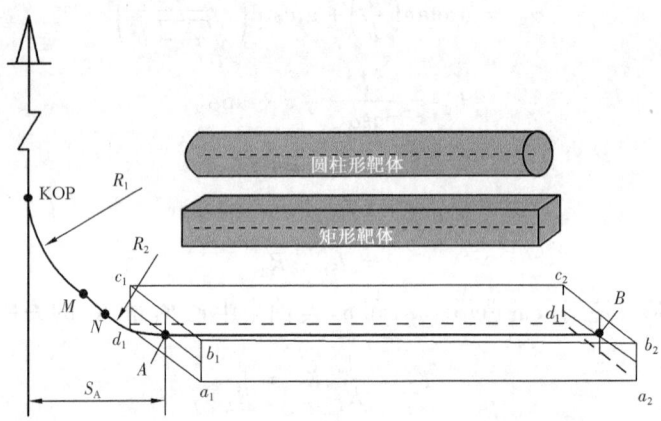

图 7-10 水平井井眼轨道设计示意图

描述水平井时,除使用普通定向井的基本技术术语外,依据其自身的特点,还使用以下常用术语。

(1)靶窗:靶体的前端面(俗称窗口,矩形 $a_1 b_1 c_1 d_1$)。

(2)靶底:靶体的后端面(矩形 $a_2 b_2 c_2 d_2$)。

(3)设计着陆:水平井的增斜段设计线与靶窗的交点,又称为设计瞄准点,通常用字母 A 表示,其井斜角 α_A 即为水平段的设计井斜角 α_D。设计着陆点 A 习惯上又称为靶心,它可以是靶窗的形心,也可以不是,但应是设计人员最希望达到的位置,需要考虑油藏情况和开发的要求加以确定。

(4)设计终止点:水平井段的设计井眼轨道与靶底的交点,通常用字母 B 表示。

(5)设计靶心线:靶窗内通过 A 点的两条正交基准线,如图 7-11 中的 X、Y 轴。设计靶心线可以是靶窗的对称轴,也可以不是。

(6)靶心设计平面:通过靶窗、靶底内水平靶心线(AB)的水平面,图 7-11(a)中 $e_1 f_1 f_2 e_2$。

(7)设计靶前位移:在水平井的轨道设计图中,直井段所在轴线与设计靶窗平面间的距离,或设计着陆点 A 到直井段所在轴线的距离,也称设计靶前距,用 S_A 表示,如图7-10所示。

(8)实际着陆点:实钻井眼轨迹与靶窗平面的交点,通常用 A' 表示,该点的井斜角应为水平段设计的井斜角值 α_D;实际着陆点 A' 所在的铅垂面就是实际的靶窗平面。

(9)实际靶前位移:实钻着陆点 A' 到直井段所在轴线的距离,也称实际靶前距,用 $S_{A'}$ 表示。

(10)平差:实际靶前位移与设计靶前位移间的差值,常用 ΔS 表示,即 $\Delta S = S_{A'} - S_A$,它是表示实际靶窗与设计靶窗位置关系的参数。

(11)实际终止点:水平段实钻井眼轨迹与靶底平面的交点,通常用 B' 点表示。

(12)着陆点纵距和着陆点横距:A' 点到靶窗内两条设计靶心线(横、纵两轴)的距离,分别称为着陆点纵距和着陆点横距,用 $d_{A'V}$ 和 $d_{A'D}$ 表示。同样,也可以定义靶底内终止点 B' 的纵距 $d_{B'V}$ 和横距 $d_{B'D}$,如图7-11(b)和图7-11(c)所示。

(13)靶上最大波动高度:实钻水平段曲线 $A'B'$ 在靶心设计平面上部的最大距离,用 $+d_u$ 表示("+"表示在靶心设计平面以上),如图7-11(d)所示。

(14)靶下最大波动高度:$A'B'$ 在靶心设计平面下部的最大距,用 $-d_d$ 表示("-"表示在靶心设计平面以下),如图7-11(d)所示。

(15)铅垂线投影点:通过实钻的水平段曲线 $A'B'$ 上某点的铅垂线与靶心设计平面的交点称为该点的铅垂线投影点,如图7-11(d)中 R' 点。

(16)铅垂距:$A'B'$ 曲线上的任意点到靶心设计平面的距离,如图7-11(d)中的 d。

在钻进过程中由于多种因素的影响,使得水平井的实钻井眼轨迹与设计井眼轨道间必有误差,如图7-11(a)所示,水平段的实钻井眼轨迹为曲线 $A'B'$。

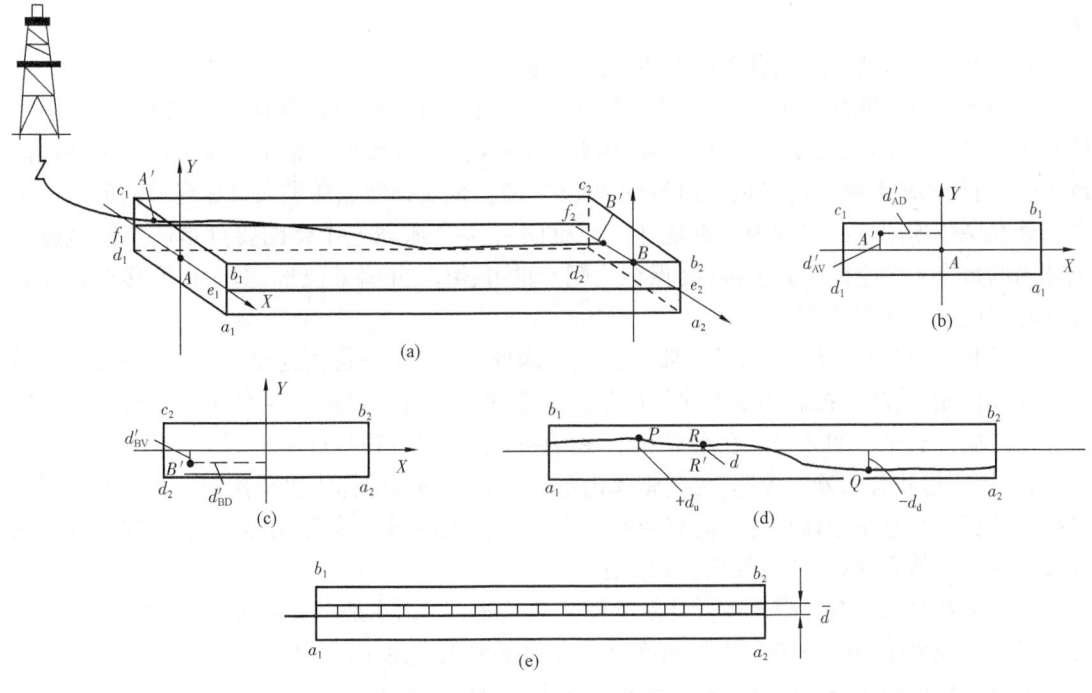

图7-11 水平段实钻井眼轨迹示意图

如果实钻水平段 $A'B'$ 上所有点距靶心设计平面的平均偏离高度用 $\bar{d}$ 表示,如图 7-11(e) 所示,其值的大小可由下式求出

$$\bar{d} = \frac{1}{L}\int_0^L |d_i| \mathrm{d}L_i \tag{7-19}$$

或

$$\bar{d} = \frac{1}{L}(F_u + F_d) \tag{7-20}$$

式中　L——水平段的设计长度 $|AB|$,m;

　　　F_u——实钻水平段曲线 $A'B'$ 在水平段设计线 AB 上部与 AB 所围成的曲边图形的面积,m^2;

　　　F_d——实钻水平段曲线 $A'B'$ 在水平段设计线 AB 下部与 AB 所围成的曲边图形的面积,m^2。

水平段实钻井眼轨迹上下波动的幅度用波动全高 d_t 表示,有两种情况:

(1)当实钻水平段曲线 $A'B'$ 在靶心设计平面上侧或下侧(同侧)时,波动全高是指 $A'B'$ 上距靶心设计平面的最大和最小距离的绝对值之差。

(2)当实钻水平段曲线 $A'B'$ 在靶心设计平面上、下波动时,波动全高是指靶上、靶下的最大波动幅度的绝对值之和。

提出上述概念和指标是为了定量描述水平井井眼轨迹控制的技术和质量,这些参数直接反映了水平井段的控制能力。着陆点纵距和横距是衡量着陆控制水平的主要指标;靶上、靶下的最大波动幅度直接反映了水平控制的平稳能力;平均偏离高度描述了实钻水平段对靶心设计平面的总体贴近程度;波动全高则描述了钻水平井的实际能力。只有当水平井段的平均偏离高度 $\bar{d}$ 和波动幅度 d_t 均较小时,才表明具备水平控制的能力。若 $\bar{d}$ 和 d_t 有一项偏大,即不具备此能力。

水平井靶区与常规定向井靶区的主要区别在于:

常规定向井井眼轨迹中靶时,进入的靶区是一个法平面(也称目标窗口)。但水平井中靶的靶区不是一个平面,而是一个柱状体。因此,钻水平井不仅要求实钻靶点在窗口平面的设计范围内,而且要求此靶点的矢量方向与设计靶体平行,使实钻靶点在进入目标窗口后的每一个点都处在靶体所限制的范围内。也就是说,控制水平井井眼轨迹中靶的要点是使实钻轨迹在靶体内的每个点的空间位置要准确(保证入靶点的井斜角、井斜方位角、垂深和位移在设计要求的范围内),即矢量中靶。

水平井是由"直—增—水平"三部分组成。因此,水平井井眼轨迹控制也分为三部分,即垂直井段控制、着陆点控制和水平井段控制。水平井的垂直井段控制与常规直井及定向井的直井段控制没有根本的区别。在水平井中,由直井段末端的造斜点(KOP)钻至靶窗的增斜井段,这一控制过程称为着陆控制;控制靶体内水平段钻进的过程称为水平控制。水平井井眼轨迹控制的突出特点集中体现为着陆点控制和水平井段控制两个阶段,在这两个控制过程中又涉及一些新的概念、指标和特殊的控制方法。

图 7-10 是水平井井眼轨道设计示意图。在这里,"水平"是广义概念,α_D 可以是 90°,也可以略小于或大于 90°(按我国石油行业标准对水平井的规定,$\alpha_D \geqslant 86°$)。

三、对水平井着陆点控制和水平井段控制的基本要求

(1)实际着陆点不能超出靶窗。

(2) 在水平井段控制中实钻井眼轨迹不得穿出靶体。

上述两点是水平井施工要求的最低限制。控制人员在进行实际施工之前,为了留有调整的余地,必须对控制指标做出严格的限制。

由于存在地质勘探精确度的不确定因素,使得实际的油层顶界垂深与地质设计垂深会存在一定的误差,造成实钻过程中的靶窗位置与设计靶窗位置会有偏差。

一般来说,由于实际着陆点 A' 前的一段增斜段和其后的整个水平段都是在目的层内钻进的,具有一定的平差值,所以不会影响水平井的产量,而且适当地放宽对平差的限制,还会在一定程度上降低着陆点控制的难度和钻井费用。但是,当开发方案对靶前位移做出严格限制(例如对特殊的水平探井、丛式水平井、短半径水平井以及受地界的限制)时,控制人员应将平差作为一个重要指标。

四、误差来源与水平井井眼轨迹控制的要求

造成水平井的实钻井眼轨迹偏离设计井眼轨道的主要原因有以下几点。

1. 地质勘探误差

由于地质勘探精度不确定的影响,地质设计的油顶垂深与实际的油顶垂深总会存在误差,这种地质勘探误差常给着陆控制带来困难,误差较大或在薄油层中钻水平井时,其影响尤为突出。

2. 工具能力误差

因受地层产状、施工操作方法(如工具面角的偏摆较大,送钻钻压的不匀程度等)和理论计算方法准确程度的影响,工具的实际造斜率和设计的工具造斜率之间也会存在一些差异。

3. 井眼轨迹预测误差

由于 MWD 的方向参数传感器与钻头之间尚有一段距离(一般为 13~17m 左右),使得仪器不能及时测得钻头处的井眼轨迹参数。另外,信号由井下传到地面设备的时间差均造成了实钻过程中的信息滞后。在实钻过程中,需要根据显示的参数值来预测当前的钻头参数,并预测下一段待钻井段井眼前进方向的趋势。由于信息滞后、测量方法的不同和测量系统的误差都会给钻进过程带来一定的影响,尤其是在薄油层中以较大的造斜率控制着陆进靶时影响更大。

现主要对地质勘探误差和工具能力误差的影响做如下定量分析。

如图 7-12 所示,设计的着陆点为 A,靶前距为 S_A,A 点对应的曲率半径为 R,水平井的设计靶窗高度为 $2d$,水平段设计井斜角为 $90°$。

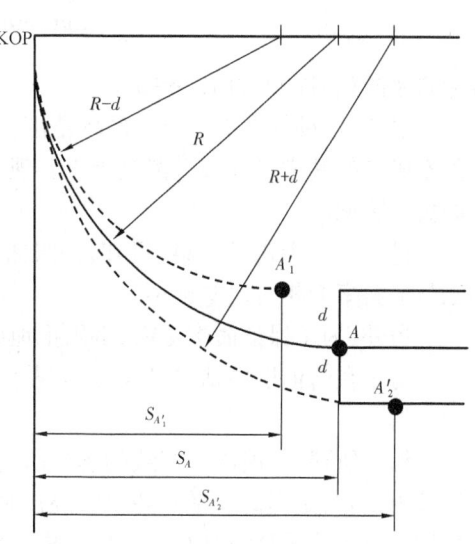

图 7-12 误差影响分析示意图

由几何关系可知,当实际着陆点分别位于靶体的下极限位置 A_2' 和上限位置 A_1' 时,对应的曲率半径为

$$R' = R \pm d \tag{7-21}$$

相应的工具造斜率为

$$K' = \frac{1}{R \pm d} \quad (7-22)$$

与设计造斜率 $K = \frac{1}{R}$ 的误差为

$$\Delta K = \frac{\pm d}{R(R \pm d)} \quad (7-23)$$

造斜率的相对误差为

$$\frac{\Delta K}{K'} = \pm \frac{d}{R} \quad (7-24)$$

注:"+"号用于实际着陆点位于靶体下底面的情况,"-"号用于实际着陆点位于靶体上顶面的情况。

由此可知,着陆点控制对工具造斜率的要求范围是

$$\frac{1}{R+d} \leq K' \leq \frac{1}{R-d} \quad (7-25)$$

结合实例分析会加深工具造斜能力误差对着陆点控制影响的认识。

设某一中曲率半径水平井,目的层设计垂深 $D = 2000\text{m}$,靶窗高度为 $6\text{m}(d = \pm 3\text{m})$,则相应的设计曲率半径 $R = 214.875\text{m}$。

代入式(7-24)和式(7-25)计算可知,保证中靶的工具造斜率范围为

$$7.890°/30\text{m} \leq K' \leq 8.113°/30\text{m}$$

造斜率的相对误差为 1.369%。

显然,这种精度的工具造斜率范围,这样小的造斜率误差,对于实际的钻井工具和受多种因素影响的钻进过程来讲都是难以实现的。如果不采取特殊的技术措施,极易造成该水平井的失控脱靶。

进一步分析式(7-24)可知,井眼曲率半径越大,或油层越薄(相应靶窗越小),则要求的工具造斜率的相对误差越小。

另外,为了保证命中靶窗,必须把地质勘探误差限制在靶窗高度的一半以内。

对于在薄油层中钻水平井,地质勘探误差影响会更大,因此,对地质勘探误差的限制也更为严格。

综上所述,开展深入细致的理论研究,以尽量缩小地质勘探误差、工具能力误差和井眼轨迹预测误差,是提高水平井井眼轨迹控制质量的根本途径。在此基础上,采取合理的井眼轨迹控制方案优化设计,选取风险最小,成功率最高的控制方案,是在现有技术条件下控制成功率,提高控制质量和精度的重要途径。

对水平井井眼轨迹控制的总体要求是:

(1)具有一定的控制精度。

(2)具有较强的应变能力。

(3)具有较高的预测准确度。

(4)达到较稳、较快的施工水平。

五、水平井钻井施工难度

水平井钻井技术是定向钻井技术的延伸和发展。水平井的井眼轨迹控制技术与常规定向井相比有类似之处,也有显著差异,体现了水平井井眼轨迹控制的突出技术特征。

1. 中靶要求高

常规定向井的靶区为目的层内的一个圆,常称为靶圆,靶圆中心称为靶心。靶心是井身设计轨道中靶的理论位置,而靶圆是考虑了误差的影响而给出的实钻井眼轨迹中靶的范围。一般来说,常规定向井的目的层越深,其靶圆半径相应也越大。例如,一口垂深为 1800~2100m 的常规定向井,其靶圆半径通常为 30~45m。水平井靶体的靶窗高度与油层产况有关,宽度一般是高度的 5 倍,水平段的长度则和水平井的增斜段曲率半径大小有关。例如,对于厚油层,靶窗高度可达 20m;但相对于薄油层,该高度可小到 2m 甚至更小。而按我国对水平井的规定,水平段井斜角一般应在 86°以上;长、中、短半径水平井的水平段长度一般分别为 ≥500m、300m、60m。

很显然,顺利进入水平井的目标(靶体)比进入常规定向井的目标(靶圆)要求更苛刻,从控制要求看,前者是三维控制,后者是二维控制。对于水平井,只控制井眼轨迹进入靶窗还不够,还要防止在钻水平段的过程中因钻头穿出靶体而造成脱靶的现象;而对常规定向井来说,只要保证钻入靶圆即为成功。因此,水平井中靶精度要求更高。

2. 轨迹控制难度大

井眼轨迹控制难度大,是因为在井眼轨迹的控制过程中存在着"两个不确定性因素"(即目标垂深的不确定性和造斜工具造斜率的不确定性),虽然对直井和普通定向井影响不大;但使水平井由造斜点开始到钻至 A 靶的增斜井段控制和水平井段控制难度加大有可能由于井眼轨迹控制过程中较小的偏差而导致脱靶。

由于水平井的水平段较长,随着斜井段的延伸,井眼摩阻随之增加,使得钻具在井眼中的转动困难,从而加大了工具面角的摆放难度。另外,在进靶钻进的过程中,井眼轨迹预测误差加大了控制难度;在进靶钻进过程中井斜方位角的控制也是不可忽视,曾经就出现过一些水平井,在进靶时的井眼轨迹控制过程中因井斜方位角控制不当,虽然成功地进入靶窗,但在水平段被迫强行扭方位的实例,造成了井眼轨迹控制难度的加大和钻井成本的增加。

3. 特殊工具多

上述水平井井眼轨迹控制的几个特点造成了水平井井眼轨迹控制所用的特殊工具多于常规定向井工具。例如,在水平井中,一般要用 MWD 进行方向参数(α、φ 和 Ω)的监测;在薄油层中还需要使用带有伽马参数(普通伽马和聚焦伽马)的 MWD 来探测油顶和辨识油层产状,要用特殊类型的井下动力钻具(如固定弯壳体、可变弯壳体等)进行造斜;在中半径水平井中,一般要用特殊类型的井下动力钻具(如固定弯壳体、可变弯壳体等)进行造斜;在水平井的水平段及长半径水平井的造斜段,常用小角度弯壳体或反向双弯壳体等带有扶正器的导向动力钻具;在短半径水平井中,需采用铰接式动力钻具或柔性转盘组合;当水平段很长,摩阻很大,加压困难时,还需采用特殊设计的水力加压器等。

4. 井下管柱受力复杂

(1)由于井眼的井斜角大,井眼曲率大,管柱在井内运动时会受到很大的摩擦阻力,致使起下钻、下套管以及施加钻压等作业时造成很多困难。

(2)在井斜角大于 60°和水平井段的井眼中,需要使用"倒装钻具结构",防止下部钻具因受到的轴向压力过大而出现失稳的现象,此时不但会引起钻具的屈曲变形,增大了摩阻,而且还将无法正常施加钻压。

(3)钻具旋转时受到的交变应力,将加剧钻具的疲劳破坏。钻具在井下受到的摩阻力、摩扭矩和弯曲应力将显著增大,比直井和常规定向井的受力状态更为复杂,因此,要求精心设计钻具组合,对钻具必须进行各种强度的校核计算。

5. 钻井液密度选择范围变小,容易出现井漏或井塌

(1)地层的破裂压力和坍塌压力随井斜角和井斜方位角的变化而变化。在垂直主应力不是中间主应力的情况下,随着井斜角的增大,地层破裂压力将减小,而坍塌压力将增大,因此钻井液密度窗口变小,容易出现井漏或井塌。

(2)在水平井段,地层破裂压力不变,而随着水平井段的延长,井内钻井液液柱的激动压力和抽汲压力将增大,导致井漏或井塌。

6. 携带岩屑困难,井眼中容易形成岩屑床

在稳斜段和水平段,由于重力作用,钻具在井眼中靠向下井壁,使钻具周围的间隙宽窄变化明显,造成井眼中宽间隙处流速大,窄间隙处流速小,剪切速率增大,岩屑在上返过程中将沉积在井眼的下井壁,堆积起来形成"岩屑床"。一般情况下,当井斜角在45°~60°时就会形成"岩屑床",严重时会堵塞井眼环空。同一井眼,在相同排量下,不同井段的环空钻井液处于不同的流动状态。井眼下部,岩屑一般处于均匀分布状态;而井眼中部,钻井液的携岩能力也明显变小。

7. 井眼的稳定与防塌

水平段横穿油层,造成大段悬空裸眼井段,暴露在钻井液中的面积大大增加,侵入地层的滤液量增加,极易引起井壁坍塌。

8. 防卡

由于水平井井斜角大、水平段长,随着井深的增加,钻具与井壁的接触面积随之增加,钻具作用于井壁的侧压力也随之增加,故极易发生黏附卡钻;同时由于水平井造斜、增斜、稳斜和扭方位等工序复杂,全角变化率较大,起钻过程中易形成键槽而发生键槽卡钻。

9. 井下缆线作业困难

在大斜度和水平井段中,完井电测困难,测井仪器不能依靠自重下滑到井底。目前,射孔测试、完井电测均采用管柱送入的方法来解决此问题(传输电测);钻进时的测斜则应用无线随钻仪器进行测量。

10. 保证固井质量难度大

一方面是确保有足够强度的套管柱克服阻力顺利下至设计位置有难度;另一方面是大斜度井段和水平井段中的套管在自重的作用下贴在下井壁,居中困难;第三方面是水泥浆在凝固过程中析出的自由水将集中在井眼的上侧,从而形成一条"水槽",这大大地影响了固井质量。目前解决的方法是在套管上加足够的特制扶正器,实现套管居中。

11. 完井工艺难度大

水平井井眼曲率较大时,套管将难以下入,无法采用射孔完井方法完井,不得不采用裸眼完井或复合套管加筛管完井等方法。

第三节 水平井井眼轨迹控制方案

在水平井的施工过程中,由于存在地质勘探误差、工具造斜能力误差和井眼轨迹预测误差,给水平井尤其是薄油层水平井的井眼轨迹控制带来较大的难度。深入细致的理论研究虽然可以降低这些误差带来的影响,提高水平井井眼轨迹控制的质量,但这些工作本身就存在一定的偏差,不易取得显著进展。现实可行的方法是在现有误差条件下制定合理的井眼轨迹总体控制方案,辅之以实钻过程中的井眼轨迹动态监控,实现提高井眼轨迹控制质量和精度的目的。因此,总体控制方案设计也就成了水平井井眼轨迹控制技术的重要研究内容。

水平井井眼轨迹总体控制方案实际上就是轨迹控制人员在拿到井眼轨道设计图之后,综合考虑工具、测量仪器、油顶等多种因素,对井眼轨道设计的内容进行细化、补充、修改和落实后形成的一套具体施工方案。本节主要介绍以单圆弧井眼轨迹为基础的导眼法和稳斜探顶法总体控制方案要点。

一、常用计算公式

在介绍控制方案之前,首先应熟悉和掌握控制中最常用的有关计算公式。

如图 7-13 所示,设 I_1、I_2 为圆弧井眼轨迹上的两点,其井斜角分别为 α_1、α_2,轨道曲率半径为 R,曲率为 K,两点的垂增为 D,平增为 S,井段长为 L。不考虑井斜方位角的变化,可推得

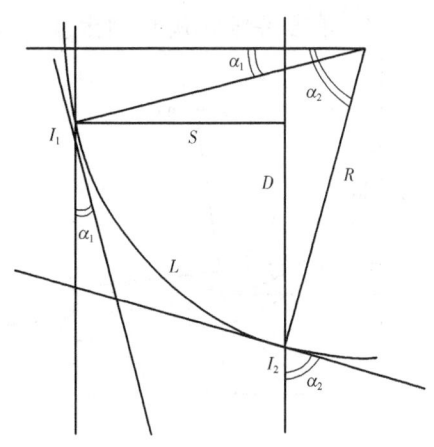

图 7-13 基本几何关系示意图

$$K = \frac{1719(\sin\alpha_2 - \sin\alpha_1)}{\Delta D} \quad (7-26)$$

$$R = \frac{\Delta D}{\sin\alpha_2 - \sin\alpha_1} \quad (7-27)$$

或

$$R = \frac{1719}{K} \quad (7-28)$$

$$\Delta D = \frac{1719(\sin\alpha_2 - \sin\alpha_1)}{K} \quad (7-29)$$

$$\Delta S = \frac{1719(\cos\alpha_1 - \cos\alpha_2)}{K} \quad (7-30)$$

或

$$\Delta S = \frac{\Delta D(\cos\alpha_1 - \cos\alpha_2)}{\sin\alpha_2 - \sin\alpha_1} \quad (7-31)$$

$$\Delta L = \frac{\Delta D(a_2 - a_1)}{57.3(\sin\alpha_2 - \sin\alpha_1)} \quad (7-32)$$

$$\alpha_1 = \arcsin(\sin\alpha_2 - \frac{K \cdot \Delta D}{1719}) \quad (7-33)$$

$$\alpha_2 = \arcsin(\frac{K \cdot \Delta D}{1719} + \sin\alpha_1) \quad (7-34)$$

$$K = \frac{30(\alpha_2 - \alpha_1)}{\Delta L} \quad (7-35)$$

式中 α_1、α_2——井斜角,$0° \leq \alpha_1 < 90°$,$\alpha_1 < \alpha_2 \leq 90°$,(°);

R——轨道曲率半径,m;

K——曲率,(°)/30m;

ΔD——I_1 和 I_2 点间的垂增,m;

ΔS——I_1 和 I_2 点间的平增,m;

ΔL——I_1 和 I_2 点间的井段长度,m。

以上各式均可用于水平井的井身计算、井眼轨迹总体控制方案设计、井眼轨迹参数计算预测和监控,也可用于选择和确定工具的造斜率 K_T。

二、井眼轨迹控制方案

1. 单弧井眼轨迹控制方案

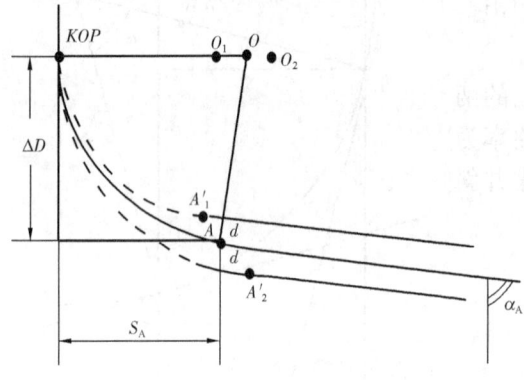

图 7-14 单弧井眼轨道的造斜率分析

当已知油层顶部垂深,不存在地质勘探误差,工具造斜率满足所要求的精度时,才可以采用单弧井眼轨迹控制方案。

根据水平井的单弧井眼轨道设计方法,先确定单弧井眼轨道所需的造斜率。如图 7-14 所示,设造斜点(KOP)处的井斜角为 $0°$,并设水平段井斜角的设计值为 α_A(一般规定 $86° \leq \alpha_A \leq 90°$),靶窗高度为 $2d$,则可求出实际着陆点与设计着陆点 A 重合时(井斜角 $\alpha_D = \alpha_A$)的造斜率为

$$K = \frac{1719}{\Delta D}\sin\alpha_D \quad (7-36)$$

式中 ΔD——造斜点与着陆点间的垂增,m。

相应的可求出着陆点 A 的靶前位移 S_A 为

$$S_A = \frac{1719}{\Delta D}(1 - \cos\alpha_D) \quad (7-37)$$

设靶窗为上、下对称(上、下允差分别为 d),可求出造斜率的最大值 K_{max}(着陆点 A'_1)和最小值 K_{min}(着陆点 A'_2)及相应的靶前位移 $S_{A'_1}$ 和 $S_{A'_2}$ 分别为

$$K_{max} = \frac{1719}{\Delta D - d}\sin\alpha_D \quad (7-38)$$

$$S_{A'_1} = \frac{1719}{\Delta D - d}(1 - \cos\alpha_D) \quad (7-39)$$

$$K_{\min} = \frac{1719}{\Delta D + d}\sin\alpha_D \qquad (7-40)$$

$$S_{A'_2} = \frac{1719}{\Delta D + d}(1 - \cos\alpha_D) \qquad (7-41)$$

由式(7-36)、式(7-38)、式(7-40)、式(7-25)可知,单圆弧设计的井眼轨道对实际工具造斜率的精确要求是很高的,其允许的相对误差值与 K 和 d 成正比。

2. 导眼法轨迹控制方案

当存在地质勘探误差时,即使油顶垂深误差很小,也会造成脱靶失控,此时消除油顶误差的方法就是采用"导眼法"。

导眼法就是在水平井着陆控制过程中,距预定油顶层面有一定高度时,先以一定的井斜角 α_C 直接稳斜钻入油层,探得油顶界面和油层中部深度之后,再回填井眼至一定高度,最后以单圆弧井眼轨道方案继续钻进至着陆点 A。这种方法应用于油顶垂深无把握,又缺乏相应的标准层可供参考的情况下,采用钻导眼的方案直接消除地质勘探误差,确切掌握油顶和油层厚度的中间界面的实际垂深,如图 7-15 所示。

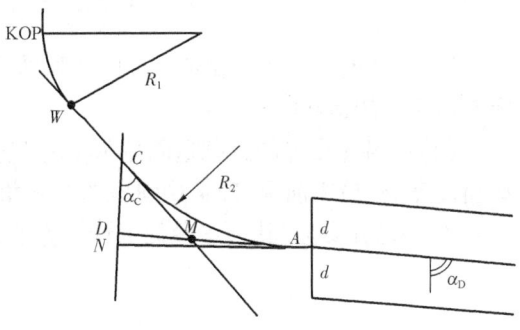

图 7-15 导眼法参数计算示意图

在导眼法控制方案中要解决的问题是如何准确确定实际的油顶、油中垂深、稳斜角、回填段长度和着陆控制的造斜率。

选择稳斜点 W 或稳斜角 α_C 的基本原则是不宜过迟,因为油顶误差可能为负值,即油顶提前出现,此时稳斜点选择过迟会导致下一段着陆控制的造斜率增加很大,甚至大到找不到适当的造斜工具。若过早选择造斜点会造成较长的回填井段,但这并不是根本的技术问题。这方面的极端情况就是先钻一口直井(按稳斜角为零度考虑),当探明油顶和油中垂深数据后,再按已有工具的造斜能力反求回填井段长度和造斜点的位置。在实践中确实存在这样的井例。

图 7-15 为导眼法的一般情况,当从点 KOP 以造斜率 K_1 造斜至 W 点后,开始稳斜钻进(稳斜角为 α_C)直至发现油顶和油层厚度的中间界面 M(也是井底),然后回填至 C 点,再以造斜率 K_2 着陆进靶。

导眼法控制方案在设计时又有两种不同的方案。

(1)以事先设定的稳斜点 W 的位置、稳斜角 α_C 和第二次造斜点 C 的位置为前提,确定进靶造斜率 K_2 及其最大值 $K_{2\max}$ 和最小值 $K_{2\min}$,然后选择相应的工具。各参数的计算方法如下。

假设 C、M、D、A 点的垂深值分别为 D_C、D_M、D_D、D_A,则

$$D_C = D_{KOP} + R_1\sin\alpha_C + \overline{WC}\cos\alpha_C \qquad (7-42)$$

$$D_M = D_{KOP} + R_1\sin\alpha_C + \overline{WM}\cos\alpha_C \qquad (7-43)$$

$$D_D = D_M - \frac{\overline{CM}\sin\alpha_C\cos\alpha_D}{\sin\alpha_D} \qquad (7-44)$$

$$D_A = D_D + (S_A - S_C)\cos\alpha_D \qquad (7-45)$$

C、M 点的水平位移为 S_C 和 S_M,则

$$S_C = S_{KOP} + R_1(1 - \cos\alpha_C) + \overline{WC}\sin\alpha_C \qquad (7-46)$$

$$S_M = S_C + \overline{CM}\sin\alpha_C \qquad (7-47)$$

A 点的水平位移（靶前位移）由井眼轨道设计给出，或根据需要调整确定，它是已知参数。进一步可求出 K_2、$K_{2\max}$ 和 $K_{2\min}$

$$K_2 = \frac{1719}{D_A - D_C}(\sin\alpha_D - \sin\alpha_C) \qquad (7-48)$$

$$K_{2\max} = \frac{1719}{(D_A - D_C) - d}(\sin\alpha_D - \sin\alpha_C) \qquad (7-49)$$

$$K_{2\min} = \frac{1719}{(D_A - D_C) + d}(\sin\alpha_D - \sin\alpha_C) \qquad (7-50)$$

$\overline{WC}$、$\overline{CM}$ 分别为稳斜钻进段的长度和回填井段的长度。通过以上多式的联立求解可以确定造斜工具的造斜率。

(2) 以事先设计的进靶造斜率 K_2（由工具决定）及其最大值 $K_{2\max}$ 和最小值 $K_{2\min}$（由工具和靶窗高度决定）为前提，确定稳斜段的井斜角 α_C 和回填井段长度 L_{CM}。

K_2 为已知参数，其余各参数的计算方法如下

$$K_{2\max} = K_2 + \frac{K_2 d}{1719} \qquad (7-51)$$

$$K_{2\min} = K_2 - \frac{K_2 d}{1719} \qquad (7-52)$$

稳斜井段井斜角 α_C 为

$$\alpha_C = \alpha_D - \arccos\left[1 - \frac{2dK_{2\max}K_{2\min}\sin\alpha_D}{1719(K_{2\max} - K_{2\min})}\right] \qquad (7-53)$$

回填井段的长度 L_{CM} 为

$$L_{CM} = \frac{1719}{K_2}\frac{1 - \cos(\alpha_D - \alpha_C)}{\sin(\alpha_D - \alpha_C)} \qquad (7-54)$$

回填井段的垂增 D_{CD} 为

$$D_{CD} = \frac{1719[1 - \cos(\alpha_D - \alpha_C)]}{K_2 \sin\alpha_D} \qquad (7-55)$$

由上述介绍可知，导眼法是把单弧井眼轨道设计改为"增—稳—增"的井眼轨道设计和实施方案，稳斜角一般不会太大，而且要在探知油顶和油层的中部后，回填部分井段。

3. 稳斜探顶法

稳斜探顶法也是用稳斜井段来探知油顶垂深，在探知油顶后即不再稳斜钻进，而是以设计好的造斜率 K_2 增斜直接着陆进靶，稳斜探顶的稳斜角 α_C（又称进入角）值相对较大（一般在 80°左右），α_C 的值由计算确定，不需回填井段，如图 7-16 所示。

稳斜探顶法的特点：

(1) 稳斜探顶法的 K_2 值是根据油层几何参数确定的，一般不作变动，无论油顶垂深误差

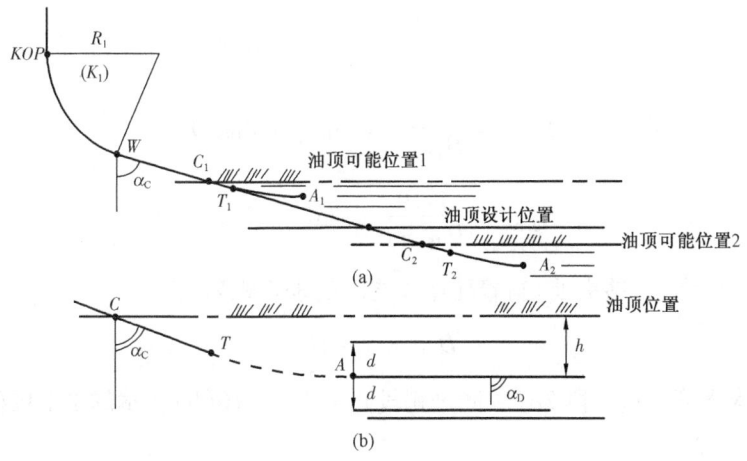

图 7-16 稳斜探顶法示意图

是正还是负(滞后出现还是提前出现),只要探知油顶位置(钻头至预定设计位置 A 点后),接着便以设计好的造斜率 K_2 直接着陆进靶。因此,稳斜探顶也被称为"以不变应万变"的设计方案。选定 K_2 值在很大程度上确保了着陆进靶不会失控。

(2)油顶位置不确定带来的影响可以靠稳斜段(其稳斜角等于进入角 α_C)来补偿和消除。为了防止油顶的提前出现,要设置几道"警戒线",在距离油顶设计值一定高度时就开始以 α_C 稳斜钻进,直至探知油顶。

如图 7-16(a)所示,稳斜探顶法应确定的主要参数有:着陆进靶的造斜率 K_2、稳斜角 α_C、稳斜进入油顶的最短距离 L_{CT}、稳斜段起点 W 的位置和稳斜段长度 L_W 以及上部增斜井段(第一造斜段)的造斜率 K_1 等。

假设油顶距靶中线的距离为 h,钻具组合内辨识油层位置的 γ 参数传感器到钻头的距离为 L_γ。根据经验,当 γ 传感器进入油顶界面时会有信号显示,但往往并不充分,一般需要再钻一定厚度(设为 Δd)才可判定。由此可知,当探知油顶时钻头进入油层的距离(斜深)为

$$L_{CT} = L_\gamma + \frac{\Delta d}{\cos\alpha_C} \qquad (7-56)$$

式中,L_γ 由钻具组合结构尺寸确定(如采用井下动力钻具组合时,L_γ 约为 13m 左右),而 Δd 可按经验取为 0.5m 左右。

此时钻头进入油层的垂直距离(垂深)为

$$D_{CT} = L_\gamma \cos\alpha_C + \Delta d \qquad (7-57)$$

若以造斜率 K_2 进靶着陆,可求出稳斜角为

$$\alpha_C = \arccos \frac{\dfrac{1719}{K_2}}{\sqrt{L_{CT}^2 + \left(\dfrac{1719}{K_2}\right)^2}} + \arcsin \frac{\dfrac{1719}{K_2}\sin\alpha_D - h}{\sqrt{L_{CT}^2 + \left(\dfrac{1719}{K_2}\right)^2}} \qquad (7-58)$$

反之,若先选定稳斜角 α_C(对薄油藏水平井,$\alpha_C \approx 80°$),则可求出着陆进靶所需的造斜率 K_2 及保证不脱靶的最大造斜率 $K_{2\max}$ 和最小造斜率 $K_{2\min}$,有

$$K_2 = \frac{1719}{D_{TA}}(\sin\alpha_D - \sin\alpha_C) \qquad (7-59)$$

$$K_{2\max} = \frac{1719}{D_{TA} - d}(\sin\alpha_D - \sin\alpha_C) \qquad (7-60)$$

$$K_{2\min} = \frac{1719}{D_{TA} + d}(\sin\alpha_D - \sin\alpha_C) \qquad (7-61)$$

式中，D_{TA}为稳斜段终点(钻头处)与着陆点 A 之间的垂直距离，有

$$D_{TA} = h - D_{CT} \qquad (7-62)$$

同时也可求出第二造斜段 TA(着陆进靶段)，如图 7-16(b)所示的水平位移，即 T、A 两点间的平差值 ΔS_{TA}为

$$\Delta S_{TA} = \frac{1719}{K_2}(\cos\alpha_C - \cos\alpha_D) \qquad (7-63)$$

关于稳斜井段起点位置的选择，要充分估计油顶提前出现的最大误差值 ΔD，在此设立"警戒线"，即规定钻达这一深度时要保证井斜角基本到达预定的稳斜角 α_C，然后稳斜钻进探油顶，直至钻达进靶前的起始位置 T 点。稳斜探油顶钻进要非常小心，不可追求进尺，因为油顶位置随时可以钻达，若钻过油顶深度太多，则势必加大进靶着陆的造斜率 K_2 值，薄油层可能会因此而脱靶。

如果油顶位置滞后出现(与设计位置相比)，则不必设立"警戒线"，只需以稳斜角 α_C 稳斜钻进，直至探到油顶。在这种情况下，实际靶前位移值将大于设计值，引起较大的平差 ΔS。

在油顶设计深度上方垂直距离为 ΔD 处设置"警戒线"，则该线以上井段所需的造斜率 K_1 值为

$$K_1 = \frac{1719\sin\alpha_C}{D_t - d - \Delta D - D_{KOP}} \qquad (7-64)$$

式中　D_t——设计着陆点的垂深，m；

　　　D_{KOP}——设计造斜点的垂深，m。

由式(7-64)可知，"警戒线"的位置越靠上(ΔD 越大)，则 K_1 越大。不同的 K_1 值对应着不同的工具的造斜率。设计总体控制方案时，在油顶位置误差难以确定的情况下，为了增大可控性和稳妥性，往往选择较大的 ΔD 值，设计几个不同的"警戒线"，形成不同的控制方案，然后根据已掌握的地质资料分析对比，确定可能性最大的一个位置。在每一种方案设计过程中，并非 ΔD 越大越好，因为 ΔD 越大，在稳斜探顶过程中实钻结果将会比设计方案产生更大的平差 ΔS，造成靶前位移增大，水平井段减小，这是应尽量避免的。

另外，为了保证以适当的造斜率 K_2 着陆进靶成功，稳斜角 α_C 值不可选得太小，否则必然导致 K_2 过大而找不到合适的工具；但也不可选择太大的 α_C，否则将在稳斜探顶时产生过大的平差，使控制方案远离设计方案。根据经验，薄油藏水平井 α_C 一般在 80°左右；若确定 K_2 后求解 α_C 值，其结果也应是这样。

综上所述，稳斜探顶法总体控制方案的基本思想是把单弧轨道设计进行改进，增加一个井斜角为 α_C 的稳斜段来探询油顶，以消除地质勘探误差。不管地质勘探误差有多大，稳斜段长度是多少，只要进入油顶后钻头就可以稳斜钻至设计位置，然后以设计好的造斜率 K_2 着陆进

靶。实践证明,这种总体控制方案具有很好的效果,对薄油层水平井或油顶位置误差很大的水平井是必须采用的一种控制方法。

第四节　水平井钻柱结构特点

水平井井身结构包含了相当长度的大井斜井段和一定长度的水平井段,这就使水平钻井具有如下特点:

(1)钻具的自重在常规定向井和直井中是有利于施加钻压的因素,而在水平井中则变成了突出的钻具摩阻问题,不利于钻压的施加,甚至造成送钻困难,即所谓的"拖压"。

(2)摩阻会造成转盘钻条件下钻头上的扭矩损失,在上提钻柱时会增加大钩的提升载荷。

(3)较大的井眼曲率要求下部钻具组合具有更强且稳定的造斜能力,水平段要求下部钻具组合具有很好的稳定特性和调整、控制能力。

水平钻井的这些基本特点对整个钻具和下部钻具组合的结构设计提出了特殊的要求。本节将介绍水平井中整个钻具结构和下部钻具组合设计时要考虑的一些问题,并给出了几种典型有效的水平井的钻具结构和下部钻具组合。

对一口水平井的设计来说,在确定了最优的井眼轨道曲率之后,下一步要解决的问题就是进行合理的钻具组合设计。如果钻柱设计不当,将影响水平井的顺利施工。

一、影响水平井钻柱设计的因素

众所周知,钻柱有如下的功能:传递和支撑轴向载荷,传递和支撑扭矩载荷,传递液力,延伸井眼等。要充分发挥钻柱的各种功用,各种影响因素是不能忽视的。

1. 井眼轨道类型的影响

一般来说,井眼曲率较小的井眼轨道其扭矩和阻力都相对小一些,但是最佳井眼轨道的选择,要综合考虑各种因素的影响。

2. 钻机装机总功率的影响

设计钻柱前,应了解各类型钻机的性能参数,在设计过程中确定所用钻机的性能。设计钻柱时,应考虑钻机的性能参数有:提升载荷、转盘扭矩和泵功率的大小。

3. 水力参数的影响

由于井下动力钻具、随钻测量系统和钻头对钻井液的水力参数都有一定的要求,因此各个水力参数对所需的钻柱组件的尺寸也有所影响。如果由于优选水力参数的原因,需要使用内径大的钻柱组件,那么这些大而重的钻具组件一定要保持在井眼的小井斜部分,使扭矩和阻力的增加降至最低限度。

4. 组成钻柱各部件的限制

在设计过程中,了解可用钻柱组件的条件和各种强度极限是很重要的。强度极限因组件的新旧程度不同而有所不同。由于管体磨损而使钻柱的抗拉能力降低,钻杆接头的磨损使抗扭矩强度有所降低,这些对钻柱的设计都有影响。

对于水平井,因为要产生很大的弯曲应力,钻柱组件的各种疲劳极限也是必须考虑的关键因素。大的弯曲应力可能发生在狗腿角较大以及压载足够引起弯曲的地方。认识和衡量弯曲应力后,为了避免出现钻柱破坏,应允许对井的设计或对钻柱设计进行调整。

由于在钻水平井过程中,钻柱上有一些部件有可能已接近自身的极限强度,所以只好选择同尺寸的优质钻柱组件。设计钻柱的安全系数时也应该考虑到磨损降低钻柱性能和组件强度减小的问题。

5. 摩擦系数的选择

在进行钻具的摩阻分析中,摩擦系数的选择非常重要,比较常用的摩擦系数值是0.2~0.4。但钻井液类型、地层类型和套管的下深都会影响到实际的摩擦系数,因此,在选择时应按最坏的工作环境为基准,才能弥补预料之外情况的发生。比如不规则井眼、压差卡钻、黏卡或膨胀地层均可按高一级摩擦系数进行计算。

二、水平井钻具的结构特点

(1)水平井钻具设计的基本原则为:通过合理的钻具组配,在保证钻具具有足够强度的前提下,减小摩阻,使钻头上得到足够的钻压和扭矩。避免或减少井下复杂情况的出现,同时应具有一定的抗过载能力。

(2)水平井钻具的基本组合形式是"倒装钻具",即在大斜度井段、水平井段的钻具组合中,不使用钻铤而采用加重钻杆(有时也可用普通钻杆代替加重钻杆),将钻铤上移至合适位置。但应注意对钻具的屈曲情况进行分析,确定合理的钻压范围。

(3)为避免发生卡钻事故,在水平井的钻具组合中要安装震击器,一般放在套管内。

(4)在大斜度井段和水平井段的钻进过程中,为了防止接单根时井中的岩屑被吸入螺杆钻具的旁通阀内,需拆掉旁通阀内的复位弹簧,而在钻具的某一位置(如震击器以上)安装一个钻具旁通阀,以免在接单根时钻台上喷、溢钻井液。

三、水平井下部钻具组合

1. 下部钻具组合设计中应注意的问题

(1)尽可能采用设计精度较高的大挠度分析方法来设计水平井下部钻具组合。

(2)水平井下部钻具组合设计的首要原则是造斜率原则,保证所设计组合的造斜率达到要求是水平井井眼轨迹控制的关键。

(3)设计水平井下部钻具组合时,要考虑测量方法、测量仪器类别及型号的选择。在水平井中应用最普遍的是 MWD,它可以在定向钻进和钻盘钻进两种工况下工作。

(4)在设计水平井下部钻具组合时,还应考虑井底温度的影响。因为工作温度是选用螺杆钻具耐温类型的一项重要指标。当井底温度低于 125℃时可选用常温型螺杆钻具,而当井底温度高于 125℃时就应考虑选用高温型螺杆钻具。

(5)在设计水平井下部钻具组合时,也要考虑钻井泵的工作流量和螺杆钻具最大许用流量间的关系,如果钻井泵的工作流量明显大于螺杆钻具的额定流量时,则应考虑选用中空螺杆钻具。

(6)设计水平井下部钻具组合时,还要考虑钻头类型和钻头水眼压降的大小。钻头水眼压降将限制螺杆钻具传动轴的规格(如 7.0MPa 或 14.0MPa),而且因为 MWD 对循环系统的工作压力有一定的要求,也需要考虑钻头水眼压降的影响。

(7)中半径造斜组合主要采用井下动力钻具组合,在中半径井段的上半段[$K = (6° \sim 13°)/30m$],井下动力钻具的结构形式主要选用同向双弯(FAB)、大角度单弯或带垫块的弯壳体动力钻具,也可采用转盘钻中半径井段的下半段[$K = (6° \sim 13°)/30m$],井下动力钻具的结构形式主要是单弯壳体钻具,还可采用转盘钻变截面造斜组合(GilliganBHA)。长半径造斜组合主要采用反向双弯(DTU)、小角度单弯动力钻具,以及经特殊设计的转盘钻增斜组合。

(8)水平段下部钻具组合,其结构形式与长半径造斜所用的组合相同,只是在钻水平段或着陆控制中的稳斜调整段时,要开动转盘以导向方式钻进。

(9)在设计水平井下部钻具组合时,为安全起见,组合必须保证足够的强度和工作可靠性,以满足井下处理事故时对钻具组合的结构要求。

2. 实例

以下给出水平井下部钻具组合的几种典型结构。这些结构实例不仅在理论分析和计算方面是可行的,而且在水平井的钻井实践中也得到了充分的验证和广泛的应用。

(1)φ311mm 井眼中造斜段井下动力钻具组合。

钻头(φ311mm)+弯壳体螺杆钻具 1 根(φ197mm,带扶正器 φ308mm~φ310mm)+无磁钻铤 1 根(φ197mm,含 MWD 随钻测斜仪)+无磁钻铤 1 根(φ178mm)+扶正器 1 只(φ305mm~φ310mm)+(加重钻杆)+……

(2)φ311mm 井眼中造斜段转盘钻变截面钻具组合。

钻头(φ311mm)+近钻头扶正器 1 根(φ308mm~φ310mm)+钻铤 1 根(φ146mm)+无磁钻铤 1 根(φ197mm,含 MWD 随钻测斜仪)+扶正器 1 只(φ305mm~φ310mm)+(加重钻杆)+……

(3)φ216mm 井眼中造斜段井下动力钻具组合。

钻头(φ216mm)+弯壳体螺杆钻具 1 根(φ165mm,带扶正器 φ213mm)+扶正器 1 只(φ206mm~φ213mm)+无磁钻铤 1 根(φ171mm,含 MWD 随钻测斜仪)+无磁钻铤 1 根(φ165mm)+(加重钻杆)+……

(4)φ216mm 井眼中造斜转盘钻变截面钻具组合。

钻头(φ216mm)+扶正器 1 只(φ213mm~φ214mm)+加重钻杆 1 根(φ127mm)+无磁钻铤 1 根(φ171mm,含 MWD)+无磁钻铤 1 根(φ171mm~φ165mm)+扶正器 1 只(φ213mm~φ214mm)+(加重钻杆)+……

(5)φ216mm 井眼中水平段井下动力钻具组合。

钻头(φ216mm)+反向双弯(或小角度单弯)螺杆钻具 1 根+扶正器 1 只(φ206mm~φ213mm)+无磁钻铤 1 根(φ171mm,含 MWD)+无磁钻铤 1 根(φ171mm~φ165mm)+(加重钻杆)+……

(6)φ152mm 井眼中造斜段井下动力钻具组合。

钻头(φ152mm)+单弯壳体螺杆钻具 1 根(φ120mm)+无磁扶正器 1 只(φ148mm)+无磁钻铤 2 根(φ120mm,含 MWD)+(加重钻杆)+……

(7)φ152mm 井眼中水平段井下动力钻具组合。

钻头(φ152mm)+反向双弯(或小角度单弯)螺杆钻具 1 根+无磁扶正器 1 只(φ148mm)+无磁钻铤 2 根(φ120mm)+(加重钻杆)+……

在上述的下部钻具组合中,未注明所需的配合接头(在具体设计时则应考虑),其中的井下动力钻具组合,往往带有近钻头扶正器或垫块等部件,其结构尺寸视工具型号规格而定,如图 7-17 所示。

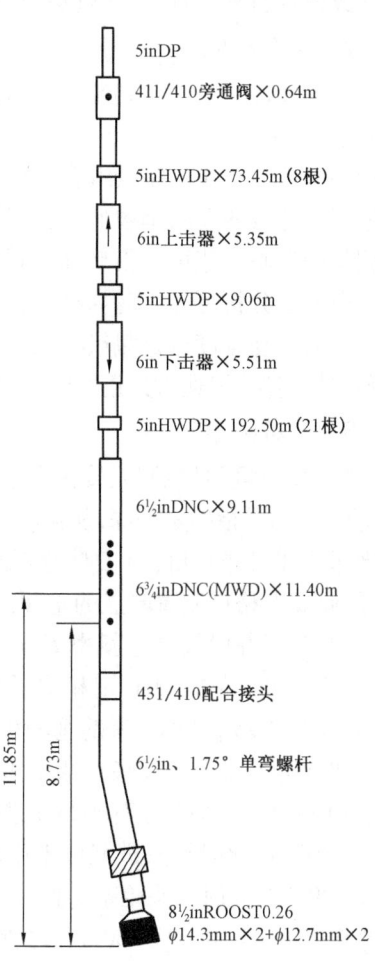

图 7-17 造斜段钻具组合示意图

第五节 水平井的着陆控制

着陆控制是指从直井段末端的造斜点(KOP)开始至油层靶窗这一井段的施工控制过程。增斜钻进是着陆控制的主要特征,进靶控制(着陆控制过程中的最后一次增斜钻进)是着陆控制的关键和结果,而准确的动态监控则是理想着陆控制的技术关键。

本节将对着陆控制的技术要点、动态监控和进靶分析进行介绍。

一、着陆控制的技术原则

着陆控制的技术要点可以概括为如下口诀:略高勿低、先高后低、寸高必争,早扭方位、稳斜探顶、矢量进靶、动态监控。

1. 略高勿低

"略高勿低"集中体现了选择工具造斜率的指导思想,即为了保证实钻造斜率不低于井段设计造斜率,不低于井段设计的理论预测值,而按比理论预测值高出10%~20%的造斜率来选择或设计造斜工具。当然也不能使造斜率高出太多,否则会给后续的钻进工作带来麻烦。

2. 先高后低

在着陆控制中,实钻造斜率若高于井段设计造斜率,控制人员一般总有办法将它降下来,例如,通过采用导向钻进方式(小弯角动力钻具并开转盘,其理论造斜率接近于零)或通过更换造斜率低一档次的钻具组合。但是,若实钻造斜率低于井段设计造斜率,则不敢保证一定可以把下一井段的造斜率增上去,尤其是在着陆控制的后一阶段(大井斜区段)。这是因为所需要调整的造斜率值可能很高,而当前的工具无法实现。

由上述分析可知,降斜要比增斜容易。但实钻造斜率"先高后低"的控制要求,对不同控制人员的难易程度也是截然不同的。因此,除了极少数实钻造斜率基本等于井段设计造斜率这种理想情况外,通常采用"先高后低"这一控制原则,该原则有着重要的实际意义。

3. 寸高必争

"寸高必争"是控制人员在水平着陆控制中必须确立的观念,它集中体现了着陆控制过程的特点。"高"指的是垂深,从某种意义上说,着陆控制就是对垂深和井斜角进行合理的控制,而垂深往往对井斜角(由工具造斜率决定)起着误差放大作用,尤其是着陆控制的前期和后期,因此要严格控制着陆点的垂深。下面通过实例分析来加深"寸高必争"的定量认识。

例如,某井段设计造斜率 $K = 8°/30m$,着陆垂增 $\Delta D = 214.875m$;若分别以 $K_1 = 6°/30m$、$K_2 = 12°/30m$,钻进30m,则相应的井斜角和垂增分别为 $\alpha_1 = 6°$,$\Delta D'_1 = 29.947m$;$\alpha_2 = 12°$,$\Delta D'_2 = 29.783m$,可见二者的垂增相差甚微。如果按照 K_1、K_2 分别继续钻进至着陆段,则前者的垂增 $\Delta D_1 = 286.5m$,将比设计值 $\Delta D = 214.875m$ 滞后71.625m进靶着陆;后者的垂增 $\Delta D_2 = 143.25m$,将提前71.625m进靶着陆。如果按原设计井段造斜率 $K = 8°/30m$ 钻至井斜角 $\alpha = 80°$时,此时钻头进靶可击中靶窗中线;但若实际采用造斜率 $K_1 = 7.91°/30m$ 钻至井斜角 $\alpha = 80°$时,此时钻头距靶心设计平面的垂增 $\Delta h_1 = 0.875m$,若要击中靶窗中线,就必须使实钻造斜率 $K'_1 = 30.473°/30m$。之所以会造成如此高的造斜率(在中曲率水平井钻井中一般都不准备此类工具),完全是由于实钻控制过程中造成的高差(测得2.407m)所致。须知这种高差是在着陆钻进过程中($\Delta D = 214.875m$,相对误差为1.12%的基础上)一点一点地积累起来的,其结果对造斜率起到了显著的"放大"作用。同时此例也说明了采取"先高后低"控制策略的重要性和必要性。

4. 早扭方位

在着陆控制中,井斜方位控制也很重要,否则很难使钻头进入靶窗。由于中曲率水平井井斜角增加较快,晚扭方位将会增加扭方位的难度。由于采取"先高后低"的控制策略,在着陆控制的初始阶段一般都采用弯壳体动力钻具(配随钻测斜仪)使其造斜率略高于井眼曲率的设计值,这就为早扭方位提供了条件和机会。因此,"早扭方位"应作为着陆控制的一项原则,在钻进过程中,通过调整井下动力钻具的工具面角可以加强对井斜方位的动态监控。

5. 稳斜探顶

"稳斜探顶"是控制方案的核心内容。在中、长半径水平井中,采用"稳斜探顶"的总控制方案设计,是克服地质不确定程度的有效方法,它保证可以准确地探知油顶位置,并保证进靶钻进按预定的技术方案进行,提高了控制的成功率。"稳斜探顶"的条件是要在预定的提前高度上达到预定的稳斜角值(α_c),这实际上是给前期的着陆控制设置了一个阶段性控制指标。

6. 矢量进靶

"矢量进靶"是指在着陆钻进中不仅要控制钻头与靶窗平面的交点(着陆点)位置,而且要控制钻头进靶时的方向。"矢量进靶"直观地给出了对着陆点位置、井斜角、井斜方位角等状态参数的综合控制要求,形象地表示为靶窗内的一个位置矢量。进靶不仅是着陆控制的结束,同时也是水平控制的开始。为了在水平段内能高效地钻出优质的井眼,就要按"矢量进靶"的要求控制好着陆点位置和进靶方向(井斜和井斜方位),以免在钻入水平段不久就被迫地调整井斜角和井斜方位角,影响井身质量和钻进效率。

7. 动态监控

再精确的控制都会产生偏差。因为控制是对偏差的制约,没有偏差即不存在控制。井眼轨迹控制也是这样。因此"动态监控"是贯穿着陆控制全过程的最重要的技术手段,它包括对已钻井眼轨迹的计算描述、与设计井眼轨道参数的对比和偏差认定;对在用造斜工具的已钻井眼造斜率的分析和误差计算;对钻头处状态参数(α,ϕ)的预测;对待钻井眼所需造斜率的计算;对当前在用工具和技术方案的评价和决策,如是否需要调整操作参数(钻压、工具面角、钻进状态(定向/导向转换等),起钻时机的选择(是否必须立即起钻还是继续钻进多少米再起钻)等。动态监控一般是用水平井井眼轨迹预测控制软件在计算机上实施的,但是轨迹控制人员对着陆控制过程进行随时的抽检和监督,还是非常必要的。

二、动态监控的常用计算和决策

1. 核算工具造斜率

设 MWD 给出的第 i、$i+1$ 两测点处的井深(测深)、井斜角和井斜方位角分别用 L_i、α_i、ϕ_i 和 L_{i+1}、α_{i+1}、ϕ_{i+1} 表示,则造斜工具在该测段的实际造斜率 K_{Ta}(也是这两点间的井眼实际造斜率 $K_{i,i+1}$)为

$$K_{Ta} = K_{i,i+1} = \frac{30(\alpha_{i+1} - \alpha_i)}{L_{i+1} - L_i} \quad (7-65)$$

式中 K_{Ta}——实际造斜率,(°)/30m。

由于在该井段钻进时存在井斜方位角的变化或主动扭方位,则此时的 K_{Ta} 并不能真正说明工具的造斜能力,因此应按全角变化来核算工具的造斜能力 K_T,即

$$K_{\mathrm{T}} = \frac{30}{L_{i+1} - L_i}[\cos\alpha_i\cos\alpha_{i+1} + \sin\alpha_i\sin\alpha_{i+1}\cos(\phi_{i+1} - \phi_i)] \qquad (7-66)$$

2. 预测钻头处的井斜角和井斜方位角

设 MWD 的方向传感器距钻头距离为 L_d,α_{i+1}、ϕ_{i+1} 是 MWD 处的井斜角和井斜方位角的实测值,对应的钻头参数 $(\alpha_B)_{i+1}$ 和 $(\phi_B)_{i+1}$ 要由预测来确定。现有多种预测方法,但最简单的方法是外推法,即

$$(\alpha_B)_{i+1} = \alpha_i + \frac{L_d}{30}K_{\mathrm{Ta}} \qquad (7-67)$$

$$(\phi_B)_{i+1} = \phi_i + \frac{(\phi_{i+1} - \phi_i)L_d}{L_{i+1} - L_i} \qquad (7-68)$$

3. 核算两点间的垂增与平增

设测点 $i,i+1$ 处的垂深分别为 D_i、D_{i+1},该两点间的垂增为 $\Delta D_{i,i+1}$,平增为 $\Delta S_{i,i+1}$,则

$$(\Delta D)_{i,i+1} = \frac{1719}{K_{i,i+1}}(\sin\alpha_{i+1} - \sin\alpha_i) \qquad (7-69)$$

$$(\Delta S)_{i,i+1} = \frac{1719}{K_{i,i+1}}(\cos\alpha_i - \cos\alpha_{i+1}) \qquad (7-70)$$

与 $i+1$ 测点对应的钻头垂深值

$$(D_B)_{i+1} = D_{i+1} + \frac{1719}{K_{i,i+1}}[\sin(\alpha_B)_{i+1} - \sin\alpha_{i+1}] \qquad (7-71)$$

4. 确定待钻井段的造斜率

设待钻井段的目标点 M 处的井斜角、井斜方位角、井深、垂深值分别为 α_M、ϕ_M、L_M、D_M,则从与 $i+1$ 测点对应的钻头位置的垂深值为 $(D_B)_{i+1}$,钻至 M 点所需的井段造斜率为

$$(K)_{\mathrm{B-M}} = \frac{1719}{D_M - (D_B)_{i+1}}[\sin\alpha_M - \sin(\alpha_B)_{i+1}] \qquad (7-72)$$

式中 $(K)_{\mathrm{B-M}}$——BM 井段的造斜率,(°)/30m。

可根据 $(K)_{\mathrm{B-M}}$ 的大小选择待钻井段的造斜工具。

5. 着陆控制过程的决策

着陆控制过程的决策内容包括:操作参数是否需要调整,如何调整;是否需要停钻更换钻具组合,何时更换;要换入的新钻具组合的造斜率是多少,如何保证达到此值。经常调整的操作参数有钻压、工具面角两个参数和钻进状态(定向、导向)。

钻压变化对钻头侧向力的影响不明显,但会因影响机械钻速而影响造斜率。一般来说,增加钻压会使钻具组合的造斜率略有下降。钻压对转盘变截面钻具组合的造斜率有一定影响,增加钻压可使其造斜率有相应的提高(可由软件计算确定)。在钻进过程中如果要对造斜率略作调整时可通过适时增减钻压来实现。

工具面的调整一般是在扭方位时进行,但有时也可利用改变工具位置来调整造斜率。MWD 的工具面角测量功能给工具面调整带来了很大的方便。但是,由于井眼曲率、摩阻和钻

柱扭转的影响，致使工具面角很不稳定，Ω常在较大范围内左右摆动。在这种情况下，应把预定的工具面角选为Ω变化范围的中间值。

钻进状态中的定向方式是指在锁定转盘的情况下用井下动力钻具定向钻进的工作过程。导向方式是指开动转盘带动钻柱和井下动力钻具一起旋转钻进的工作过程。当需要钻两个造斜段间的调整段(稳斜段)或造斜率过大欲降低造斜率时，可采用导向状态钻进，在这种情况下应采用 MWD 测量仪器(无限传输)。稳斜段的进尺数由后续的工具造斜率和井段造斜率确定。

在钻进过程中要不断地预测后续待钻井段的造斜率$(K)_{B-M}$。所预测的造斜率$(K)_{B-M}$决定了停钻更换钻具组合的时间以及换入何种新的钻具组合，即要作如下的判断和决策。

(1) 当前的工具造斜率$K_{Ta} = (K)_{B-M}$时，不需要起钻，继续钻进。

(2) 若$K_{Ta} < (K)_{B-M}$，则表示应停钻更新组合。在现场的工具储备中能找到造斜率与$(K)_{B-M}$相近的工具，就应立即停钻更换新的造斜工具；若新工具的造斜率能力大于$(K)_{B-M}$，则应继续钻进，直至$K_{Ta} = (K)_{B-M}$停钻，更换。

(3) 若$K_{Ta} > (K)_{B-M}$，也表示需要停钻更换新的钻具组合(包括利用工具面的设置和调整改变 BHA 的造斜率，使其造斜率等于$(K)_{B-M}$，以减少不必要的起下钻)。若入选的新组合的造斜率低于$(K)_{B-M}$，应使用原钻具组合继续钻进一段长度，直至二者相等时起钻，再更换入选的新钻具。总之，是否需要停钻更换钻具组合的决策原则可概括为：如果当前在用的钻具组合的造斜率与待钻井眼的井眼曲造斜率不相等，就表示需要停钻、更换新的钻具组合(更换的时机是继续用它钻进一段长度，直至入选的新工具的造斜率与待钻井眼的曲率值相等时为止)。此决策原则不适用于稳斜探顶井段。

(4) 在稳斜探顶井段，基本上维持稳斜钻进，此时控制的目标是找到油顶，而且不浪费进尺，避免增加进靶钻进的造斜率。在稳斜探顶段，特别是在薄油层水平井中，要采用带有自然伽马传感器的 MWD 来辨识油顶，此时的钻进要"寸高必争"，放慢机械钻速，同时地质工程师也要监测钻井液中返出的砂样，判断是否探得油顶。当发现油顶后就要停钻(若钻头尚未到达原设计位置也可缓慢钻进使其到位)，准备起钻，更换进靶钻进所用的钻具组合；若稳斜探顶所用的钻具在定向钻进方式下的造斜率可以保证击中靶窗，则不必起钻而只改变钻进状态即可。

三、进靶分析

进靶钻进是着陆控制过程的最后一个阶段，也是该过程最关键，甚至是难度最大的一个阶段，其难度主要表现在以下几点：

(1) 进靶钻进增斜的起始点(上一趟钻达的井底)的井斜角、井斜方位角不能直接测得，而要靠预测来确定，因此，总会存在一些误差。

(2) 进靶钻进的增斜井段往往很短，尤其是当起始点离靶中线垂增较小时，MWD 的方向传感器因离钻头有一定的距离，可能造成在进靶井段内很少能有测点的信息，甚至无测点。

(3) 工具造斜率存在一定误差。

(4) 在较短的进靶进尺内因信息缺乏，很难进行有效的动态监控，因而增加了对计算机和井眼轨迹控制方案设计的依赖程度。

(5) 当靶窗较小时对造斜率精度要求较高，若不能中靶则表示着陆控制失败，给后续工作带来困难。

综上所述，在进靶钻进前要做好充分的准备工作，精心设计井眼轨迹控制方案和工艺措施,及时分析误差和调整钻具组合,使工作人员对造斜率掌握得更为准确。

1. 进靶前的准备工作

1) 确定进靶段起始点的井斜角和井斜方位角

根据"矢量进靶"的原则,在稳斜探顶过程中或稳斜探顶之前,就应使井眼轨迹的井斜方位符合要求。在进靶钻进过程中要保持井斜方位角不发生变化,不要在进靶钻进过程中再去扭方位。

核准进靶段起始点处的井斜角值,它是决定进靶井段长度的关键参数。计算公式为式(7-67),为了更准确,可根据钻进过程中的一些实际情况,进行必要的修正。

2) 确定进靶钻进的长度和所需的造斜率

设进靶井段的起始点 T 的井斜角为 α_T,如图 7-18 所示,靶窗高度为 $2d$,着陆点 A 的井斜角(即水平井段的设计井斜角)为 α_D,T 点至靶心平面的垂增为 ΔD_{TA},则进靶井段的长度 ΔL_{TA}、造斜率 K_{TA} 和平差 ΔS_{TA} 的计算式为

$$K_{TA} = \frac{1719}{\Delta D_{TA}}(\sin\alpha_D - \sin\alpha_T) \tag{7-73}$$

$$\Delta L_{TA} = \frac{30(\alpha_D - \alpha_T)}{K_{TA}} \tag{7-74}$$

或

$$\Delta L_{TA} = \frac{\Delta D_{TA}(\alpha_D - \alpha_T)}{57.3(\sin\alpha_D - \sin\alpha_T)} \tag{7-75}$$

$$\Delta S_{TA} = \frac{1719}{K_{TA}}(\cos\alpha_T - \cos\alpha_D) \tag{7-76}$$

3) 确定着陆点的靶心纵距、平差和造斜率

如图 7-18 所示,由式(7-73)所求得的造斜率 K_{TA} 理论上可钻至靶中线,着陆点纵距为零。但实际上由于使用工具的造斜率会产生误差,使得实际的着陆点纵距可能不等于零。对于高度为 $2d(\pm d)$ 的靶窗,设着陆点纵距分别为 A、A_3、A_4、A_1 及 A_2,相应的垂增分别为 ΔD_{TA}、ΔD_{TA_3}、ΔD_{TA_4}、ΔD_{TA_1} 和 ΔD_{TA_2},有

$$\Delta D_{TA_3} = \Delta D_{TA} - \frac{d}{2}$$

$$\Delta D_{TA_4} = \Delta D_{TA} - d$$

$$\Delta D_{TA_1} = \Delta D_{TA} + \frac{d}{2}$$

$$\Delta D_{TA_2} = \Delta D_{TA} + d$$

将其分别代入式(7-73)至式(7-76)中,可求出相应的造斜率、进靶井段长度和相应的平差值。

根据靶窗上、下边界,可求出保证不脱靶的造斜率取值范围(靶体范围),并根据实际工具的造斜率及其误差,推算实际着陆点所在位置的区域。

若 $\Delta D_{TA} \leq d$ 时,造斜率 $K_{TA} = \infty$。这一区域(如图 7-19 中阴影部分)称为"造斜率空白

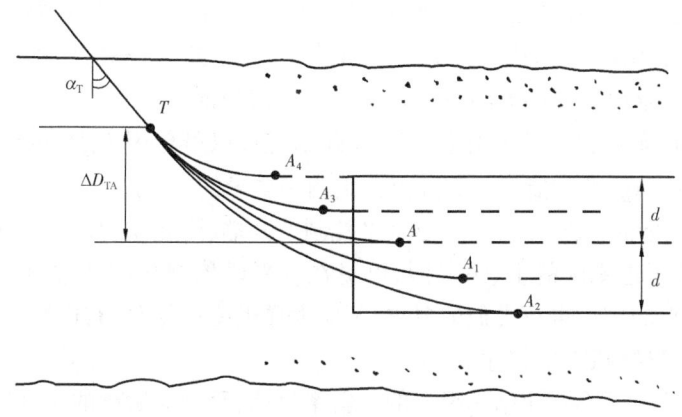

图 7-18 进靶分析示意图

区",因找不到相应的工具施工故又称为"工具空白区"。对于一口实际的水平井而言,因工具的储备有限,所以实际的工具空白区会大于造斜率空白区。

造斜率空白区在开采薄油层时常常会出现,它相当于进一步缩小了靶区的有效面积和靶窗高度,增加了进靶钻进的难度;但同时它又很自然的杜绝了井眼轨迹从上边界脱靶的现象,形成了"单边控制",从这种意义上讲相当于降低了控制难度。

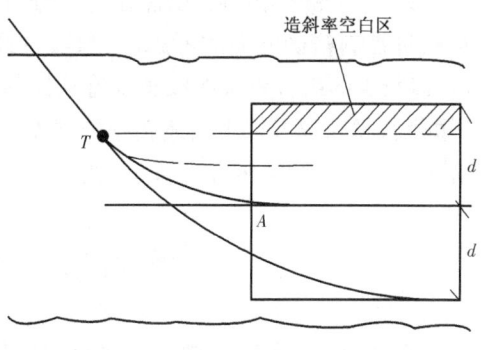

图 7-19 造斜率空白区示意图

2. 进靶分析的实例计算

下面通过实例计算增加对进靶分析的定量认识。设某一薄油层中的靶窗高度为 4m ($d = \pm 2$m),进靶的起始点 T 距靶心设计平面的垂增 $\Delta D_{TA} = 1.5$m,$\alpha_T = 80°$,$\alpha_D = 90°$,设计着陆点的靶心距分别为 0、±0.5m、±1m、±1.5m 和 ±2m,求得造斜率 K、进靶的长度 ΔL 和平差 ΔS 的计算结果见表 7-2。表中"/"表示造斜率空白区。

表 7-2 进靶分析计算结果

$d_{A'v}$,m	ΔD,m	K,(°)/30m	ΔL,m	ΔS,m
2	-0.5	—	—	—
1.5	0	∞	—	—
1	0.5	52.23	5.744	5.715
0.5	1	26.12	11.485	11.481
0	1.5	17.41	17.231	17.145
-0.5	2	13.06	22.971	22.856
-1	2.5	10.45	28.708	28.565
-1.5	3	8.71	34.443	34.271
-2	3.5	7.46	40.214	40.014

根据中、长半径水平井造斜工具的储备情况,由表7-2中的计算数据可以看出存在很大的工具空白区,着陆点位于靶窗下半部的可能性很大。如果进靶所用的工具实际造斜率 $K_{Ta}=10°/30m$,则可求出实际的着陆点纵距 $d_{A'v}=-1.112m$。

在进靶钻进时,实际的进尺应略大于计算的 ΔL 值,以避免因 K_{Ta} 值的计算误差造成进靶段终点的井斜角 $\alpha<\alpha_D$,即未能达到着陆点井眼曲率要求的情况。

由于进靶既是着陆控制的结果,又是水平控制的开端,因此在制定井眼轨迹控制方案时应使着陆点尽量不要靠近靶区的上、下界限,以免在水平段控制初期就被迫进行降斜或增斜操作。同理,对着陆点的横距也有类似的要求,不应太靠近靶窗的左、右边界,以免在水平段控制的初期就可能被迫进行扭方位作业。

在进靶钻进中,最好不要使钻具组合的造斜率过高,否则对后续的水平钻进及其他作业会带来不良的影响,应当予以重视。

另外需要说明的是,虽然在上述分析中提到停钻、更换钻具组合的问题,这都是出于对井身质量控制精确方面的考虑。但是,从经济角度看,在制定控制方案时要尽量减少起下钻次数,以较少的组合更换次数实现着陆控制的要求。实现的方法可以有几种,例如,设置调整段(短稳斜段),以补偿工具造斜率的误差;在钻进过程中通过调整工具面角来调整造斜率,这种对造斜率的改变实质上也属于"变更钻具组合"的广义内涵。

第六节 水平井的水平控制

水平控制是着陆进靶之后在给定的靶体内钻出整个水平段的过程。除了降低钻井成本的要求外,水平控制在技术方面的要求就是实钻井眼轨迹不得穿出靶体。实钻水平段实际上是一条弯曲的三维空间曲线,在铅垂平面内水平段投影为一条在设计线上、下起伏的波浪线。在水平控制中,动态监控仍然是保证中靶的主要技术手段。

一、水平控制的技术要点

水平控制的技术要点可以概括为如下口诀:钻具稳平、上下调整、多开转盘、注意短起、动态监控、留有余地、少扭方位。

1. 钻具稳平

"钻具稳平"的含义是从钻具组合设计和选型方面来提高钻具的稳平能力,这是水平控制的基础。具有较高稳平能力的钻具组合可以在很大程度上减少井眼轨迹调整的工作量。

2. 上下调整

"上下调整"体现了水平控制的主要技术特征。在水平段中,对井斜方位的调整相对很少,水平控制主要表现为对钻头的垂深位置或井斜角(增、降)的上下调整。尽管在选择和设计钻具组合时已注意到对钻具稳平能力的提高,但绝对的稳平是不可能实现的,上下调整井斜角仍然是必不可少的工作。在水平控制中,还要求钻具组合有一定的纠斜能力,最常用的钻具组合是带有小弯角(一般 $\lambda\leqslant1°$)的单弯动力钻具组合或反向双弯动力钻具组合。采用这种组合,可以在定向状态时进行有效的增斜、降斜和扭方位操作(主要靠调整工具面实现);也可采用导向状态(开动转盘),基本上钻出稳斜段(也应能微降斜或微增斜)。当需要调整钻头的垂深位置或井斜角时,则通过设置工具面,按定向井状态进行钻进。

3. 多开转盘

开转盘的导向钻进状态与不开转盘的定向钻进状态相比有如下显著的优点：摩阻小，易加钻压；易破坏岩屑床，清洁井眼；能提高机械钻速，提高井眼质量；可增加水平段的钻进长度。因此，在水平段钻进中应尽量多的采用导向钻进状态方式，即多开转盘。在水平段开动转盘的进尺应不小于水平段总进尺的75%，且转盘转速应≤60r/min为宜。

4. 注意短起

为保证井壁质量，减少摩阻和避免发生井下复杂情况，在水平段中每钻进一段距离（如500m左右，尤其是对定向纠斜井段），应进行一次短程起下钻。

5. 动态监控

水平控制的动态监控和着陆控制一样重要，内容也基本相同。具体内容为，对已钻的水平井段进行监测计算，并和设计的井眼轨道进行对比和偏差认定；对钻具组合、稳定能力（导向状态）和纠斜能力（定向状态）进行钻后分析和评价；随时分析钻头到上、下、左、右四个边界的距离，并对长距离待钻井眼（如靶底或水平段中某一位置）做出是否需要调整井斜角（上、下）和井斜方位角（左、右）、何时进行调整的判断和决策等。除了在计算机上进行水平段的跟踪监控外，轨迹控制人员还应随时关注钻进过程，进行抽验，掌握发展动态，及时作出判断和决策。

6. 留有余地

水平段控制的实钻井眼轨迹在铅垂面中是一条上、下起伏的波浪线，钻头位置距靶体上、下边界的距离是控制的关键。需要特别注意的是：由于钻井工艺的要求，需要改变工具造斜率时，但新的造斜工具不能够马上实现按调整后的井斜角钻进，会沿原井眼前进趋势继续钻进一段后，才能实现按调整出的井斜角钻进，这种调整的滞后现象就称之为井眼惯性。另外一种描述是指从一种井眼曲率变化到另一种井眼曲率时需要有一定长度的过渡井段。如图7-20所示，当判定钻头钻至靶体边界较近的 D_1 点时，就应考虑增斜。如果钻至 D_2 点时才考虑增斜，由于井眼惯性的作用，这时很有可能造成出靶。因此对水平段的控制强调"留有余地"，就是考虑到了井眼惯性对调整点位置的影响。为了保证钻头在极限位置（D_2点）也不出靶，所以应在 D_1 点时就考虑留出足够的尺寸增斜，并确定调整时机，实施增斜调控。同理，在增斜过程中，在 D_3 点就开始考虑稳斜（$K=0$），直至达到新的转折点 D_4 或后续某点 D_5，才能实现稳斜钻进。

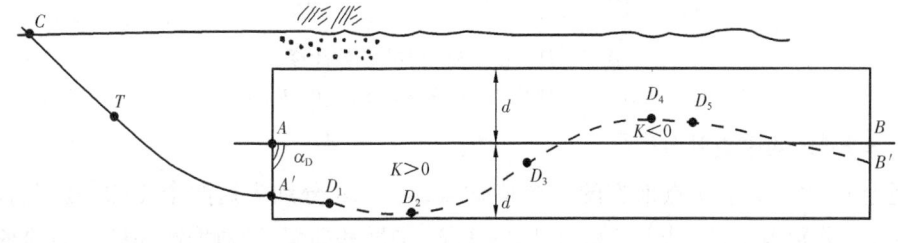

图7-20 水平段轨迹控制示意图

在动态调控过程中，要做以下几方面的工作：对调整段进一步做出精确计算；变换导向方向后，要估算至下次调整开始时的进尺量；应尽量减少调整次数，以提高机械钻速，降低钻进成本。

7. 少扭方位

由于水平段一般较长,进靶后即使井眼轨迹的少量方位偏差也会造成井眼轨迹从靶体的左、右边界出靶(俗称"穿帮")。控制好着陆进靶的井眼轨迹方位(矢量控制)是减少水平段少扭方位的关键,但在水平段中往往也在适当的位置对井斜方位角加以调控,控制的方法是采用一定的工具面角定向钻进扭方位。应尽量减少扭方位的次数,而且应尽早把井眼方位调整好,这样就可利用靶底宽度限制的井斜方位变化范围,直接钻完水平段;否则,后期的井斜方位角调整会显著加大扭方位的次数。

二、水平控制计算

目前,水平井的水平控制计算有两种形式,一种是从理论上全面分析进行水平控制计算;另一种是从实用的角度重点考虑"井眼惯性"对水平控制的影响及计算。

1. 水平控制分析计算方法一

如图 7-20 所示,在水平控制段中,可能包含增斜调整段和降斜调整段,即使是导向钻进也不会是绝对稳平的,仍然存在微降斜井段或微增斜井段。

广义的水平井段是指设计井斜角为 $\alpha_D \geq 86°$ 的稳斜井段,设计靶体可能是 $\alpha_D = 90°$ 的水平六面体,也可能是 α_D 接近 $90°$ 的倾斜平行六面体。所以,水平控制的分析计算就分为两种情况进行讨论,即 $\alpha_D = 90°$ 和 $\alpha_D \neq 90°$。

水平控制的分析计算,就是要定量的确定钻头的垂深及垂增,调整出所需的造斜率(包括降斜率)、调整段的钻进段长和水平位移(平增)值。

在水平井井眼轨迹计算中,曾多次采用式(7-26)至式(7-35)进行着陆控制的参数计算,这种应用条件主要属于图 7-21(a) 中 Z 轴左侧的情况。对于水平段的轨迹状况,一般可概括地分为两种情况:$K>0, \alpha=0°\sim180°$(增斜);$K<0, \alpha=180°\sim0°$(降斜),分别如图 7-21(a)和图 7-21(b)所示。

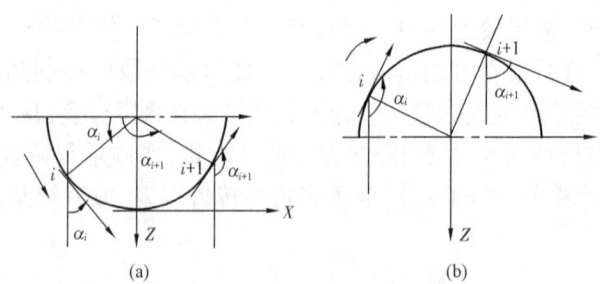

图 7-21 $\alpha_D = 90°$时的参数计算
(a) $\alpha = 0°\sim180°, K>0$; (b) $\alpha = 180°\sim0°, K<0$

1) $\alpha_D = 90°$时的参数计算

现规定 $i+1$ 点是在 i 点前方的一个待钻点,α_{i+1}、α_i 分别为这两个点的井斜角,$\Delta D_{i,i+1}$、$\Delta S_{i,i+1}$、$K_{i,i+1}$ 分别表示自 i 点至 $i+1$ 点间的垂增、平增和曲率,则对增斜和稳斜的两种情况均可证明以下关系成立:

$$\Delta D_{i,i+1} = \frac{1719}{K_{i,i+1}}(\sin\alpha_{i+1} - \sin\alpha_i) \quad (7-77)$$

$$\Delta S_{i,i+1} = \frac{1719}{K_{i,i+1}}(\cos\alpha_i - \cos\alpha_{i+1}) \qquad (7-78)$$

$$K_{i,i+1} = \frac{30(\alpha_{i+1} - \alpha_i)}{\Delta L_{i,i+1}} \qquad (7-79)$$

或

$$K_{i,i+1} = \frac{1719}{\Delta D_{i,i+1}}(\sin\alpha_{i,i+1} - \sin\alpha_i) \qquad (7-80)$$

$$\Delta S_{i,i+1} = \frac{\Delta D_{i,i+1}(\cos\alpha_i - \cos\alpha_{i+1})}{\sin\alpha_{i+1} - \sin\alpha_i} \qquad (7-81)$$

$$\Delta L_i = \frac{\Delta D_{i,i+1}(\alpha_{i,i+1} - \alpha_i)}{57.3(\sin\alpha_{i+1} - \sin\alpha_i)} \qquad (7-82)$$

$$\alpha_{i+1} = \arcsin\left(\frac{K_{i,i+1}\Delta D_{i,i+1}}{1719} + \sin\alpha_1\right) \qquad (7-83)$$

$$\alpha_i = \arcsin\left(\sin\alpha_{i+1} - \frac{K_{i,i+1}\Delta D_{i,i+1}}{1719}\right) \qquad (7-84)$$

这些公式与式(7-1)至式(7-10)的形式完全相同，但适用的范围更广。

2) $\alpha_D \neq 90°$时的参数计算

下面讨论 $\alpha_D \neq 90°$ 的情况，也是较为普遍的情况。

设
$$\alpha_D = 90° - \theta \qquad (7-85)$$

或
$$\theta = 90° - \alpha_D$$

首先进行坐标变换，如图 7-22 所示。即过 M' 点（$\alpha_M = \alpha_D$），作 X' 轴与圆相切，在新坐标系（$X'M'Y'$）中各点处的井斜角（以 $M'O$ 为假设的铅垂线）用 α' 表示，则圆上的同一点在新坐标系（$X'M'Y'$）中的井斜角 α' 与在原坐标系（XMY）中的井斜角 α（真正井斜角）间的关系为

$$\alpha' = \alpha + \theta \qquad (7-86)$$

只要将式(7-77)至式(7-84)中各个参数转换成新坐标系中的对应参数，上述关系仍然成立，即

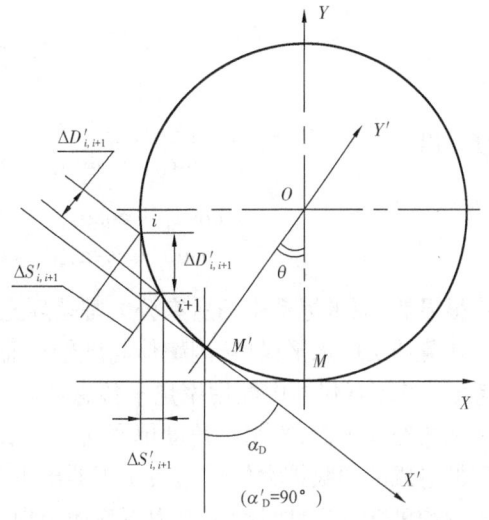

图 7-22　$\alpha_D \neq 90°$时的坐标换算及参数计算

$$\Delta D'_{i,i+1} = \frac{1719}{K'_{i,i+1}}(\sin\alpha'_{i+1} - \sin\alpha'_i) \qquad (7-87)$$

$$\Delta S'_{i,i+1} = \frac{1719}{K'_{i,i+1}}(\cos\alpha'_i - \cos\alpha'_{i+1}) \qquad (7-88)$$

$$K'_{i,i+1} = \frac{30(\alpha'_{i+1}) - \alpha'_i}{\Delta L'_{i,i+1}} \qquad (7-89)$$

或

$$K'_{i,i+1} = \frac{1719}{\Delta D'_{i,i+1}}(\sin\alpha'_{i+1} - \sin\alpha'_i) \qquad (7-90)$$

$$\Delta S'_{i,i+1} = \frac{\Delta D'_{i,i+1}(\cos\alpha'_i - \cos\alpha'_{i+1})}{\sin\alpha'_{i+1} - \sin\alpha'_i} \qquad (7-91)$$

$$\Delta L'_i = \frac{\Delta D'_{i,i+1}(\alpha'_{i+1} - \alpha'_i)}{57.3(\sin\alpha'_{i+1} - \sin\alpha'_i)} \qquad (7-92)$$

$$\alpha'_{i+1} = \arcsin\left(\frac{K'_{i,i+1}\Delta D'_{i,i+1}}{1719} + \sin\alpha'_i\right) \qquad (7-93)$$

$$\alpha'_i = \arcsin\left(\sin\alpha'_{i+1} - \frac{K'_{i,i+1}\Delta D'_{i,i+1}}{1719}\right) \qquad (7-94)$$

在坐标系的转换中,不变量为井眼曲率和井段长度,即

$$K'_{i,i+1} = K_{i,i+1} \qquad (7-95)$$

$$\Delta L'_{i,i+1} = \Delta L_{i,i+1} \qquad (7-96)$$

在水平控制过程中,采用新坐标系中的关系式计算比较便利。但真正的垂增 $\Delta D_{i,i+1}$ 和平增 $\Delta S_{i,i+1}$ 是原坐标系中的参数值,应找出它们在新坐标系中对应参数间的关系式。

$$\xi_D = \frac{\Delta D_{i,i+1}}{\Delta D'_{i,i+1}} \qquad (7-97)$$

$$\xi_S = \frac{\Delta S_{i,i+1}}{\Delta S'_{i,i+1}} \qquad (7-98)$$

可推导出

$$\xi_D = \frac{\sin\alpha_{i+1} - \sin\alpha_i}{\sin\alpha'_{i+1} - \sin\alpha'_i} = \frac{\sin\alpha_{i+1} - \sin\alpha_i}{\sin(\alpha_{i+1} + \theta) - \sin(\alpha_i + \theta)} \qquad (7-99)$$

和

$$\xi_S = \frac{\cos\alpha_i - \cos\alpha_{i+1}}{\cos\alpha'_i - \cos\alpha'_{i+1}} = \frac{\cos\alpha_i - \cos\alpha_{i+1}}{\cos(\alpha_i + \theta) - \cos(\alpha_{i+1} + \theta)} \qquad (7-100)$$

很显然,原坐标系中的所有公式都是新坐标系中公式在 $\theta = 0°$ 或 $\alpha_D = 90°$ 时的特例。

在薄油层的水平段中,因靶体高度较小而使控制难度增加。为了准确判断出油层的边界,可考虑在 MWD 仪器中配用聚焦 γ 传感器。

现场经验表明,当用小角度单弯或反向双弯导向动力钻具开动转盘导向钻进时,因钻头的偏移量造成的井眼扩大使近钻头扶正器出现不能够接触井壁的现象,再加上钻柱重力效应等的影响均可能导致钻具稳平能力下降而出现微降斜趋势。一种处理方法是在钻进一定进尺之后换成定向状态进行纠斜;另一个处理方法是设计一个微增斜组合(由软件计算确定),经几次交替使用后即可钻完整个水平井段。

3) 水平控制计算实例

如图 7-20 所示,设某井的水平靶体高度为 6m($d = \pm 3$m),水平段井斜角 $\alpha_D = 87°$。实钻着陆点 A' 位于靶中线以下,靶心纵距 $d_{A'v} = -2$m,稳平钻进后发现钻具组合呈微降斜效果,实

钻进尺 $\Delta L'_{A'D_1} = 30\mathrm{m}$,造斜率 $K'_{A'D_1} = -1.2°/30\mathrm{m}$,试决定下一步的控制方案。

此例属于 $\alpha_D \neq 90°$ 的情况,由式(7-85)可知,$\theta = 3°$,$\alpha'_{A'} = \alpha'_D = 90°$,可求出

$$\alpha'_{D_1} = \alpha'_{A'} + \frac{\Delta L'_{A'D_1} K'_{A'D_1}}{30} = 90° + \frac{30}{30} \times (-1.2°) = 88.8(°)$$

A' 点与 D_1 点之间的垂增

$$\Delta D'_{A'D_1} = \frac{1719}{K'_{A'D_1}}(\sin\alpha'_{D_1} - \sin\alpha'_{A'}) = \frac{1719}{-1.2}(\sin88.8° - \sin90°) = 0.314(\mathrm{m})$$

此时 D_1 点的靶心纵距

$$d'_{D_1v} = d'_{A'v} - \Delta D'_{A'D_1} = -2 \times \sin87° - 0.314 = -2.311(\mathrm{m})$$

D_1 点离靶体下边界的距离

$$d'_{D_1v} - d = -2.311 - (-3) = 0.698(\mathrm{m})$$

由于 D_1 点离下边界太近,决定增斜,但至转折点 $D_2(\alpha'_{D_2} = 90°)$ 之前,钻头位置还将继续下降一定的垂增($\Delta D'_{D_1D_2}$)。下面分析增斜率 $K'_{D_1D_2}$ 与垂增 $\Delta D'_{D_1D_2}$ 间的数量关系,确定 $K'_{D_1D_2}$。

将 $K'_{D_1D_2} = 4、3、2、1、0.5(°/30\mathrm{m})$ 代入

$$\Delta D'_{D_1D_2} = \frac{1719}{K'_{D_1D_2}}(\sin\alpha'_{D_2} - \sin\alpha'_{D_1})$$

其计算结果见表 7-3。

表 7-3 垂增 $\Delta D'_{D_1D_2}$ 与 $K'_{D_1D_2}$ 的定量计算结果

参 数	计 算 结 果				
$K'_{D_1D_2}$,(°)/30m	4	3	2	1	0.5
$\Delta D'_{D_1D_2}$,m	0.094	0.126	0.189	0.377	0.754
d'_{D_2},m	-2.405	-2.437	-2.500	-2.688	-3.065

根据计算结果,综合考虑控制要求和工具储备,决定选用 $K'_{D_1D_2} = 3°/30\mathrm{m}$ 由 D_2 点进行增斜至 D_3 点,接着再换用第一套组合($K = -1.2°/30\mathrm{m}$)进行稳平钻进。试确定钻进段长度 $\Delta L'_{D_2D_3}$ 及 D_3 点的位置和用 $K = -1.2°/30\mathrm{m}$ 继续钻进时至新的转折点 D_4 点的进尺长度 $\Delta L'_{D_3D_4}$ 及 D_4 点的位置。由下式可得 D_1 至 D_2 段的进尺

$$\Delta L'_{D_1D_2} = \frac{30}{K'_{D_1D_2}}(\alpha'_{D_2} - \alpha'_{D_1}) = \frac{30}{3}(90° - 88.8°) = 12(\mathrm{m})$$

由下式可得 D_3 点的井斜角为

$$\alpha'_{D_3} = \alpha'_{D_2} + \frac{\Delta L'_{D_2D_3} K'_{D_2D_3}}{30}$$

取 $\Delta L'_{D_2D_3} = 30\mathrm{m}、40\mathrm{m}、50\mathrm{m}$ 进行计算,可得 α'_{D_3} 相应的值分别为 91.8°、92.8°、93.8°。

由下式可求得 D_2 至 D_3 的垂增 $\Delta D'_{D_2D_3}$:

$$\Delta D'_{D_2D_3} = \frac{1719}{K'_{D_2D_3}}(\sin\alpha'_{D_3} - \sin\alpha'_{D_2})$$

D_3 至 D_4 点的垂增为

$$\Delta D'_{D_3D_4} = \frac{1719}{K'_{D_3D_4}}(\sin\alpha'_{D_4} - \sin\alpha'_{D_3})$$

D_3 点和 D_4 点的靶心纵距 d'_{D_3v} 和 d'_{D_4v} 分别为

$$d'_{D_3v} = d'_{D_2} - \Delta D'_{D_2D_3}$$

$$d'_{D_4v} = d'_{D_3} - \Delta D'_{D_3D_4}$$

计算结果见表 7-4。

表 7-4 计算结果与方案分析

参 数	计 算 结 果		
$\Delta L'_{D_1D_3}$, m	30	40	50
$\Delta L'_{D_2D_3}$, m	18	28	38
α'_{D_3}, (°)	91.8	92.8	93.8
$\Delta D'_{D_2D_3}$, m	-0.283	-0.684	-1.260
$\Delta D'_{D_3D_4}$, m	-0.707	-1.710	-3.149
d'_{D_3v}, m	-2.154	-1.753	-1.177
d'_{D_4v}, m	-1.447	-0.043	+1.972
$\Delta L'_{D_3D_4}$, m	45	70	95

若选用 $\Delta L' = 15\text{m}$ 的方案,则可自 D_3 至 D_4 点都采用同一套钻具组合($K = -1.2°/30\text{m}$)钻进。由于 D_4 点在靶上部分,其靶心纵距 $d'_{D_4v} = +1.972\text{m}$,不用更换钻具组合即可钻完 $L_D = 280\text{m}$ 的水平段。现求靶底 B' 点的井斜角 α'_B,靶心纵距 $d'_{B'v}$,由 D_4 至 B' 点的进尺 $\Delta L'_{D_4B'}$ 以及水平段的总进尺 $\Delta L'_D$。首先确定由 D_4 至 B' 点的平增 $\Delta S'_{D_4B'}$,有

$$\Delta S'_{D_4B'} = L_D - (\Delta S'_{A'D_1} + \Delta S'_{D_1D_3} + \Delta S'_{D_3D_4})$$

$$= 280 - \left[\frac{1719}{-1.2}(\cos 90° - \cos 88.8°) + \frac{1719}{3}(\cos 88.8° - \cos 93.8°) + \frac{1719}{-1.2}(\cos 93.8° - \cos 90°)\right]$$

$$= 105.088(\text{m})$$

靶底点 B' 的井斜角 $\alpha'_{B'}$,可由式(7-78)求得,有

$$\alpha'_{B'} = \arccos\left(\cos\alpha'_{D_4} - \frac{K'_{D_4B'} \Delta S'_{D_4B'}}{1719}\right) = \arccos\left(\cos 90° - \frac{-1.2 \times 105.088}{1719}\right) = 85.793°$$

$$\Delta L'_{D_4B'} = \frac{30(\alpha'_{B'} - \alpha'_{D_4})}{K'_{D_4B'}} = \frac{30 \times (85.793 - 90)}{-1.2} = 105.175(\text{m})$$

由 D_4 点至 B' 的垂增为

$$\Delta D'_{D_4B'} = \frac{1719}{K'_{D_4B'}}(\sin\alpha'_{B'} - \sin\alpha'_{D_4}) = \frac{1719}{-1.2}(\sin 85.793° - \sin 90°) = 3.860(\text{m})$$

B' 点的靶心距为

$$d'_{B'v} = d'_{D_4v} - \Delta D'_{D_4B'} = 1.972 - 3.860 = -1.888(\text{m})$$

可见 B' 点位于靶下半部,并未出靶,此方案可行。

该井在水平段的总进尺

$$\Delta L'_D = \Delta L'_{A'D_1} + \Delta L'_{D_1D_3} + \Delta L'_{D_3D_4} + \Delta L'_{D_4B'} = 30 + 50 + 95 + 105.175 = 280.175(\text{m})$$

可将该方案的计算结果直观地表示,如图 7-23 所示。

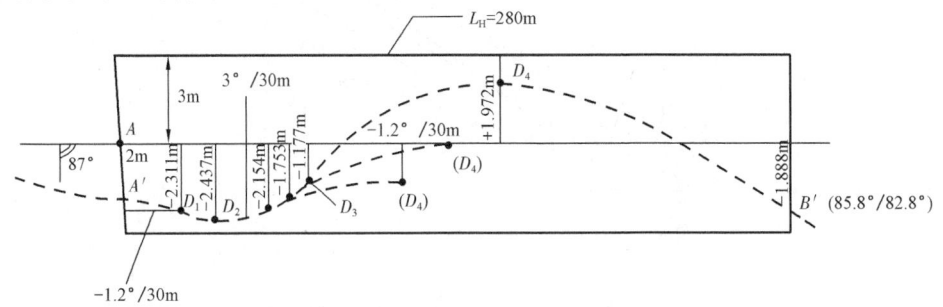

图 7-23 实例计算结果示意图

2. 水平控制分析计算方法二

1) 井眼惯性

通过理论分析和现场实践总结,"井眼惯性"主要出现在直井(垂直或斜直井)造斜、扭方位的开始或从一种井眼曲率变化到另一种井眼曲率的施工过程中。

"井眼惯性"现象在常规定向井、水平井着陆控制中表现并不突出。在此类井的控制中造斜井段的轨迹形状是以井斜角达到(8°~10°)可以使用转盘钻具组合继续增斜为准,一般不需要考虑"井眼惯性"的影响;如果需要扭方位时一般只要求在一定的井眼长度内使井斜方位角由一个值变化到另外一个值即可,也不需要考虑"井眼惯性"的影响;而在薄油层水平井的水平段,就必须要考虑"井眼惯性"的影响。所以,定量的分析"井眼惯性"是现代水平井钻井至关重要的研究课题。

目前,弯壳体导向钻具在自由状态下的刚性几何形状(根据最小势能原理可知,当钻具组合达到稳定的力学平衡状态时,即钻头的侧向力趋于零,这时弯壳体导向钻具将接近于原始的刚性几何形状,此几何形状决定了工具的造斜率,且造斜率为一常数)是设计和预测钻具组合造斜率的依据。钻具组合的造斜率不仅是评价工具性能的主要指标,也是井眼轨迹控制的重要依据。准确地设计和预测钻具组合的造斜率是实现轨迹控制的技术关键。

在"井眼惯性"作用下形成的过渡井段中,钻具的约束条件既不同于在一维井眼中,也不同于在二维或三维井眼中。其原因是入井前处于自由弯曲状态的弯壳体导向钻具组合,入井后在井眼中的弯曲受到井壁的限制,而使钻头对井壁产生较大的造斜力(弹性力或指向力)。随着井眼的不断延伸,钻具的约束条件也在不断地变化,使得弯壳体导向钻具组合的弹性变形逐渐减小直至为零,导致钻头的侧向反力 p_α 是个变量,继而造成井眼曲率半径 R 是变量,使井眼曲率也是变量,最终给过渡井段的长度计算带来困难。为此,提出了确定过渡井段长度的方法。

此方法的思路是:首先通过倒推法得出结论,再利用测斜数据,用数据统计法验证此结论的正确性。

(1)倒推法。

过渡井段弯壳体钻具组合受力与变形分析理论(纵横弯曲法)的假设条件是:当从上切点 T 钻进到 $C-C$ 截面或以下,即进入二维井身,表明过渡井段结束,如图 7-24 所示。此理论通过现场的广泛应用,证明理论计算结果正确。由倒推法可推出其假设条件必然成立。

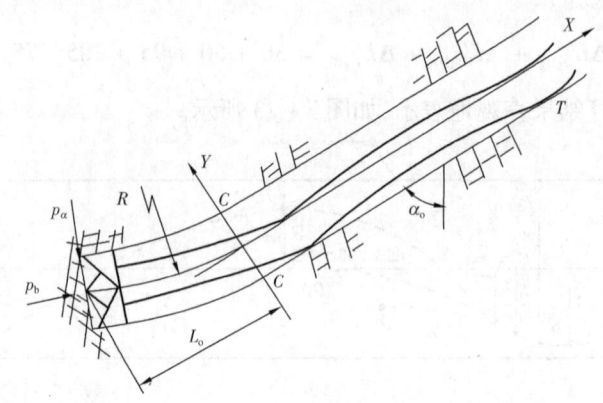

图 7-24 一维井身向二维井身过渡井段示意图

(2)数据统计法。

通过对华北油田 23 口水平井水平段的测斜数据统计分析表明:受"井眼惯性"影响的井段长度基本为过渡井段的长度;过渡井段近似为稳斜段;当从上切点 T 钻进到 $C-C$ 截面以下时,具有典型的二维井身特征。

一般情况下,水平井的水平段为稳斜钻进或微增(降)钻进,井斜变化率较小,故 p_α 较小,从而"井眼惯性"也较小。

结论:受"井眼惯性"影响的井段长度至少为过渡井段的长度,即钻头至上切点(上扶正器)钻具组合的长度;过渡井段为近似稳斜段。

2)水平井水平段轨迹控制需解决的问题

水平井水平段井眼轨迹在铅垂面上是一条上、下起伏的波浪线,钻头位置距靶体上、下边界的距离是井眼轨迹控制的关键。如图 7-25 所示,当判定钻头钻至靶体边界较近的 $i-1$ 点时,就应考虑增斜。如钻至 $i+1$ 点时再考虑增斜,由于"井眼惯性"的影响,这时很有可能造成出靶,因此对水平段的控制就必须考虑"井眼惯性"对调整点位置的影响。为了保证钻头在极限位置($i+1$ 点)也不出靶,在 $i-1$ 点时就应考虑增斜,并确定调整时机,实施变斜调控。同理,在增斜钻进中,当钻至 $i+2$ 点时就应考虑稳斜($K=0$),直至达到新的转折点($i+4$)或后续某点($i+5$)时,才能实现稳斜钻进。

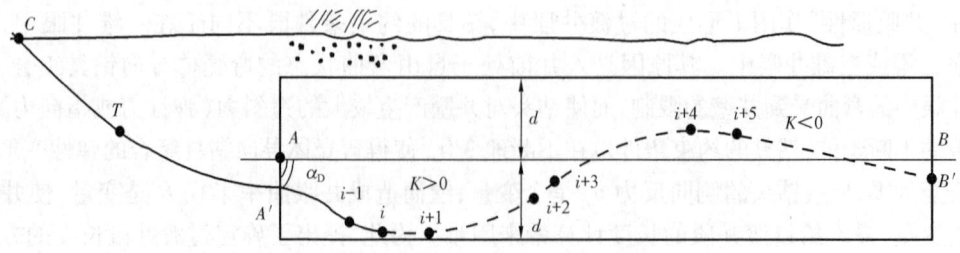

图 7-25 水平段轨迹控制示意图

在这个动态调控过程中,需解决的问题是:对调整井段做出精确计算;变换导向方式后,要估算下一个调整点;应尽量减少调整次数,以提高机械钻速,降低钻进成本。

3) 水平井水平段轨迹控计算

通过对已钻水平段的监测计算和对待钻水平段的预测,并与设计的井眼轨道进行对比和偏差认定。对钻具组合、稳定能力(导向状态)、变斜能力(定向状态)进行钻后分析与评价。随时掌握钻头到上、下、左、右四个边界的距离,并对长距离待钻井眼做出是否需要调整井斜角(上、下)和井斜方位角(左、右)、何时进行调整的判断和决策等。除了在计算机上进行水平段的跟踪监控外,轨迹控制人员还应随时关注钻进过程,进行水平段控制的分析计算,掌握井眼前进方向的变化趋势,及时做出判断和决策。

这里只讨论 $\alpha_D = 90°$ 的情况,对于 $\alpha_D \neq 90°$ 的情况,可通过坐标转换之后,再用本方法进行计算。

此分析计算方法的假设条件:

(1) "井眼惯性"的大小即为过渡井段的长度,且为近似稳斜段;

(2) 在图 7-25 中,$i-1$、$i+2$ 点分别为从一种井眼曲率变化到另一种井眼曲率的始点。

由水平井的二维(同理可扩展到三维)水平段的几何关系可推出井眼轨迹不出靶的边界条件,如图 7-25 所示。

① 井眼轨迹不出靶底的充要条件。

$$|\Delta D_{A,A'}| + |\Delta D_{A',i-1}| + |\Delta D_{i-1,i}| + |\Delta D_{i,i+1}| \leq d \qquad (7-101)$$

$$\Delta D_{A',i-1} = \frac{1719}{K_{A',i-1}}(\sin\alpha_{i-1} - \sin\alpha_{A'}) \qquad (7-102)$$

$$\Delta D_{i-1,i} = L_{i-1,i}\cos\alpha_i \qquad (7-103)$$

$$\Delta D_{i,i+1} = \frac{1719}{K_{i,i+1}}(\sin\alpha_{i+1} - \sin\alpha_i) \qquad (7-104)$$

$\Delta D_{A,A'}$ 由纵偏靶矩计算可得(已知)。

将式(7-102)、式(7-103)、式(7-104)代入式(7-101)中,可得

$$\Delta D_{A,A'} + \frac{1719}{K_{A',i-1}}(\sin\alpha_{i-1} - \sin\alpha_{A'}) + L_{i-1,i}\cos\alpha_i + \frac{1719}{K_{i,i+1}}(\sin\alpha_{i+1} - \sin\alpha_i) \leq d \qquad (7-105)$$

式中,α_{i-1} 是未知参数,且 $\alpha_i = \alpha_{i+1} = 90°$,其余均为实测参数,即可解得 α_{i-1} 的值。

结论:在水平段钻进中,当井斜角等于 α_{i-1} 时(调整点),可改用造斜率为 $K_{i,i+1}$ 的钻具组合,采用定向方式增斜钻进。

② 井眼轨迹不出靶顶的充要条件。

$$|\Delta D_{i+1,i+2}| + |\Delta D_{i+2,i+3}| + |\Delta D_{i+3,i+4}| \leq 2d \qquad (7-106)$$

$$\Delta D_{i+1,i+2} = \frac{1719}{K_{i+1,i+2}}(\sin\alpha_{i+2} - \sin\alpha_{i+1}) \qquad (7-107)$$

$$\Delta D_{i+2,i+3} = L_{i+2,i+3}\cos\alpha_{i+2} \qquad (7-108)$$

$$\Delta D_{i+3,i+4} = \frac{1719}{K_{i+3,i+4}}(\sin\alpha_{i+4} - \sin\alpha_{i+3}) \qquad (7-109)$$

将式(7-107)、式(7-108)、式(7-109)代入式(7-106)中,可得

$$\frac{1719}{K_{i+1,i+2}}(\sin\alpha_{i+2} - \sin\alpha_{i+1}) + L_{i+2,i+3}\cos\alpha_{i+2} + \frac{1719}{K_{i+3,i+4}}(\sin\alpha_{i+4} - \sin\alpha_{i+3}) \leq 2d \qquad (7-110)$$

式中,α_{i+2} 是未知参数,且 $\alpha_{i+2} = \alpha_{i+3}$,$\alpha_{i+4} = 90°$,其余均为实测参数,即可解得 α_{i+2} 的值。

结论:在水平段钻进中,当井斜角等于 α_{i+2} 时(调整点),增斜结束,可改用自然降斜率为 $K_{i+3,i+4}$ 的钻具组合,采用转盘方式稳斜钻进。

符号说明:

$i+1$、$i+4$ 点分别表示井眼轨迹上的拐点;

$L_{i-1,i}$、$L_{i+2,i+3}$ 分别表示过渡井段的长度(稳斜段);

$K_{i,i+1}$ 表示 $L_{i,i+1}$ 井段对应的井眼曲率,以此类推;

$\Delta D_{i,i+1}$ 表示 $L_{i,i+1}$ 井段对应的垂增,以此类推;

d 表示设计靶半高。

4)水平井水平段轨迹控的实施过程

在水平井水平段钻进过程中,取全取准计算式(7-105)和式(7-110)所需的全部测斜数据。再通过预测或现场测斜计算求出计算式(7-105)和式(7-110)所需的各段造斜工具的造斜率。将这些数据分别代入式(7-105)和式(7-110)中即可,求出 $i-1$、$i+2$ 点的井斜角 α_{i-1}、α_{i+2} 的值。在水平段实钻过程中,当井斜角的大小达到调整点 α_{i-1}、α_{i+2} 的值时,应按对应的计算出的造斜率改变钻井方式继续钻进,即可保证井眼轨迹不出靶体。如未达到设计井深可重复以上计算过程直至钻达设计井深为止。如果将 α_{i-1}、α_{i+2} 作为调整点不方便施工时,也可通过相关公式计算出与 α_{i-1}、α_{i+2} 点相对应的井深增量作为调整点。

该分析计算方法的特点是:在确定了工具造斜率的前提下,定量考虑了"井眼惯性"的影响;分段分析,整体考虑调整方案,水平段轨迹控制思路清晰;在钻进施工过程中,只需要求出调整点的井斜角或与该井斜角对应的井深增量即可保证井眼轨迹不出靶,方法简单可行。

第七节 水平井井眼轨迹控制的注意事项

在水平井井眼轨迹控制过程中,轨迹控制人员必须要与测量工程师、钻井液工程师、钻井工程师、地质工程师、司钻等专业人员协同工作。因此,轨迹控制人员有必要对测量仪器、钻井液性能、水力参数、钻头、所选择的工具、钻井操作方式等各个方面知识有一定的了解,以便制定出合理的控制方案和有效的施工措施。

一、测量仪器的选型

1. 测量仪器选型及要求

在井眼轨迹控制过程中,要求测量仪器能实时提供三个方向参数,即井斜角(α)、井斜方位角(ϕ)和工具面角(Ω)。当探测油顶时(尤其是薄油层水平井),最好要在测量仪器中配装自然伽马传感器,在薄油层中钻水平段时,最好能装配聚焦伽马传感器。

因此,在水平井的着陆控制与水平控制过程中,一般选取无线随钻测斜仪(MWD),以便实现定向或导向两种钻进方式,增加可控性。在着陆控制的上部井段,也可以选用有线随钻测斜仪(如 SST),但此法只能以定向方式钻进。一般情况下要尽量避免采用单点测斜仪,因为一旦失控将会给后续的井眼轨迹控制作业带来很不利的影响,甚至会造成回填井段重钻的严重后果。

2. MWD 的极限参数

井眼轨迹控制人员应对 MWD 的极限参数和影响 MWD 正常工作的因素有所了解,以便配合测量工程师,获取准确的测量数据。

下面以 ACCU－TRAK MWD 为例,介绍 MWD 的极限参数及有关注意事项。

1)液压极限

井底静压极限为 140MPa,如果高于此值,会使井下压力传感器、检测板以及保护大气室的各个密封件破坏。

立管最高压力为 31MPa,因为地面压力传感器和询问阀不能承受更高的压力。

立管最低压力为 4MPa,如果低于此值,会使信号脉冲值低于最低限度,造成脉冲分辨能力降低和工作性能不可靠。

井下传感器可接收的最小脉冲压差为 3MPa,如果脉冲压力差太小,脉冲发生器和测量传感器(TSS)接收询问脉冲时会不易辨认而误认为是噪声,造成测量结果出现误差。

2)温度极限

最高井底温度为 125℃,若井温超过此值会损坏井下电子仪器或使电池液体沸腾外溢。

最低地面温度为 －55℃,低于此值会使井下仪器总成在地面时造成电池内液体冻结而损坏。

3)钻具转速极限

转速建议不超过 170r/min,否则过大的离心惯性和震动易损坏井下仪器。

4)对钻井液性能的要求

钻井液最大密度为 2.28g/cm^3,以免超过仪器允许的静压极限。

钻井液最高塑性黏度为 0.05mPa·s,黏度过高会造成压力脉冲的过分衰减。

钻井液中气体最高含量为 30%,否则会影响脉冲值和信号分辨率。

钻井液中最高含砂量为 1%,过高的含砂量会加速井下阀件的冲蚀与磨损。

应控制或减少钻井液中的污染物。钻井液中的硫化氢或氯化镁,会腐蚀含铬的密封面或无磁金属的表面,导致密封面失效或外筒及接头螺纹强度降低。

5)对钻头水眼的要求

在配置钻头水眼时,应使水眼总的过流面积不大于 MWD 泄流阀的过流面积(如 ACCU－TRAK 泄流阀的通流直径为 ϕ11.9mm),二者间的流量差值不宜过大,否则会影响钻井液的脉冲值。

另外,MWD 泄流阀对工作压差也有一定的要求,过小的压差会影响泄流阀产生的钻井液脉冲幅值(如哈里伯顿的 MWD,泄流阀的工作压差一般要求 6.3~7.0MPa)。

原则上讲 MWD 对钻井液流量无过多的要求。但流量的变化会影响循环系统的静压、钻头水眼降压等参数,因此,在设计或变更流量时还是要考虑到流量对 MWD 的工作影响。

此外,钻柱的结构、地面装备(钻井泵与管汇)也应满足 MWD 的基本要求,应尽量减少冲击、振动和其他导致信号衰弱的因素。

3. 施工操作的注意事项

为保证测量工作的正常进行,轨迹控制人员应注意如下事项:

(1)向测量工程师提供其所需的各方面数据。

(2)认真了解和掌握所用的 MWD 的性能、特点及使用注意事项。

(3)学习和掌握测量的操作规程、步骤、方法,能熟练地读取测量数据(如安装在司钻附近的显示仪),以便及时判断控制状况。

(4)当仪器出现不正常情况或测量信号失常时,配合测量工程师分析原因,寻找正确的解决方法。

二、钻头的选型

1. 水平井钻头的选型特点

(1)水平井的着陆控制和水平控制井段,较多地采用了井下动力钻,其钻压值一般较低,而钻头转速一般比转盘钻高。

(2)在中曲率造斜井段中,要求钻头有较好的造斜性能。

(3)在钻水平段时,要求钻头具有较好的稳平能力,当以定向方式调整井斜角或井斜方位角时,往往又要求有适当的造斜能力。

(4)较多地采用油基钻井液。

(5)采用 MWD 进行测量时,对钻头水眼尺寸及钻头水眼压降有一定的要求和限制。

(6)为满足携带岩屑的需要,对钻井液流量有一定的要求。

因此,在水平井中较普遍地选用 PCD 钻头,但有时也用牙轮钻头。

2. 钻头选型的原则和依据

选型原则:使钻头在完成井眼轨迹控制目标的前提下,取得最好的综合经济效益,而不是单纯注意钻头的价格。

钻头选型的依据是有以下几个方面:

(1)地层条件:这是选择钻头类型和结构的首要依据。地层条件主要包括地层类型、硬度、岩性(塑/脆性、研磨性、不均匀性)和厚度。

(2)钻井方式:即是用转盘钻进还是用井下动力钻具钻进。后者又可分为是完全的定向钻进,还是导向钻进(定向/开转盘旋转钻进可以调整)。

(3)钻井条件:钻头选型时要考虑的实际钻井条件主要包括设备能力(机械部分与水力部分)、钻井液类型等。所选择的钻头应与设备能力相匹配,也要考虑钻井液类型的影响(如油基钻井液则优先选用 PDC 钻头)。

(4)钻进参数:包括钻压、转速和水力参数(流量与泵压)。在水平井的设计中,由于钻井工艺要求对钻进参数已做出了明确的规定,所以要求钻头选型时要与钻进参数相匹配,确定钻头的切削结构、水力结构与保径尺寸。

(5)邻井资料:包括邻井地质测井资料和邻井钻头使用记录,它对于钻头选型来说是重要的技术参考资料,应予以足够的重视。

三、水平井钻井液体系

1. 与钻井液有关的特殊问题

1)携屑能力降低

水平井、大斜度井与直井、常规定向井相比,在同样条件下,钻井液的携屑能力明显降低。

经理论研究和实践证明,当井斜角 $\alpha=40°\sim55°$ 时,很容易形成岩屑床,增加了钻进与起下钻时的摩阻,甚至会造成卡钻事故。

(1)水平井井眼内洗井区的划分。

第一洗井区:井斜角为 $0°\sim45°$,与普通定向井相同,不存在岩屑床。钻井液的流变性能对携岩能力影响较大。在层流状态下,提高钻井液的动塑比,有利于携带岩屑。此区的洗井方式与直井或普通定向井相同。当上部岩性较软,井壁易被冲蚀时,最好采用平板层流方式洗井。

第二洗井区:井斜角为 $45°\sim55°$,这是水平井中最复杂的井段,不仅存在岩屑床且当钻井液的动力效应较差时,岩屑床还易下滑,堆积在某一位置,严重影响环空的过流面积,甚至造成环空堵塞。此时应加大钻井液的流量以避免岩屑床下滑。实验和现场经验证明,环空返速为 $0.8\sim1.0\text{m/s}$ 时,岩屑床不易下滑。

第三洗井区:井斜角为 $55°\sim90°$,虽然存在岩屑床,但是不会出现下滑。在岩屑的上返过程中,由于重力的作用岩屑仍然会下沉,如果流量不足就会使岩屑床不断加厚,甚至会出现"雪梨"现象(沉积过程中形成的岩屑床类似雪梨状),最终也会造成堵塞。此时应加大流量,保证紊流洗井,控制岩屑床的厚度,保证循环通道畅通。

研究表明,安全钻进的最大岩屑床厚度应该小于 2cm。

(2)影响携岩效果的因素。

井斜角的影响:由于井斜角的存在,井眼形成了三个洗井区;最复杂的是第二洗井区,顺利钻过第二和第三洗井区的关键均在于加大流量。

钻柱偏心的影响:在大斜度和水平井中,钻柱总是偏向井壁下侧,钻井液的流动主要在上侧的环空中,所以钻柱的偏心不利于清除岩屑床。

钻柱旋转的影响:钻柱的旋转可搅动岩屑床,从而有利于携岩。

钻柱尺寸的影响:钻柱尺寸大,环空间隙小,相同流量条件下返速高,有利于屑岩。

2)井壁稳定性变差

随着井斜角的增加,裸眼井段在易坍塌地层中的长度会大幅度增加。随着水平段的加长,施工周期也相应较长,增加了井壁失稳坍塌的可能性。

3)钻井液密度窗口的影响

地层的破裂压力和坍塌压力随井斜角和井斜方位角的变化而变化。在原地应力的三个主应力中,当垂直主应力不是中间主应力时,随着井斜角的增大,地层破裂压力将减小,坍塌压力将增大,使得钻井液的密度窗口变小,此时容易出现井漏或井塌。

在水平井钻井过程中,由于岩屑床会增加流动阻力和循环当量密度,较长的水平段也会增加钻井液的流动阻力,从而导致钻井液对地层的压力增大,使井漏发生的可能性增大。由于水平段是在储层内进行钻进的,基本上不允许封堵以免损害油层,一旦发生漏失,非常棘手。在水平井段,地层破裂压力不变,而随着水平井段长度的增长,井内钻井液液柱的压力波动将增大,也会导致井漏或井塌。这就要求精心设计井身结构和钻井液参数,并减小起下管柱时的压力波动。

4)摩阻增大

水平井钻井过程中,钻具重力的作用使之与井壁间的摩阻增大,使钻柱和套管磨损增加。摩阻较大时会造成钻头难以施加钻压,钻柱难以送进,而限制了水平段的钻进长度,并增加了钻机的起升负荷。在设计水平井钻井液体系时,如何减小摩阻是首要考虑的问题。

2. 对水平井钻井液的要求和选型原则

(1)要考虑保护油气层的需要。水平井的钻井液,既要具有钻井液的功效(在造斜段),又要发挥完井液的功能(在水平段)。由于造斜段一般会下套管封固,对钻井液性能的要求相对较少;而在水平段对完井液性能的要求则应重点考虑保护油层。

(2)要有较好的流变性,以保持井眼清洁,不易形成岩屑床,顺利进行固井和测井作业。

(3)要有较好的润滑性,以减少摩阻,利于施加钻压,避免卡钻。

(4)要有合适的密度(井壁稳定的关键之一在于钻井液密度在要求的临界值以上),以保持井壁稳定。

(5)要有较好的抑制性和滤失性,以避免损害地层或发生卡钻,便于进行测井作业。

(6)井漏时采用的堵漏材料不能对井下工具和仪器的工作造成影响。

(7)钻井液体系应易于调整和维护。

(8)要符合环保要求。

根据上述的各项要求,水平井钻井液的选型原则为:首先选择或设计有利于保护油气层或易转化成完井液的钻井液体系,并满足上述各基本要求,兼顾考虑降低成本。

3. 水平井钻井液体系简介

1)油基钻井液体系

油基钻井液体系是目前钻水平井应用最普遍的一种体系。有资料介绍,国外40%的水平井均采用油基钻井液体系钻进。

2)水包油钻井液体系

水包油钻井液体系为阴离子型或阳离子型钻井液,密度可保持小于$1.00g/cm^3$,其携屑能力、抑制能力、润滑性、保护油气层的能力均较好。

3)阳离子聚合物水基钻井液体系

阳离子聚合物水基钻井液体系钻井液具有较好的防塌能力,有利于保护油气层,性能较稳定。

4)正电胶体系

正电胶体系又称MMH体系,是在水基聚合物体系中加入MMH处理剂(混合层状金属氢氧化物),使之具有较好的悬浮能力和保护储层的能力。

5)聚乙二醇钻井液体系

聚乙二醇钻井液体系是在水基钻井液中加入聚乙二醇处理剂,能有效地提高钻井液的润滑性。

四、钻进参数选择注意事项

钻进参数主要包括:钻压、转速和水力参数(流量、压力),虽然在钻井工程设计中都做了明确的规定,但在井眼轨迹控制过程中,可根据特殊情况进行适当地调整。因此,轨迹控制人员必须了解水平井钻进参数设计的注意事项。

1. 钻压

(1)钻压的选择与钻头有关。不同的钻头类型,不同的钻头尺寸,允许使用的工作钻压与最大钻压是不同的(如相同直径,PDC 钻头的工作钻压明显低于牙轮钻头的工作钻压)。

(2)钻压选择与转速有关。牙轮钻头存在钻压—转速的关系曲线和钻头轴承能力常数,因此,在选择钻压时应考虑到钻头转速的影响。

(3)螺杆钻具的推荐钻压值限制了水平井钻压的选择范围,最好选择螺杆钻具推荐的钻压值。

(4)水平井的控制要求影响了钻压的选择。在水平井井眼轨迹控制的过程中,最便于调整的控制参数是钻压。根据经验,在采用井下动力钻具造斜时,减少钻压,降低钻速有助于提高造斜率;采用变截面钻具组合时,增大钻压会提高造斜率。

2. 转速

(1)转速的选择与钻头有关。PDC 钻头、金刚石钻头的常用转速远远高于牙轮钻头。

(2)转速选择与钻压有关,同 1 中(2)所述。

(3)井下动力钻具的特性基本上决定了钻头的转速。

(4)在导向钻进方式下,转盘的转速选最低挡速(不超过 65r/min,如有可能最好再低些)。

3. 流量

(1)水平井中钻井液的流量主要取决于钻井工艺的需要,较好的携屑能力要求环空钻井液返速不低于 1m/s,由此可确定所需的流量。

由于不同井段的钻具尺寸和环空面积有一定差异,致使在给定流量下不同井段的钻井液返速差别较大。好的携岩效果对流量和流态的基本要求是:当井斜角大于 45°时,应以大流量紊流方式清洁井眼。由于在紊流状态下岩屑运移基本不受钻井液流变性的影响,此时应采用低静切力、低黏度的钻井液,以便于在较低的环空返速下钻井液的流型为紊流状态,以利于井壁的保护;当井斜角在 0°~45°的范围内,可采用层流流态洗井,但为了提高携岩能力,应注意提高钻井液的静切力、黏度及二者的比值。

(2)井下动力钻具的额定流量基本上决定了钻井泵的工作流量。一般井下动力钻具的额定流量与钻井泵的工作流量是相同的(这在设计钻具时已充分考虑到了),二者当中较小的值只会在一定程度上影响钻头的转速;但在某种情况下,携岩需要的工作流量会大幅度(甚至成倍)高于动力钻具的额定流量,此时可选用中空转子螺杆钻具。

(3)流量的选择与钻头有关。金刚石钻头、PDC 钻头应采用大流量,防止由于流量低造成散热不良出现"烧齿"的现象;牙轮钻头也有类似的要求。工作流量的选择要保证钻头的正常工作需要。

(4)流量的选择要考虑循环系统的承压能力和地面设备的性能要求,防止因流量过大而造成系统总压力过高。

4. 钻头水眼压降

钻头水眼压降的选择,要综合考虑破岩和清洁井底的要求、马达的承受能力(传动轴轴承副的结构级别)、轴承的受力状况、MWD 的工作压力及地面设备的限制等因素后做出决定。

五、钻井操作的有关注意事项

1. 了解 MWD 的功能特性,做好测量配合工作

(1)确定当地磁偏角、磁倾角和磁场强度并输入 MWD 系统的地面计算机,进行数据校正。

(2)熟悉 MWD 的测量操作规程。如不同测量状态对停泵、开泵间歇时间的要求;测量时须将钻头提离井底的距离(如 1~2m 左右)等。

(3)了解钻井液脉冲式 MWD 的脉冲发生器要求的工作压差范围,选择适当的钻头水眼。

(4)其他注意事项,如需要了解 MWD 仪器电池的工作时间和工作寿命,以免在钻进过程中因更换电池而提前起钻。

2. 组装钻具组合

(1)按钻具组合设计方案连接。要量准每个部件的长度并做好记录。对有紧扣力矩规定的部件,按规定上扣连接。

(2)对井下动力钻具要坚持做好井口试运转工作,检查旁通阀的开、关是否正常。

(3)严格检查扶正器尺寸(尤其是近钻头扶正器的外径)是否与设计一致,做好记录。

(4)接 PDC 钻头时,要用钻头盒紧扣,以免损坏复合片。

(5)连接导向钻具与 MWD 时,紧扣后测量钻具高边(弯角内侧)刻线标记与 MWD 基线间的夹角,作为初相角输入 MWD 系统的地面计算机。

3. 下钻过程

(1)下钻一定要慢,以免损坏钻头。

(2)下钻遇阻时,先不要开泵,把钻具旋转不同角度后再试;如遇阻严重,可开泵循环钻井液,并用 MWD 定向,使导向马达的工具面对准井眼高边划眼下入。

4. 钻进过程

(1)开始钻进前,要提前开泵,钻头离开井底 1~2m 循环冲洗井底后,再平缓加钻压钻进。

(2)使用 PDC 钻头时,要按照推荐范围值加压,不要超过规定的最大钻压。

(3)估算摩阻,推算加在钻头上的真实钻压值;对螺杆钻具,要以其负荷压降为标准判断是否加上了钻压。

(4)由 MWD 的井口显示器监控工具面。当显示的工具面与规定值发生较大的偏离时,要适时地转动转盘进行调整。适当提起钻具上下活动钻柱,使储存在下部钻柱上的弹性扭转变形能量得到释放,让井下动力钻具回到预定的初始位置。

(5)加强测试。在着陆控制过程中每钻进一个单根测斜一次;在新钻具下井后钻出的第一个单根所对应的井段,要保证测斜不少于 2 次,迅速核算实际造斜率是否与设计相符,并预测当前钻头处的井斜方位角是否超差(超过允许误差),以便做出评价和新的决策。

(6)加强钻进过程中的井眼轨迹控制和预测,预测距离应在 30m 以上。如果预测超差,可先通过调整工具面和钻压来调整造斜率;若无效,则应果断更换钻具组合。

(7)在地层倾角、地层各向异性指数较小的地区,一般加大钻压可降低造斜率(用变截面钻具组合则相反);反之,可提高造斜率。在水平控制中,加大钻压快速钻进可减小井斜角的变化。

(8)开动转盘导向钻进时,转盘的转速宜在 40r/min 左右,且在水平段转盘钻的进尺数量应不小于总进尺的 75%。

(9)每钻进一定距离(如 50m 左右),应进行一次短起下钻,使井壁光滑,以避免井下发生复杂情况。

(10)停钻时不要让钻具在井底长时间静止,要开泵循环,上下活动钻具或适当转动转盘,以防岩屑沉积导致卡钻。

(11)安排适当机会通井洗井。在钻进较长距离后(如 100m 左右)宜下入转盘钻组合配大水眼钻头,加大流量通井洗井,携带岩屑。

(12)及时做好数据记录和进行数据处理,及时进行钻后分析,为下一步决策提供依据。

5. 起钻过程

(1)起钻过程中当钻头接近技术套管时要减慢提升速度;遇卡时要采取相应措施小心处理。

(2)起出钻头后,认真描述钻头情况并做好记录。

(3)严防井下落物。

(4)钻具起出后认真检查,保证钻具随时处于安全、备用状态。

六、定向井托压问题原因分析及解决措施

随着定向井钻井技术的广泛应用,特别是大井斜、大位移的定向井、水平井及开窗侧钻井等高难度井的开发力度的加大,定向过程中出现的托压问题也是目前定向井施工中普遍存在又需要解决的一个重要问题。

托压是由于井眼轨迹以及各种阻力的原因使得钻具加压后,压力很难传递到钻头;从综合录井仪器及指重表看,就是在钻压不断增加的前提下,钻头的位置不变、没有进尺,泵压不升高、不憋泵,在钻压继续增加时可能会突然憋泵。

托压主要产生在直井反扣或定向井多次反扣的定向过程中、开窗侧钻井开窗侧钻定向中、水平井(40)70°~90°的定向过程中。定向井的施工中托压的产生不仅严重影响钻井队的施工进度,而且很容易造成压差卡钻,给施工造成重大的经济损失。

1. 托压的原因分析

1)井眼轨迹差

定向轨迹不规则,造成井眼井壁多处出现台阶,钻具本体、钻具接头或扶正器支撑在井壁台阶上,增加摩阻或将钻具卡在台阶中,加压无进尺,导致了托压现象的产生。由于井眼轨迹差造成的托压,在加压后上提的过程中上提的附加拉力不会很大,即和平时的附加拉力相差不多,一般不会超过下压的压力。

定向井的井眼轨迹与造斜率有一定的关系,造斜率越小井眼轨迹就越平滑,施工中产生托压的现象就少,在水平井的施工中,长半径的水平井较中半径、短半径水平井产生托压的概率要小得多。

苏东59-34H2井水平段施工时,因找气层,需频繁调整轨迹,连续定向改变狗腿角使井眼轨迹形成多个S型,此情况下井壁极易卡住钻具,导致定向托压。

2)井眼不干净,有岩屑床存在

井底砂子未携带干净,托住扶正器,造成托压现象,这种托压在水平井也是最常遇到情况。造成井眼不干净的原因主要有以下几点:

(1)钻井液的本身流变性能不好,不能满足携带岩屑的需求;

(2)钻井泵排量不能满足要求使得钻井液在井眼中的上返速度达不到要求;

(3)在钻进的过程中长时间或长的井段不进行短起下作业及时挂拉井壁,这些都是造成井壁不干净岩屑不能及时被清除的原因;

(4)指地面的净化设备差,即地面净化设备对被钻井液携带的有害固相、岩屑等清除的能力差,使得有害固相又重新进入井内。

(5)大井斜(45°~90°)定向井及水平井本身就存在一个岩屑携带困难问题。在定向的过

程中钻具与井壁是滑动摩擦,岩屑床的存在使得其间的滑动摩擦力增大,从而造成定向过程中托压。

苏 47-12-61H 井水平段施工到 1050m 处,由于使用 3½in 钻杆,排量 10L/s,泵压 32MPa,完全不能满足携砂要求,到了水平段施工后期,定向托压严重,定向基本无进尺。

3) 地层交结变化原因

地层交结变化,尤其是地层新钻开时,井壁尚未光滑,定向时 BHA 中接头或扶正器卡在地层交结处,造成托压。

明化镇以下的地层岩性较硬,对定向钻进影响较大。对大井斜定向井及水平井来说在明化镇中施工很少有托压产生,而在沙河街、孔店中施工时易形成岩屑床,造成托压。

苏 47-10-58H 井在斜井段施工时,钻遇泥沙交错段定向,井斜角 43°,多次遇到托压情况。

4) 滤饼虚厚、钻井液的摩阻系数大

在定向井的施工中接单根、起钻时的上提拉力的大小除了与井眼净化等有关系以外与钻井液的摩擦阻力系数有很大的关系,摩阻系数越小钻具下滑的阻力也就越小,反之越大即易产生托压现象。

钻井液由于固相含量等原因造成滤饼虚厚时也易产生定向过程中托压,滤饼越虚厚与钻具的接触面积越大,易造成黏卡。滤饼虚厚造成的钻具托压现象与井眼轨迹不好造成的现象有所不同,由于滤饼虚厚造成的托压在加大的压力后(如 30 吨钻压),有时会突然憋泵,在上提的过程中上提附加拉力会大于下放的压力。很多定向井在定向中由于托压后加压不当造成黏卡。

例如 2001 年施工的小 9-7 井,钻过了石膏层以后由于井斜方位偏离设计而进行反扣,在反扣中由于托压,工程施工不当将 90t 钻具全部加上,造成卡钻,泡解卡剂后解卡。

5) 钻具组合原因

倒装钻具计算出现问题,导致倒装钻具组合没起到应有的作用,反而增大摩阻,出现托压现象。

苏东 59-34H2 井水平段定向中使用倒装钻具,因技术员下钻时,将钻具倒装错误,加重钻杆位于井斜 35°~60°之间,导致定向托压。

6) 钻具发生屈曲

在定向中,现场人员未计算所能施加的最大钻压,导致钻具发生多次屈曲,增大摩阻,导致托压发生。

桃 2-6-1H 井水平段 800m 定向施工时,当时滑动摩阻 8t,定向时去掉摩阻钻压 6~8t,钻时 45min/m,因钻时较慢,钻压在之前基础上加 4~6t,但发现效果不明显,反而出现托压定不动情况,最后计算认为钻具在定向中,发生屈曲。

造成定向托压的原因各不相同,针对不同托压情况,须采取不同的解决措施。故在施工中首先要理清楚托压的原因,进而采取相应措施,若托压处理不好,极易出现井下复杂情况。

2. 托压的解决措施

1) 井眼轨迹质量差造成托压的解决方法

工程设计上,尽量减小井眼曲率;施工上加强井眼轨迹的控制,在大井斜大位移定向井中全井跟导向,控制井眼轨迹,避免井斜方位等偏离设计进行反扣,若需要反扣时,送钻必须点送,一旦出现托压立即活动钻具,以防黏卡;向上增斜时,每个单根钻完后,缓慢划眼 2~3 遍,必要时短起下,余 2~3m 不划眼,原因在于前面划眼将井壁尽可能修复平滑,且此段井眼划大后,下面更利于增加定向造斜率;而最后所剩井段不划眼,就是尽可能不破坏定向趋势;向下降斜时,可以复合钻进 0.2~0.3m 再继续定向,托压严重时可定向段结合小段复合,一个单根打完,缓慢划眼 2~3 遍,划眼可以划至井底。

2)井眼不干净,存在岩屑床造成托压的解决方法

岩屑床原因造成托压,在水平井施工时,往往很难避免,岩屑床产生主要原因为井底砂子带不出沉积井底,故在施工中,定向前复合时,尽可能增大排量,适当控制钻时;定向中托压严重时,应开转盘上下活动几次钻具,再压至井底,小钻压钻进 0.2~0.3m,再定向。如果此类托压严重,必要时短起下可在一定程度上缓解托压问题。

加强净化包括井眼的净化和地面钻井液通过地面固控设备的净化。

(1)提高钻井液的携砂性能。

近年来施工的定向井基本都采用 PDC 加导向马达技术,进尺相对较快、岩屑被研磨的较细,这给井眼净化都带来一定的难度。不同的井眼钻进时排量的要求是:对于 ϕ311mm 的井段,排量须高于 3.4m^3/min,ϕ216mm 的井段则要高于 1.1m^3/min。而实际钻进时,ϕ311mm 井段需要的上返速度是 0.8~1.2m/s,要求排量达到 3.6m^3/min,ϕ215.9mm 井段需要的上返速度是 1~1.5m/s,井段要求的排量在泵压许可条件下,尽量开大,使之大于 1.5m^3/min。

另外根据井下返砂情况调整钻井液的流变参数,对于低固相聚合物钻井液来说,钻井液的动塑比要求控制在 0.42~0.50 之间,对岩屑的携带效果较好;在钻井液黏切方面,大井斜定向井黏度控制在 48s 以上,高的黏切有利于防止钻屑的垂直沉降。

在港 H1 井的施工中,井斜角达到 50°~60° 时由于加入有机正电胶后,钻井液的黏度降低 42s 左右,井下返砂效果不好,同时出现定向过程中托压,提高钻井液黏度到 50s 以后井下正常,返砂效果较好。

(2)加强固控设备的使用。

钻井液中有害固相成分、劣质膨润土等含量过高易造成滤饼虚厚,在定向钻进中易造成黏卡。所以使用好离心机、振动筛,加强对有害固相的清除是加强钻井液净化的关键。钻井液本身的携带岩屑的效果再好,如果地面设备利用效果差,被携带上的有害固相同样又会进入井下对井眼的净化造成破坏。

(3)加强短起下作业,破坏井壁岩屑床。

施工中,我们不仅要控制好钻井液的流型,还要定期(150~200m)进行一次短起下作业,用物理的方式清楚井壁上的岩屑,破坏井壁上形成的岩屑床。在大井斜定向井(≥40°),岩屑易沉在下井壁形成岩屑床,注意的是每次短起下的长度尽量拉到上次短起下井深以上 200~300m,水平井可以拉到 20°~30° 井斜的井段,因为在定向井施工中的钻具结构中往往带几柱钻铤,在新施工的井眼中由于钻铤的存在新井眼的环空钻井液上返速度较大,岩屑床一般沉在老井眼中,所以有的井队在施工中只拉新施工过的井段对破坏岩屑床的作用很小。

3)地层交结变化原因造成托压的解决方法

第一步:现场最主要的是首先要判断清楚,造成托压现象为地层原因。而这类判断一需根据之前钻时,二需结合之前施工钻进作业。如果之前未出现频繁定向,整体摩阻不大,且钻时时快时慢,井下钻具工作正常。这时定向出现托压现象,就要考虑为地层交结变化原因。

第二步:判断清楚后,需上下多划几遍眼,直至再次定向未出现托压现象,条件允许可再复合 1~2m 定向,一般就能解决这问题。但需注意的是,此现象产生,钻井液方面或有一定问题出现,最好跟现场钻井液工程师沟通,以防井下复杂。

4) 滤饼虚厚、钻井液的摩阻系数大造成托压的解决方法

通过加大润滑剂的用量或加强润滑剂之间的配伍使用效果,来提高钻井液的润滑性,改善滤饼质量。

在定向井中一般定向时要混入原油以减小滑动摩擦阻力,原油虽然有能很好润滑性,但原油的加入会使泥饼质量变差。为此在定向井的施工中,原油最好配合水基润滑剂共同使用。这样既解决了润滑问题又解决原油加量大造成的滤饼虚厚。

5) 钻具组合原因造成托压的解决方法

最有效的解决措施是简化钻具结构,减少钻挺的数量,增加加重钻杆的数量,从而降低钻具的刚性,减少钻具与滤饼的接触面积防止出现托压现象和黏吸卡钻。

在女 22X1K 井,井斜 21°,地层沙二,施工中产生托压现象,在加入原油、润滑剂、短起下等均无效的前提下,简化钻具结构后定向正常。水平井施工中,定向一般采用马达 + MWD + LWD + 加重钻杆的钻具组合结构,井斜角 70°以后采用倒装钻具:马达 + MWD + LWD + 钻杆 + 加重钻杆,整个钻具结构中不含钻挺,钻具中直径大的仪器马达 + MWD + LWD 加起来也只不过 20 多米,这样的钻具结构钢性不强,定向中全井导向,也很少产生因井眼轨迹和钻具结构产生的托压。

6) 钻具发生屈曲造成的托压解决方法

避免钻具发生屈曲而导致托压,首先要准确计算钻具发生屈曲的临界钻压,在发生屈曲时,立即上下活动钻具,加压时将钻压降到临界钻压之下定向。根据近年苏里格水平井施工经验,在钻具发生正弦屈曲后,5in 钻杆上可再多加 3~5t 钻压,4in 钻杆可再多加 2~3t 钻压,定向中发生托压现象较少。

在处理定向托压情况时,需要注意的是,无论是使用 PDC 钻头还是牙轮钻头,泵压不能超过循环泵压 2 个 MPa,如果用牙轮钻头泵压上升 1MPa,就证明钻压加到了钻头上;而 PDC 钻头在滑动钻进时泵压可以上升或上升较小,泵压上升超过 2MPa 一定要及时提起钻具以免损坏螺杆钻具。

水平井井中产生的托压主要从井眼净化、润滑、司钻操作等方面采取措施。

3. 现场预防定向托压方法

1) 预防定向托压的工艺方法

(1) 斜井段尽可能避免大范围强增斜段,水平段尽可能避免强增强降井段,要跟甲方沟通好,强增强降的弊端要向甲方解释清楚,在条件允许情况下,将增降斜段井段适当延长。

(2) 结合区块及临井资料,在地层交结多变化段,首先跟现场钻井液工程师沟通交流好,在施工中做到勤划眼,确保新钻完井眼井壁光滑。

(3) 钻进中,尽可能将排量开大,确保返砂。根据钻时快慢,决定划眼快慢及划眼次数;如条件允许,适当安排短起下。

(4) 要增强责任心,每次下钻前,计算好倒装钻具中加重钻杆本趟钻所处位置,及本趟钻完成后加重钻杆位置,确保加重钻杆始终在井斜 20°之上。在下钻中,跟技术员沟通好,避免下钻钻具放错位置。

(5) 现场定向工程师在施工中,如有条件,可用软件计算钻具发生屈曲临界钻压,如未有软件,可利用公式计算钻具发生屈曲临界钻压,避免将钻压过大。

2) 预防托压的基本计算方法

在现场施工时,往往没有施工软件可计算钻具发生屈曲临界钻压值,这样就要求现场工程师自己应用计算公式计算,现场常用计算方法是正弦屈曲临界钻压计算法。

综述,水平井定向托压问题,首先应以预防为主,尽可能在定向托压出现前,将导致定向托压出现的因素遏制住。应避免人为因素造成定向托压出现。在处理定向托压时,要充分重视,保证施工要求及井下安全。

第八节　长水平段水平井钻井技术难点分析及对策

一、长水平段水平井技术现状

1. 技术优势

长水平段水平井除具有普通水平井的优势外,其较长的水平段还可以穿越距离陆上较远的海上油气藏,减少海上钻井成本。此外,同直井和一般的水平井相比,长水平段水平井节省了井场用地、钻机搬迁安装等费用。近年来,长水平段水平井钻井成本已降至直井的 2~2.5 倍,甚至更低,而产量却是直井的 5~8 倍甚至更高。

2. 技术进展

面对有明显技术优势的勘探开发技术,国外早已大力开展长水平段水平井技术的研究,尤其是近几年现代钻井技术、地质导向工具、闭环钻井系统、新型钻井液、先进完井工具和随钻测量系统的应用推动了长水平段水平井技术的进展。

挪威国家石油公司在 Gulfaks 油田钻的 Gulltopp 井,10000m 长的井段大多是水平段。目前世界上水平位移 10000m 以上的井有:英国 Wytch Farm 油田的 M11 和 M16 井,阿根廷 Ara 油田的 CN-1 井。而国内长水平段水平井技术主要受一些核心工具的研发和钻完井技术的限制,使得我国的长水平段水平井技术远远落后于其他国家。但是国内也正在积极研究长水平段水平井技术,水平段长度也在不断攀升:广安 002-H1 井,水平段长 2010m;垣平 1 井,水平段长 2660m;苏里格苏 76-1-20H 井,水平段长 2856m。目前我国长水平段水平井的水平段长度大多在 2000m 左右。

二、长水平段水平井钻进难点分析与对策

长水平段水平井在钻进过程中,水平段长给钻进带来了很多技术难题。如水平段长度和位置的确定、井眼轨迹的控制、摩阻扭矩的降低、岩屑床的清除、润滑防卡和井壁稳定等技术难题。分析这些技术难题的原因并提出相应的处理措施,对提高长水平段水平井的钻进技术是很有必要的。

1. 水平段合理长度和位置确定的难点与对策

长水平段水平井的所有技术优势都是源于水平段较长,但是水平段合理长度和位置的确定受到产量、钻井成本、钻完井技术等因素的综合影响而成为技术难题。通常从产量上考虑:随着水平段长度的增加,井筒与油气藏的接触面积增加,但同时井内流体流动的摩擦阻力也增加,前者利于单井的产量,而后者却相反。一般地,长水平段水平井的合理长度等于井筒内摩擦损失使单井产能显著减少(减少量超过 20% 产能)时的长度。对于水平段的合理位置,水平段越靠近油藏或气藏顶部,底水驱油气藏中水平井渗流阻力增大,产能越低。一般认为,水平

段在底水油气藏中最佳位置为 $Z_w = 0.9h_w$。(Z_w 为水平段到油水或气水界面的距离，h_w 为油水或气水油气藏的厚度)。

2. 井眼轨迹控制难点与对策

长水平段水平井在井眼轨迹控制上的主要难点有：造斜段和稳斜段的设计难度较大；水平段合理位置的要求决定了水平段轨迹的控制精度要高；随着水平段的延伸，井眼摩阻随之增加，导向工具钻压传递困难，造成井眼轨迹控制难度大；钻遇岩性的多样性增加了井眼轨迹的控制难度。针对以上技术难点，一般采用的技术措施有以下几个方面。

(1) 优选造斜点。造斜点应该选在成岩性好、岩层比较稳定的地层，利于较快实现造斜并确保井眼稳定。

(2) 优选造斜段类型。一般选择圆弧形，利于降低摩阻扭矩和防止套管磨损。

(3) 优选钻具组合。优选"钻头+单弯螺杆动力钻具+欠尺寸扶正器+无磁钻具+MWD"的单弯柔性倒装钻具组合，利于加压、造斜和井眼轨迹控制。

(4) 复合钻进与滑动钻进交替进行。坚持"少滑动、多旋转、微调勤调"原则，保证井眼规则、井壁稳定。

(5) 应用随钻测量工具。利用 MWD 随时监测井眼轨迹，实时分析底部钻具组合与地层岩性的关系，合理调整滑动钻进与复合钻进的时间和比例，控制井眼轨迹。

(6) 实时计算摩阻扭矩。利用相关软件实时计算钻进时的摩阻扭矩，及时调整钻具组合和钻进参数。

3. 钻具摩阻扭矩大的原因与对策

在长水平段水平井钻井过程中，钻具与井壁之间的摩擦阻力主要由钻柱的轴向摩擦阻力及周向摩擦扭矩组成。摩阻扭矩大的原因有：钻进所需管柱的结构复杂，易与井壁底部接触；钻具与井壁底部岩屑的相互作用；固相含量高的钻井液混入细小岩屑后，润滑效果下降；水平段长、井壁稳定性差、易发生卡钻，致使钻具上提下放困难、承压严重、加压困难。因此在长水平段水平井的施工过程中，能否预测及降低钻井摩阻问题是其成功与否的关键。为降低钻具的摩阻扭矩，应采取以下技术措施。

(1) 使用斜坡钻杆。在斜井段使用柔性斜坡钻杆，减少钻具与井壁的接触面积，降低互相间的摩擦阻力。

(2) 优化钻具结构。尽量采用加重钻杆代替钻铤，将加重钻杆接于井斜较小的井段，斜坡钻杆置于斜井段和水平段或采用倒装钻具组合，以保证钻压能有效地传递到钻头上，并减少黏卡的机会。使用无磁承压钻杆加长无磁环境，提高测量数据的精确性。

(3) 优化钻井液性能。钻井液应具有较好的携岩性能和润滑性能，降低钻进过程中的摩阻扭矩。

(4) 使用计算软件。使用 Landmark 等软件对摩阻扭矩进行较为准确的预测，为钻进过程中提供理论依据。

4. 稳斜段及水平段极易形成岩屑床的原因与对策

长水平段水平井在钻进过程中在稳斜段和水平段极易形成岩屑床，给钻进带来很多技术难题。岩屑床的成因主要有：在稳斜段和水平段，钻具在井眼中靠向下井壁，岩屑易沉在下井壁且不易清除；井眼中部的环空较大、钻具偏心、环空返速降低、携岩效果变差；在造斜段，岩屑返出难度增大，岩屑在此处易堆积；钻井液的性能差和钻具结构复杂，影响钻井液的携岩效果，易形成岩屑床。因此稳斜段和水平段井眼净化效果不佳,现场施工时必须采用合理的井眼净化技术。

(1)增大排量,控制环空返速。环空返速是影响井眼净化的主要因素,但过高的环空返速将会对井壁造成较严重的冲蚀作用,所以在利于减缓岩屑床形成的同时需要控制环空返速和排量。

(2)改善钻井液性能,提高钻井液的动切力。钻进中要随时补充高分子聚合物,增强钻井液的悬浮、携岩能力。

(3)钻井过程中配合短程起下钻、分段循环和划眼等措施。当井斜角超过30°后,要根据岩屑床的情况,适时做短程起下钻,有效清除岩屑;在起下钻换钻头时,分段循环钻井液,利于清除岩屑;如果岩屑床比较严重,则需要多次划眼以清除岩屑床。

(4)优化井眼轨迹设计。该措施的目的是控制造斜率和稳斜段的长度,防止岩屑在造斜段堆积。

(5)简化钻具结构。在满足钻进工艺条件下,钻具结构越简单越好,一般不连接过多的大钻具。

5. 润滑防卡和井眼稳定的难点与对策

对长水平段水平井而言,随井深的增加,钻进过程中摩阻扭矩逐渐增大,极易发生卡钻事故;同时由于短程起下钻和划眼次数多,造斜、增斜、稳斜和扭方位等工序复杂,全角变化率较大,极易形成键槽而发生键槽卡钻;另外,随着井深的增加,井眼受到力学和化学两方面的影响加剧,其稳定性能变差。因此在钻井液的设计上必须注重其润滑防卡和保护井眼稳定的性能,主要技术措施有以下几个方面。

(1)加入润滑剂降低滤饼摩阻因数。该方法通常是使用润滑防卡钻井液体系,一般是液体润滑剂原油和固体润滑剂塑料小球的组合,其润滑防卡效果最好。这种方法在确保润滑防卡效果的同时,有利于携带岩屑,为钻长水平段水平井提供了一种良好的钻井液体系。

(2)严格控制滤失量及滤饼厚度。滤失量过大导致形成的滤饼太厚,井眼缩径,起下钻不畅通,并影响固井质量。

(3)严格控制钻井液的含砂量。含砂量高会增大滤饼摩擦因数,造成黏附卡钻。另外,形成的滤饼厚且松,胶结性差,起钻时易造成井眼垮塌。现场应采用五级净化设备,彻底清除钻井液中的有害固相,保证较低的含砂量。

(4)选择合适的钻井液密度。钻井液密度要根据压力剖面进行合理地选择,既要平衡地层压力有效支撑井壁,又要防止井漏,保护储层。

(5)使用必要的添加剂。如降失水剂,控制钻井液滤失量,减少滤液进入地层;大分子包被剂,充分包被岩屑,增强钻井液抑制性,防止地层造浆;防塌剂甲酸钾,使形成的滤饼致密坚韧,有效封堵和保护储层等。

6. 套管磨损严重的原因与对策

套管磨损在所有钻进过程中都存在,容易导致套管挤毁,严重时会使一口几乎要完成的井报废。引起套管磨损的各种因素,在钻长水平段水平井过程中表现得尤为明显,使得套管磨损尤为严重,其原因主要有:钻进时几乎所有钻柱都躺在套管壁上,造成钻柱对套管的正压力大;起下钻和划眼次数多、钻进时间长、固井时套管不居中、钻具结构复杂;钻具与套管在材料性能

(如硬度、刚度、表面性质)上有较大差异;钻井液的类型、固相含量、腐蚀作用会加剧套管的磨损程度。针对以上引起套管磨损的原因,常采用的技术措施有以下几个方面。

(1)钻杆保护器。用特殊的材料(橡胶护箍、钻杆保护器)固定在钻杆上,减小或避免套管与工具接头直接接触的机会,减小套管与接触材料的摩擦因数,从而减少套管磨损。

(2)减磨接头。用特殊的接头接在钻杆上,钻杆旋转时减小或避免套管与钻杆接头接触的机会,将钻杆接头与套管的相对运动变为钻杆与减磨接头套筒的相对运动,从而减少套管磨损。

(3)钻杆接头耐磨带。用特殊的工艺措施对钻杆接头表面进行化学处理,使其表面的材料具有很好的耐磨性,减小钻杆接头与套管接触时的摩擦因数,这样在减小套管磨损的同时也可以有效地保护钻杆。

(4)钻井液工艺措施。通过使用不同类型的钻井液和添加剂来改善润滑性能,从而减小钻具与套管的摩擦因数,减小套管的磨损。

(5)钻井工艺措施。简化钻具结构,提高套管居中度,利于减小套管磨损。

三、长水平段水平井固井技术难点分析与对策

长水平段水平井的固井技术难题主要由水平段的延伸方向与套管和水泥浆的重力方向垂直或近似垂直造成。由此带来了套管下入难、水泥浆顶替效率低、套管偏心、水泥浆性能要求高等技术难题。

1. 套管安全下入难的原因与对策

套管顺利通过弯曲段进入水平段,并不断向水平方向延伸是套管安全下入的目标。影响套管下入的三大因素:摩擦重量损失、力学重量损失、套管重量。有些井靠套管自身重量便能下入,如果不能则需要推力推动套管下行,所施加的推力就是摩擦重量损失。力学重量损失是由岩屑、井壁坍塌、台肩、压差黏卡、稳定器陷入地层等因素导致的重量损失。显然对长水平段水平井而言,减少力学重量损失是下套管技术的关键。

(1)保证优质的井眼,下套管前认真通井。

(2)漂浮下套管技术。该技术是利用密封装置在套管内密封一定的气体或轻质液体,以减轻整个管柱在钻井液中的重量。

(3)下套管专用工具。把套管柱分成两段,其减小下套管过程中的摩擦力的关键是用套管重力移动上部套管柱,通过施加钻井液压力移动下部套管柱。

(4)边下边循环技术。利用套管循环头工具,在下套管的同时循环钻井液以减小摩擦力,提高管柱下入能力,并降低卡套管的可能性。

(5)套管抬头下套管技术。在靠近引鞋位置固定1~2个刚性扶正器,使引鞋翘起离开井壁,减小摩擦阻力。

(6)利用旋转管柱来降低摩阻、提高下入能力;用游车或大钩的自重往井下推动套管。

2. 水泥浆顶替效率低的原因与对策

在长水平段水平井固井作业中,水泥浆顶替效率低主要由以下几方面引起:岩屑和重晶石沿着水平段环空下部沉淀堆积;套管的偏心使套管低边钻井液驱动困难,容易窜槽;水泥浆重力的存在,致使井眼上侧的钻井液难于顶替;油基钻井液的使用;井壁的虚滤饼和井眼的不规则。针对以上降低了水泥浆顶替效率的问题,主要采用以下技术措施。

(1)活动套管(旋转或上下活动套管)。活动套管有助于破坏钻井液的静切力,利于顶替

可能残留在偏心环空窄边一侧的钻井液。

(2)有效循环钻井液。该措施能彻底将井底和水平井段沉积的岩屑清洁干净,并清除井壁和套管壁上的虚滤饼。

(3)油膜冲洗—润湿反转技术。采用冲洗液、隔离液加先导液的程序提高井壁清洁程度。

3. 套管偏心严重的原因与对策

套管在自身重力作用下易靠近井壁下侧,引起套管偏心,严重影响岩屑携带和注水泥驱替效果,加剧套管磨损。美国石油协会规定偏心程度不超过33.3%。目前解决套管偏心的主要措施是在套管上安装套管扶正器,具体做法有以下方面。

(1)提高井眼质量。防止井径急剧变化、出现不规则井眼。

(2)选择安装扶正器的最优间距。在安装扶正器时,应从井况和施工条件出发,选择最优间距,使扶正器所受的侧向合力尽可能地减小,扶正效果最好,套管居中程度最高。

(3)选择合适的扶正器类型。尽可能选择高弹性比例常数的扶正器,使其达到最好的扶正效果。

(4)核对扶正器安装位置的合理性。

4. 水泥浆性能要求高的原因与对策

由于长水平段水平井的水平段较长,在钻进过程中钻具与已固井井段的作用时间长而且复杂,所以对固井质量的要求很高,进而对水泥浆性能要求也高。因此,要求水泥浆的稳定性、稠化时间、流变性能、失水量等性能要满足长水平段水平井的固井要求。

(1)水泥浆具有良好的稳定性。对水泥浆要做沉降稳定性评价,保证水泥石上下密度差小于 0.03 g/cm^3。

(2)水泥浆具有较好的流变性能。具有较好流变性能的水泥浆有助于提高顶替效率,流性指数最好控制在 0.6~0.8,水泥浆屈服值要稍大于钻井液屈服值。

(3)水泥浆游离液要少。水泥浆游离液多会形成游离液通道,降低封固质量。水平井固井中 API 标准为:在45°斜放方式时水泥浆自由液为0mL。

(4)水泥浆失水量要少。水平井固井中 API 标准为:水泥浆失水低于50mL甚至更低。

(5)控制好稠化时间。稠化时间不合适对固井质量会造成严重的损害,甚至固井失败。

总之,长水平段水平井的钻进技术难题主要是由水平段过长造成的。水平段长导致井眼轨迹控制难、钻压施加难、钻井液携岩难、摩阻扭矩大、井壁稳定性差等问题;长水平段水平井的固井技术难题主要是由水平段延伸方向与套管和水泥浆的重力方向垂直或近似垂直造成的。由此导致了套管下入难、水泥浆顶替效率低、套管偏心严重、水泥浆性能要求高等技术难题;针对长水平段水平井在钻进和固井中的技术难题,应在井身结构、井眼轨迹、钻井液(水泥浆)性能、钻井工具、工艺措施方面优化选择,并结合相应的计算软件和技术装备来提高长水平段水平井钻井技术;在解决长水平段水平井技术难题的时候,要综合考虑多种因素,并结合本地区、本区块的特点制定合理有效的技术措施。

第九节 水平井井眼轨迹控制技术应用

在前面的有关章节中,已经对中长半径水平井井眼轨迹控制的控制理论、施工工艺、专用工具和操作方法进行了详细地介绍,本节以一口水平井的控制实例进一步加以说明。

一、水平井井眼轨道的设计

1. 井眼轨道设计原则

(1)满足地质要求,实现钻井目的。

(2)保证钻进和起下钻时摩阻扭矩尽可能小。

(3)其形状有利于地质导向工作和现场实际井眼轨迹控制。

(4)能克服油层深度预测和工具(含地层)造斜率的不确定问题等。

2. 井眼轨道类型的选择

根据地质条件、油气层情况、地质要求、靶前位移,可选择不同的井眼轨道类型。油田施工的水平井,从曲率半径来看,多选择中长半径水平井。井眼轨道形状选有两个稳斜井段的设计方案。井眼轨道形状如下:

(1)直—增—稳—增—稳(探油顶)—增(着陆段)—水平段,三增轨道。

(2)直—增—稳(探油顶)—增(着陆段)—水平段,双增轨道。

(3)直—增—水平段,单增轨道。

3. 水平井防碰绕障技术

受地面条件限制,丛式定向井在油田中的应用越来越广泛,而水平井又需要一定的靶前位移,如何防碰绕障的问题变得较为突出。许多井往往从一个平台打到另一个平台下面,这时既要考虑本平台邻井的防碰问题,又要考虑下部斜井段和其他水平段的防碰问题,通过现场水平井的钻井实践,已形成了油田特有的水平井防碰绕障技术:

(1)井眼轨道的优化设计,在设计时,充分考虑邻井情况,通过井眼轨道类型、造斜点、造斜率等的优化设计,尽量避开老井,必要时进行绕障设计。

(2)利用软件进行防碰扫描和防碰距离计算。

(3)现场井眼轨迹的监控和防碰绕障施工。

(4)在防碰绕障过程中应用地质导向技术。

二、井眼轨迹控制技术经验

在不同区块进行水平井钻井施工,不同区块井的地质情况不同,井眼轨迹控制过程中遇到的问题也不一样,但以下几个方面的问题表现较为突出:

(1)实钻地质情况复杂多变,油层深度与设计值变化较大,井眼轨迹需要随地质情况的变化而调整。

(2)水平段油层厚度在横向上的变化不一致,有从低部位到高部位的,也有从高部位到低部位的,还有先从低部位到高部位再下降的。

(3)不同区块工具造斜能力和地层对井眼轨迹的影响不同。

(4)测量信号的相对滞后给地质导向和井眼轨迹的预测和调整带来困难。

(5)老平台钻井的防碰问题在水平井钻井中极为突出,水平井的直井段、造斜段及水平段都存在防碰的问题。

为了有效地进行井眼轨迹的控制,掌握井眼轨迹状况和发展的趋势,及时发现油顶、准确入靶和沿油层钻进,水平井施工中在造斜点以下所有井段全部应用了"MWD+导向钻具"进行井眼轨迹监测与控制,从探油顶段开始应用 LWD 进行地质导向钻进,并与地质人员密切配合,保证实现地质勘探的目的。

1. 水平井井眼轨迹控制原则

根据设计,结合地层情况,优化水平井井眼轨迹控制方案;以地质导向为先导,根据地层岩性的变化及时调整,控制好水平井着陆段和水平段的井眼轨迹,实现地质钻探的目的。

2. 水平井井眼轨迹控制施工方案的优化

针对不同的井眼轨道和地层剖面类型,选择不同的井眼轨迹控制方案。

3. 着陆前的井眼轨迹控制技术

(1) 上直井段打直防碰工作。上直井段打斜而产生的上直井段水平位移过大时,需要对造斜段的造斜率及井斜方位角进行调整,这就给井眼轨迹控制增加了难度。如 G104 – 5P10 井,上直段的水平位移为 15m,井斜方位角与设计井斜方位角一致,由于设计的造斜率较大(7°/30m),设计的第一稳斜段长 11.4m,调整余地较小,施工中在造斜段摸清工具在滑动钻进的造斜率和转动钻进的效果后,逐步调整,最后在靶点前 21m 处进入油层。水平井防碰一般是注意上直井段与临井斜井段的防碰,斜井段和水平段绕过临井的下直段时,易出现相碰。如 G104 – 5P4 井,设计的上直井段在 530m 处与临井 G215 – 4 井斜段距离仅为 1.7m,施工中采取加密测斜,必要时进行绕障,防止了井眼相撞事故的发生。

(2) 根据直井段的实钻井眼轨迹对待钻造斜段井眼轨道进行修正,及时消化上直段产生的位移,将井眼轨迹调整到设计线上,以利于下部井眼轨迹的控制。

(3) 采用"MWD + 导向钻具"和合理的钻进参数进行井眼轨迹控制。优选导向钻具,保证实钻造斜率略高于设计造斜率。在造斜段开始时,及时分析工具在不同井斜段滑动钻进和旋转钻进的造斜能力,制定合理的滑动钻进和旋转钻进的工作方式,力求达到井眼轨迹施工方案的预期效果。

(4) 做好井眼轨迹的监测、预测与控制,调整控制好垂深、井斜角和水平位移,为下一步水平井的顺利着陆创造条件。

(5) 加强与邻井地层的对比分析工作,及时弥补由于地质勘探预测误差对井眼轨迹的影响,为下一步根据地质需要进行井眼轨迹调整,准确钻入油气层创造条件。

(6) 在满足井眼轨迹控制所需造斜率的要求下,尽量采用旋转钻进工作方式,有效地提高井眼轨迹的圆滑度,破坏岩屑床,提高井眼的清洁效果。

4. 水平井着陆的井眼轨迹控制

1) 采用 LWD + 导向钻具进行井眼轨迹控制

利用 LWD 的伽马和电阻率测量及时了解地层岩性的变化,为及时准确的识别出油层和进行井眼轨迹调整提供可靠的依据。根据油层伽马和电阻率曲线特性,结合岩屑、气测和荧光定量分析录井,判断钻头进入油层的情况,从而做到精确探油顶和入靶。

2) 对于上倾方向的油层

水平段设计井斜角大于 90°的情况,应控制井眼轨迹在设计着陆点前 20 ~ 30m,垂深达到设计油顶位置,井斜角达到 85° ~ 86°,进入油层后能及时在设计着陆点前调整到最大井斜角,将井眼轨迹控制在距油顶 1.5m 的范围内。避免由于位移提前过多,钻头进入油层时位置偏下,找到油层后上不去或偏离油顶下 1.5m 的范围,导致不能达到钻探目的的要求。

3) 对于下倾方向的油层

水平段井斜角小于 90°,靶前位移可适当地提前,探油顶时的井斜角可略小,可控制井眼轨迹在设计着陆点前 40 ~ 50m,垂深达到设计油顶位置,井斜角达到 82° ~ 84°,进入油层后地层下倾,井眼轨迹能在设计着陆点前追上地层,实现距油顶1.5m范围内的钻探要求。

4)提前下入 LWD(设计要求井斜角80°时下入)

根据伽马和电阻率曲线,结合岩屑、气测和荧光定量分析录井资料,及时对比地层,发现地层变化,及时对井眼轨迹进行调整。越早判断地层变化,越能降低井眼轨迹控制的难度,越有利于地质目的的顺利实现,可减少水平段损失。G63-P1 井施工中,提前进行伽马和电阻率测量,通过地层的对比,发现目的地层下移了5m,及时对井眼轨迹进行了调整,在井斜角79°左右时稳斜钻井,使垂深下移后,增斜探知油顶,实钻油层位置下移了5m,实际进入油层位置在设计着陆点前13.19m,圆满实现了地质目的。

三、大庆树平1井的井眼轨迹控制实例

树平1井是"八五"期间我国依靠自己的技术力量在大庆油田钻成的第一口科学实验水平井,也是国内用中曲率水平井开发薄油层的首次尝试。

树平1井于1991年6月6日开钻,9月14日完井;钻井周期93天,完井周期102天,完井井深2388.88m,完钻垂深1906.31m;穿过油层的井段长度为336.78m,井斜角在86°以上的水平井段长度为309.99m。

由于采用了我国自行设计制造的 P5LZ165 系列中曲率水平井导向螺杆钻具作为三开钻进(着陆控制与水平控制)的主要工具,采用水平井轨迹监控预测软件对实钻轨迹进行跟踪监控与预测,采用带有伽马参数的 MWD 进行随钻监控。因此,在三开井段中取得了良好的控制指标:平均造斜率为 8.52°/30m,最大造斜率为 13.87°/30m(着陆进靶段),最大井斜角为 90.42°,着陆点靶心纵距为 0.14m(靶窗中线以上)。水平段井眼轨迹的最大波动高度为:靶体中线上部1.55m,中线下部0.95m,波动全高为2.50m,水平段全长平均偏离高度为0.55m。

1. 树平1井的地质概况与井眼轨道设计简述

榆树林油田位于松辽盆地中央凹陷三肇凹陷东翼,是大庆外围油田中含油面积和地质储量都较大的油田。其主要目的层为特低渗透率的砂岩储层,储层厚度多为 3~6m,少数层厚度大于8m,储层非均质性严重。主要储集层为古河道砂岩,砂体呈带状分布,厚度变化大。在砂层中非渗透性的泥质夹层比较发育。油层内存在垂直隐裂缝,无气顶及底水。

地质工作者为树平1井的地质设计进行了艰辛细致的工作,经优选确定树平1井的目的层为杨 I5 层,这是榆树林油田树32块开发试验区的主力油层,厚度约为16m,最大厚度为16.8m。地面井位在树61-65井北约550m处,设计着陆点垂深1890.90m,水平段长250~300m。

由于该目的层系由两个不同走向的上、下古河道砂层叠成,而且存在泥质夹层,所以要求水平段必须避开这一泥质夹层,并且保证水平段的前半部分要在发育好的上砂层内,后半部要在发育较好的下砂层内。

图7-26是大庆树平1井的地质设计示意图,其中图7-26(a)是目的层杨I5油层砂岩分布图,图7-26(b)是水平段与目的层的井眼轨道示意图。根据地质设计要求,在树平1井井眼轨道设计时,水平段井斜角取为87°,靶窗尺寸取为6m×20m(高×宽),靶窗中心线定在油顶(垂深1886.90m)以下4m,靶窗上限位于油顶下方仅1m。井眼轨道采用五段式:直—增—稳—增—稳。造斜点垂深1361.36m,第一增斜段长450m(造斜率3°/30m,$\alpha = 30° \sim 45°$);稳斜调整段长87m;第二增斜段长157.50m(中曲率,造斜率8°/30m,$\alpha = 45° \sim 87°$);水平段长300m(井斜角87°),如图7-27所示。相应的套管程序为:$\phi 339.72\text{mm} \times 263.50\text{m}$、$\phi 244.47\text{mm} \times 1895.99\text{m}$ 和 $\phi 139.70\text{mm} \times 2384.35\text{m}$。三开前采用聚合物水基钻井液,三开后采用油包水逆乳化钻井液。

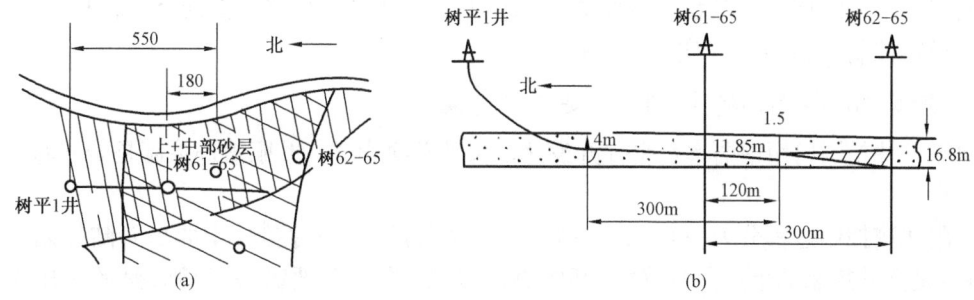

图 7-26 树平 1 井地质设计示意图

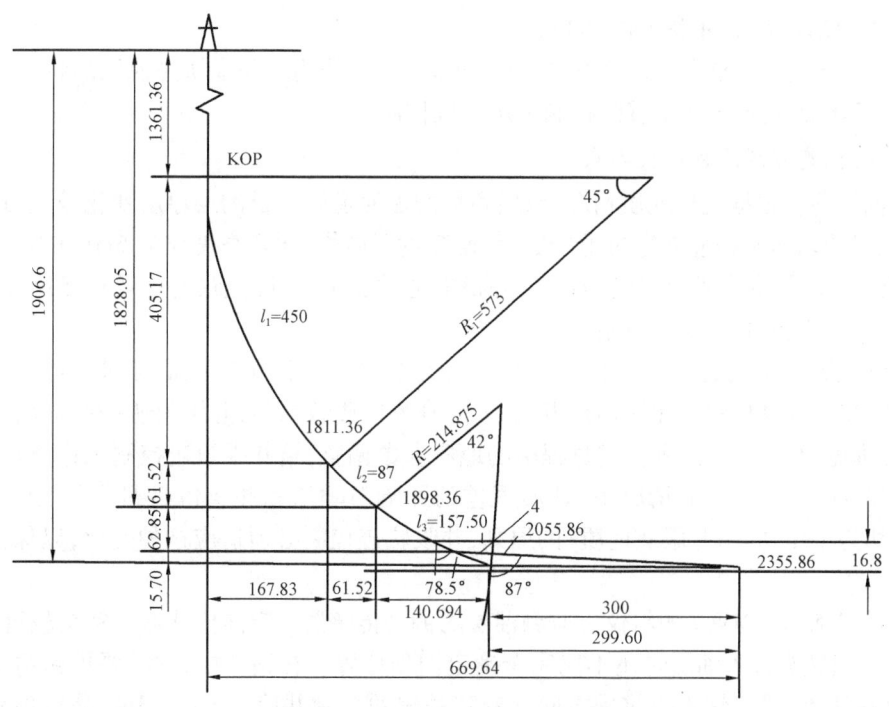

图 7-27 树平 1 井井眼轨道设计垂直轨道图(单位:m)

由于油层薄、靶窗小,决定租用带有伽马参数的 MWD 随钻测斜仪,由美国 Geodata 公司进行现场测量服务,租期一个月。

由于地质预测存在较大误差,在钻进过程中地质设计方案适时作了如下几点调整:

(1)根据中途测井及岩屑录井资料分析,目的层油顶垂深由原定的 1886.90m 加深到了 1888.80m。

(2)由于杨 I5 油层上部砂体宽度小,向西迅速尖灭,为保险起见,在钻进过程中水平段应沿设计方位略向偏东方向延伸(靠近树 61-65 井,油层发育较好),故靶窗向东扩展 10m。

(3)在水平段的后半段(井深 2269.36m)处,已钻开地层的倾角略低于预计值 1.50°,结合随钻测井曲线特征,考虑杨 I5 层的不稳定性,为保证在发育较好的砂层中钻进,决定将水平段中心线由原来的 87°改为 87.5°控制。

钻进过程中,如果对地质设计进行调整,会给井眼轨迹控制,特别是薄油层中曲率井眼轨迹控制带来很大的难度。但是总的来说,通过大庆油田地质工作者的共同努力,把油顶深度误差指标最终控制在2m以内(实为 -1.90m)。

2. 井眼轨迹控制的特点、难点、要求与对策

树平1井是国内用中曲率水平井开发薄油层的首次尝试。井眼轨迹控制是全井施工的关键和难点。

井眼轨迹控制过程分为一开、二开和三开三个阶段。三开控制(中曲率着陆控制与水平段控制)是全井控制的重点。本着"一开要快、二开要严、三开要稳"的原则,树平1井从1991年6月6日开钻,到6月7日6时45分钻完表层,井深267m;二开从6月9日19时30分开钻,到7月18日20时20分中途完钻,井深1897.50m,井斜角48°;三开从8月17日5时开钻,至9月5日22时完钻,井深2388.88m。

一开、二开钻进要求和常规直井、定向井相同,不予赘述。井眼轨迹控制的特点与难点主要体现在三开阶段,即中曲率着陆控制和水平段控制。

1) 井眼轨迹控制的特点及难点

(1) 油层薄。根据上述地质情况,双层叠加的古河道砂岩目的层厚度变化较大,最厚处达16.8m,而且要求水平段先期穿过上砂岩,后期穿过下砂岩;靶窗高度仅为6m(±3m),其上边界距油顶仅1m,靶中线距油顶仅4m。另外根据地质要求,着陆点最好不要位于靶窗下半部。因此,实际着陆点的高度要求控制在3m以内。

(2) 地质预测精度的影响。如上所述,由于地质部门对准确掌握油层状况客观上存在着困难;所以在钻进过程中存在油顶预报误差,需修改地质数据,对井眼轨迹控制提出了新的要求是不可避免的。但是,这种钻进过程中的地质参数调整,给井眼轨迹控制工作增加了难度,尤其是在薄油层、小窗口的情况下,地质误差的影响对垂增和井斜角起到了"放大"的作用。本着"一切为了出油,钻井服从地质"的原则,井眼轨迹控制必须适应这种变化,以保证准确进靶着陆。

(3) 信息滞后。MWD测斜仪上监测油层的伽马传感器与定向传感器离钻头较远(一般为10~17m),当钻头进入油层时还不能完全确定油顶位置。在钻进中,常需要预测钻头处的定向参数来做决策,确定钻头的前进方向。着陆进靶的关键井段(长14.33m)是在预测的基础上开钻的,且在整个进靶着陆过程中无信息显示等,这种信息滞后也给树平1井的井眼轨迹控制工作增加了难度。

(4) 工期限制。按合同规定,租用美国Geodata公司的MWD的期限为1个月,每逾期一天另追加租金4000美元。这就要求三开控制工作要尽量争取在1个月内完成。另外,三开的中曲率井段要穿过地层压力异常的泉三段,此段井壁坍塌严重,也要求缩短工期以防井塌。

此外,由于靶窗距油顶只有1m,从而造成很大的工具空白区,工具因地层、操作因素等影响也造成工具造斜率的误差,也进一步增加了井眼轨迹控制的难度。

2) 井眼轨迹控制的要求

根据树平1井井眼轨迹控制的特点及难点,对树平1井的井眼轨迹控制的要求是:要有高的控制精度,要有强的应变能力,要有好的预测准确度,要有较稳、较快的施工水平。

3) 井眼轨迹控制的对策

(1) 着陆控制设计采用三段式方案设计(稳斜探顶法)。由于油顶垂深、工具造斜率误差、信息滞后等因素的综合影响,对薄油层和小靶窗很容易造成脱靶。为确保能准确探明油顶并

准确着陆进靶,此井设计了"增—稳—增"三段式井眼轨迹控制方案,其核心思想是把各种误差的影响在稳斜段进行调整。发现油顶以后,再按设计方案将钻头送至预定位置,然后再以要求的造斜率增斜钻进,着陆进靶。具体做法是,从二开井底的48°井斜角处以中曲率钻进至某一井斜角(稳斜角),此时钻头必须处于预定油顶上方的某一高度,以防地质误差造成油顶提前;接着以此角度稳斜钻进并探明油顶,保证钻头到达预定位置;然后进行第二次增斜着陆进靶。中间的稳斜段起桥梁作用,调整各种误差,并有足够的井段以供探明油顶,使第一增斜段的误差不会影响第二增斜段进靶,这样就可按设计方案钻至着陆点,现场技术人员称此法为"以不变应万变"。

树平1井采用"零平差"总体控制方案,通过计算求出的稳斜角为80°。针对油顶误差$\Delta h=0$,$\pm 2m$,$\pm 5m$,$\pm 10m$(实际油顶比设计垂深提前为"+",推迟为"-")等7种情况制定了7套施工方案,为每套方案均提供了2~3种钻具组合,包括导向动力钻具组合与转盘钻组合,作为施工过程中的应变措施。

(2)一组基本覆盖中曲率范围的P5LZ165系列导向动力钻具。由于实钻过程中多种复杂因素的影响,工具的实际造斜能力与理论造斜能力间存在着误差。这种工具误差和地质勘探误差的综合作用,决定了树平1井着陆控制的中曲率井段不可能由单一的工具一次性来完成,而应由几种不同造斜率的工具交替使用才能完成;而水平段钻进则专门设计了一组专用工具组合一次性来完成。为树平1井提供的螺杆钻具壳体的结构弯角规格有单弯0.75°、1°、1.25°、1.5°、1.75°和2°;反向双弯为-0.5°/1°,共提供了5套整机与3套备用壳体。

根据理论分析,确定了每种结构弯角下的工具造斜率,并在1991年4~5月间在大庆油田的2口定向井上对其中3种工具进行了性能试验。试验表明,工具的实际造斜率与理论造斜率比较接近,性能达到了设计要求,从而为树平1井开钻做好了工具准备。

实践证明,P5LZ165系列工具为树平1井井眼轨迹控制取得成功起到了关键作用,充分体现了"应变能力强"的特点。例如,当钻头已钻入油层10m以上时,因MWD的伽马曲线显示不充分,使油顶垂深难以判明,而靶中线离油顶垂深只有4m,靶窗上限仅有1.32m(垂深)。在这种情况下,经过计算决定采用1.75°单弯壳体单扶正器工作组合,以13.87°/30m的造斜率强行钻进14.33m,最终以0.14m的靶心纵距值实现了准确着陆。

据完钻后统计,在三开井段内根据不同的要求,先后用过1.5°单弯(无扶正器)、1.75°单弯双扶正器、0.75°单弯双扶正器、-0.5°/1°反向双弯双扶正器等几种形式的导向钻具组合;使用P5/LZ165导向螺杆钻具的进尺为340.74m,占总进尺491.38m的70%。

(3)加强井眼轨迹的监控和预测。用水平井井眼轨迹监控理论和预测软件,对实钻井眼轨迹进行实时跟踪,分析和预测,并制定出相应的方案与措施。

(4)细化工艺措施,保证落实到位。为落实技术方案,减少井下复杂情况,树平1井的工程设计制定了一套控制工艺措施,采用"作业指导书"的形式下达指令,保证贯彻执行。

3. 着陆控制过程

由三开开钻至钻头进入靶窗的过程即为着陆控制。在三开即将开始时,地质部门初步判定油顶位置将下调2.50m,即将原设计的垂深1886.90m降至1889.40m,靶窗中线垂深也由1890.90m降至1893.40m。

为了协助地质人员判明地层情况,决定在三开前增加一段稳斜段,供捞砂样以探明标准层。

着陆控制的重要任务是确定油顶垂深位置。围绕这一目标先后下钻 7 次,采用了 6 种钻具组合。

1) 第 1 次下钻

目标和要求:钻掉二开井底的水泥塞,把水基钻井液换为油基钻井液,探明标准层。

在替换钻井液的过程中,为避免油基钻井液对导向动力钻具定子橡胶的膨胀作用,决定下入转盘钻微增组合,实现稳斜钻进 5m(1897.5~1902.5m),地质人员捞砂样,确定扶Ⅲ底和杨 I5 顶的标准层,确认上述修改意见成立,循环钻井液,起钻。

2) 第 2 次下钻

目标和要求:中曲率增斜(要求 7.2°/30m)。

选用导向动力钻具增斜,同时控制井斜方位。此时有两种动力钻具可供选择,即 1.5°单弯(不带扶正器)螺杆钻具和 1°单弯双扶正器螺杆钻具。两者造斜能力接近,但就工具面角的稳定性而言后者优于前者。若采用 1°单弯螺杆钻具,必须由现有的 1.75°单弯螺杆钻具改装,但需要强力增斜时,必须复原组装,此操作较为频繁,综合权衡后决定采用 1.5°单弯(不带扶正器)螺杆钻具,增斜的同时向左扭方位(设计闭合方位为 192.3°,二开井底实测井斜方位角为 196°。经计算,设定工具面角在 -20°~10°范围)。钻速较快,第 1 根单根实钻 50min 后,经测试知工具的实际造斜能力与原设计值接近。

由于该钻具组合不带扶正器,后续钻进过程出现了因工具面不稳定而导致造斜率损失较大的现象。当钻至井深 1937m(进尺 34.50m)时,决定起钻调整。实际平均增斜率为 6°/30m。

3) 第 3 次下钻

目的和要求:继续中曲率增斜,提高增斜率,弥补上次钻具造成的井斜角和垂深的损失。

下入 1.75°单弯双扶正器螺杆钻具组合。由于带有双扶正器,工具面的稳定性得到显著改善。测斜表明,实钻造斜率与预测值(12°/30m)基本相符,预计钻进 20.75m 即可补回上次钻具造成的井斜角的差值。

此次实际钻进 28.52m,已经完成补偿要求,且设计井斜角略有提前。如继续钻进,则会导致平差增大,加之造斜率较大,加压困难,井下动力钻具有时出现"点动"状态,影响工具面角的控制和机械钻速,为此决定起钻。经统计,平均造斜率达 12.08°/30m,井斜角增至 66.78°(实测值)。

4) 第 4 次下钻

目标和要求:继续中曲率增斜;通井、洗井,改善井眼质量。

下入转盘钻强力增斜组合(变截面钻具组合),钻压为 100~120kN。实际进尺 52.48m,井斜角由 66.78°增至 78.76°(后实测值),平均造斜率为 6.68°/30m。

实践表明,在两次井下动力钻具增斜钻进后,下入转盘钻具组合通井,加大流量携带岩屑,对改善井眼质量、防止卡钻很有好处。在树平 1 井的全部钻进过程中,工作人员非常重视改善井眼质量,因此未发生过井下复杂情况。

但因转盘钻具组合无法控制井斜方位角,造成井斜方位角减小,给下次钻具组合增加了增方位的任务。鉴于井斜角已接近 80°,垂深接近预计的油顶,故需变更钻具组合,起钻。

5) 第五次下钻

目标和要求:探明油顶,吸收误差,把钻头送至靶前的预定位置;把井斜角增至 80°或略高些,以适当减小进靶段的造斜率,同时将井斜方位角增大3°左右(使实际钻进井斜方位角接近设计方位192.3°)。

选用0.75°单弯双扶正器导向螺杆钻具。从2018m井深处开始,先开动转盘导向钻进3m,使两段井身衔接光滑;此后的2个单根以定向方式钻进,工具面角控制在50°~65°(增斜增方位),其结果使井斜角增至81.10°,井斜方位角由188°增至190.81°,约增3°。由第一测斜点计算,工具造斜能力(全角率)达6.16°/30m,接近设计值。

从井深2033.17m开动转盘,转速Ⅰ挡(40r/min),此时钻速明显加快。经计算,钻头离地质人员第二次给定的油顶(垂深1889.40m)垂高约为1.80m左右,特别要注意油顶误差可能上浮,所以每钻进1m都要特别小心,不可盲目打进尺。同时,地质人员加强监测、捞砂样,监视伽马曲线。

当钻至井深2064.26m时,发现伽马曲线显示为砂层,地质人员认为可能确认油顶,决定起钻。据计算,钻头已进入预定油顶(1889.40m)以下1.70m(垂深),伽马传感器(距钻头10.14m)也已进入预定油层深度0.21m(垂深),钻头离靶中线高度约为2.3m。此时,相应的钻进井段为2018.00~2064.26m,总进尺为46.26m。

6) 第6次下钻

目标要求:再探油顶,准备进靶

经地质人员研究认为,伽马曲线显示尚不充分,还无法断定油顶的确切垂深值,估计会比预计值(垂深1889.40m)再下降1m左右(约为1890.40m)。因此,再下入上次的钻具组合探寻油顶,当钻进斜深5.16m时,确认伽马曲线已显示充分,即令停钻。但再次探明的实际油顶垂深为1888.80m,此时,钻头离靶窗中线只有1.32m垂深,井眼轨迹控制出现了一定的困难。

7) 第7次下钻

目标要求:着陆进靶,将实际着陆点的靶心纵距控制在0~0.2m以内。

进靶是着陆控制的最后阶段,也是最关键的阶段,面临的情况是:

(1)油顶误差造成当前钻头距离靶中线只有1.32m的垂深,尚需造斜6°才能进靶。

(2)根据地质要求,着陆点最好不要在靶中线以下,从而导致造斜率增高,而且过大的工具空白区又使工具选择范围显著变小。

(3)进靶钻进出发点(上次井底)的准确参数(井斜角、井斜方位角和垂深)因信息滞后尚未确定,只能进行预测(上述1.32m垂深也是预测值),而预测误差势必影响进靶着陆的准确性。

(4)由于钻进井段短(预定14~16m),在整个钻进过程中得不到有关井斜角和井斜方位角的显示(因MWD的方向传感器距钻头13.26m)。

上述4条,再加上工具面难以控制带来的误差,增大了进靶控制的难度。原本确定钻头在靶中着陆(零差控制),但为了防止误差导致失控而造成在靶心以下着陆,确定着陆目标区为0~0.2m。为保证这一点,进行了详细的理论分析和计算,考虑了7种造斜率及其可命中的区域,其中:进入靶中线时,工具造斜率应为$K_T=14.28$(°/30m),选用1.75°单弯螺杆钻具。根据该钻具组合上部井段的实钻记录,平均增斜率为12.08(°/30m),还需要进一步提高造斜率。为此采取如下措施:

(1)去掉上扶正器(无磁,$\phi210$mm),以增大钻头侧向力和造斜率。

(2)严格控制工具面,使$\Omega=-10°\sim20°$,保证全力造斜且使井斜方位角不减。

(3) 均匀送钻,避免出现工具"点动"引起造斜率降低和井斜方位左漂。

(4) 钻进井段不小于14m,方可保证井斜角大于87°(设计着陆点井斜角为87°)。

由于进靶过程目标明确,措施具体,技术人员亲临钻台指挥操作,精心施工,终于使钻头在靶窗中线上方0.14m处着陆(事后测得)。实钻14.33m,着陆点井斜角为87°,钻头处井斜角为87.22°(事后测得),井底井深为2084.20m。

4. 水平控制过程

目标和要求:在截面为6m×30m的靶体中延伸钻进300m或略长,尽量提高机械钻速,降低钻进成本。

水平段先后下钻8次:1次因MWD出现故障面,提前起钻;0.75°单弯双扶正器导向动力钻具和-0.5°/1°反向双弯扶正器导向动力钻具各2次,配用R426型PDC稳斜钻头,主要是开动转盘导向钻进,其机械钻速明显高于转盘组合(一般为每小时1个单根,钻速相当于转盘转组合的3~5倍);因导向钻进时发生降斜(约为0.2°~0.4°/10m),而定向钻进时增斜效果不明显,中间曾2次下入转盘钻单扶正器增斜组合和1次转盘钻变截面钻具组合(均配用J22钻头),其中2次收到增斜效果,但增斜率明显低于着陆控制过程和常规定向井中的增斜率。

在水平段钻进的初始阶段,控制是按井斜角87°线为基准进行的。当钻到井深2269.36m(离预定300m水平段尚差100m左右)时,根据地层实际情况调整方案,水平段改按井斜角87.5°线为基准进行控制,以保证井眼轨迹穿过伽马曲线显示良好的油层,直至钻完309.99m的水平段全长。

在水平控制过程中,一直用井眼轨迹分析预测软件对实际井眼轨迹进行跟踪和描述,并及时预测待钻井段(30m、50m或100m)的井斜角和井斜方位角,预报是否超差,预测可能发生超差的钻头位置,以提前采取措施来控制,防止超差。例如,改变钻压、变换钻进方式(转动/定向)以及更换钻具组合等均收到了较好的效果。使水平控制达到了如下指标:靶心线以上最大波动高度为1.55m,靶心线以下最大波动高度为0.95m(设计允许范围为±3m),波动全高为2.50m(设计允许范围为6m),完钻后对309.99m的水平段进行数据处理,求出井眼轨迹平均偏离高度为0.55m。上述数据表明,我国现以具备了在更薄的油层中钻水平井的控制能力。

在水平段钻进过程中,旋转钻进的总进尺(包括井下动力钻具开动转盘导向钻进和采用转盘钻具组合)占全部水平段总进尺的84.5%,这对提高水平段的井眼质量,携岩清洁井眼具有很好的效果。另外,在整个三开钻进过程中坚持起下钻精心操作,通过造斜率较高的井段时采取了划眼、缓慢下钻、修整井眼等积极措施。因此,在整个钻进过程中,未发生任何井下事故。

在水平段控制过程中,主要是采用小角度单弯和反向双弯导向动力钻具,配用PDC钻头,开动转盘导向钻进,其突出的优点是机械钻速明显高于转盘钻组合。据统计,平均机械钻速可比转盘钻组合提高2~4倍。

树平1井实钻井眼轨迹的垂直轨道和水平投影(局部)如图7-28所示。树平1井的着陆控制与水平井段控制过程如图7-29所示。树平1井轨迹控制主要参数见表7-5。

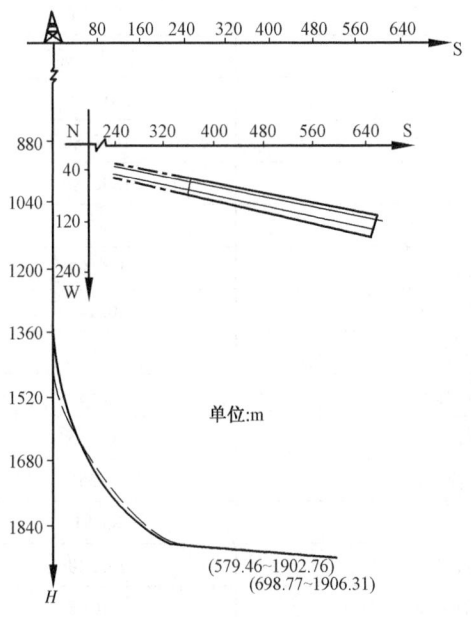

图 7-28 树平 1 井垂直轨道和水平投影图(局部)

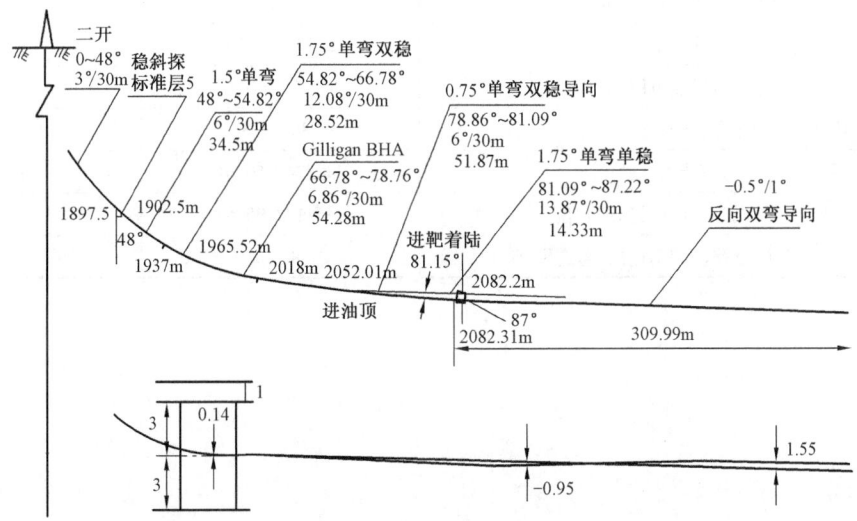

图 7-29 树平 1 井着陆控制与水平控制过程示意图

表 7-5 树平 1 井轨迹控制主要参数表

序号	项目	实钻指标	设计指标
1	全井深,m	2388.88	2355.56
2	水平段全长,m	309.99	303.75
3	中曲率段平均造斜率,(°)/30m	8.52	8
4	全井最大造斜率,(°)/30m	13.87	8
5	全井最大井斜角,(°)	90.43	87
6	进入角,(°)	81.15	78.5

续表

序号	项目		实钻指标	设计指标
7	进入点井深,m		2052.01	2023.99
8	油顶垂深,m		1888.80	1886.9
9	靶中垂深,m		1892.80	1890.9
10	着陆点	井斜角,(°)	87	87
11		井斜方位角,(°)	190.98	192.3
12		靶心距(垂直),m	0.14	±3
13		靶心距(水平),m	16	30m 范围
14	水平段	靶上最大偏离距离,m	1.55	3
15		靶下最大偏离距离,m	−0.95	−3
16		平均偏离距离,m	0.55	—
17	完钻点预测	井斜角,(°)	86.81	87
18		井斜方位角,(°)	193.48	192.3
19		靶心距(垂直),m	−0.08	±3
20		靶心距(水平),m	18.34(东)	30m 范围
21	三开井段的平均机械钻速,m/h		4.83	—
22	马达定向钻进钻速范围,m/h		2.77~10.09	—
23	马达开转盘钻进钻速范围,m/h		5.77~6.99	—
24	转盘钻钻速范围,m/h		1.88~5.81	—
25	进尺比	马达/转盘	340.74/150.64	—
26		马达定向/马达加转盘	145.17/195.57	—
27		水平段转动进尺/总进尺,%	84.5	—

第八章 特殊钻井工艺技术

研究钻井新工艺、新技术的目的就是尽可能挖掘各种油气藏的潜能,提高采收率;减少布井数量,减少开发投资;避免或减少开采过程中的井下复杂情况;少占用土地,减小环境保护的压力;提高开发的总体经济效益。

目前的钻井技术已不再是单一的直井技术和定向井技术,典型的钻井新技术有:水平井钻井技术、大位移井钻井技术、欠平衡压力钻井技术、小井眼井钻井技术、超深井钻井技术、分支井(多底井)钻井技术和垂直旋转钻井技术等。电子信息技术、计算机技术的迅猛发展也带动了钻井工艺技术的发展,电子计算机技术在钻井工程中的应用使钻井工艺技术走向智能化成为可能。典型的科学技术有:数据的实时采集(地面的综合录井仪,井下的 MWD、LWD、FEWD 等随钻监测仪器)、数据的远程传输、导向钻井等。钻井新工艺技术的出现也使勘探领域由陆地向海洋、沙漠、戈壁、深部地层方向拓展。

第一节 垂直旋转钻井技术

垂直旋转钻井技术是国外 20 世纪 80 年代末期研发的一种新技术,实际上就是垂直导向钻井系统,该系统通过自动导向装置,对钻头施加径向力,克服钻头的侧向力,实现自动纠斜,保证钻头垂直钻进。

世界上已有多个国家的石油公司对旋转导向钻井系统开展了深入的研究与应用。

20 世纪 80 年代末期,德国的 KTB(超深井钻井)项目组和美国的 Eastman Teleco 公司联合,首先研究了 VDS 系统(自动垂直钻井系统)。1988—1992 年,先后开发了 5 种型号的 VDS 系统(VDS–1、VDS–2、VDS–3、VDS–4 和 VDS–5),在钻进过程中可以自动使井眼保持垂直。该系统在万米深井应用中,实现了连续钻进至 6710m 时的井斜角仅为 1°,水平位移小于 4m。

1996 年,美国 Baker Hughes Inteq 公司在 VDS 系统基础上研制了 SDD 系统(自动直井钻井系统),该系统提供了一种能够自动连续钻直井,而无须地面人员参与过程控制的垂直导向装置;1997 年又推出了 Auto Trak 系统(旋转闭环钻井系统,也称为 RCLS 系统),并在一些重要的大位移井中得到成功应用。Auto Trak 系统可以用连续旋转钻井的方式钻成理想的井斜和方位,既可以精确地按照设计钻进,也可在油藏内精确地进行地质导向钻井。

美国能源部资助研发的 ADD 系统(自动定向钻井系统),造斜能力为 8.5°/30m。

1989 年,日本国家石油公司(JNOC)开始研究 RCDOS 系统(遥控动态定向系统);1993 年美国 Halliburton Sperry–Sun 公司研制了适合于转盘钻进的 AGS 系统(自动定向钻井系统),造斜能力为 2.2°/30m,同年在英格兰 WytchFarm 油田首次进行商业应用。1999 年,这两家公司合作,以 Halliburton 公司的名义推出了 Geo–Pilot 旋转导向自动钻井系统。

1994 年,英国 Camco 公司研制的 SRD 系统(调制式旋转导向钻井系统)在英格兰 Montrose 地区井中试验获得成功。1999 年 5 月,Camco 公司与美国 Schlumberger 公司的 Anadrill 公司合并,SR 系统注册为 PowerDrive,2000 年改进为 PowerDriveXtra,造斜能力为 8.5°/30m。

目前比较成熟的垂直旋转钻井系统是贝克休斯公司的 Verti Trak 垂直导向钻井工具和斯伦贝谢公司的 PowerV 垂直导向钻井工具。这两种工具结构特征截然不同,工作方式也不一样,但是,最终都是以主动机械力侧向作用于钻头,达到降斜、防斜的目的。这两种工具集成了先进的机电信息技术一体化,分别被这两家公司所垄断。

垂直旋转钻井技术在国外应用较多,国内新疆等地有不少应用。国内在这方面的研究还处于起步阶段。

自1994年起,西安石油学院(现西安石油大学)开展了旋转导向井下闭环钻井技术 RCLD 和井下闭环可变径稳定器 XTCS 的理论研究与技术开发,这是垂直旋转钻井技术研发在国内的第一步。

1996年,胜利油田开始进行了旋转导向钻井技术的跟踪调研工作,2000年进行了旋转导向钻井系统开发可行性研究,2001年"调制式旋转导向钻井系统整体方案设计及关键技术研究"、"旋转导向钻井技术研究"分别被列为国家"863"前瞻性研究项目及中国石化集团公司科技攻关项目,开始研制具有自主知识产权的旋转导向系统。在全面完成国家"863"前瞻性研究攻关项目的基础上,2003年"旋转导向钻井系统关键技术研究"被列为国家"863"正式科技攻关项目,目前已在调制式旋转导向钻井系统关键技术研究方面取得突破,形成了功能性样机,系统的部分功能已在地面得到验证。

从2005年到目前,中国石油化工集团公司南方勘探开发分公司引进了该项技术,在川东北地区的黑池1井、普光7井、毛坝6井和大湾1井部分井段应用,取得了良好的效果。

一、PowerV 垂直旋转钻井系统

PowerV 是一套"全自动化"旋转导向垂直钻井工具系统,在钻进时会自动追踪地心引力(自动感应井斜角),自动设定和调整钻头侧向力,使钻头快速返回垂直状态。这是一个全自动重复的过程,在高陡构造地层钻进中,可有效地解决防斜和加大钻压之间的矛盾,大幅度提高机械钻速。

1. PowerV 系统的组成

PowerV 系统主要由电子控制短节(CU)、加长短节(ES)和偏置短节(BU)三部分组成,如图8-1所示。

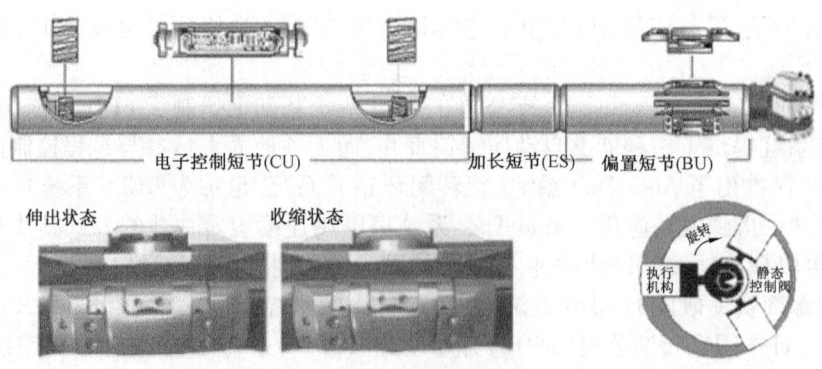

图8-1 PowerV 系统工作原理示意图

1) 电子控制短节(CU)

电子控制短节是 PowerV 的控制部件,它通过泵流量产生的脉冲信号来接收指令,改变工具的工作状态。电子控制短节由编程口、上叶轮、上扭矩仪、压力箱、轴承、下扭矩仪、下叶轮、控制轴和引鞋组成,如图8-2所示。

(1) 编程口:通过它可以对 CU 进行编程,直接设定 CU 的工作状态,读取数据和分析 CU 的工作情况。若其上部与 MWD 直接相连可以随时监测工具面,确保 CU 工作正常。

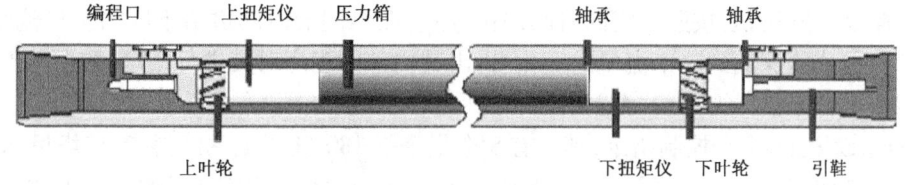

图 8-2 电子控制短节

(2)上叶轮:在钻井液的作用下,按顺时针旋转。

(3)上扭矩仪(顺时针):通过控制上叶轮的转速来控制发电机。

(4)压力箱:内装传感器(一个三轴加速度计、一个三轴向磁通门传感器、一个钻铤磁性传感器、一个固体陀螺、三个宽带振动传感器、一个数据转换器)和通讯模块,传感器由发电机供电。

(5)下扭矩仪(逆时针):通过控制下叶轮的转速来控制引鞋。

(6)下叶轮:逆时针转动。

2)加长短节(ES)

加长短节内部装有一个钻井液滤网,主要目的是为了让进入伸缩机构液缸内的钻井液保持清洁,如图 8-3 所示。

3)偏置短节

偏置短节是一个纯机械执行装置,下接钻头,上接加长短节,主要由伸缩机构、控制轴、旋转轴和一个钻井液导流阀(上、下盘阀)组成,如图 8-4 所示。

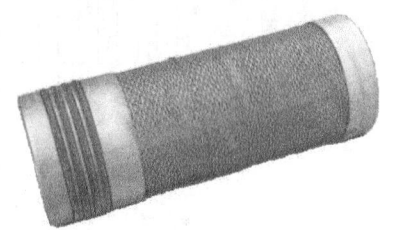

图 8-3 加长短节(ES)中的过滤网

(1)伸缩机构:由液缸和伸缩块组成,通过液缸内的液压控制伸缩块的伸出量,使伸缩块支撑于井壁,提供钻头的侧向冲击力。

(2)控制轴:安装、控制上盘阀。

(3)旋转轴:安装、控制下盘阀。

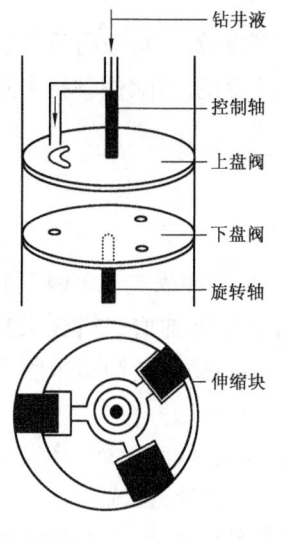

图 8-4 偏置短节工作原理

(4)上盘阀:与控制轴相连,决定工具面方向和控制模式。

(5)下盘阀:有三个孔,分别与伸缩块的液缸相连。

二、工作原理

钻井泵工作后,发电机发电,测量系统测量出近井底处的井斜角和井斜方位角,然后按照地面工程师的要求把其内部的电子控制短节固定在某一个方位上(高边工具面方位),从而实现无论钻柱如何旋转,控制短节内部的控制轴始终对在需要的方位上。控制轴和上盘,是由惯性平台控制的独立部分。上盘的水眼方位,就是给钻头侧向力的方位。该方位确定后,不管钻柱如何转动,上盘阀都不转动。下盘阀与偏置机构及钻头相连接,随钻柱的转动而转动。只有上下盘阀水眼相通时,才能有钻井液进入伸缩机构的液缸内,推动相应的伸缩块伸出,给井壁一个作用力,同时给钻头一个反方向的作用力,如图 8-4 所示。

如果需要调整控制轴的方位角,可以由地面工程师给控制短节发送命令。方法是:按照一定的时间编排方式,在不同的时间供给不同的工作流量,控制短节内部的传感器探测到这个流量的变化后,由其内部的程序对其进行核对,如果与预先设定的某个指令吻合,就开始执行这个新的工作指令。

PowerV 设置了 81 个控制指令,其中有 5 个指令是 180°工具面的降斜指令,塔里木油田钻井施工中全部使用了这 5 个降斜指令,分别为 20%、40%、60%、80% 和 100% 高边"拍击"。

所谓 20% 高边"拍击"即指钻柱旋转过程中,伸缩块有 20% 的时间伸出拍击高边产生降斜力。

PowerV 指令的发送是通过泵压的脉冲来实现,但对脉冲有一定的高度和宽度要求,即在规定的时间内必须完成流量的转换(泵压的变化)。在塔里木油田使用的 PowerV 的脉冲流量为:低流量 750gal/min(140 冲/min),高流量 970gal/min(180 冲/min),四个脉冲完成一个指令的传送,如图 8-5 所示。

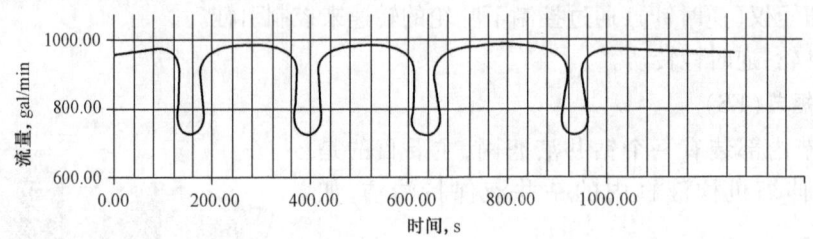

图 8-5 PowerV 系统传送一个指令的脉冲示意图

第二节 套管开窗侧钻技术

自从世界上第一口定向井在 20 世纪 30 年代问世以来,定向井、丛式井等钻井技术就有了很大的发展。我国克拉玛依油田、玉门油田分别在 20 世纪五六十年代就已将定向井技术成功应用于油水井套管内开窗侧钻,经过几十年的现场实践,已经形成了一整套完善的套管内开窗侧钻技术。

通过套管内侧钻可恢复油气井的生产,提高油气井的利用率和开发效果,可取得重大的社会效益和经济效益。目前,我国的侧钻技术水平已在全国油田得到广泛的应用,侧钻技术总体上已接近世界先进水平。

一、套管侧钻技术概述

1. 油气井侧钻的意义

当油田勘探开发进入中后期阶段,生产经营活动就会受到储量、投资和成本三大因素的制约,稳产的形势将日趋严峻。此时油田开发的重点将由通过调整井和单纯的增产措施来提高油田产量,逐渐转移到利用工程技术措施,挖掘剩余油气层的潜力,达到提高老油田采收率的目的。

随着开发时间的延长,老油田油气水井状况逐渐变差,相当数量的井不能正常生产。为了解决部分"死井复活"的问题,钻井技术人员开始进行复杂侧钻井技术的崭新尝试。

侧钻井技术在提高老油田采收率方面,具有投资少、成效大、见效快的优点,为侧钻井技术的大面积推广应用创造了条件。侧钻井技术的应用规范、工艺技术措施也在推广应用中不断得到完善和提高。

2. 油气井侧钻的作用

(1)利用原井眼,保持并完善了部分井网,可减少部分调整井的数量。

(2)利用原井眼,可在油气井侧钻加深层位获得新的油气流。

(3)通过油气井侧钻,可使部分停产井恢复生产,提高了油气井的利用率及开发效果。

(4)利用原井眼,可节约上部井段的钻井费用和地面建设费用,因而可以获得很好的经济效益和社会效益。

3. 侧钻技术适应的范围

1)侧钻适应的井别及井径

侧钻技术作为油田后期钻探开发的主要工艺技术,不但适用于油井,同样也适用于气井和注水气井,不受井别的限制。

由于侧钻充分利用了部分原井眼,使得侧钻井径受到原井眼的限制,在侧钻出的小井眼中,需使用直径较小的钻具,从而也限制了钻压调节的范围和增加了井眼轨迹控制难度(大直径井眼比小直径井眼易于控制方向)。小直径井眼在裸眼钻进时地层特性对井眼轨迹的影响较大,且侧钻所下尾管尺寸也受到了原井眼的限制,所以要采用侧钻的井的井径应选择在 $\phi140mm$ 以上的套管中进行为宜。

2)侧钻适用范围

(1)侧钻多底井。利用一个井眼,通过套管内开窗侧钻形成多个井底,有利于扩大泄油面积,完善井网,减少地面工程。

(2)侧钻水平井。利用原井筒中的套管进行水平井施工。

(3)事故井侧钻。

① 套管损坏严重,错断后扶正无效或扶正后无法固定,管内通井规通不到井底的油、气、水井。

② 油层出砂严重,套管又有损坏,冲砂不能冲到井底,无法采取防砂工艺措施的油、气、水井。

③ 井下发生复杂事故的油、气、水井。

(4)油、气田枯竭,生产井侧钻。

① 油层井段严重砂堵或被水淹没,采用在上部油层套管的适当位置开窗侧钻的技术,钻达油气层进行完井生产。

② 生产井下部套管损坏或发生井下事故,井下落物无法处理,采用套管开窗技术,重新钻达目的层。

(5)已钻井偏离含油区,在套管内的适当位置,采用开窗侧钻,调整靶心位置,以获得工业油气流。

(6)老油田枯竭的井,通过定向开窗侧钻,开采剩余的油。

(7)生产井需要钻开下部新的含油层系。

(8)有特殊要求,需要取资料的井。

二、套管侧钻

1. 侧钻开窗方法

依据国内外侧钻工艺技术的不同,开窗方法可分为变向器开窗侧钻方法、截断式开窗侧钻方法。

1)变向器开窗侧钻方法

将一定技术规格的变向器送入油层套管内预计开窗的位置后固定,然后使用磨铣工具沿变向器斜面在油层套管上磨铣出一定形状的窗口,再利用窗口钻出新井眼的方法,这种方法是油气井常用的侧钻开窗的方法。

2)截断式(锻铣式)开窗侧钻方法

截断式开窗侧钻方法,即采用扩张式套管磨鞋在预定井段磨铣、切割套管,将套管磨掉一段(20~30m)达到开窗目的之后,再进行侧钻。侧钻水平井多用此方法。

3)两种开窗方法的优缺点比较

变向器开窗方法和截断式套管开窗方法优缺点比较见表8-1。

表8-1 变向器开窗方法和截断式套管开窗方法优缺点比较

变向器开窗		截断式套管开窗	
优 点	缺 点	优 点	缺 点
1. 作业时间短; 2. 套管切削量少; 3. 变向器斜面一般为2.5°~4°,易钻出新井眼	1. 下井工具多,费用高; 2. 窗口若造型不好,影响下一步起钻作业; 3. 需用陀螺仪定向	1. 下井工具简单; 2. 工具费用较低; 3. 下井作业可靠性高,受原井套管磨损、腐蚀的影响小	1. 套管磨铣时间、定向作业时间较长; 2. 套管切削量大,容易在钻杆上形成"糖葫芦"而卡钻

4)侧钻开窗方法分类

根据侧钻的目的、侧钻油藏工程的需要与工况不同,可分为以下两类:

(1)定向侧钻。

为了使新井眼符合一定的井斜角、井斜方位角及水平位移的要求,需进行定向侧钻。定向侧钻就是将变向器装置下到预计的深度,在测定变向器斜面的准确方位并固定后,再开窗,使钻头在开窗过程钻进中,沿设计的方位钻达目的层。

(2)普通侧钻。

在整个侧钻过程中,对井斜角、井斜方位角及水平位移均没有明确的要求,变向器在开窗中只起到导斜和造斜的作用,使开窗、钻进沿着变向器斜面钻达目的层。

2. 侧钻井井眼轨道类型

按照油藏工程、地质及开发的需要,侧钻井的井眼轨道形状可分为两类,如图8-6所示。

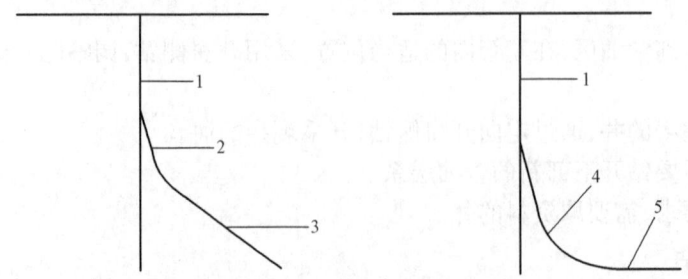

图8-6 侧钻井井眼轨道类型
1—直井段;2—造斜段;3—稳斜段;4—圆弧段;5—水平段

(1)直井段—增斜段—稳斜段;
(2)直井段—圆弧段—水平段。

三、侧钻设备和工具

套管内侧钻开窗、钻进、完井等工序与常规钻井工序有所不同,具有其特殊性,因而需选择适用于侧钻的各类设备和工具。

1. 常用钻机

侧钻作业大多使用小型石油钻机和车装钻、修两用钻机。例如,美国生产的 65-B 型车装钻机,使用 $2\frac{7}{8} \sim 4\frac{1}{2}$ in 的钻杆,钻深能力达 1372~3658m。

2. 变向器

变向器是一个具有一定强度、一定几何形状、有一个斜面的圆柱体,是开窗侧钻工作的关键工具,在侧钻过程中起到造斜、导斜和定向的作用。目前现场使用的变向器断面形状有平面和弧面两种,如图 8-7 所示。

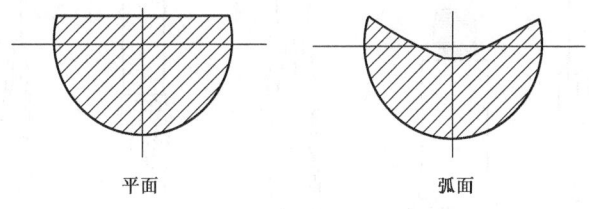

图 8-7 变向器断面形状示意图

平面变向器开窗时转盘的负荷小、定向较弱、窗口不太规则;而弧面变向器开窗时转盘受到的负荷大、定向性强、窗口较规则。

不同断面形状的变向器可根据侧钻的目的选用。定向侧钻多用弧面变向器。

1)变向器顶部厚度

变向器顶部厚度是保证开窗有效长度的依据。如果厚度过大,则开窗后在窗口处易形成一个死台阶,这个死台阶会影响井眼轨迹的控制、影响裸眼钻进质量,起下钻时还会严重磨损钻具;若厚度过小,则开窗后变向器的强度降低,在起下钻时容易碰弯其顶部而减少开窗的有效长度。

为了保证侧钻开窗的质量,变向器顶部厚度可按下面公式确定:

$$h = (D + 1.5d_1) - d \tag{8-1}$$

式中　h——变向器顶部厚度,mm;
　　　D——套管内径,mm;
　　　d——铣鞋最大直径,mm,
　　　d_1——套管壁厚,mm。

2)变向器斜面长度及角度

若变向器斜面过长,则增加了开窗的工作量,且侧钻后新老井眼相距较近,水平位移小,磁干扰较大,对下一步施工不利;若斜面过短,则井眼曲率较大,将会影响侧钻井的正常钻进及完井工作。因此,在直径 140~215mm 的套管内侧钻,斜面长度一般选择 2~4m 为宜;斜面长度确定后,变向器顶部角度即侧钻井眼中的初始井斜角也就确定了。根据现场经验,变向器顶部角度以 2.5°~4° 为宜。

3) 目前常用的变向器

目前常用的变向器有五种:插杆式变向器、插管式变向器、封隔器固定式变向器、地锚固定式变向器和液压固定式变向器。

3. 开窗磨铣工具

为了保证在套管上开出一个长而圆滑的窗口,需采用专用工具。现场设计了几种不同的开窗磨铣工具,其上部均为标准的石油螺纹接头,主体部分为硬质合金块焊接在钢体上,也有用碳化钨焊接而成的。开窗侧钻对不同工具类型的基本要求是相同的,即开窗速度快,耐磨性好,几何形状利于切削、磨铣,磨铣负荷小,便于排出铁屑,不易卡钻,易于达到顺利开窗的目的。

常用的磨铣工具有:启始铣、开窗铣鞋、西瓜铣、铣锥、管柱铣、复式铣锥、单式铣锥和扩张式套管磨鞋,如图8-8、图8-9所示。

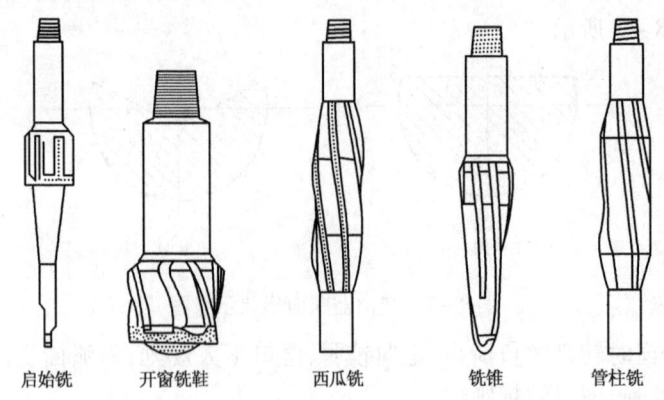

图8-8 套管开窗侧钻常用的工具示意图

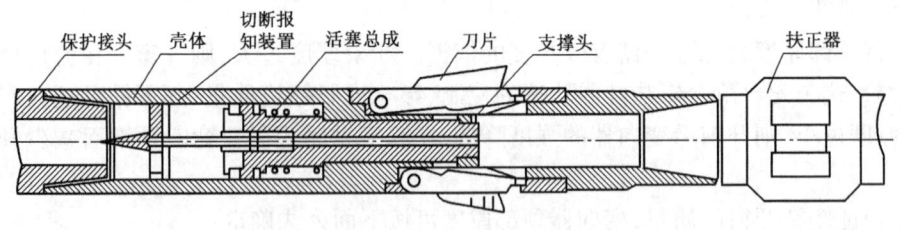

图8-9 扩张式套管磨鞋

扩张式套管磨鞋又称为截断磨鞋或锻铣器,是一种简单的水力工具。主要由保护接头、壳体、切断报知装置、活塞总成、弹簧、刀片和下扶正器等组成,通常用在截断式开窗侧钻中。

扩张式套管磨鞋的结构设计特点:磨鞋上有六个刀片,可同时伸出切割或磨铣;采用水力活塞结构,设计有切断报知装置;锻铣器下部增设扶正器,保证了磨铣工作的平稳;切削元件为新型合金钢,设计有断屑槽和刃前角;刀片钢体设计独特,焊接有可靠的刀片、活塞和磨鞋体。

扩张式套管磨鞋的工作原理:当套管磨鞋下至预定开窗位置后,开泵循环,使支撑头顶出刀片,向外扩张,切割和磨铣套管,达到开窗的目的。

磨铣过程分为两步实施:

第一步,刀片没有完全扩张,紧贴套管内壁转动,定点切割套管;

第二步,套管被切割断后,刀片逐渐完全张开,泵压下降 1.3~1.7MPa,钻压控制在 10~30kN。

四、开窗位置的确定

在侧钻施工过程中如何保证顺利实现侧钻目的、合理选择侧钻方法、准确确定窗口位置,是至关重要的,也是侧钻的基础。

1. 资料的准备

开窗前应准备原井井史、原井套管记录、原井固井质量曲线、地质分层及岩性描述、原井陀螺测斜数据、侧钻井地质设计书、侧钻井所在区块的地质构造图、侧钻井周围的布井图及井眼轨迹图等详细资料。

2. 优选开窗侧钻方法

开窗是侧钻中的重要工序,而窗口质量是保证下一步工序及整个侧钻施工能否顺利进行的关键因素。

开窗侧钻方式的选择应根据地质要求、原井眼状况、地层特点及侧钻工具的侧钻能力等综合考虑。在地层硬、侧钻困难、固井质量较好、侧钻点上下可选范围小、原井井下复杂、套管不宜锻铣或井眼井斜角较大时,一般选用变向器(斜向器)开窗侧钻方式;其他情况下易选用套管截断式开窗侧钻方式。

3. 窗口位置的确定

利于安全顺利开窗,利于裸眼钻进是窗口位置选择的基本原则。在选择窗口位置时,一般应注意下述几方面:

(1)窗口位置应满足井眼轨迹控制的要求;

(2)窗口位置应避开原井套管的接箍和套管扶正器,选在完好的套管本体上;

(3)在选择窗口位置、井眼曲率等参数时,应有利于钻井、采油和井下作业的施工。

(4)窗口应选择在远离事故井段或套损井段以上 30m 左右,以利于有一定的水平位移而避开原井眼。

(5)窗口以上的套管应完好,无变形、漏失、破裂等损坏现象,以利于侧钻施工和完井工作的顺利进行,确保侧钻成功。

(6)窗口应选择在固井质量好、井斜角小的井段,尽量避开易塌、易漏、地层倾角大的地层。

(7)对于出砂严重、窜漏、套管破裂在射孔井段或射孔井段底部需侧钻的油水井,在窗口位置的选定时,要综合考虑侧钻效果。一般为保证侧钻质量,开窗位置均选在射孔井段以上。

确定窗口位置时,在上述初定原则的基础上,必须进行严格的通井和上部套管的试压工作。通过井史与测井资料的对比,在满足井斜方位、水平位移、造斜点、井眼曲率等各项参数要求的同时,最大限度地实现侧钻目的,及时修正窗口位置,使侧钻工作建立在良好的基础上。

五、套管开窗侧钻步骤

(1)全井刮管、通井;

(2)进行磁性测井,确定接箍位置;

(3)进行全井井身测量、计算,设计侧钻井的井眼轨道方案,选取开窗的位置;

(4)确定套管开窗侧钻方法;

(5)检测水泥胶结质量,在固井质量不合格处应挤注水泥浆重新封隔;

(6)查阅套管纪录,核实套管尺寸和重量,选择合适的开窗工具,下入井内;

(7)套管开窗施工;

(8)加长窗口(如采用的是截断式开窗法,则要打水泥塞);

(9)修整窗口(截断式开窗法时,候凝);

(10)侧钻。

六、变向器开窗法作业

1. 下封隔器

用电缆下入封隔器,用陀螺定位仪测量变向器的方位,变向器方位通常定在井眼高边以左或右45°的方位上,然后坐封封隔器,如图8-10(a)所示。

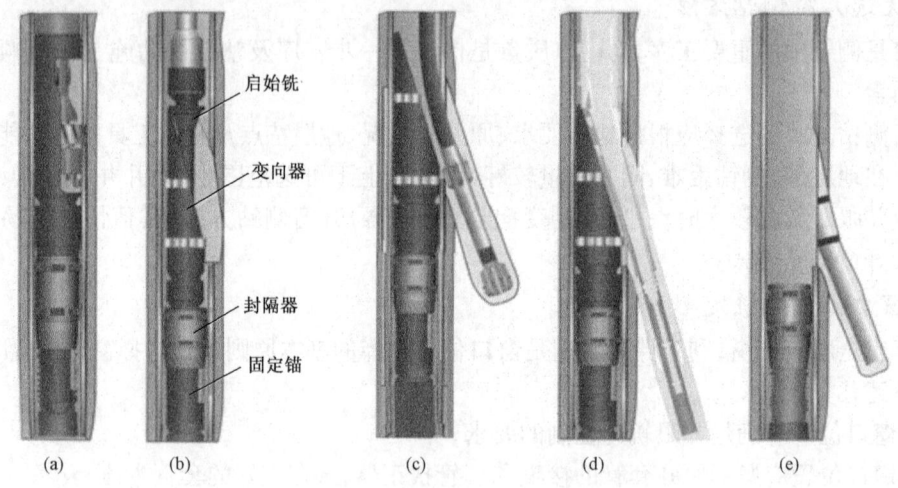

图8-10 变向器开窗法施工程序示意图

2. 坐变向器

变向器这套装置由变向器、上部的启始铣、底部的固定锚组成。用钻杆慢慢送入井内,保证钻杆不转动,以防剪切螺钉过早被剪断;接近封隔器顶部时,上下活动钻具,检查钻具在井内的实际阻力,把变向器下入封隔器内。变向器装置和封隔器固定键吻合后会自动找正;当变向器进入封隔器后,加压20~30kN,使变向器和固定锚坐牢,然后上提使悬重增加30kN,以验证固定锚的锚定情况,如能承受30kN的拉力,表明变向器已被锁进封隔器内,固定锚锁定后,再剪断剪切螺钉,如图8-10(a)所示。

3. 磨铣

启始铣处于自由状态后,上提钻具1m左右并开泵循环,下放钻柱让剪切螺钉低于凸耳的位置,以50~60r/min转速慢慢转动,缓慢钻进,所用钻压10~30kN,密切注意扭矩的变化并及时调整钻压,保证扭矩不超过安全限度;用启始铣开窗钻进1m左右,把变向器顶部凸耳全部切割掉后,起钻,将启始铣换成金刚石高速铣鞋或窗口铣鞋,如图8-10(b)所示。

4. 修整窗口

修整窗口用的钻具组合一般是在金刚石高速铣鞋上直接接西瓜铣,钻具柔性要好。修整窗口时,转速应控制在50~70r/min,钻压控制在20~30kN,在初开窗口处多次划眼,当启始铣切割的窗口修整完毕后,扭矩会达到平稳或降低,此时适当提高转速,加大钻压至60~70kN

或更高。整个过程应根据扭矩的大小来调控转速和钻压,保持适当的扭矩来切割剩余部分(注意:防止因钻压过大造成柔性钻具过度弯曲,导致铣鞋过快偏离套管而在窗口底部留下凸缘)。窗口修整完毕后,继续钻入地层3~5m,以留下足够空间让初次进入的近钻头扶正器或扩眼器能进入窗口外的地层,如图8-10(b)和图8-11所示。

5. 加长窗口

用铣锥和钻铤上带管柱铣的钻具组合来加长窗口。这种钻具组合下至窗口顶部位置后开始划眼,转速50~70r/min,逐渐加大钻压直至扭矩增加,缓慢的反复磨铣窗口,如果出现扭矩增加,继续磨铣直至扭矩降低。整个窗口都按此方法划眼,直至扭矩平稳为止。

6. 试钻

开窗侧钻定向钻进与普通定向井钻进有其共性,即采用一定的钻柱组合钻达目的层,同时开窗侧钻钻进又有其特殊性,即受上部套管的限制,要求钻具柔性较大,并且井眼狗腿很大,井深质量要求严格:靶区半径最多为15m,因此定向钻进过程既要遵循普通定向井钻井工艺,又要按侧钻施工要求进行才能达到目的。

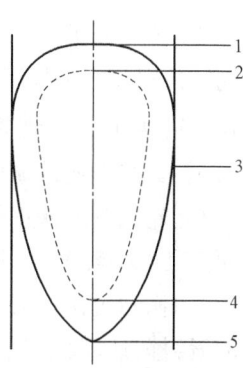

图8-11 侧钻窗口
1—修理后的窗门;
2—铣鞋开始磨铣的位置;
3—原井眼套管;
4—修理前的下窗口;
5—修理后的下窗口

如果开窗方式采用变向器坐封、铣锥开窗方式,必须进行试钻。试钻的目的在于:让井下动力钻具出套管后才运转,防止在套管内碰坏钻头或磨损套管;由于钻头出套管距离较短,磁干扰严重,因而无法进行磁性工具面定向;防止由于单弯螺杆钻具在窗口位置的剧烈震动,使变向器松动。

为了保证开出窗口后,陀螺仪定向时的井斜角、井斜方位角不发生大的变化,试钻一般选用刚性较强的钻具组合。

钻具组合形式:钻头+钻铤或加重钻杆+钻杆。

试钻中推荐参数如下:转速,70~150r/min;钻压,30~50kN;流量,8~10L/s;试钻井段长度,20m左右。

7. 正常定向钻进

开窗侧钻井的定向与常规定向井的定向大致相同,但由于开窗定向的钻具柔性比较大,井下动力钻具造斜率高,如图8-10(c)所示。因此,在开窗侧钻钻进过程中,不但要满足井斜角、井斜方位角和水平位移的要求,同时还要防止键槽和狗腿的出现。

钻具组合:钻头+单弯螺杆钻具+定向接头+无磁承压钻杆+钻铤或加重钻杆+钻杆。

钻进推荐参数如下:转速,单弯螺杆150r/min;钻压,10~50kN;流量,8~10L/s。

8. 稳斜钻进

稳斜钻进施工程序如图8-10(d)所示。

由于井眼曲率较大,为了井下安全,通常采用如下钻具组合。

1)复合钻具

钻头+单弯螺杆钻具+定向接头+无磁承压钻杆+加重钻杆+钻杆。

2)稳斜钻具

钻头+无磁承压钻杆+钻铤或加重钻杆+钻杆。

钻进推荐参数如下:转速,单弯螺杆150r/min;转盘,70~100r/min;钻压,10~50kN;流量,8~10L/s。

可以通过复合钻井法,随时调整钻进参数而钻达目的层;由于稳斜钻具组合的刚性较小,因此实际钻进中多数为降斜。

9. 侧钻井完井

侧钻井完井施工程序如图8-10(e)所示。

10. 钻具组合通过窗口的注意事项

(1)钻具组合通过窗口时,应小心谨慎,缓慢下钻,不得转动;

(2)牙轮钻头或扶正器通过变向器斜面时,不能转动钻柱,以免磨坏变向器或挂在变向器边缘而使其发生转动;

(3)每次通过窗口的钻具组合可以是,钻头+近钻头扶正器+钻铤或常规井下马达带弯接头的造斜钻具,最好不加钻柱扶正器;

(4)初次通过窗口不宜使用高增斜钻具组合,应稳斜或微增斜钻进20~30m后测斜。待开窗井眼有了足够的井段,所有扶正器都可位于窗口以下时,再根据需要决定是否起出初次钻具组合。

(5)钻窗口处的水泥塞或划眼,不可用牙轮钻头,必须用金刚石钻头或窗口铣鞋。

七、截断式套管开窗法作业

1. 开窗前的准备

把磁铁放置于钻井液高架槽内,配置足够的高黏度、高切力钻井液,黏度为80~100mPa·s,切力大于40Pa。

2. 扩张式套管磨鞋入井前的检查

应进行井口开泵试验,确保刀片能自由张开和复位,记录刀片张开时的最低流量。试验后,用细铁丝把刀片固定在刀体上,以防下钻时张开。下钻速度不能太快,禁止猛提猛刹,以保护刀片不受损。

3. 开窗

将扩张式套管磨鞋下至设计的开窗深度底部,然后起到预定锻铣作业始点以上,如图8-12(a)所示。配好钻具长度,接方钻杆,慢慢下放钻具,再次确认套管接箍的位置,开窗点要避开接箍(一般在接箍以下2~3m处)。开泵,当泵的流量达到刀片张开的最低流量且有泵压后,启动转盘,使转速达到30~40r/min,记录不同转速下的空转扭矩。慢慢增加钻压至10~30kN,如扭矩明显增加,甚至泵憋得很厉害,可降低转速,以减小扭矩。切断套管后,泵压会突然下降,扭矩马上趋于平稳,这时增加流量,直至达到工作流量为止。

4. 注水泥浆

在锻铣的井段注水泥浆,如图8-12(b)所示。候凝48小时后,下钻探水泥塞,扫水泥面至锻铣井段上窗口下5m左右,之后就可采用常规定向井侧钻方法施工。

5. 侧钻

开窗侧钻和普通定向井侧钻有不同的地方,如图8-12(c)和图8-12(d)所示。例如,在ϕ216mm的井眼中,常规定向井侧钻是用ϕ216mm的钻头侧钻;但要进行开窗侧钻只能在

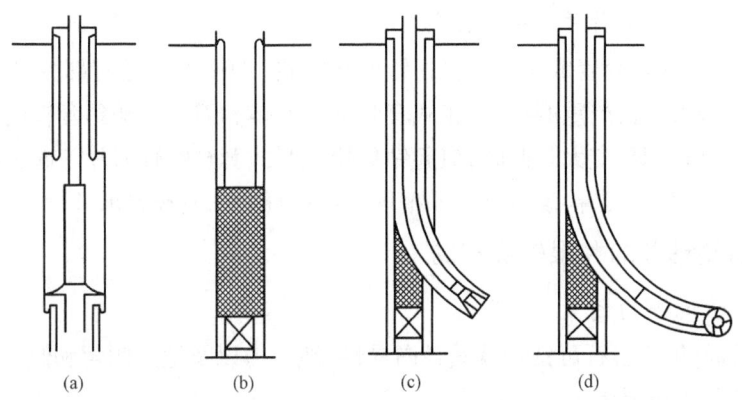

图 8-12 截断式套管开窗法示意图

φ139.7mm 的套管里用 φ118mm 的钻头进行。同时,由于锻铣工序时间很长,锻铣井段的长度基本控制在 20m 左右。因此,侧钻难度大大增加,初始定向时需要严格控制钻压,第一米最为重要,基本上控制钻井时间为 4~5h 左右;第 2~4m 控制在 3h/m 左右;以后逐步增加钻压,最大不能超过 10kN,直到钻井液中水泥石的含量占到岩屑的 30% 以下,且井斜角明显增大。当钻头位置超过下窗口时,可以正常定向钻进。

钻具组合:钻头 + 单弯螺杆钻具 + 定向接头 + 无磁承压钻杆 + 钻铤或加重钻杆 + 钻杆。

钻进参数如下:转速,单弯螺杆钻具 150r/min 左右;钻压,<10kN;流量,8~10L/s。

6. 开窗注意事项

1)主要参数

钻压 10~30kN,转速 50~60r/min,按环空返速 0.8~1.2m/s 确定泵的流量。

2)返出铁屑的形状

施加钻压要稳,随时观察返出的铁屑大小、形状和数量。应控制铁屑长 7~10cm、厚 0.8mm 左右,钻速控制在 0.5m/h 左右,使返出的铁屑比较均匀。如果铁屑长度超过 20cm、厚达 1.5cm 以上,表明钻压偏高;如果铁屑呈鳞片状,表明钻压过高或套管钢级较低。

3)返出铁屑量少

每锻铣 1~2m,替稠清洗液 3~4m³,携带出井内的铁屑。如返出的铁屑少且细如发丝,则应检查流量和钻井液性能。为把较大铁屑带出,增加流量并进行检查;如铁屑量仍不多,可适当增加钻压并观察铁屑变化。

4)套管偏磨

如果返出的铁屑形状像薄铁皮,表明套管有偏磨现象。偏磨时会出现以下现象:钻井大绳抖动,指重表指针摆动,转盘转动时不送钻钻压也会增加。

5)扩张式套管磨鞋起不出

如果流量低、钻井液携岩效果不好,未被及时携带出的较长铁屑缠绕在扩张式套管磨鞋上方,大量堆积,便会形成铁屑滤网。此时,应提高流量或钻井液黏度和切力,并采用倒划眼的方法,破坏铁屑网,提出工具。另外,如因弹簧复位不好、刀片不能复位而使扩张式套管磨鞋不能提离窗口时(在开窗点处遇阻),可继续锻铣作业,直到刀片磨平为止。

6) 扩张式套管磨鞋刀片的更换和保养

若钻压和钻速不变,套管锻铣时转盘扭矩变化平稳,即使刀片已有部分磨损,扭矩的变化也不会很大。但若刀片被严重磨损,扩张式套管磨鞋本体和刀臂接触到套管内侧时,扭矩就会增加,被磨出的铁屑变薄、变大。此时,应起钻更换扩张式套管磨鞋刀片。起钻后,仔细检查扩张式套管磨鞋刀体表面、刀臂、装刀臂的凹槽等,发现有磨损,应按要求进行修补或替换。

八、开窗后侧钻井的井眼轨迹控制

1. 影响井眼轨迹的因素

(1)地质因素,包括岩石可钻性及其各向异性、地应力以及地层倾角和倾向;

(2)钻具组合、钻进参数;

(3)钻头类型及其与地层的相互作用等。

2. 井眼轨迹控制方法

侧钻井的井眼轨迹控制方法基本与常规定向井井眼轨迹的控制方法相同,但还应注意以下几点:

(1)软硬交互地层的倾角越大、硬地层越薄、交互越多,则井斜增斜率与井斜方位变化率越大。

(2)地层倾角大于60°时,井眼有沿斜面倾斜的趋势;小于60°时井眼有沿垂直于斜面方向倾斜的趋势。

(3)在易坍塌的地层与岩性单一的地层,井斜角变化较小。

(4)地层由软变硬的稳斜措施是提高划眼、加大转速、减少钻压;地层由硬变软的稳斜措施是防止造台阶、在软硬交界面处均匀送钻和多次划眼。

九、定向侧钻的钻进安全措施

(1)钻进中要预防狗腿的出现,一旦发现狗腿要及时加以纠正,轻微的狗腿必须进行扩眼和纠斜,如纠不过来,则需封固该段重新钻进。

(2)裸眼内的钻具应进行精选,其强度必须大于套管内的钻具,以避免发生钻杆折断事故。特别是不能断在裸眼内,因为在裸眼内打捞难度更大。

(3)起下钻操作中,大直径钻具在过窗口时,操作要平稳缓慢,以防止在窗口处出现顿、碰、挂现象。

(4)经常检查在窗口处活动的钻具,防止钻杆被磨断。在钻进进尺缓慢时,更要防止窗口处钻具磨、掉事故的发生。

(5)特别注意钻井液性能的调节与钻压、转速、流量的配合关系,它是保证井眼轨迹质量、快速钻进的关键。

(6)裸眼钻进前应对设备进行仔细的检查与维护,以保证钻进过程的连续性,减少钻井液对油气层的浸泡时间,保护好油气层。因故停钻,钻具一定要起到窗口以上的井段。

(7)划眼的目的是消除键槽、修整窗口等,从而保证正常钻进。由于裸眼钻进的特殊性,在裸眼钻进时要坚持每钻进一个单根划眼1~2次。

(8)短起下钻的目的是保持井眼顺滑、畅通、减少井下复杂事故的重要手段,因此上部井段保持每100m短起下钻一次,下部地层每50m必须短起下钻一次。

第三节 分支井钻井工艺技术

分支井钻井技术是继水平井钻井技术之后,于 20 世纪 90 年代后期兴起的一项石油工业领域的重大科技技术之一,钻井数量逐年增多。该项技术对于增加单井产能、提高老油田油气采收率、完善油田开发网、提高油田开采的综合效益、改善油田的总体开发效果发挥着十分重要的作用。因此,此技术具有广阔的发展前景。目前,国外主要有 Baker – Hughes、Sherry – Sun 和 Halliburton 三家公司从事分支井钻井完井研究与应用。我国适合于用分支井开采的油气藏较多,辽河、胜利、新疆、中原、冀东等油田都进行了该技术研究与应用,并取得了一定成效。

所谓的分支井就是在一口主井眼中钻出两口或两口以上进入油气藏的井,这口主井眼可以是直井、定向井和水平井。分支井技术是在一个主井眼内开采多个油层,实现多目标开采的钻井技术。

分支井钻井技术可追溯到 20 世纪 50 年代,当时的第一批分支井始于前苏联,在俄罗斯和乌克兰地区完成,其中,使用涡轮钻具钻成了一口十翼分支井。第二批分支井是 1968 年前苏联在东西伯利亚地区马夫油田完成的一口双底井。国内完成的第一口分支井是辽河油田的海 14 – 20 井,完成的第二口分支井是胜利油田的梁 46 – 支平 1 井,完井等级均达到了四级标准(TAML4)。2007 年,中原油田钻井三公司,在山西成功地完成了一口羽状 12 分支水平井。该井主井眼水平段长 1115.67m,实际总进尺 8081.46m,最大井斜角为 101.47°,目的层总长 6884.90m,钻达目的层区域为 90%。到 2007 年为止,国内已完成约十余口分支井的施工(含试验分支井)。

一、分支井的类型与应用范围

1. 分支井的类型

分支井的类型如图 8 – 13 所示。

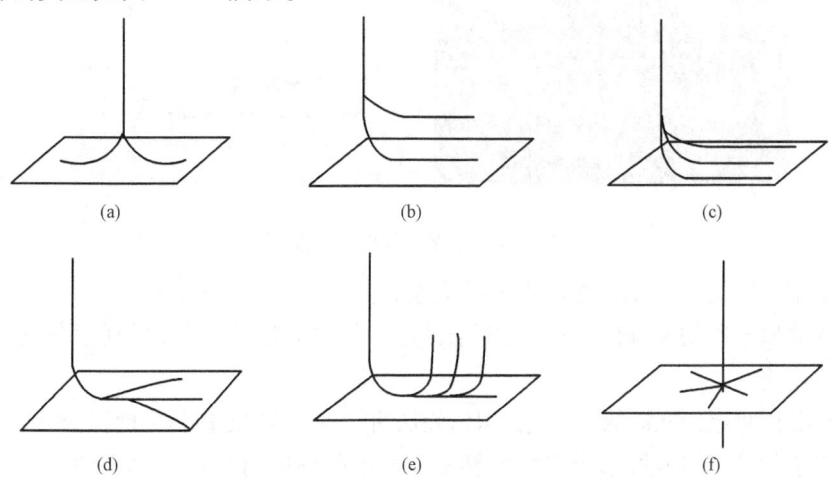

图 8 – 13 分支井的类型示意图
(a)双反向分支井;(b)层式分支井;(c)三层叉式分支井;
(d)鱼骨状分支井;(e)背肋骨状分支井;(f)辐射状分支井

1) 按井眼轨迹分类

(1) 主井眼为直井的双分支井。

(2) 主井眼为直井的三分支井。

(3) 主井眼为水平井的三分支井。

(4) 主井眼为水平井的梳齿状分支井。

2) 按完井难易程度分类

(1) 主井眼和分支井眼均为裸眼。此类分支井钻具进入分支井眼和后期采油均受到限制,主要适用于胶结好、不易坍塌的油藏地层。

(2) 主井眼下入套管,在分支井眼内下入筛管,结合部位不密封、不固井,主要适用于胶结好、不易坍塌的油藏地层。

(3) 主井眼下入套管,分支井眼下入筛管,结合部位有机械连接,不需要固井,主要适用于胶结好、不易坍塌的油藏地层。

(4) 主井眼下入套管,分支井眼中筛管顶部进行注水泥固井,结合部位有水力完整性连接,不具备水力密封效果,对油藏地层胶结性无限制。

(5) 主井眼下入套管,分支井眼中筛管顶部注水泥固井,结合部位有水力完整性连接且有水力密封效果,实现了水力隔离,能进行分采,对油藏地层胶结性无要求。

(6) 主井眼下入套管,使用井下分离头钻出分支井眼,分支井眼顶部注水泥固井,结合部位有水力完整性连接,可实现水力隔离,对油藏地层胶结性无要求。

2. 分支井的应用范围

分支井的应用范围如图8-14所示。

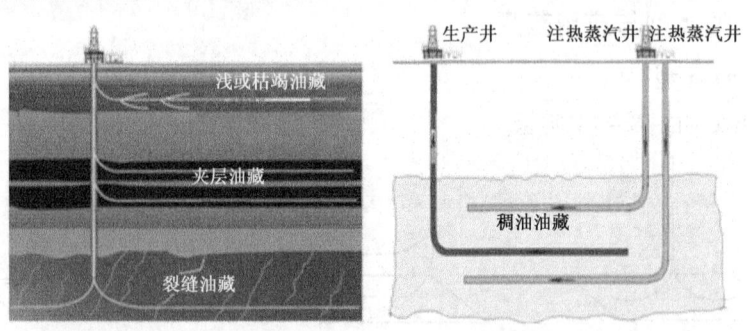

图8-14 分支井的应用示意图

(1) 对于不同油层存在垂直渗透性差的夹层,分支井可以分层开采。

(2) 当油藏属于断层和间隔油藏时,断层油层区块之间出现间隔,可利用分支井有效地穿过不同区块的产层。

(3) 对于致密性天然裂缝油藏,分支井可以增加油层和天然裂缝的裸露面积,增加油井产能。

(4) 应用于稠油、重油油藏,分支井能够改善产液的性能与注水、注蒸汽的波及效率,实现上、下井筒注蒸汽,中间井筒采油的联合作业。

(5) 老油田区块的衰竭井,可利用现有的井眼,开窗侧钻分支井,开采剩余的饱和油区,提高单井产能。

(6) 利用分支注水井,可以完善地层的压力控制,提高波及效率。

二、分支井钻井工艺方法

1. 裸眼侧钻分支井工艺技术

裸眼侧钻分支井工艺技术如图 8-15 所示。

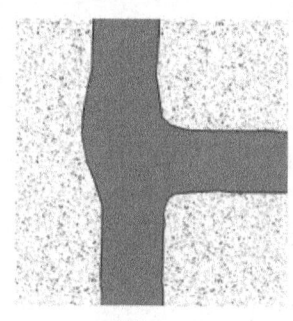

图 8-15 裸眼侧钻示意图

(1) 边钻边造斜分支。
① 在主井眼中的低边先降斜钻进,然后再增斜钻进,侧钻分支井。
② 先在主井眼中直接向下划出新井眼,然后再增斜进行分支。
③ 采用稳斜或增斜钻具结构,在主井眼中全方位钻进分支。
(2) 变向器进行分支。
主井眼钻完后,下入套管并固井,下入插入式可回收变向器至井底,进行侧钻分支。
(3) 预先使井眼偏斜直接分支。
(4) 打水泥塞后,利用造斜器钻进分支井。

2. 套管开窗侧钻分支

目前,国内外常采用的套管开窗侧钻分支(图 8-16)方法有以下几种:

(1) 在主井眼中,锻铣一段套管(一般为 15~20m),在开窗段以下 10~20m 至以上 20~40m 打水泥塞,水泥塞的长度一般在 50~80m,要求水泥塞的承压强度较高,利用随钻仪侧钻分支出去,与截断式套管开窗方法相同。

(2) 造斜点确定后,在套管内造斜点处下一个变向器总成,在套管内的一侧磨铣开窗。根据下入封隔器和变向器的方法不同,套管开窗侧钻分支法可分为常规套管开窗法和改进型套管开窗法。常规套管开窗法是用钻杆或油管下入封隔器;改进型套管开窗法是用电缆下入封隔器。随着侧钻技术的发展,目前常用的变向器多为可回收式变向器。下分支井眼完钻后下入尾管,在尾管悬挂器顶部安装一个特殊的定向回接接头,回接工具与变向器连接,以实现上分支井眼的开窗侧钻分支作业。在第二分支井眼固井后,分支窗口附近的套管内(如 ϕ244.5mm)会重叠部分小一级的套管(如 ϕ139.7mm),此时可采用套铣筒套铣切断小尺寸套管,当套铣筒进入回接系统的打捞接头后,即可将切断的套管与变向器总成一起回收,从而实现了各分支井眼与主井眼的连通。

(3) 对于多底分支井侧钻分支时,下入具有定向结构的多底井封隔器,通过单点陀螺仪一次性完成测量施工作业。

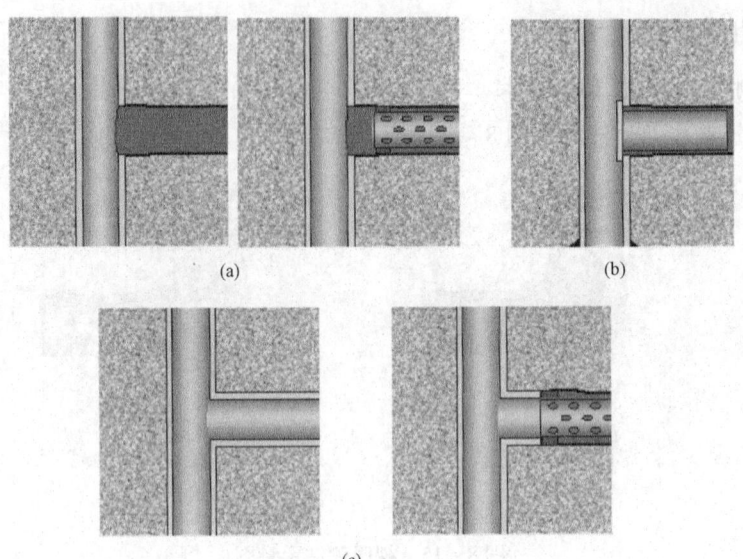

图 8-16 套管开窗侧钻分支
(a)主井眼下套管并固井,分支井眼裸眼;
(b)主井眼下套管并固井,分支井眼下套管不固井,不密封;(c)可承压连接(固井密封)

3. 径向分支

径向分支井系统的主要原理是利用高压水力系统,产生高压水射流切削地层,同时利用水压在径向管尾端产生的推力,使径向管沿着变向器曲率导管在主井眼中分支进入地层,高压水在径向管前端产生张力,使径向管受到轴向拉力作用朝前运动。此种方法适用于钻水平位移较短的超短半径分支井。径向分支水平井如图 8-17 所示。

4. 分支井的关键技术

(1)根据油藏条件和拟定的采油方式,优选 TAML 分级标准的某个级别,确定分支井的井眼轨道类型,设计主井眼与分支井眼的整体方案及各个井眼的结构与完井方法。其中分支井的井眼轨道类型应进行优选,以保证固井作业、完井工艺技术以及多底

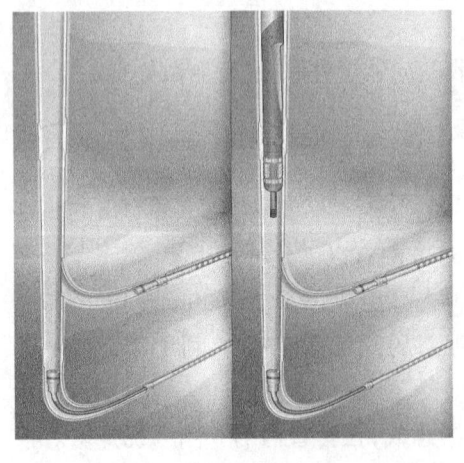

图 8-17 径向分支水平井示意图

采油增产和修井等作业顺利进行,尽量采用遥控完井、智能完井、选择性完井工艺技术。

(2)主—分井眼的井眼轨道设计和井眼轨迹控制技术要细化、量化,利用先进的 MWD、LWD 等导向系统和旋转导向钻井全闭环钻井技术,实施井眼轨迹连续监控,有效地提高井眼轨迹的控制精度。

(3)套管窗口周围密封技术、铣磨窗口套管短节等。

(4)高温高压连接部件的密封性能要好,保证分支井眼与主井眼套管连接处有一个整体的压力密封系统。

(5)使用摩阻低、抑制性强、携岩能力强、润滑性好、流变性好的钻(完)井液体系,防止井下复杂情况及事故的发生,尽量减少钻(完)井液对储层的污染和伤害。

(6)分支井专用计算机硬件、软件及固井、完井、采油、井下作业配套技术的研究与应用。

(7)分支井钻进过程中关键的工具是可收回变向器;完井过程中关键的工具是主井眼和分支井眼结合部位的完整性水力密封系统及分级注水泥固井技术。

(8)加强与国外在该领域中的技术合作,研制出国产化多分支井钻井完井配套工具。

三、分支井的设计原则及井眼轨迹控制要点

(1)一般情况下,两分支井眼侧钻分支间距为 20~80m,裸眼侧钻施工的井眼间距应大于下变向器开窗侧钻施工分支井眼的间距。

(2)裸眼侧钻施工多底井,为了更有效地控制井眼轨迹,初始井段一般应设计一段过渡井段,使分支井可直接增斜。

(3)分支井的造斜分支位置应选择在地层可钻性好、地层稳定的井段。

(4)有效地控制分支井的井眼曲率变化,工程设计时应考虑完井、采油、采油后期的增产措施及修井作业,造斜率尽量控制在 10°~20°/30m 之间。

(5)采用变向器进行开窗侧钻施工多底井、分支井时,为了防止或避免井下复杂情况与事故的发生,变向器一般下在直井段或稳斜段。对于下入多个变向器的分支井,两个变向器的间距应大于 10~15m。

(6)为了防止井眼内形成岩屑床,造成井下复杂情况及事故,应避开在井斜角为 45°~60° 的主井眼内设计分支井眼。

(7)分支井在进行井眼轨道设计时,要充分考虑目的层的岩性、地层厚度、硬度分布、产层的压力系数、各油层间的相互作用及主井眼各方面的条件。

四、分支井的特点

1. 分支井的优点

(1)增加了油藏的泄油面积,提高了油藏采收率;

(2)更好地利用了钻井平台,降低了原油生产成本,提高油井产能,有利于保护环境;

(3)开发油区老井和新钻井均可应用;

(4)可以找到油藏边界,提高了边际油田的经济效益;

(5)能够抑制水锥现象;

(6)能够对油田的边缘进行描述,以获得更多的地质参数。

2. 分支井的缺点

(1)分支井井眼越多,钻井工艺越复杂,对完井工艺的要求越高;

(2)老井开窗侧钻的分支井井眼尺寸受到限制,增加了施工作业的难度和风险。

第四节 丛式井钻井工艺技术

越来越多的海洋、陆地的大型油田采用丛式井开发技术,随着大型油田的开发,丛式定向钻井技术得到了的发展和提高,丛式井平台的结构由 2×2 和 4×4 发展到 5×7、5×8 和 4×9 的密集型,井距由 $2m\times2m$ 缩小到 $1.5m\times1.7m$。平台井口数的增加最大限度地控制了成本,取得了巨大的经济效益。

一、丛式井的概念与应用

1. 丛式井的定义

丛式井是指一组定向水平井,它们的井口是集中在一个有限范围内,如陆地井场、海上钻井平台、人工岛等。

2. 丛式井的应用

由于丛式井与单口定向井相比较,大大减少了钻井成本,能满足油田的整体开发要求,所以丛式井被广泛应用于海上油田和沙漠中油田的开发中。

二、丛式井的设计原则

丛式井设计的根本原则是:保证在钻进作业过程中,整个井组的井与井之间不发生碰撞;在满足开发要求的前提下,选用径向井身最短、井斜角适当的轨道;合理地安排钻井作业顺序,避免邻井套管对磁性测量仪器产生干扰。

通过合理地选择井眼轨道类型、井身结构、造斜点、造斜率、井口分配和钻井顺序来完成丛式井的井眼轨道设计。

1. 井眼轨道

在满足油田开发要求的前提下,尽量选择最简单的轨道,如典型的"直—增—稳"三段式,这样将减少钻井工序,降低摩阻,减少钻进时井下复杂情况和事故发生的可能性。如 SZ36-1A、SZ36-1B 平台全采用三段式轨道,在实钻过程中,井眼轨迹控制简单,所用井下工具简单,井身质量较好。

2. 井身结构

根据地质要求和钻井目的,选择井身结构。

3. 造斜点

造斜点的选择应在稳定、均质、可钻性较高的地层。造斜点深度的选择应考虑如下几点:

(1)相邻井的造斜点上下错开 50m 以上。

(2)井场中的中间井口用于位移小的井,造斜点要深;外围井口用于位移较大的井,造斜点要浅。

(3)如果设计的最大井斜角超过采油工艺或常规测井的限制或要求,应将造斜点提高或增加设计造斜率。

4. 造斜率

常规定向井,设计 2.5°~4°/30m 的造斜率是可行的;非常规定向井的造斜率依据实际情况而定。

5. 最大井斜角

在保证油田开发要求的前提下,尽量不使井斜角太大,以避免钻进作业时,扭矩和摩阻太大,保证其他钻井作业的顺利进行,如电测、下套管作业等。根据渤海丛式井的作业经验,常规测井工具通过井段的最大井斜角为 62°。如果初始设计出的最大井斜角达 60°,应适当调整造斜点位置和造斜率,使最大井斜角不超过 60°。

6. 井口分配

井口分配应考虑如下几点:

(1)用井场外围的井口打位移大的井,用中间的井口打位移较小的井。

(2)按整个井组中各井的井斜方位,尽量均匀布井,使井口与井底连线在水平面上的投影图尽量不相交,形成放射状分布,以方便井眼轨迹的跟踪。

(3)考虑到平台或钻井船的最大额定载荷分布,将井斜角大、水平位移大、井深较深的井安排在平台额定载荷大的地方钻进。

(4)如果按照(1)、(2)、(3)的顺序原则仍有不能错开的井,可以通过调整造斜点或造斜率的方法来解决。

三、丛式井的作业特点

区别于单口定向井,丛式井的作业具有整体性和长期性,因此,无论是在钻井技术上,还是在生产管理上,丛式井作业有以下的特点。

1. 作业难度大

(1)丛式井组中的每一口定向井都必须完全达到设计标准,因为任何一口井都是油田整个井网的一部分,牵涉到油田的整体开发效益。

(2)作业中期由于地质要求的变化,会导致后续钻进的难度增加。如绥中36-1B平台丛式井作业过程中,由于地质要求的变化,需要修改设计,而此时已完成数口井的作业,这就给以后的作业带来很多不便。这些困难主要包括:磁干扰情况更严重,给井口分配带来不便,需要防碰的井段增多等。

(3)由于钻井事故,要恢复钻进比处理单口定向井更复杂。因为每口井周围都有其他已完成井或设计要钻的井,并且每一口井允许的井眼轨迹变化范围是有限的,所以恢复钻进的选择余地较小。比如SZ36-1A_1平台作业中,A9、A10、A17井于井深500m处发生严重漏失,曾堵漏多次均未获成功,不得已只能采用套管开窗侧钻的方法,才避开了漏失层位。

2. 程序化作业方式

由于丛式井作业是在一个地区或一个构造上进行的,因此许多作业可以考虑以程序方式进行,比如表层作业和BHA的选择等。

(1)集中打表层,采用程序化作业方式省时省钱,便于积累作业经验和优化程序,可以进一步提高钻井作业的水平和钻井时效。例如渤海的SZ36-1A和SZ36-1B两个丛式井平台都采用这种作业方式。实践证明,经济效益很明显,平均每口井节约一个船天。

(2)如有可能,钻具组合的选择做到随用随取。是否采用这种方式或是部分钻具组合做到随用随取,这取决于地质构造的特点以及单井的建井周期。例如绥中36-1试验区丛式井作业平均不到10天完成一口井,并且各井地质情况相似,因此将马达造斜、转盘增斜、稳斜及通井四套钻具组合立于钻台,根据作业需要,随用随取。该方法的使用,可节省钻井时间,降低劳动强度,作业按程序化进行,提高钻井时效,也能减少井下事故及复杂情况发生的可能性。

3. 严格执行丛式井钻井工程质量标准

只有严格执行丛式井工程质量标准,才能保证实现油田开发的整体要求,并使丛式井的钻井施工做到高速度和高效率。

4. 在管理上成立丛式井项目组

由于丛式井作业难度大,整个井网作业时间较长,为了加强责任心,提高作业效率,充分发挥技术人员已摸索到的经验,应成立专门丛式井项目组。项目组人员主要包括各专业的工程师,这样可以使技术人员相对稳定,避免由于人员大换班造成的重新摸索经验的弊端。

四、丛式井防碰与绕障技术

在丛式井的设计和作业中,要在一个有限空间内顺利完成几口、十几口甚至几十口井的设计和施工,满足油田开发的要求,施工过程中,往往会遇到井与井之间的防碰或绕障问题。

下面分别介绍丛式井防碰和绕障技术。

1. 丛式井防碰技术

解决丛式井施工中的防碰问题无非有两种做法,一是丛式井设计时尽量减小防碰问题出现的机会;二是施工时采取必要措施防止井眼相交,即防碰。

1) 优化防碰设计

在整个井网进行丛式井设计时,将防碰考虑体现在设计原则中,除了遵循井口分配的原则外,还应注意在钻井期间,若按照地质要求或钻井工程需要,需要对井眼轨道设计进行修改,在修改时也应考虑防碰的问题,尽量做到每一口井的井眼轨迹都有最安全的通道。

2) 严格控制井眼轨迹

对于有防碰问题的一组井的轨迹控制,必须严格控制每一口井的井眼轨迹。先期完成的井必须给后续待钻的相邻井提供安全保障。因此,先期完成的井应保证有合格优质的井眼轨迹。

3) 利用计算机防碰程序协助井眼轨迹控制

丛式井作业过程中,必须使用相应的计算机防碰软件。在易出现防碰问题的井段使用计算机防碰程序算出有关数据,绘出大比例尺的防碰图。

4) 防碰井段的注意事项

在防碰井段,密切注意机械钻速、扭矩和钻压等钻进参数的变化和MWD所测得的与磁场有关的数据情况,并密切观察井口的返出物,以此来辅助判断井眼轨迹的空间位置。

2. 丛式井绕障技术

从根本上讲,绕障和防碰的性质是一样的,都是防止正在钻进的井与其他井段相交。但是绕障技术要求更严、更精确,允许的井眼轨迹偏差更小。有时候,在两口或几口井的套管绕障作业过程中,允许钻头通过时,钻头与套管外壁只剩0.2m左右的间隙,此时,若仪器的测量不精确,会出现两井相碰的现象。由此可见,绕障作业的最大技术难点是磁性测量仪器的测量精度不高,当磁性测量仪器受到严重的磁干扰时,会影响施工人员对井眼轨迹做出精确地判断。下面介绍绕障作业的一些技术措施。

(1) 防碰扫描方法。在作防碰距离扫描过程中,一般用椭圆误差,这是当前钻井行业都认可的误差扫描模式,井斜误差相对小于方位误差。由于误差大小除了与测量工具、人为误差、井径大小不确定性等有关外,与井深也有关系,井越深误差也就越大。因此,目前对一口井的扫描模式是:从任意点的横截面上看是一个个椭圆,从上往下立体看则是一个横截面是椭圆的圆锥体。

(2) 绕障原则。绕障的原则一改以往使用的与老井空间距离在施工、设备允许的情况下尽可能大的原则,现在更加科学,更加有据可循。利用Landmark钻井软件中的防碰因子,使防碰系数大于1,其防碰系数计算方法为

$$K = \frac{R_1 + R_2}{\Delta S}$$

式中　K——防碰系数,也称为防碰因子;
　　　R_1——施工井某井深处的椭圆横截面的半径,m;
　　　R_2——防碰老井某井深处的椭圆横截面的半径,m;
　　　ΔS——某一井深处两井眼中心距离,m。

注意:R_1、R_2的数值根据两井眼最近距离处的空间位置决定其是椭圆的哪点半径,是不确定的值。

这样,从防碰设计到现场施工,保证了两井在科学理论上没有两井相碰的危险性,既做到了平安绕障,又能有更大的空间考虑轨迹的优化,减少狗腿度,使轨迹更加平滑,利于现场安全施工。

(3)绕障作业前,认真分析周围地层的结构,障碍物的情况,使用计算机防碰程序计算有关数据,绘出较大比例尺的防碰图,防碰图应同时包括水平投影图和垂直剖面图。

(4)合理选择测量仪器。绕障作业通常是在强磁干扰的环境中进行,因此如何选择适当的测量仪器(MWD、SST或GYRO测量仪)至关重要。一般来说,如果预计磁干扰不是很强,并且绕障作业允许调整的轨迹范围较大时,使用时应充分估计磁干扰对测量结果的影响程度并进行修正,可采用MWD或SST作为测量仪器。如果预计磁干扰很强,并且绕障作业允许的井眼轨迹范围很有限时,应考虑使用不受磁场影响的陀螺测量仪器,使用时应准确把握动力钻具反扭角的大小,以保证正确的钻进方向和井眼轨迹。

(5)绕障作业时,密切注意机械钻速、钻压等钻进参数的变化。如果使用了磁性测量仪器,还应密切观察各磁通门分量和总磁场强度的变化。

(6)选用合理的钻具组合和钻进工艺参数。如果绕障作业以转盘钻的钻井方式进行,应尽可能依靠地层的自然漂移规律完成防碰。

(7)密切观察井口返出物,以此来辅助判断井眼轨迹的位置。

第五节　水平连通井钻井工艺技术

伴随着易开发气藏资源的不断衰竭,石油工业开始不断将重点转向高难度气藏及非常规气藏,然而常规钻井技术不能满足这样的气藏开发施工作业及生产需求,需要一些针对不同类型气藏的特殊钻井技术,水平连通井就是其中之一。

水平连通井钻井技术(又称"U"形井钻井技术)属于定向井技术中的一门特殊钻井技术,该技术集成了水平井、水平井与洞穴井的连通、欠平衡钻井和地质导向等技术。由于其技术的特殊性,水平连通井技术可以应用于多个领域。尤其对于煤层气、地下可溶性矿等特殊资源的开采,水平连通井技术具有增加有效供给范围、增加导流能力、单井产量和采出程度高等优点。

一、水平连通井钻井工艺技术的应用现状

水平连通井技术最初用于救援井施工,其救援手段是使用电流,激发事故井中的套管,通过磁场确定套管位置,从而连通救援井和事故井,再通过注入密度较高的钻井液或其他措施来达到压井或处理井下事故的目的。2010年,连通井技术在美国墨西哥湾漏油事件中得到应用,救援井成功钻入事故井,最终顺利解决了漏油事故。

水平连通井技术开发煤层气在国外的应用比较成熟,而在国内主要用于可溶性井矿盐的开采,通过连通井技术以实现两井或多井在目标开采层连通的目的,其优点是建井成本低、卤

水产量高、质量好,对接层位及地层污染小等,国内已有至少四个地区的非石油行业采用了水平连通井技术。除了井矿盐的开采,近些年来,该技术也开始应用于煤层气的勘探开发作业中,该技术对于煤层气开采的优势是可以有效沟通煤层割理和裂隙系统,大幅增加井眼的波及和泄气面积,使裂隙内气液两相流的流动阻力明显降低,扩大煤层降压范围,从而大幅提高煤层气的单井采量,在我国煤层气勘探开发中具有广阔前景。2005年7月,中国石油天然气股份有限公司(简称中石油)在山西宁武盆地首次钻成一口煤层气多分支连通水平井,该井由一口直井和一口多分支水平井连通组成。磁性导向钻井(magnetic guidance tool, MGT)技术的采用保证了两井准确连通(开始应用磁性导向钻井技术之前,并没有某种技术来保证一次对接成功,而磁性导向钻井技术可以精确控制两井井眼的相对空间距离,该技术的应用解决了判断钻头与目标点位置的难题,若将其应用于双水平钻井,将使超稠油开采变得更加有效)。其后连通井技术在国内煤层气开采中也得到推广应用,取得了良好的应用效果。此后,我国在2011年又首次连通了一口水平井和定向井。由此可见,磁性导向钻井技术作为水平连通井的关键技术,具有广泛的应用前景。然而对于水平连通井而言,磁性导向钻井技术虽然降低了井眼连通的风险,但是如果要保证水平连通井的连通质量,降低连通作业的难度,还需要对水平连通井的井眼轨迹进行合理的设计和实时控制。因此,优化水平连通井的井眼轨迹设计方法,完善水平连通井的井眼轨迹控制技术(尤其是在水平段的精细控制及连通段的磁性导向钻井技术的成套配合),才能在最大程度上降低连通井的施工风险,降低连通作业的难度,保证水平连通井的高效低成本钻进。水平连通井的模式化设计及控制技术,对煤层气、页岩气等新型能源的开发利用也具有十分重要的现实意义,可提高这些新型能源开发的经济性,降低施工成本。

二、水平连通井钻井工艺技术在煤层气开采中的应用

煤层气水平连通井由1口直井和1口或多口水平井组成,如图8-18所示。煤层气水平连通井可采用套管完井方案,在排采后期遇到煤粉堵塞通道可下钻修井,重新打开裂隙通道恢复开采,延长煤层气井的寿命。

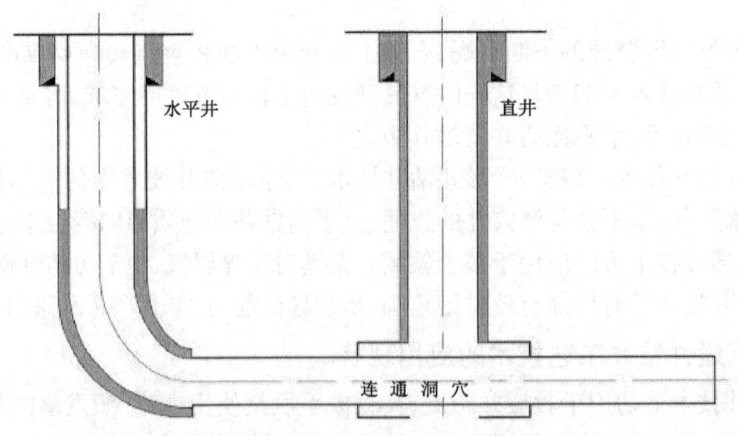

图8-18 水平井与直井连通示意图

1. 和1井概况

和1井位于山西省和顺县,属沁水盆地北部榆社-武乡构造带,是一口煤层气探井,同时作为和平1井水平连通井组的排采井。该井于2008年9月25日一开,2008年10月14日完

钻,完钻井深 560m,其井身结构为 ϕ244.5mm 表层套管 × 36.45m + ϕ177.8mm 生产套管 × 550.47m,在目的层位石炭系太原组 15#煤 503.93 ~ 512.34m 处下入玻璃钢套管 1 根,固井后对 505.50 ~ 509.00m 井段进行了扩孔,扩孔直径为 500mm。

2. 和平 1 井的设计

1)地质设计

和平 1 井是一口煤层气评价井,目的煤层为石炭系太原组 15#煤。该井距排采井和 1 井 717.55m,完钻垂深 502.35m,靶区范围为 20m × 2m × 498.53m 区域。该井与和 1 井洞穴处成功连通后,再钻进 10m 完钻。

2)钻井设计

(1)轨道设计。

和平 1 井的特点是井浅、位垂比大。因此,在进行井眼轨道设计时,除要考虑常规水平井须考虑的因素外,还要重点考虑以下两个因素:

① 井眼轨迹控制。由于煤层气井埋藏较浅,入窗前可供控制的井段较短,因此,设计的井眼轨道应有利于井眼轨迹控制,确保准确入窗。

② 水平井段加压。由于煤层气水平井位垂比大,到水平段后钻柱能提供的钻压有限,使得水平井段施工加压困难,特别是滑动钻进时更加困难。因此,所设计的水平井井眼轨道应尽可能光滑,以最大限度减少摩阻。

和平 1 井的设计选用了"直-增-稳-增-水平"五段制轨道,造斜率选用 8°/30m,确保井眼的光滑,以利于水平段的施工。将着陆点控制在入窗前 20m 的井段,以利于入窗前井眼轨迹的控制。和平 1 井的井眼轨道设计参数如表 8-2 所示。

表 8-2 和平 1 井轨道设计主要参数

参数 井段	斜深,m	垂深,m	位移,m	井斜角,(°)	方位角,(°)
直井段	0.00 ~ 245.00	0.00 ~ 245.00	0.00	0.00	0.00
第一增斜段	245.00 ~ 432.55	245.00 ~ 409.62	76.79	0.00 ~ 50.01	292.38
稳斜段	432.55 ~ 464.17	409.62 ~ 429.94	101.02	50.01	292.38
第二增斜段	464.17 ~ 604.58	429.94 ~ 480.00	229.53	50.01 ~ 87.43	292.38
水平段	604.58 ~ 1103.11	480.00 ~ 502.35	727.54	87.43	292.38

(2)井身结构设计。

和平 1 井要求水平井段清水钻进、裸眼完井。因此,在井身结构设计方面重点考虑了以下因素:

① 在水平段清水钻进时确保上部井段井壁稳定;
② 从排水采气的角度考虑,套管必须将煤层上部出水量大的层位封堵;
③ 水平井段井眼的大小需考虑井壁的稳定性及工具仪器的配套;
④ 在确保安全的基础上,尽可能降低生产成本。

综合考虑上述因素,和平 1 井的井身结构设计为: ϕ311mm 井眼 × 30m(下入 ϕ244.5mm 表层套管 × 29.50m) + ϕ215.9mm 井眼 × 606m(下入 ϕ177.8mm 技术套管 × 604m) + ϕ152.4mm 水平井眼(裸眼完井)。考虑到和顺地区 15#煤层上部为粉煤层,极易垮塌,要求技术套管视实钻情况下至目的煤层夹矸位置处,以确保后续施工的井下安全。

(3)钻井液设计。

煤储层的吸附能力强、应力敏感性强、速敏性强以及水敏性、碱敏性强等特点,决定了煤层容易受到伤害。煤层胶结疏松,施工水平井容易发生坍塌卡钻事故。

针对上述难点,和平1井组采用了以下设计方案:

① 一开设计使用预水化膨润土钻井液,解决大井眼的携岩问题;

② 二开设计使用成膜防塌钻井液体系,满足斜井段的携岩和煤层段的井眼稳定要求,为顺利下入技术套管提供良好条件;

③ 三开设计使用在清水中加入2%氯化钾的钻井液,要求固相含量低于2%,pH在8以下,以满足保护煤层的要求。为解决水平井的携岩问题,配制高黏CMC胶液定期清扫岩屑,要求钻井过程中观察岩屑返出情况,及时进行短起下钻或通井,破坏岩屑床,解决水平井的携岩问题。

3. 现场施工工艺

1)井眼轨迹控制

(1)一开井段:一开井段(0~36.77m)易井斜,采用塔式钻具组合:ϕ311.1mm 钻头 + ϕ177.8mm 钻铤2根 + ϕ127mm 钻杆,钻压控制在20~40 kN,轻压钻进。

(2)二开直井段:二开直井段(36.77~249.62m)重点控制井斜。采用塔式钻具组合:ϕ215.9mm 钻头 + ϕ177.8mm 钻铤1根 + ϕ158.8mm 无磁钻铤1根 + ϕ158.8mm 钻铤11根 + ϕ127mm 钻杆,钻压控制在60~100 kN,井斜控制在了1°以内,为下部井段施工创造了良好条件。

(3)造斜段:造斜段(249.62~610m)的重点是确保工具的造斜率能够达到设计要求。使井眼轨迹能够准确地在煤层中顺利着陆。采用"导向马达 + MWD"的常规导向钻具组合:ϕ215.9mm 钻头 + ϕ165mm 单弯螺杆(1.5°) + MWD 短节 + ϕ165mm 无磁钻铤 + ϕ127mm 钻杆,定向钻进至610m进入靶窗,井斜86.9°,垂深477.07m,水平位移248.62m。

(4)水平段:水平段(610~978.5m)重点是确保井眼轨迹在目的层的穿透率。采用"单弯螺杆钻具 + LWD"的地质导向钻具组合:ϕ152.4mm 钻头 + ϕ120mm 单弯螺杆(1.25°) + ϕ120mm EM - MWD 短节 + ϕ120mm 无磁钻铤 + ϕ89mm 钻杆,在参考区域资料、邻井的测试、生产情况、岩心分析等资料,在结合本井的岩屑录井、钻时等相关数据的基础上,利用伽马测量仪确定煤层的位置及界面,准确地钻入设计目的层,并在其层位中有效地延伸。

(5)连通段:连通段(978.5~1118m)的重点是采用电磁测距法与排采准确对接。连通过程中首先在直井中下入探管,在钻头处连接一个永磁短节。永磁短节的探测距离是70m,所以一般在距离直井100米左右起钻下入。采用的钻井组合为:ϕ152.4mm 钻头 + ϕ120mm RMRS + ϕ120mm 单弯螺杆(1.25°) + ϕ120mm EM - MWD 短节 + ϕ120mm 无磁钻铤 + ϕ89mm 钻杆。远端连通有两个难点,第一个难点是在连通仪器探测距离之外的井段方位的准确性,如果方位偏差很大,则很难一次连通。第二个难点是在距离直井20m以内,如果对井底方位判断出了问题,则钻头与洞穴很可能"擦肩而过"。和平1井在下入强磁连通仪器前方位控制较为理想,与设计轨道基本吻合,在距离直井75m处方位偏差是7.5°钻进至井深1082.50m时,钻压放空,泵压下降,发现井口无返浆,至5分钟后钻井液从和1井井口返出,确认连通成功。

2)钻井液维护技术

(1)一开井段:一开配制40m³膨润土浆,充分水化24小时后,进行一开钻进;一开钻完后,打入100s高黏度钻井液彻底洗井,保证井眼洁净,确保下表套、固井作业顺利。

(2)二开直井段:二开在一开膨润土浆的基础上,补充聚丙烯酰胺胶液,提高钻井液的抑制能力和包被能力,控制固相含量,钻井液性能控制在:密度 1.05~1.10g/cm³,黏度 30~50s;钻至 $3^\#$ 煤层前;为保护煤层不被污染;逐步替换为清水;密度控制在 1.01~1.02g/cm³,固相含量控制在 1% 以内。

(3)二开斜井段:二开定向侧钻井段在原井浆的基础上,补充正电胶,提高钻井液的抑制、防塌能力,同时增加钻井液的携砂和悬浮能力;补充聚丙烯酰胺胶液,提高钻井液的抑制、包被能力,控制固相含量,钻井液性能维护在:密度 1.05g/cm³,黏度 44s,切力 2/8Pa。二开钻完后,充分洗井,确保测井,下套管顺利。

(4)水平井段:三开水平井段主要在煤层段钻进,将前开次使用的钻井液放掉,使用清水加 2% 氯化钾的钻井液钻进;每钻进 3 个单根加入 50L 高黏 CMC 胶液循环清扫钻屑;同时充分使用三级固控设备,清除钻井液中的固相,密度控制在 1.01~1.02g/cm³,固相含量控制在 1% 以内,黏度 33~28 s,保障了水平段施工安全顺利。

4. 实钻效果

和平1井于2009年1月1日开钻,2009年2月24日完井,完钻井深1118m,水平段长508m,水平位移720.90m,实现了两井远端一次连通成功。

1)轨迹控制效果

煤层钻遇率达94.49%,钻遇煤层示意图如图8-19所示。

2)储层保护效果

和1井经测试表皮系数为-2.33,和平1井经测试表皮系数为0.023,说明清水加2%氯化钾的钻井液对煤层有较好的保护效果。

实践证明:(1)轨迹控制和钻井液技术是成功实施水平连通井的关键。随钻地质导向、两井远端连通技术及针对钻遇地层和施工井段特点优选的钻井液体系,为和平1井的实施奠定了基础。(2)先进的工具仪器和工艺技术是成功实施水平连通井的保障。带方向伽马的电磁波无线随钻测量系统、低转速高扭矩马达、强磁导向系统等先进的工具仪器,为和平1井的实施提供了保障。(3)水平段采用清水钻进,能起到较好的储层保护效果,但不利于井眼稳定。可尝试采用空气、泡沫等进行欠平衡钻井,一方面可以提高钻进速度,另一方面进一步提高对储层的保护效果。(4)和平1井采用的是裸眼完井,后期的排采表明,井眼有堵塞现象。可以尝试采用下入PVC连续筛管完井。

注:由于钻井过程中的钻井液侵入、射孔打开的不完善、修井、酸化压裂措施、水敏、速敏等因素,使油井附近地层的渗透率发生变化,当原油从地层流入井筒时,在此区域产生一个附加压力降,集中在井筒周围的一个很薄很薄的环状"表皮区",把这一现象叫表皮效应。将由于表皮效应产生的附加压力降 P_s 无因次化,得到无因次附加压力降,用来表征一口井表皮效应的性质和严重程度,称为表皮系数,又称污染系数。

参 考 文 献

[1] 韩志勇. 定向井设计与计算. 北京:石油工业出版社,1989.
[2] 苏义脑. 水平井井眼轨道控制. 北京:石油工业出版社,2000.
[3] 陈庭根,管志川. 钻井工程理论与技术. 东营:石油大学出版社. 2000.
[4] 胡湘炯,高德利. 油气井工程. 北京:石油工业出版社,2003.
[5] 刘修善. 井眼轨道几何学. 北京:石油工业出版社,2006.
[6] 吴翔,杨凯华,蒋国盛. 定向钻进原理与应用. 武汉:中国地质大学出版社,2006.
[7] 毛建华,王清江. MWD 磁干扰的分析判断方法探讨. 钻采工艺,2008,31(3):129-130.
[8] 王清江,毛建华. 定向井井眼轨迹预测与控制技术. 钻采工艺,2008,31(4):150-152.
[9] 毛建华,王清江,王治平,曾昌明."井眼惯性"对水平井水平段轨迹控制的影响探讨. 钻采工艺,2009,32(1):14-16.
[10] 郭元恒,何世明,等. 长水平段水平井钻井技术难点分析及对策. 石油钻采工艺. 2013.1:14-18.
[11] 张杰,吴鹏,等. 水平连通井井眼轨迹设计与控制技术. 科学出版社. 2015.